[illegible]

Karsten Wittes Paris-Buch erscheint im Zusammenhang mit dem insel taschenbuch über London von Norbert Kohl. In beiden Büchern wird versucht, eine Weltstadt und ihre Eigenheiten mit Illustrationen und Texten von Reisenden lebendig werden zu lassen. Karsten Witte geht dabei einen eigenen Weg. Er wählt den Blick der Fremderfahrung und läßt deutsche Republikaner von der großen Französischen Revolution bis zum Mai 1968 ihre Eindrücke von der Stadt schildern.
Es sind die Krisenzeiten der Metropole, ihre sozialen Bewegungen und Revolutionen, die das Buch gliedern. In diesen Krisenzeiten von 1789, 1830, von 1848 und 1968 ereignet sich besonders viel und die Schreib- und Reiselust nimmt zu. Die Reihe der Autoren reicht von Melchior Grimm, Wilhelm von Humboldt bis hin zu Siegfried Kracauer, Walter Benjamin, Max Frisch und Peter Handke. Ob für die Republikaner eine Traumstadt des politischen Modells oder für die Lebenslustigen ein Ballsaal des Hedonismus: Paris, das im Glanz der Industrialisierung, im Reichtum der Weltausstellungen und unter den Huldigungen erlauchter Geister sich zur Lichterstadt verzauberte, wird hier als Phantasmagorie sichtbar, die sich der Hoffnung andient.

insel taschenbuch 389

Paris

PARIS

DEUTSCHE
REPUBLIKANER REISEN
HERAUSGEGEBEN VON
KARSTEN WITTE
INSEL VERLAG

insel taschenbuch 389
Erste Auflage 1980

Vertrieb durch den Suhrkamp Taschenbuch Verlag
Umschlag nach Entwürfen von Willy Fleckhaus
Satz: Otto Gutfreund, Darmstadt
Druck: Ebner Ulm
Printed in Germany

INHALT

OKKUPATION, RÉSISTANCE, BEFREIUNG

VOM EXISTENZIALISMUS ZUM MAI 1968

VON DER AUFKLÄRUNG ZUR REVOLUTION

IN ERWARTUNG VON PARIS

Es ist freilich vortrefflich, die französische Sprache und Nation von ihr selbst aus zu kennen; aber wenn man schon wählen muß, wenn man nicht lange Zeit, nicht viel Geld zu reisen hat und am meisten noch nicht reisen gelernt hat: muß man da Frankreich wählen? Für die Kunst, für die Wissenschaft, was ist da zu sehen, wo alles in dem großen Paris versteckt liegt, wo alles mit Luxus, Eitelkeit und französischem Nichts verbrämt ist? Wie viel große Leute gibt's denn, die für mich so merkwürdig sind? Etwa einen Wille, und wird der nicht vielleicht bloß Künstler sein? Einen Diderot, und hat der sich nicht vielleicht schon ausgelebt? Einen Buffon, Thomas, Duclos, d'Alembert, Marmontel – und sind die nicht gewiß in einen Hefen französischer Welt und Anstandes und Besuchs eingehüllt? Und wem kann ich mich denn mitteilen? Wem Interesse an mir einflößen? Gegen wen mir den Stempel des Ausdrucks geben, der nach der französischen Denkart allein den Menschen von Geschmack und von Geist ausmacht? Ton, Anstand, Geschwindigkeit, Wendung! siehe, dahin ist alles geflohen. Armer! wirst du dich mit deiner deutschen Denkart, die mit deiner Muttersprache so zusammengewachsen ist, mit deiner deutschen Langsamkeit dich nicht durch alle französische Literatur nur durchbetteln müssen? Und in welche Kluft stürzst du dich alsdenn von Beschämungen, Mißvergnügen, unaufgeräumten Stunden, verfehlten Visiten, müßigen Tagen? Wo wirst du einen Freund finden, der mit dir dies Land der Fremde für dich durchreise? Louvre und Luxembourg aufsuche, Tuileries und Gärten durchpromeniere, dir Bibliotheken und Naturkabinette aufschließe, dich Künstler und Kunstwerke betrachten lehre? Wo wirst du ihn finden? und wird's ein Franzose oder ein Deutscher sein?

Ich habe A. gesagt; ich muß auch B. sagen: ich gehe nach Frankreich: eine Nacht vor Helsingör hat's entschieden. Ich überließ mich meiner Trägheit, meiner Schläfrigkeit, um zwei Tage zu verderben: da mir nichts leichter gewesen wäre, als von Helsingör nach Kopenhagen zu gehen: wir sind fortgesegelt: ich fand mich

Modische Turmfrisur der französischen Dame.

in der See: ich gehe nach Frankreich. Nun ist also die französische Sprache nach der Mundart der Nation, nach ihrem Ton und Nasenlaut, nach ihrem Geschmack und Schönheit und Genie mein Hauptzweck – und da, denke ich, in 14 Tagen, wie mir mein Freund Berens Hoffnung gemacht hat, in den Ton zu kommen, und mit ihr, wie viel habe ich, in Sonderheit in Riga, gewonnen! Welche Schande, bei Landräten und Sekretären von Wind und von Geschmack kein Französisch zu sprechen! Welche Schande, eine Schweizerfranzösin und einen durchwandernden Franzosen, in Sonderheit wenn es ein Abbé wäre, nicht zu verstehen! Welcher Vorteil hingegen, mit jedem Narren nach seiner Narrheit zu reden! den Geschmack auch in der Sprache des Geschmacks hören zu lassen! Werke des Geschmacks in Poesie, Prose, Malerei, Baukunst, Verzierung auch in der Sprache des Geschmacks zu charakterisieren! Anekdoten von Paris zu wissen! wenigstens alles das kennen, wovon andere plaudern! ... Ferner, die französische Oper und Komödie zu studieren, zu schmecken! die französische Deklamation, Musik und Tanzkunst zu genießen! mir wenn nicht neue Äste der Vergnügen, wenigstens neue Farben zu geben! Kupferstecher-, Maler- und Bildhauerkunst, wenn es möglich ist, unter der Aufsicht eines Wille zu studieren! Von allem, was zum Jahrhundert Frankreichs gehört, lebendige Begriffe zu haben, um z. B. einen Clément, einen de la Place, einen Fréron recht verstehen zu können! ... Ferner die französischen Gelehrten kennen zu lernen, wäre es auch nur, wie sie aussehen, leben, sich ausdrücken, bei sich und in Gesellschaft sind! Auch sie nur kennen bringt Leben in ihre Werke, und wenn nicht einen Stachel der Nacheiferung, so doch ein gutes Exempel, sich wie sie zu betragen. Das ist alsdenn ein Kursus der domestiken Literatur in Frankreich, der viel erklärt, an sich und im Kontrast von Deutschland, und viel aufschließt! ... Endlich die französische Nation selbst, ihre Sitten, Natur, Wesen, Regierung, Zustand: was daraus auf ihre Kultur und Literatur folge? was ihre Kultur eigentlich sei? die Geschichte derselben? ob sie verdiene, ein Vorbild Europas zu sein? es sein könne? was der Charakter der Franzosen dazu beigetragen? durch welche Wege sie das Volk von Honnêteté, Sitten, Lebensart und Amusements geworden sind? wie viel sie dabei Wesentlicheres verlieren? und es anderen Nationen durch die Mitteilung ihrer Narrheit rauben und geraubt hatten! – Ja endlich! sollte sich denn keiner finden, der mein Freund und mein Muster werde, als Mann von Welt, um seine Kenntnisse recht vorzutragen, in unserer Welt geltend zu machen, als Mann von Adresse und von Umgang, um auch in den

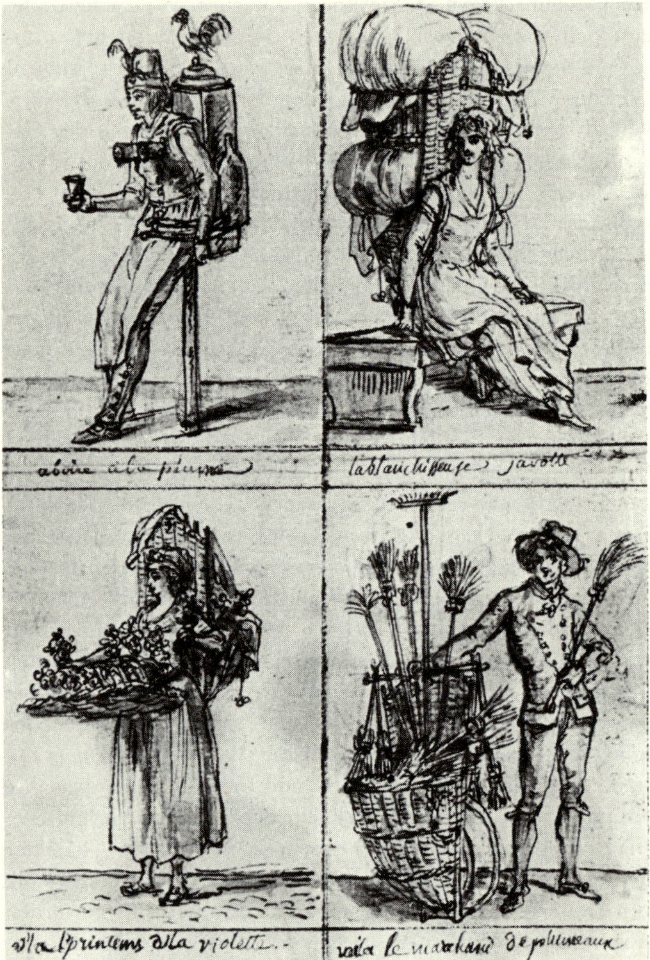

Claude-Louis Desrais, Die Händlerrufe von Paris.

Sachen, für die ich reise, es zu werden und das in meiner Zeit auszurichten, wozu ich da bin! Gütiges Schicksal, gib mir einen solchen, lehre mich ihn kennen! und gib mir Biegsamkeit, mich nach ihm zu bilden! Vorjetzt bin ich schon in Frankreich, ich muß es nutzen: denn gar ohne französische Sprache, Sitten, Anekdoten und Kenntnisse zurückzukommen, welche Schande!
In Paimbœuf Begriffe von Frankreich holen, welche Schande, und gibt's nicht Reisebeschreibungen, die sie so geholt haben – Smollet z. B. und selbst große Reisebeschreibungen in den fünften Weltteil, die von den Küsten aus geurteilt haben.
Meine Reisegesellschaft von Paimbœuf nach Nantes: es ist immer wahr, daß eine Niedrigkeit dem Ding anklebt, von solchen Gesellschaften nach der Manier Teniers' und Tristrams Gemälde nehmen wollen.
Ich verstand weder Pilot noch Wirtin noch alte Weiber mit all' meinem Französischen. So müßte ebenfalls ein Grieche daran sein, wenn er nach Griechenland käme. O Pedanten, leset Homer, als wenn er auf den Straßen sänge; leset Cicero, als wenn er vor dem Rate deklamierte!
Johann Gottfried Herder, 1769

ERSTE BALLONAUFSTIEGE

Nie hat eine Seifenblase Kinder so ernsthaft beschäftigt wie der »aerostatische Ballon« der Herren Montgolfier Stadt und Hof seit vier Wochen; in allen unseren Zirkeln, bei allen unseren Soupers, an den Toilettentischchen unserer hübschen Damen wie in unseren akademischen Schulen spricht man nur noch von Experimenten, atmosphärischer Luft, entzündbarem Gas, fliegenden Wagen und Reisen durch die Lüfte. Würde man alle diese Projekte, Hirngespinste und Überspanntheiten sammeln, die die neue Entdeckung hervorgerufen hat, so ergäbe das ein Buch, toller als von Cyrano de Bergerac. Ich habe unsere Kaffeehauspolitiker mit wahrhaft patriotischem Schmerz schon die Steigerung der Ausgaben errechnen sehen, den der unumgängliche Aufbau einer

Luftflotte zweifellos mit sich brächte. Ich habe andere schon bei dem glücklichen Gedanken lächeln sehen, dafür ein recht einträgliches Amt für einen Minister einzurichten, der sich voller Ungeduld, kein anderes zu erhalten, damit vielleicht begnügen würde. All die Unruhe, in die der Erfolg einer Erfindung, die die Grenzen der Monarchie wie die des menschlichen Geistes so erweitern kann, Herrn Gudin de La Brenellerie versetzt, rührt daher, daß unser Rivale England sich ihrer bemächtigen könnte, sie vor uns vervollkommnet und bald das Reich der Lüfte an sich reißt, wie es zu lange schon das Reich Neptuns an sich gerissen hat. Unser Dichterphilosoph hätte es, glaube ich, lieber gesehen, wenn unsere Unterhändler, statt sich in dem neuen Friedensvertrag bei soviel weniger wichtigen Bedingungen aufzuhalten, daran gedacht hätten, unsere Ansprüche und Rechte auf einen Gegenstand zu sichern, dessen Auswirkungen sich eines Tages weit über die Grenzen unserer engeren Atmosphäre hinaus erstrecken können; er hat jedoch gespürt, wie schwierig die Sache war...

Die Herren Montgolfier trieb zu ihren Untersuchungen der Wunsch, für die Belagerung von Gibraltar ein günstigeres Mittel zu erfinden als die schwimmenden Batterien. Dieser Wunsch, der gewiß an sich noch recht unbestimmt, doch aus dem ihnen angeborenen Fleiß und der Neigung erwachsen war, die Mußestunden auszufüllen, die ihnen die Leitung ihrer Fabrik ließ, ermutigte sie zu zahlreichen Versuchen und vergeblichen Ansätzen, und doch wurden sie der Sache nicht überdrüssig. Schließlich gelang es ihnen, die Maschine zu konstruieren, die Ihnen bekanntzumachen wir die Ehre hatten. Ein Experiment Boyles über das Gewicht der Luft gab ihnen die erste Anregung, und hier ist der Versuch, der für sie die Morgenröte ihres Erfolges bildete. Mit einer so berühmten Entdeckung ist es wie mit einem illustren Geschlecht: man möchte alles bis aufs kleinste von den ersten Anfängen an festhalten...

Der Ballon hatte einen Durchmesser von 35 Fuß; er bestand aus Leinwand mit einem aufgeklebten Überzug aus Papier. Heute weiß man, daß sie das Gas, das zur Füllung diente, höchst einfach und wenig kostspielig dadurch gewonnen hatten, daß sie feuchtes

Aufstieg eines Ballons der Brüder Montgolfier am 21. November 1783 von Passy aus gesehen.

Stroh und verschiedene tierische Stoffe wie Wolle und andere mehr oder weniger entzündbare fetthaltige Gegenstände verbrannten. Mit Hilfe dieses Rauches stieg ihr Ballon, nun sich selbst überlassen, bis zu einer Höhe empor, die von den einen auf

500, von den anderen auf 1000 Klafter geschätzt wurde. Zehn Minuten später kam er wieder herunter, sicherlich infolge des Gasverlustes. Nach der Berechnung der Herren Montgolfier verdrängte der Ballon einen Luftraum von 2156 Pfund Gewicht; da aber das Gas nur 1078 und der Ballon selbst 500 Pfund wog, ergab sich ein Rest von 578 Pfund für die Kraft, die das Aufsteigen des Ballons bewirkte...

Niemand in Paris hat sich lebhafter für die Entdeckung der Herren Montgolfier interessiert als Herr Faujas de Saint Fond, der Verfasser einer ausgezeichneten Naturgeschichte der Berge des Vivarais; er war es auch, der voll Begeisterung den Gedanken aufbrachte, eine Subskription zu eröffnen, um das Experiment in Paris wiederholen zu lassen, und vorschlug, die Herren Charles und Robert als die Männer damit zu betrauen, die es am ehesten zum Erfolg führen könnten. Diese Herren erklärten zunächst, 40 bis 50 Louisdor würden genügen, um die Kosten des Experiments zu decken, und wir sind ja hierzulande an solche Gemeinschaftsunternehmen und -ausgaben so gewöhnt, daß unsere freigiebige Öffentlichkeit höchst verwundert war, als dieser kleine Betrag nach ein paar Tagen, bei drei Livre pro Person für drei Eintrittskarten, schon beisammen war...

...Der von den Herren Robert konstruierte »aerostatische Ballon« ist am 27. dieses Monats pünktlich um fünf Uhr vor den Augen von ganz Paris auf dem Marsfeld majestätisch aufgestiegen. Der Tag für das Experiment war einige Tage vorher bekanntgegeben worden; zu keiner königlichen Truppenschau war je eine solche Zuschauermenge aus allen Ständen und Berufen zusammengeströmt. Der Ballon hatte ungefähr 12 Fuß Durchmesser. Über die Höhe, bis zu der er aufstieg, war man sich nicht einig, das schlechte Wetter erschwerte jede Schätzung; aber da er so klein erschien, muß man annehmen, daß sie beträchtlich war. Nach ein paar Minuten war der Ballon gänzlich entschwunden. Unsere Wünsche und unsere Bewunderung hätten ihn gern in die höchsten Höhen des Weltenraumes hinaufgetragen. Er hat unsere Erwartung getäuscht; statt mit seiner erhabenen Gegenwart ferne Gestade in Erstaunen zu setzen, ist er mit seiner Fahrt nur

bis nach Gonesse gekommen, einem Dorf vier Meilen von Paris, und hat die dortigen Bauern, die ihn auf einem Feld, auf dem sie arbeiteten, niedergehen sahen, in argen Schrecken versetzt. Man wird nicht überrascht sein, daß drei Tage danach ganz Paris mit Kupfern überschwemmt wurde, die den Aufstieg des Ballons und seine Landung darstellten.
Viele, die inmitten der allgemeinen Begeisterung ihren Stolz darin sahen, teilnahmslos zu bleiben, haben wiederholt gefragt: »Aber was nützen denn diese Experimente? Was hat man von dieser Entdeckung, um die soviel Lärm gemacht wird?« Der ehrwürdige Franklin antwortete ihnen mit seiner gewohnten Schlichtheit: »Nun, was hat man denn von einem Neugeborenen?« In der Tat, das Kind kann in der Wiege sterben, vielleicht wird es nur ein schwachsinniges Wesen, vielleicht aber sieht man in ihm auch eines Tages zum Ruhme seines Vaterlandes die Leuchte des Jahrhunderts, den Wohltäter der Menschheit.
Melchior Grimm, 1783

DIE WIEGE DER NEUGEBORENEN FREIHEIT

Das Glück, mein lieber T., gerade jetzt in Frankreich, und zwar in der Hauptstadt dieses Landes, dem Geburtsorte und der Wiege der neugebornen französischen Freiheit, zu sein; gerade jetzt, da aller Welt Augen auf diesen Mittelpunkt der größten und merkwürdigsten dermaligen Weltbegebenheiten voll Bewunderung und Erstaunen gerichtet sind; gerade jetzt, da man hier aus dem dumpfen Zustande eines in langer schmähliger Knechtschaft verträumten Daseins zu einem Leben erwacht ist, welches die Brutusse und die Cato's selbst mitzuleben sich nicht weigern würden; gerade jetzt, da alle Geister dieses Volks, bis in die niedrigsten Stände hinab, die Schranken ihrer ehemaligen kleinlichen und elenden Existenz, wie Spinngewebe, zerrissen und von Stund an sich zu einer Höhe der Empfindung und der Begriffe erhoben haben, zu welcher das blinzende Auge des Ausländers sie

Meunier, Der Garten des Palais Royal.

kaum begleiten kann – dieses Glück rechne ich dankbar und gerührt zu den vielfältigen unverdienten Begünstigungen, wodurch die Vorsehung mein unbedeutendes Leben, fast in jeder Periode desselben, auszuzeichnen für gut gefunden hat. Man fühlt sich hier, auch als bloßer Zuschauer schon, in allen seinen

Empfindungen, an allen seinen Kräften und Fähigkeiten – ich weiß nicht wie – zugleich erhöht, zugleich mit veredelt; und wenn ich nicht merklich besser, nicht mit einem merklichen Zuwachs an Gemeingeist, an Mut, Kraft und Trieb zu jeder Handlung, welche Selbstvergessenheit und Aufopferungen erfordert, zu

Euch zurückkehre: so hat die Schule, in der ich mich jetzt befinde, keine Schuld daran.
Schon der bloße Anblick einer ungeheueren, aus Menschen aller Stände, jeglichen Alters und beiderlei Geschlechts zusammengeflossenen Volksmasse, welche von einerlei patriotischen Freude, wie von einerlei freundschaftlichen, brüderlichen und schwesterlichen Gesinnungen beseelt zu sein scheint, hat etwas menschlich Großes und Herzerhebendes. Aber wenn man nun vollends auf den öffentlichen Versammlungsplätzen dieser Stadt, den Tuilerien, dem Palais Royal, den Boulevards, usw. in die sanftwallenden Wogen dieses menschlichen Ozeans sich selbst hineinstürzt, wie hier jeder, auch der fremdeste Fremdling, ungescheut und ohne alle Bedenklichkeit tun darf, und nun jene Vermischung und Zusammenschmelzung aller Stände, besonders des Militär- und Bürgerstandes, zu einer einzigen großen Bürgerfamilie in der Nähe beobachtet; sieht, wie nunmehr der gemeinste Bürger und der Mann, den Band und Stern bezeichnen, überall, wo beide als Menschen und nicht in ihren Amtsverhältnissen auftreten, zu völlig gleichen Paaren gehn, ohne Unverschämtheit auf der einen, ohne beleidigenden Stolz auf der andern Seite zu verraten; sieht, wie der Soldat des Vaterlandes – dies ist der Ehrentitel, den man hier jetzt der zur Bürgerschaft übergetretenen französischen Garde gibt – und der bewaffnete Bürger an Großmut und Dankbarkeit, wie an gemeinschaftlicher Bemühung, öffentliche Ruhe und Ordnung, nicht durch Bajonette, sondern durch Bitten und freundliches Zureden zu erhalten, miteinander wetteifern; sieht, wie dieses Zureden und jenes Bitten vollkommen hinreichend sind, einen vermischten Haufen von hunderttausend exaltierten Menschen in den Schranken der Ordnung und der Sittsamkeit zu erhalten; sieht, wie sogar die kleinsten Knaben, von dem hohen Bürgersinn und dem Freiheitsenthusiasmus ihrer Väter ergriffen, nach ihrer Weise bewaffnet und mit Fahnen und Trommeln versehn, in großen Scharen durch die Straßen ziehn, und an der Erhaltung der Ordnung und Ruhe Teil zu nehmen scheinen; sieht, wie zu einer Zeit, da alle Gemüter in aufbrausender Gärung sind, da beinahe eine

völlige Anarchie durchs ganze Reich herrscht, und da die große, aus mehreren tausend Rädern zusammengesetzte furchtbare Maschine der ehemaligen Pariser Polizei gänzlich zertrümmert ist, gleichwohl überall, sogar beim größten Volksgedränge, alles so ruhig, so friedlich, so anständig und sittlich zugeht, daß man stundenlang da stehn und die wimmelnde Menge von lebhaften Empfindungen beseelter Menschen unverrückt im Auge behalten kann, ohne auch nur ein einziges Mal eine einzige unanständige oder gesetzwidrige Handlung zu bemerken, ohne auch nur ein einziges Mal ein beleidigendes, scheltendes oder zankendes Wort zu hören.

Joachim Heinrich Campe, 1789

IM JAKOBINERCLUB

Doppelt interessiert dies alles, erzählt im Jeu de Paume, im Anblick des errichteten Denkmals. Noch beschäftigten mich diese Elans der jungen gallischen Freiheit, als ich am 31. Okt. abends in den Club der Jacobins kam. Denn was leugn' ich's? ich ziehe das Vergnügen, hier hinter den Kulissen die kaum entfesselten Franzosen sich ihrer Freiheit freuen und mitunter mit ihren Ketten spielen zu sehen, gar oft der schönsten Oper vor, wo Vestris tanzt, dem schönsten Trauerspiele vor, worin la Rive spielt.

Nach einigen andern Vorträgen erhob sich Dubois de Crancé, ein Mitglied der Nationalversammlung, setzte die Anwesenden in die Zeit zurück, da am 20. Juni sechshundert umhergescheuchte, wehrlose Deputierte, umringt, wie er sich ausdrückte von orientalischem Pomp und den Bajonetten des Despotismus, durch den bekannten Schwur im Ballhause zu Versailles den Grund zur französischen Freiheit legten. Nie denke er daran, sagte er, ohne daß sein Herz lauter schlage, ohne daß er glühe von Patriotismus. Er schlug eine Adresse an die Nationalversammlung vor, worin sie zu dekretieren gebeten würde, 1) daß das Ballhaus zu Versailles, dieses Grab des Despotismus, diese Wiege der Freiheit, für ein National-Denkmal erklärt, verschlossen, dem Schweigen geheiliget, in demselben Zustande, wie es den 20. Juni 1789 gewesen, erhalten, und, sänk' es unter der Hand der Zeit, in derselben Form wieder gebaut würde: auch daß beim Anfang jeder neuen Legislatur die Mitglieder derselben verpflichtet sein sollten, dort den feierlichen Eid zu erneuern; 2) daß der schöne Moment des ersten Schwurs durch ein Gemälde 30 Fuß hoch und 20 breit, von der Hand des größten französischen Meisters auf die Nachwelt gebracht und das Gemälde in dem National-Versammlungssaale aufgehängt werden möge. »Ich sage« fuhr er fort »von der Hand des größten Meisters; und wen anders könnt' ich meinen, ihn, der (avec une touche si fière) Brutus malte und den Schwur der Horatier?«

Der gewölbte Saal erscholl von wiederholtem, lautem Beifall. David, der angedeutete Maler, war in der Versammlung. Alle schauten auf ihn, und blaß von Enthusiasmus, betrat der junge Mann die Rednerbühne, dankte mit bebender Stimme für das in ihn gesetzte Vertrauen, das er zu erfüllen und den Wünschen seines Herzens und der Versammlung zu entsprechen hoffe. Er fügte schön hinzu: »Man hat mir den Schlaf für eine Reihe von Nächten geraubt.« Nun entstand ein edler Wetteifer. Der Abt Dillon trat zuerst auf und vindizierte sein Recht, in dem Tableau unter den Schwörenden gemalt zu werden. Er war einer der wenigen Geistlichen, die sich schon vor dem Tage des Schwures zur Nationalversammlung gesellt hatten. Zur Zeit des Schwures hatte er das unbedeutende Archiv des Clergé bewahren müssen, und nur darum war er nicht dabei gegenwärtig gewesen. Hierüber rief er die anwesenden Mitglieder der Nationalversammlung zu Zeugen, und man fand sein Begehren gerecht. Nun trat Noailles auf, bezeugte seinen Beifall über die Idee, den Schwur jener braven Bürger zu feiern. »Aber ach! die ci devant-Noblesse sieht sich ausgeschlossen, und wie viele von ihnen waren doch mit ihrem Herzen bei dem Schwure! O könnte der Maler sie von ferne stehend malen mit hinlodernden Herzen und mit dem brennenden Wunsche, unter den Schwörenden sein zu können!« Ein dritter stand auf und wünschte, daß die Suppléants mit gemalt werden möchten. Ein vierter wollte die Elenden, die bei einem

Robert Hubert, Sitzung des Jakobinerklubs.

solchen Schwure gegenwärtig gewesen und dennoch in der Folge die gute Sache verlassen hätten, nicht mit gemalt wissen. Ein fünfter trat auf und erzählte einen Zug von Bailly, der nach einigen fruchtlosen Versuchen, das Ballhaus umwimmelnde Volk zu beruhigen, hervor getreten und: im Namen der Nationalversammlung Ruhe geboten habe. Diese Entschlossenheit, der Befehl, der Name der Nationalversammlung, welcher damals zuerst öffentlich unter dem Volke genannt war, alles dieses hatte Wirkung getan, hatte das Volk beruhigt, hatte die öffentliche Meinung vielleicht für die Zukunft bestimmt. Der Redner stellte dem Maler anheim, ob er in seinem Gemälde Gebrauch von diesem Zuge machen könnte.

Der Maler betrat wieder die Bühne, dankte für alle Bemerkungen und bat nur zu bedenken, daß doch historische Wahrheit und Einheit im Bilde sein müsse. Er ward allgemein applaudiert und Mirabeau nahm das Wort, räumte mit herrlicher Wendung dem Genie und Talent einen völligen Despotismus ein, der auch dem Künstler David zu gute kommen müsse, und schlug vor, daß dem Dubois de Crancé die Aufsetzung des schriftlichen Antrags an die

Nationalversammlung aufgetragen würde. Dubois entschuldigte sich mit einer Landreise. Alles rief jetzt: Mirabeau! Mirabeau! Er verstand den Ruf und übernahm die Entwerfung der Adresse. In einer der nächsten Sitzungen verlas er sie und man erkannte die Hand des Meisters.

Gerhard Anton von Halem, 1790

DAS SCHAUSPIEL DER MENSCHENBEOBACHTUNG

Ein Mensch, der von seiner Geburt an nie aus dem Bezirk dieses wunderbaren Zauberorts gekommen wäre, könnte sich rühmen, an Welt- und Menschenkenntnis, wie an Genuß und Vergnügen jeder Art – den einzigen Naturgenuß ausgenommen – keinem nachzustehn, der die ganze Oberfläche der Erdkugel der Länge und der Breite nach durchreist hätte.
Aber nicht die Pracht, nicht der Reichtum, nicht die zahllosen Mittel zum Genuß und zum Vergnügen, welche man hier vereinigt findet; sondern das große, reiche, mannigfaltige und sonderbare Menschengemälde, welches dem Beobachter hier zu jeder Zeit des Tages, ganz vorzüglich aber in den Abendstunden dargeboten wird, fesselt unsere Aufmerksamkeit. Es ist unmöglich, glaube ich, einen, in dieser Betrachtung interessanteren Standort in irgendeinem Teile der Welt zu finden. Hier sieht man Greise und Jünglinge, Matronen und Mädchen, Weltleute, und Priester, ehrbare Frauen und feile Buhlerinnen, reiche Prasser und hungrige Künstler, spekulative Erwerber und törichte Verschwender, Enthaltsame und Wollüstlinge, Kluge und Dumme, Weise und Narren. – Einen an des andern Seite sitzend, stehend oder herumlaufend, in der allermannigfaltigsten, buntesten, sonderbarsten und tolerantesten Vermischung; und – was diese Schauspiele für den Menschenbeobachter am allerinteressantesten macht – Jedermann überläßt sich hier, jedoch mit Vermeidung aller auffallenden Unanständigkeiten, dem innern Antriebe seiner besondern Gemütsstimmung, seiner Neigungen und Abneigun-

gen, ohne alle Bedenklichkeit und Zurückhaltung. Alles, was hier gesagt oder getan wird, bleibt innerhalb der Mauern des Palais; kein Mensch nimmt weiter Notiz davon; kein Mensch bekümmert sich weiter darum. Schon seit vielen Jahren war dieser Ort, ungeachtet er mitten in Paris und dem Throne des Despotismus so nahe lag, der Sitz einer unbeschränkten bürgerlichen und gesellschaftlichen Freiheit, wo man redete was man dachte, und wo man tat was man wollte, ohne daß jemand ein Ärgernis daran nahm. Der Pariser hörte auf, sobald er diesen Ort betrat, ein Pariser und ein Franzose zu sein; er war für den Augenblick ein vollkommener Republikaner, ein Weltbürger, der keine bürgerlichen und keine konventionellen Einschränkungen und Fesseln kannte. »Hier«, schrieb Mercier vor acht oder neun Jahren schon, »schaut man sich einander mit einer Unerschrockenheit ins Gesicht, welche in der ganzen Welt nirgends als zu Paris, und in Paris nirgends als im Palais Royal sittlich ist; man schreit hier, statt zu reden; man rennt gegen einander an; man ruft sich von weitem; man nennt bei ihren Namen die vorbeigehenden Damen, ihre Männer, ihre Liebhaber; man wirft ihnen ein charakterisierendes Wort in den Rücken, man lacht einander fast ins Angesicht – alles ohne jemand beleidigen, ohne jemand demütigen zu wollen. Hier hätte Lavater seine Physiognomik schreiben müssen!« Hier, füge ich hinzu, entwickelte sich seit vielen Jahren schon der Keim der französischen Freiheit, welche jetzt in schönster Blüte steht, und welche der Himmel durch Tau und milden Sonnenschein zu ihrer Reife fördern wolle! Hier, und zwar besonders in den beiden berühmten Kaffeehäusern unter den Arcaden dieses Palais, dem Café de Foix und dem du Caveau, welche mit debattierenden Politikern vom Morgen bis an den Abend angefüllt sind, ward jener Keim, ohne daß die Regierung es merkte oder verhindern konnte, gepflegt und genährt, bis er endlich zu einem so schönen, geraden und mächtigen Stamme urplötzlich in die Höhe schoß! Hier war es endlich, und hier konnte es auch nur sein, wo die wunderbare Staatsumwälzung ihren Anfang nahm, als ein edler Bürger – sein Name scheint nicht bekannt geworden zu sein – auf einen der Stühle dieses Gartens sprang, und dem bei Tausenden herbei-

Philibert-Louis Debucourt, Die öffentliche Promenade, 1792.

strömenden Volke, welches Lambesc aus den Tuilerien verjagt hatte, den kühnen Rat entgegenrief: die Cocarde anzulegen und sich zu bewaffnen.

Es ist eine Bemerkung, welche wohl keinem entgeht, der die Tuilerien und das Palais Royal hintereinander besucht, daß die nämlichen Menschen, die er dort sah, hier nicht mehr die nämlichen

zu sein scheinen. Nach jenen geht man, um sich zu zerstreuen, zu erholen und zu vergnügen; nach diesem, um politische Neuigkeiten auszuwechseln und über die öffentlichen Angelegenheiten sich zu beratschlagen. Dort hängt man also nur den sanfteren, geselligen Empfindungen, hier den Sorgen für das gemeine Beste und der eifersüchtigen Fürsorge für die Erhaltung, Befestigung und Vermehrung der neuerrungenen Freiheit nach. Dort sieht man also auch lauter ruhige, heitere und fröhliche Gesichter, welche teils in dichten und bunten Haufen um die Stämme der alten ehrwürdigen Kastanienbäume und zwischen denselben auf kleinen, hier bei Tausenden zur Miete stehenden Stühlen sitzen, teils in sanftwallenden Strömen auf den langen und schönbeschatteten Bahnen zwischen den vielfachen Baumreihen lustwandelnd auf und niederwogen; hier hingegen erblickt man, und zwar oft an den nämlichen Menschen, die man dort eine Stunde vorher so heiter und so ruhig sah, fast lauter ernste Gesichter, mit angespannten Muskeln und mit Augen, die nicht selten patriotische und republikanische Funken sprühen. Dort sieht man noch Franzosen, aber veredelte, zu einer für ein freigewordenes Volk sich geziemenden Simplizität und Würde in Kleidung und Sitten zurückgekehrte Franzosen: hier hingegen glaubt man lauter Engländer, wo nicht gar Griechen und Römer, die sich über das gemeine Beste beratschlagen, vor sich zu sehn. Die Bemerkung dieses Unterschieds, welcher Jedem, auch dem stumpfesten Beobachter, von selbst in die Augen springt, hat etwas eben so Angenehmes als Auffallendes.

Nichts kann unterhaltender und interessanter sein, als sich hier in eine der großen, lauten, aus mehreren hundert dicht ineinander geschobenen Figuren bestehenden Gruppen zu mischen, welche sich auf diesem Platze schon in den Morgenstunden bilden, und den ganzen Tag hindurch, bis tief in die Nacht hinein, des unaufhörlichen Zuflusses wegen, wodurch die Abgehenden in jedem Augenblick ersetzt werden, immer die nämlichen zu bleiben scheinen. Die Entstehung solcher Gruppen ist besonders merkwürdig anzusehn. Zwei oder drei, in Gespräch begriffene Männer stehen still; ihre Stimme erhebt sich; ihre Gebärdensprache wird lebhafter; sogleich erregen sie die Aufmerksamkeit und Neugier der Vorübergehenden; man gesellt sich – gleichviel ob bekannt oder unbekannt – ihnen bei, um an dem Inhalte ihrer Unterredung Teil zu nehmen; es entsteht ein Haufe, und in einigen Minuten schwillt derselbe zu mehreren hundert Köpfen an. Nur diejenigen, welche dem Mittelpunkt am nächsten stehen, können hören, wovon die Rede ist, und reden mit. Unter den Übrigen läuft die Frage: que dit-on? (was sagt man da?) wie ein Lauffeuer herum, ohne daß diejenigen, an welche sie gerichtet wird, sie beantworten können: Nach und nach entstehen in dem Umkreise des schwellenden Zirkels mehrere Mittelpunkte zu mehreren kleinen Kreisen, welche sich innerhalb des größeren bilden, und in deren jedem oft etwas ganz Verschiedenes von demjenigen abgehandelt wird, was die erste Veranlassung zu dem Zusammentreten gab. So sieht man oft dergleichen Menschenhaufen, den ganzen Tag über auf einer und eben derselben Stelle, wie eingewurzelt haften, ungeachtet die einzelnen Personen, aus denen sie zusammengesetzt sind, kaum eine halbe Stunde lang die nämlichen bleiben, und ungeachtet die Gegenstände, worüber man sich unterredet, in den verschiedenen Teilen dieser Gruppen oft himmelweit verschieden sind.

Joachim Heinrich Campe, *1789*

CHÂTELET UND MORGUE

Im 9. Jahrhundert zwei Türme, die zur Verteidigung der Stadt dienten. Jetzt liegen beide im Mittelpunkte derselben. Wenn man dies bedenkt, und so oft in großen Städten hört: hier waren ehemals die Mauern, so kann man sich der Frage nicht erwehren, was aus diesem ewig vermehrten Zusammendrängen der Menschen werden soll? Die Ursachen des Zuströmens aus den Provinzen in die Hauptstadt nehmen immerfort und durch dies Zuströmen selbst zu. Mit jedem neuen Ankömmling werden die Bedürfnisse vermehrt, und folglich in gleichem Verhältnisse mehr Mittel notwendig, diese Bedürfnisse zu befriedigen. Käme nicht auch hier das Schicksal durch plötzliche Revolutionen uns wohltätig zur Hilfe, so müßte man endlich, durch den unaufhörlichen Verlust, den der Ackerbau an Ländereien und Bebauern durch die Städte leidet, einen allgemeinen Mangel an dem eigentlichen Ertrage der Erde befürchten. Doch so legen entweder Erdbeben die Städte in

Trümmern, oder einbrechende Völker zerstören sie, oder diese und andre Revolutionen vermindern die Volksmenge eines ganzen Landes so sehr, daß Jahrhunderte dazu gehören, nur die leeren Mauern wiederum zu bevölkern. Dies lehren Athen, Rom, und die Städte des alten Asiens, von deren ungeheurem Umfang nur ihre Überreste uns einen Begriff geben. Die Normannen bemächtigten sich des kleinen Châtelets. Das große belagerten sie vergebens, obgleich mit solcher Wut, daß sie sogar ihre Gefangne töteten, um sich dadurch eine Brücke über den Graben zu schaffen. Daß das große Châtelet noch von Caesar herrühren sollte, ist ungeachtet der Überschrift eines Zimmers: tributum Caesaris, die man noch im 16. Jahrhundert da las, wenn man die Bauarten vergleicht, nicht möglich. Das Gebäude ist offenbar gotisch. Das große Châtelet ist jetzt ein Gerichtshof. Unten auf dem Hofe ist ein kleines Gewölbe, vorn mit einem Gitter verschlossen, in das man alle unbekannte Leichname legt, die man auf der Straße, oder im Wasser findet. Sie bleiben 2 bis 3 Tage da ausgestellt, und werden dann, wenn niemand sie für die seinigen er-

Petit Châtelet und Petit Pout, 1780.

kennt, begraben. Selten vergeht eine Nacht, die diesem Gewölbe nicht einen Toten brächte. Man denke sich also den Gestank dieses engen Gewölbes. Allein was mir wenigstens diesen Ort schauderhafter gemacht hat, als selbst der Anblick des Todes hätte tun können, ist die Idee des Fremdseins, der Gedanke, daß ein Mensch, mitten unter beinahe einer Million Menschen, so von allen Menschen getrennt leben kann, daß ihn auch nach seinem Tode niemand für den seinigen erkennt. Das Aufstellen solcher Unglücklichen ist gewiß eine heilsame und notwendige Polizeianstalt. Desto grausamer war es, daß man in Löwen den Fremden, den die Truppen, die gleich nach den Unruhen die Stadt besetzt hielten, unschuldig ermordet hatten, nicht zeigen wollte, sondern ihn gleich in der Stille fortschaffte. Allein freilich verbirgt der Despotismus gern die Schlachtopfer seiner Tyrannei. Daß man in Paris fast in jeder Nacht Leichname findet, darf von der Sicherheit der Stadt keinen unvorteilhaften Begriff erregen. Sie ist jetzt, vorzüglich seitdem die Bürger sich selbst Wache sind, größer, als vielleicht in irgend einer andren großen Stadt. Allein bei so vielen aufeinander gehäuften Menschen, wovon viele in den verzweiflungsvollsten Lagen sein müssen, können Selbstmorde, und Unglücksfälle jeder Art nicht anders als häufig sein. Dann mag auch manche Ermordung in so vielen Häusern hinzukommen, die bloß den rohesten Ausschweifungen gewidmet sind. Viele kommen auch wahrscheinlich durch Verwahrlosung um. Das Gefühl von Interesse des Menschen am Menschen, der Trieb gegenseitiger Hilfe, erstirbt in so großen Städten beinahe ganz. Ich sah mehr als einmal des Abends in volkreichen Straßen Menschen liegen, von denen ich wenigstens im Vorbeigehn nicht hätte entscheiden mögen, ob sie tot oder lebendig waren. Wie leicht konnten sie krank sein und in diesem hilflosen Zustande umkommen. Jedermann ging vorüber. In kleinen Städten, auf dem Lande ist jeder jedem näher, wenn er ihn auch nie gesehn hätte. Die Ursache davon würde ich nicht sowohl in der Menge der Hilfsbedürftigen in großen Städten suchen – denn es gibt ja auch verhältnismäßig mehr der helfenden – als darin, daß bei dem Gewirre und Getümmel von Menschen, bei der ungeheuren

Charles Meryon, Die Morgue, 1854.

Menge mannigfaltiger Interessen der Wert eines einzelnen Individuums geringer erscheint, daß man gegen das menschliche Elend, da man es in so vielfacher Gestalt erblickt, gleichgültiger wird, und endlich vorzüglich darin, daß man in großen Städten, teils wegen der Polizei, die für alle sorgt, teils wegen der großen Leichtigkeit, alle Bedürfnisse befriedigen zu können, niemanden für so hilfsbedürftig hält, mit dem Lande und kleineren Städten hingegen Begriffe von einer Einsamkeit verbindet, die eigentlich nur in den großen wirklich ist. Das kleine Châtelet, jetzt ein Gefängnis, war unter dem Heiligen Ludwig ein Zollhaus. Er verordnete, daß Taschenspieler, und Leute die mit Affen herumgehn, vom Zoll frei sein sollten, wenn sie dem Zöllner ihre

Künste vormachten. Daher das Sprichwort: payer en monnaie de singes, en gambades.
Wilhelm von Humboldt, 1789

EINFAHRT IN DIE HAUPTSTADT

Ich darf Ihnen wohl nicht erst viel von der Neugierde sagen, mit welcher wir uns der allgemein gepriesenen Hauptstadt der Franzosen, der Königin der Städte, näherten. Man sollte sie von weitem schon zu sehen wähnen, allein man bekommt sie erst zu Gesicht, wenn man ganz nahe daran ist, und auch dann sieht man nichts als Schornsteine und Mauern und Steinmassen: aber den Lärm der Wagen, der Karren und Menschen hört man ziemlich weit vorher. Ein sonderbares Schauspiel sahen wir nahe an der Vorstadt St. Martin, durch welche wir eintraten: ein Herr, sehr wohl gekleidet, saß dicht am Weg, auf dem wir fuhren, und verrichtete ein Naturbedürfnis, was wir nur sub rosa befriedigen; eine eben so wohl gekleidete Dame, hoch frisiert, stand dicht bei ihm und hielt seinen Stock. In Paris fand ich dies leider oftmals bestätigt durch die vielen Menschensatzungen, die in manchen Straßen an den Häusern her paradieren und den Vorübergehenden Wohlgerüche entgegen duften. An den königlichen oder andern öffentlichen Gebäuden stehen Plakate angeschlagen, auf welchen der Polizeileutnant dergleichen natürliche Offenherzigkeiten bei Strafe verbietet.
Ehe wir noch zur Vorstadt hinein fuhren, zog eine prächtige Rotonde im herrlichsten antiken Geschmack, die ich für den Palast eines Duc oder Marquis gehalten hätte, unsere Augen auf sich: aber es ist dies nichts mehr und nichts weniger als – ein Zollhaus mit unterirdischen Gewölben, wo die contrebandiers hinein gesperrt und die Reisenden visitiert werden. Uns widerfuhr indes die Ehre erst am Tor der Vorstadt, wo sie den Koffer öffneten, ein wenig herum suchten, und uns dann hin fahren ließen. Solcher Rotonden oder Zollhäuser haben die Generalpächter nur rings um Paris herum sieben oder zehn gebaut, und man kann hieraus

Gérard, Porte Saint Martin.

schließen auf ihren unsäglichen Profit, wenn sie solche Summen auf die Zollhäuser verwenden können. Von dem Hôtel des Fermes Générales ein andermal. Gegenwärtig hat die Herrlichkeit der Generalpächter auch ein Ende. Sic transit gloria mundi. In dem großen Almanac Royal von 1775 find' ich ihrer zweiundneunzig angezeigt, und die Anzahl ihrer dienstbaren Geister (employés) war Legion.

Ich kann Ihnen die Empfindungen nicht schildern, die sich in meiner Seele durchkreuzten, als wir durch die Vorstadt St. Martin in Paris einfuhren: das entsetzliche Gewühl von Menschen, von Wagen und Pferden, und die Menge der vielen neuen Gegenstände, ließen mich gar nicht recht zu mir selbst kommen. Wir besahen einige Hôtels, unter denen wir endlich das Hôtel de Valois in der Straße Richelieu wählten, wo wir für ein Apartement monatlich 12 Carolins und für das Essen auf dem Zimmer, dem Traiteur mittags für die Person 4, und abends 3 Livres ohne Wein zahlen mußten. Der Lohnbediente bekam allein 3 Carolins monatlich. Nun heißt sie die Straße des Gesetzes, seit dem die Straßen, welche nach Personen der vorigen Regierung ihre Namen hatten, andere mehr aristokratische Benennungen erhalten haben. So heißt die Straße Choiseul jetzt rue du grand Barnave! die Straße, worin der verstorbene Mirabeau wohnte, rue de Mirabeau, der Place de Vendôme, jetzt Place de la Constitution! Alles atmet also gegenwärtig Staatsänderung!! Wir wohnten also in einer der längsten, der breitesten und lebhaftesten Straßen der Stadt, und ich versucht' es oft, wenn ich zu meinem Fenster heraussah, einen Augenblick zu finden, in welchem nicht Kutschen oder Karren vor unserm Hause vorbeiführen, aber da war keiner. Abends um zehn Uhr, wann es in unsern Städten anfängt ruhig zu werden, dann fängt der Lärmen erst recht an; die Leute fahren aus der Komödie zu den soupers, und das dauert so bis Mitternacht. Mit Anbruch des Tages fängt das Geschrei der Käufer und Verkäufer an, deren einige ihre Ware ordentlich absingen; zu gleicher Zeit kommen auch die Karren der boueurs, welche den Unrat aus der Stadt fahren, so daß man die erste Nacht unmöglich schlafen kann.

W. L. Steinbrenner, 1790

Sie erraten leicht, daß ich die Ruinen der Bastille besehen habe. Im buchstäblichen Verstande: Man hat keinen Stein auf dem andern gelassen. Man sagt, daß man da nicht wieder bauen, sondern einen Garten aus dem Platze machen wird. Das kann sein; allein zur Zeit hat man noch keine Anstalten dazu getroffen; es ist ein verfallenes Gemäuer, das durch das Andenken dessen, was es gewesen ist, die Einbildungskraft mit Grausen erfüllt.

Überall spricht man noch von der großen Prozession, die einige Tage vor meiner Ankunft gehalten worden war. Der Leichnam des Voltaire, den man von Bourgogne hierher gebracht hatte, wurde auf den Ruinen der Bastille niedergelegt, wo man ihn dann auf einen prächtigen Wagen legte, der von 12 Pferden der Königin gezogen wurde. Über den Leichnam selbst errichtete man ein Prachtbette, auf welchem Voltaire im Bildnisse lag. Dieses Prachtbette steht gegenwärtig mitten in der Kirche, wo ich es gesehen habe, und ist mit Inschriften und einer Menge Tafeln umgeben, auf denen die Titel aller seiner vorzüglichsten Werke stehen. Die Prozession fing bei der Bastille an, ging um die Boulevards, dauerte mehrere Stunden, und endigte sich in der Kirche der heiligen Genovefa.

Ich könnte wünschen, daß man es nicht getan hätte; aber ich werde darum nicht nachteilig über die Nationalversammlung urteilen. Voltaire hat sein Leben damit zugebracht, die willkürliche Gewalt, den Despotismus, die Hierarchie, den Aberglauben und den Fanatismus zu bekriegen. Er war es, der zuerst die Rechte des Menschen lehrte und unsre Augen gegen die Irrtümer öffnete, in denen die Welt seit so vielen Jahrhunderten versunken lag; er war es, der in allen seinen Werken eine unendliche Menge von Ideen verbreitete, welche die neueren Schriftsteller auffaßten, entwikkelten, erläuterten und allgemeiner machten; er war der Vater der bürgerlichen und der Religionsfreiheit des neueren Europa, er war ein großer Mann, und, vielleicht ohne es zu wollen, der Wohltäter des Menschengeschlechts. Aber indem man ihm den Tribut bezahlte, der der Dankbarkeit Ehre macht, konnte man wohl seine teils lächerlichen, teils niedrigen und elenden Schwachheiten, seine Zänkereien, seine geheimen Ränke wider seine gelehrten Gegner, seine Eifersucht, seinen unversöhnlichen Haß, und endlich gewisse Handlungen vergessen, die uns berechtigen, selbst an der Rechtschaffenheit seines Herzens zu zweifeln? Hat er nicht endlich, indem er den Fanatismus und den Aberglauben angriff, alle christliche Religionen selbst, zu deren einer sich Frankreich jetzt noch bekennt, bei der Wurzel gefaßt und zu Boden geschlagen? – Der Wagen, auf dem man ihn fuhr, steht unter dem Bogengang der Kirche; er ist im antiken Geschmacke und von einer ungeheueren Größe und Schwere. Die 12 Pferde waren vier an vier gespannt, und ich glaube gern, daß es derer nicht zu viel gewesen sind. –

Ich erstaunte, den Ludwigsplatz (la place de Louis XV) ungefähr eben noch so zu finden, wie ich ihn vor viereinhalb Jahren gesehen hatte. Alles ist in der nämlichen Unordnung, und die neue Brücke, die man nahe bei diesem Platze angefangen hatte, ist eben so wenig vollendet. Aber ich sah mit Vergnügen in diesem ganzen Viertel eine ungeheure Menge Arbeiter, deren der eine Teil an der Brücke, und der andre daran arbeitete, die Quais an dem Flusse zu machen. Es ist eine sehr weise Politik der Nationalversammlung, so viele müßige Hände zu beschäftigen, als es nur immer die Finanzen erlauben: eben so viele Individuen sind dadurch für die öffentliche Ruhe gewonnen. Diese Arbeiter, die ihrer Arbeit nach alle zu den niedern Klassen gehören, würden, wenn sie nicht beschäftigt wären, nichts als Unruhen erregen und unendlich viel Böses stiften, auf welche Seite sie sich auch schlügen.

Mit dem heilsamen Entschlusse, alle Häuser auf den Brücken niederzureißen, hat man fortgefahren, und die Brücken zum Teil neu erbaut, so daß jetzt dem großen Übel einer versperrten Luft abgeholfen ist.

Daß Paris jetzt viel stärker erleuchtet wäre als sonst, dünkt mich eben nicht; der große Punkt aber, den es hierinnen durch die Revolution erhalten hat, ist, daß es zu allen Zeiten erleuchtet wird, welches sonst keineswegs der Fall war; denn die Regierung gab

Die befreiten Gefangenen der Bastille werden durch die Straßen geführt.

Pensionen auf Mondenlicht, und wenn nun der Mond nicht erschien und die Nacht stürmte und regnete, so zertraten sich die armen Pariser im Dunkeln.
Karl Gottlob Küttner, 1792

STURM AUF DIE TUILERIEN

Paris, 12. August 1792

... Um neun Uhr morgens am 10. zogen die bewaffneten Haufen, sich gebärdend wie rasend Tolle, vorbei an einem Fenster gegen die Tuilerien zu, dem Aufenthalt des Königs. Ich verließ sogleich mein Zimmer, um zu sehen, was es geben würde. Ich kam noch vor Ankunft der Horde in den Garten der Tuilerien. Ich sah einen großen bewaffneten Haufen von braven Schweizern und Nationalgarden sich langsam vom Schlosse weg gegen die Nationalversammlung hinbewegen. Der König, seine Schwester, seine Frau und seine zwei Kinder waren in ihrer Mitte. Der brave Röderer, Generalprokurator des Departements, unfähig, zur Ruhe noch etwas zu wirken, hatte den König gebeten, sich mit den Seinigen in die Mitte der Nationalversammlung zu begeben; der einzige Weg, um ihr Leben zu sichern. – Ich sah den König hineingehen und war glücklich genug, mich auch hineinzudrängen. – Nie vergesse ich diesen merkwürdigen Anblick. Der König stellte sich zur Seite des Präsidenten. Die Frauenzimmer setzten sich gegenüber auf eine Bank an den Schranken der Nationalversammlung. – Aber der König durfte da nicht bleiben, weil die Konstitution in seiner Gegenwart den Gliedern der Nationalversammlung zu verhandeln verbietet, und ihre Verhandlungen waren doch notwendig. Es entstand die Frage: Wo ihn hintun? – Während der Beratungen darüber lag der König auf seine Hände gestützt, mit dem Bauche halb über den Tisch, der vor dem Präsidenten stand. Kindisch läppisch und kindisch gutmütig, sorglos und unbekümmert, in diesem ernsten, gefährlichen Augenblick auch ohne die mindeste Spur von Würde, von Überlegung, von Ideenarbeit, hörte er den Reden für und wider der verschiedenen Mitglieder zu, ohngefähr wie einer, der zum erstenmal so etwas hört und in einer dummen Erstarrung halb lachend zu sich sagt: »Das ist doch närrisch.« Gegenüber saß die Königin, in deren Gesicht man erstaunt war, alles, alles, gleichsam doppelt gehäuft zu finden, was man am Könige vermißte. Sie hatte Rock und Kamisol an von blauem Zitz mit weißen Blumen, ein einfaches weißes Tuch ohne Spitzen und Verzierung um ihren Hals, eine Art von Haube auf ihrem Kopf. Sie hatte den Dauphin auf ihrem Schoß – einen kleinen, bildschönen Knaben. Sie drückte ihn zuweilen an sich, mit Beklemmung, als dächte sie, was wird aus dir werden? Sie sah tiefsinnig und kummervoll von Zeit zu Zeit um sich her, sie faßte mit Ernst und hoher Verachtung jedes Mitglied ins Auge, dem in diesem Augenblick der Schonung und Menschlichkeit unglimpfliche Ausdrücke entschlüpften. Ich versichere Sie, die Königin war sehr rührend in diesem Augenblicke. Sie ist nicht so schlecht, wie Parteisucht und Privathaß sie gemacht hat und wie ich selbst anfänglich glaubte. Ich habe seitdem viele Züge von Edelmut und Menschenliebe von ihr gesammelt. Sie war ausschweifend und verschwenderisch, wie die meisten Weiber von Paris, aber beides hingerissen, arglos und ohne Berechnung der Folgen. Wohlwollend und gütig von Natur – hat sie auch manches Leiden getröstet. Ihre Fehler hat sie hart gebüßt. Ihre Haare sind grau geworden seit acht Monden. Ihre Fehler schienen mir nie verzeihlicher als in der Nationalversammlung, wo ich gegen ihr über, in *dem* Augenblick so ganz geschildert, den bemitleidenswerten, guten, armen, unvermögenden Ludwig XVI., ihre große Entschuldigung sah. – Dem Könige und seinem Hause wurde endlich eine Loge zur Seite des Präsidenten angewiesen. Es war eine Loge mit Gitterwerk. Er wurde der ferneren Beobachtung entzogen! Der brave Röderer hielt darauf einen Vortrag, worin er auseinandersetzte, was er zur Erhaltung der öffentlichen Ruhe hatte tun wollen und nicht hatte tun können. Er sagte, er habe der Schweizergarde, die das Schloß bewache, Befehl gegeben, nicht anzugreifen, aber Gewalt mit Gewalt zurückzutreiben, wenn man das Schloß bestürmen wolle! – Bald darauf hörte man die ersten Kanonenschüsse. Die Nationalversammlung erstarrte auf einige

Monnet, Der 10. August 1792.

Augenblicke. Sie sprach hernach aus Angst. Ich entfernte mich und war hernach immer in der Nähe des Gefechts, weil ich nicht mehr zurück konnte; denn alle Zugänge der Nationalversammlung waren besetzt, und man feuerte von allen Seiten. – – Die Horde von Pikenträgern und Föderierten war gegen das Schloß angezogen und hatte die Schweizergarde aufgefordert, es zu übergeben. Diese hatte sich geweigert. Die Föderierten feuerten, die Schweizer feuerten wieder. Auf beiden Seiten ladete man die Kanonen mit Mitraille. Die Schweizer, kaum tausend Mann, verließen sich auf die Unterstützung der Nationalgarde, aber diese ließ sie schändlicherweise im Stich, floh zum Teil, machte zum Teil gemeinschaftliche Sache mit der angreifenden Horde. Die armen Schweizer, bestürmt von allen Seiten, überwältigt von der Menge, streckten endlich das Gewehr. Ihrer waren nur wenige im Gefecht geblieben. Aber jetzt, nachdem sie sich ergeben hatten, fiel man jämmerlich über sie her, zwanzig über einen und ermordete sie jämmerlich. Man hat sie totgeschlagen, wo man sie fand, in den meisten Straßen von Paris lagen Leichen. Ich habe Szenen gesehen, worüber die Menschheit schaudert. Man hat sie lebendig ins Feuer geworfen; man hat sie geschunden und verstümmelt. Weiber, immer die wütendsten, die grausamsten, sogen ihr Blut. Selbst die toten Körper blieben von keiner Art der Mißhandlung frei. Abends führte man die verstümmelten Leichname fort, dreißig bis vierzig auf einem Wagen; oben darauf setzten sich Pikenträger, triumphierend, immer gegen die toten, nackten Körper noch wütend. – Ihre zerrissenen Kleidungsstükke, ihre Köpfe auf Stangen hat man im Triumph umhergetragen. Man hat die Schweizer in den Häusern aufgesucht, die Türhüter waren. – Und diese braven Schweizer alle folgten ihrer Order, verteidigten ihren Posten und taten also ihre Pflicht. – Es sind außerdem viele Menschen erschlagen worden, und auch von der Partei der Horde sind im Gefecht eine große Menge geblieben. Auf dem Schlosse ist alles zuunterst zuoberst gekehrt, alles verrückt worden. Viele kleine Häuser drum herum, Kasernen und dergleichen stehen noch im Feuer. – Der König ist an demselben Tage seiner Amtsverrichtungen entsetzt, seine Einkünfte sind

eingezogen worden, denn kein Mensch in der Nationalversammlung wagte, der herrschenden Partei zu widersprechen. Der Pöbel schwärmt noch wütend in den Straßen umher. Man reißt die Bildsäulen der Könige, diese Meisterstücke der Kunst, die Zierden der öffentlichen Plätze, nieder. Sogar die von Heinrich IV., dem besten der französischen Könige, dem Frankreich so viel zu danken hat, ist nicht unverschont geblieben. Man fürchtet für noch mehrere Ausschweifungen, denn man ist des Pöbels nun gar nicht mehr Meister. Zucht und Ordnung ist verloren. – In der Nacht vom 10. zum 11. war ganz Paris, wie man in Zeiten der Gefahr zu tun pflegt, erleuchtet. Aber wie schaurig war diese Erleuchtung! In den Straßen, sonst unablässig voll Gewühl, voll Getümmel, voll Wagen und voll Menschen bis spät nach Mitternacht hin, bewegte sich keine Seele, als hie und da eine langsam auf und ab ziehende Patrouille, als hie und da ein scheuer, einzelner, schleichender Mensch. Die Würger waren satt und müde und besoffen für diese Nacht vom geraubten Wein in den Königlichen Kellern. Aber die guten Menschen waren verschlossen in den Häusern, sie ließen sich nicht sehen, sie schienen die Geister der Erschlagenen zu fürchten. – – Auch am Tage sind alle Läden geschlossen, alles Gewerbe, alle Betriebsamkeit ist unterdrückt. – Es ist dumpfig und öde und grauenvoll in Paris! …
P. S. Ich wünschte aus verschiedenen Ursachen, daß Sie diesen Brief aufbewahren möchten!
Justus Erich Bollmann, *1792*

PARISISCHER UMRISS

Paris, ich hab' es Ihnen schon gesagt, mein Freund, ist die Quelle der öffentlichen Meinung, das Herz der Republik und der Revolution. Vielleicht ließe es sich, sogar ohne Scherz, noch besser mit dem Magen vergleichen, wenn diese Idee auch schon Ihren Persifleurs zu allerlei witzigen Einfällen Anlaß geben könnte. Mögen sie doch glauben, und ihrem Publikum weis machen, daß wir uns hier, wie die Spanischen Edelleute die Zähne stochern, ehe wir zu

Mittag gegessen haben! Wo man so viele Armseligkeiten glaubt, mag eine mehr leicht in den Kauf gehen. Aber wahr ist gerade das Gegenteil: nie hat der *Bürger* in Paris besser gelebt als jetzt, da freilich nur Eine Art Brot gebacken wird, hingegen auf den mit Überfluß prangenden Märkten, keine Haushofmeister und Köche von reichen Prassern mehr zu sehen sind, die den Sansculotten das Beste vor dem Munde wegzuschnappen pflegten. Der starke Gewinn des Handwerkers setzt ihn in Stand, sich mit einer gewählteren, wohlschmeckendern Kost als zuvor gütlich zu tun, und er genießt jetzt an seinen Festtagen um geringes Geld die Leckerbissen, die Eure reichsstädtischen Sardanapalen sonst mit Extrapost aus Frankreich verschrieben und unter dem Vorsitze der Göttin Dullness verschlangen. Die köstlichen Weine aus Languedoc, Champagne und Bourgogne, die unsere Nachbarn uns sonst austranken, netzen jetzt nur republikanische Gaumen. Lord Howe mit seiner allmächtigen Flotte hat doch den Austern, Hummern und Steinbutten ihr Futter noch nicht abgeschnitten; wir fangen sie so fett und schmackhaft als je an unseren fischreichen Küsten. Unsere Bäuerinnen in der Normandie haben durch die Revolution die Kunst Kapaunen und Poularden zu stopfen, noch nicht verlernt. Die Ananas reifen nach wie vor in unseren Treibhäusern, und die Sonne hat uns dieses Jahr auch warm genug geschienen, um unsere unzähligen Obstsorten mit Würze, Saft und Kraft zu füllen. Die Natur scheint es nicht im geringsten übel zu nehmen, daß keine Ducs und Pairs, keine Generalpächter, sondern arme Sansculotten ihre köstlichsten Erzeugnisse verzehren. Anstatt aber, daß vor diesem die wohlschmeckendsten Gerichte für den unersättlichen Schwelger durch den Mißbrauch ihren Reiz verloren, haben wir das Geheimnis gefunden, die Gaben unseres fruchtbaren Bodens ohne Überdruß zu genießen, indem wir mit Auswahl und Mäßigkeit nur die Feste des Vaterlandes und der Gastfreundschaft durch ihren Genuß erhöhen. An Werkeltagen genügt jedem sein Braten und ein Salat, der darum nicht schlechter schmeckt, daß ihn der letzte Erzbischof von Paris nicht zubereitet hat.

Paris – nicht wahr, Sie verzeihen mir meine Arabesken, wenn

ich nur zuweilen auf das Hauptwort zurückkomme? – Paris empfindet, denkt, genießt und verdaut für das ganze Land. Daher war in der Tat der Anschlag nicht so übel erdacht, im vorigen Jahre schnurstracks hierher zu marschieren und die Revolution zu ersticken, indem man Paris von der Erde vertilgte, oder wenigstens auf ein Paar Jahrhunderte, wie Antwerpen, in den kläglichen Zustand zwischen Leben und Tod versetzte. Paris gibt den Ton an, nicht bloß wegen seiner Bevölkerung und Größe, sondern weil der Umlauf des Handels, der Ideen, der Menschen selbst, im Lande noch unbedeutend ist. Kaum der zwanzigste, vielleicht nicht einmal der dreißigste Einwohner Frankreichs kommt aus seiner Stelle; indes in England wahrscheinlich der vierte Teil der ganzen Volksmenge wenigstens einmal im Jahre durch London getrieben wird, und dadurch einen Grad von Unabhängigkeit, von Übung und von Klarheit im Denken erlangt, den in Frankreich nur der Pariser haben kann. Schon unter der monarchischen Regierung lebte der Französische Adel und alles, was wohlhabend war, das ganze Jahr hindurch in Paris; da hingegen in England den Sommer über alles auf die Landgüter hinausströmt, und überall sein Interesse von dem der Stadt zu trennen weiß. Bei uns ist Paris der einzige Maßstab der Vollkommenheit, der Stolz der Nation, der Polarstern der Republik. Hier allein ist Bewegung und Leben, hier Neuheit, Erfindung, Licht und Erkenntnis. Paris ist der Kommunikationspunkt zwischen allen übrigen Städten, zwischen allen Departements der Republik; alles fließt hier zusammen, um erst von hieraus nach den Provinzen zurückzuströmen. Die Gesetze des Geschmacks und der Mode wurden seit einem Jahrhundert in Paris gegeben und promulgiert. Frankreich gehorchte ihnen wie Göttersprüchen; und ohne daß wir es verlangten, huldigte ihnen Europa. Noch jetzt wird ihre Oberherrschaft jenseits unserer Grenzen anerkannt, wie schon die bloße Existenz Eurer Modejournale beweisen muß; aber im Bezirke der Republik selbst gebietet jetzt Paris auf eine weit wirksamere Art: durch die Kraft der öffentlichen Meinung.

Wer der Revolution gefolgt ist, wird wissen, daß alle ihre Haupt-

Fragonard/Massard, Jakobiner.

ereignisse in Paris angelegt und ausgeführt wurden. Das Pariser Volk war ein wirksames Instrument in den Händen derer, die es wagten, die Stimmung der Nation auf die Probe zu stellen, und zuerst den Sinn der Menge laut auszusprechen. Nichts beweist so sonnenklar und unwiderleglich die Reife der Franken für eine republikanische Verfassung, als der Umstand, daß die Hauptstadt, der Sitz des frechsten Luxus und des ungezähmtesten Sittenverderbnisses, bei diesem Umsturze der Monarchie den Ton angegeben hat. Allerdings mußten in diesem ungeheuern Sammelplatze des Reichtums, der Schwelgerei und des Egoismus, die Feinde der Revolution zahlreicher und durch ihre Vereinigung stärker, als in irgend einem andern Punkte des ganzen Landes sein; und auf diese Art erklärt sich das Phänomen der ununterbrochenen Gärung, die in Paris, mehr oder weniger offenbar, seit dem Anfange der Sitzungen der ersten Nationalversammlung fortgedauert hat. Alles, was nur durch Ränke, Verschlagenheit, Verleumdung, Bestechung und Verführung, durch Bubenstücke und Abscheulichkeiten aller Art, verübt werden konnte, um den Fortschritt des Freiheits- und Revolutions-Geistes zu hemmen: alles hat man versucht und mit unermüdetem Beharren angewendet; und alles hat gleichwohl die Überlegenheit derer, die das Gegenteil wollten, durch Kraft und Unerschrockenheit vereitelt.

Ohne hier den Wert der Revolutionsideen im geringsten untersuchen, und ihre Sittlichkeit nach konventionellen Vorstellungen abmessen zu wollen (was überhaupt im ganzen großen Gange der Weltbegebenheiten so mißlich scheint), wird man mir zugeben müssen, daß die außerordentliche Verbreitung wissenschaftlicher Begriffe und Resultate in Paris, der Grund von jener großen Empfänglichkeit seiner Einwohner für Revolutionsideen geworden ist. Die Neugier der Pariser ist viele Grade feiner und unterscheidender, als in irgend einem Winkel des ganzen Landes, und ihre Ausbildung durch den Umgang mit unterrichteten Leuten, und durch die Übung, im Schauspiel attische Feinheiten zu empfinden, übertrifft, im Ganzen genommen, Alles, was man sich vorstellen kann, ehe man hier gewesen ist und mit eigenen Augen gesehen hat. Jetzt insbesondere ist der Abstich durch die fünf Revolutionsjahre noch ungleich auffallender geworden. Des Morgens sieht man alle Hökerinnen auf der Straße über ihrem Kohlenfeuer sitzen und die Zeitungen lesen; des Abends hört man in den Volksgesellschaften, in den Sektionsversammlungen Wasserträger, Schuhknechte und Karrentreiber von den Angelegenheiten ihres Landes, und von den Maßregeln des Augenblicks mit einer Bestimmtheit sprechen, die nur aus der einfachen Richtigkeit und Klarheit allgemein verbreiteter Grundbegriffe entspringen kann. Die Verbindungen, die mit einer geringen Anzahl von Ideen möglich sind, können eingeschränkte, einseitige Urteile veranlassen: aber nur falsche oder Scheinbegriffe führen zu falschen Resultaten. Ein Kopf, den Molière, Regnard, Destouches, Marivaux, Racine, Corneille und Voltaire zustutzen halfen, hat wenigstens die Wahrscheinlichkeit für sich, daß er Wahrheiten, wo nicht selbst kombinieren, doch von Anderen vorgetragen fassen und beherzigen werde. Nur in einem Punkte irrte man sich hier durchgehends; man hatte sich von dem Joche der *künstlichen* und *erlernten* Unwissenheit schon so weit entfernt, daß man nicht mehr begriff, wie ein Kopf organisiert sein müsse, dem ein Kapuziner alles in allem ist. Allein die Lektion des vorigen Winters hat diese überspannten Vorstellungen von der Empfänglichkeit der Nachbarn sehr herabgestimmt.

Paris wird, fürs erste wenigstens, der Sitz der Regierung bleiben müssen. Das Föderalsystem des Amerikanischen Freistaates erlaubte dem Kongreß öftere Veränderungen der Residenz, die bei den bisherigen Verhältnissen jenes so großen, aber auch so volksleeren Staats, dem Bunde noch unschädlich waren, und vielleicht zu seiner Befestigung dienen konnten. Daß man jetzt auf den Gedanken verfallen ist, eine eigene Kongreß-Stadt zu erbauen, scheint mir die Unbeweglichkeit des Regierungssitzes nicht sicherer zu stellen. Das ganze Land muß sich der Bildung einer neuen Hauptstadt widersetzen; wo sie aber einmal vorhanden ist, wird sie ein notwendiges Übel, und das Wohl des Ganzen ist mit dem Wohle dieses ungeheuern Teiles so genau verflochten, daß der philosophischste Patriot auf seine Ideale Verzicht tun muß, um seinen Staat so zu modeln, wie es die gegebenen Umstände, die er nicht ändern darf, erfordern.

Dafür spielt nun auch, werden Sie mir einwenden, Paris im Staat eine Rolle, die sich das verzogenste Kind in einer Familie nicht heraus nehmen dürfte, ohne wenigstens den Haß, den Neid, die Verwünschungen der übrigen auf sich zu laden. Es ist wahr, oft hat die Stimme der Pariser für die Stimme des ganzen Volkes gegolten; aber, bemerken Sie den Unterschied: das ganze Volk hat dieser Stimme Beifall gegeben, und alle Versuche, die Departements mit Paris zu entzweien, sind jederzeit mißlungen. Übrigens ist eine halbe Million Menschen, die, so wie hier, auf einem kleinen Flecke versammelt ist, kein übles politisches Barometer. Die Frage, worauf es in Revolutionen ankommt, ist ja auch nicht *die:* hat dieser oder jener Teil des Volkes seine Rechte überschritten? sondern *die:* hat es durch eine solche Anmaßung im Staate herrschen, oder ihn nur aus augenblicklicher Gefahr retten wollen? Wer weiß nicht, daß der 31ste März und der 2te Juni das Werk der Pariser Commune waren? Damals schien auf einen Augenblick das Ansehen und die Macht des National-Konvents vor ihr zu verschwinden. Verschwunden waren sie wirklich, wie in dem Falle einer Krankheit die individuelle Größe des Patienten vor dem Arzte verschwindet. Allein der Kranke ist genesen, und steht in höherem Ansehen, also noch je zuvor; ja, sogar die Commune von Paris selbst, die damals so viel auf ihre Verantwortung nahm, hat sich neuerlich schon ein paarmal unter die gewaltigere Hand des Konvents beugen müssen. Kaum hatte Chaumette, der Gemeinde-Prokurator, vom Gemeinderate den Schluß fassen lassen, daß alle Revolutionär-Ausschüsse aus den achtundvierzig Sektionen sich zu einem gemeinschaftlichen Körper mit dem Gemeinderate vereinigen und gemeinschaftlich mit ihm beratschlagen sollten, so schlug ein Dekret des Konvents diese Zentral-Versammlung mit dem Anathema, das immer bereit ist, gegen jede Anhäufung untergeordneter Autoritäten geschleudert zu werden; und die Gemeinde von Paris, anstatt wie eine furchtbare Skolopender auf achtundvierzig Füßen zu laufen, ist vielmehr, wegen der Macht, die den Revolutionär-Ausschüssen zugeordnet ist, in achtundvierzig unbedeutende Insekten zerschnitten worden, deren jedes sein Leben für sich hat. Chaumette, der außer dieser Lektion neuerlichst noch, wegen des mit großem Geräusch abgeschafften Katholizismus hart mitgenommen worden ist, hat die weiseste Partei ergriffen, sich in die Zeiten zu schicken und die Rute zu küssen. Seine Popularität in der Stadt war unbegrenzt und ist noch jetzt sehr groß, ungeachtet des Stoßes, den sie erlitten hat. Sein Substitut, Hébert, der bekannte

Verfasser des Blättchens, welches einen Tag um den andern unter dem Namen des Père Duchesne herauskommt, steht ebenfalls noch auf den Füßen, wiewohl man ihm neulich von einer gewissen Seite sehr zu Leibe gewollt hat. Von Pache, dem Maire, spricht jedermann mit Ehrfurcht, wie von einem Manne, dessen Tugend die Probe schon bestanden hat, und allgemein anerkannt worden ist. Man versichert mir, daß man seine Bekanntschaft nicht mache, ohne sein Freund zu werden. Ein solcher Mann scheint geschaffen, der Revolution das Siegel der Vollendung und Vollkommenheit aufzudrücken oder –

Eine Menge Menschen, die immer nur berechnen, was mit dem Überschusse von Leidenschaft anzufangen sei, der in diesem oder jenem Kopfe, in dieser oder jener Masse von Köpfen gärt, haben jetzt schon neue Spaltungen, neue Revolutionen, neue Koryphäen ersonnen, und wissen, als hätten sie es mit den auswärtigen Mächten abgeredet, genau zu bestimmen, wer zuerst werde springen, und wer zunächst werde folgen müssen. Wenn man sie anhört, und die Cascade von Parteien und Untergängen sich versinnlicht, so möchte man glauben, es wäre ganz darauf angelegt, noch den letzten von allen unseren fünfundzwanzig Millionen Patrioten durch die Guillotine aus dem Wege räumen zu lassen. Vor ein paar Tagen noch hinterbrachte man mir, daß wir innerhalb zehn Monaten ein neues dénouement gewiß erfahren würden. Die Frist ist nicht übel, dachte ich, für Leute, die, wenn es wahr ist, keinen Augenblick ihres Lebens sicher zu sein glaubten. Ich ahne auch manchmal, daß es ohne manchen harten Kampf nicht abgehen wird; allein wer auf diese innerlichen Reibungen die ganze Hoffnung setzt, Frankreich wieder unter das Joch zu bringen, und ungequetscht davon zu kommen – guter Himmel! – Nicht doch, Ihr Herren. Ihr schlagt die Volte falsch, wie Ihr möget. Paris ist immer *unsere* Karte, und Ihr habt verloren.

Georg Forster, 1793

ERSTE REPUBLIK
UND
EMPIRE

Man kann, um von den Hallen, die ich beschreiben werde, eine etwas bestimmte Grenze zu haben, sich folgende kleine Notizen merken. Sie fangen da, wo die Straße St. Honoré, eine der ersten diesseitigen aufhört, mit dem Markt der Unschuldigen an und haben an der andern Seite die Straße St. Denis zur Grenze, zwischen welcher und einer andern, die mit verschiedenen Namen, zuletzt mit dem Namen Straße Poissonnière (Fischstraße) ausläuft, sie bis nahe an die Boulevards reichen. Wenn man diese Gegenden, die zugleich wegen ihrer Lage und ihres Gewerbes zu den lebhaftesten von Paris gehören, oft durchwandert ist, so hat man ein sehr lebendiges Bild von dem, wie die Klasse, die hier lebt und erwirbt, in ähnlichen Winkeln der ungeheuren Stadt aussieht; denn hier ist alles im glänzenden und vorzüglichen Grade beisammen, und nur wer seinen Armen, seiner Zunge und seinem Beutel das Vermögen nicht zutraut, hier mit Erfolg seine Bude aufschlagen zu können, entweicht zu den stilleren Kaien der Seine diesseits vom Richtplatze bis zum großen Arsenal und jenseits zu beiden Seiten der Jakobsstraße.

Die Einleitung macht schon der Markt der Unschuldigen, gleich

Lallemand, Die Halle der Kalbsschlächter, 1780.

am Eingange der Straße Feronerie in die Straße St. Denis. Indessen sind anfangs die Vorposten noch ziemlich golden, wenn man sie mit den folgenden vergleicht. Die westliche Seite dieses ersten Markts von Paris nehmen Gebäude ein, die Niederlagen für mancherlei Gewerbe sind und kleine Straßen bilden, so wie die der Schmiede, Beutler, Töpfer, Trödler, Schuster und andre. Die Mitte des Markts ist Tag aus Tag ein mit Buden, Tischen, Bänken, Eimern, Körben, Schiebkarren besät und zwischen diesem All der Verwirrung wickelt sich das Gewimmel der Käufer und Verkäufer durch, und ein ewiges Tosen, Schreien, Locken und Schmeicheln, Zanken und Stoßen erfüllt die Luft. Schon hier kann man alle Klassen und Arten dieser Menschen bewundern, die so tief im Boden des Schiffes stehen, welches andre schlau auf ihre Kosten zu lenken verstehen; hier wimmelt alles von denen, die für die ersten und niedrigsten Bedürfnisse der Bäuche zusammenschleppen, und von denen, die den Auskehricht dessen, womit wir unsre Leiber bedecken und unsre Häuser schmücken, noch zum zweiten, dritten, ja wohl zum vierten und fünften Male feil haben. Auf dem mittelsten und etwas erhöhten Standpunkt dieses Marktes, der ohne seine Umgebungen und Bewohner ganz nett sein würde, steht eine schöne Fontäne, die eines der ersten Meisterwerke der ältern französischen Bildhauerei ist. Diese dient nun denen, die mit Fleisch und Fischen umgehen und Tische und Bänke und Eimer zu reinigen, oder mit frischem Wasser zu füllen haben, ganz bequem, weil sie immer das Wasser zur Hand haben. Gewöhnlich ist sie auch bis auf die Stufen so besetzt, daß man kaum zu ihr kann, und manche ihrer Basen und Basreliefs sind häßlich mit Schmutz und Unrat besudelt und vergraben. Von hier kommt man in die sogenannte Halle, die schon dadurch sich als die erste in Paris verkündet, daß alle andre ihren Beinamen haben. Sie läuft schief und krumm mit altfränkischen Gängen, die keine italienische Portiken sind, bis an die Straße Montmartre in einer beträchtlichen Länge fort. Der Platz vor ihr, den man gewöhnlich und zwar mit Recht zu ihr rechnet, verbindet sie mit dem Markt der Unschuldigen, von dem man sie auch eine bloße Fortsetzung nennen kann. Sie vereinigt den Inbegriff der sogenannten Hallebewohner und hat unstreitig die Blume des Poissardenvolks unter ihren bedeckten Gängen. Voran stehen Frucht-, Gemüse- und Krauthändler und Händlerinnen, auch wohl einzelne Blumenweiber, die sich aber schämen würden, mit denen um den Louvre und die Tuilerien, oder auf den Boulevards an Eleganz verglichen werden zu können; dann findet man gewöhnlich eine Reihe Buden, wo das, was in den Fischeimern und auf den Fleischbänken anfängt zu riechen, nebst den Kaldaunen, Beinen und Kopf- und Ohrenstücken an einem dampfenden Feuer gesotten und gebraten wird, und wo die meisten, die in diesen Gegenden ihren offenen Verkehr treiben, für drei, vier Sous sich ihr Mittagessen holen. Ich bleibe bei dieser Halle statt aller stehen und sage nur noch, daß man sich hüte, die große und prächtige Kornhalle links ihr zur Seite mit ihr zu verwechseln. Hinter sich hat sie erst die Lederhalle, die wenig mit ihr gemein hat, und dann die Fischhalle (Halle à la Marée), die man als ihre echte Schwester, oder Tochter ansehen kann, obgleich das Leben dort nicht ganz so brausend und genialisch hergeht, als hier. Doch gehören die, so auf dem Fischmarkt sitzen, zu der echtesten Rasse der Poissarden. Diese Fischhalle ist nahe an den Boulevards und gibt der Straße neben ihr den Namen, die ihn auch bis in die Vorstadt von Montmartre mitnimmt. Doch ich lasse auch diese und gehe wieder zur Halle zurück. Diese ist beständig bis tief in die Nacht hinein besetzt und enthält die mutigsten, die noch von der Schlacht des zehnten August und von dem ersten Einzuge des letzten Königs von Versailles her leben. Sie haben das Vorwort, und die schlechteste, die hier sitzt, müßte in andern Straßen und an andern Ecken immer das erste Wort in der Versammlung behaupten. Hier ist die aufgehäufte, aber ekelhafte Speisekammer von Paris in ihrem Glanze. Die besten und teuersten Fische, das beste Fleisch, der reichlichste Vorrat von lebendigen und gerupften Putern, Hühnern, Tauben, Wildbret und was der leckere Gaum und der gierige Magen nur wünschen und fordern mögen. Aber hier, wo dies alles ist, ist auch der größte Schmutz, Gestank und das häßlichste Gesindel, was sich in Paris findet. Das heißt wohl recht: ländlich, sittlich. Ich brauche nur ein schwaches Bild

– denn wie soll ich das vollkommene erreichen? – von einer einzigen der Damen dieser Halle zu zeichnen, und ein jeder wird sich sogleich ein ungefähres Porträt von dem Übrigen machen können. Es ist, als wenn das aufgedunsene tote Fleisch und das Fett und das Schmer in sie übergingen, so feist, so plump, so ganz unfranzösisch sind sie alle; vom Schmutz darf ich wohl nichts sagen, denn der ist bisher immer noch französisch gewesen. So denkt euch denn – es ist eine für alle – eine längere, oder kürzere Figur, deren Breite sich zur Länge meistens, wie zwei zu drei, verhält, mit einem braunen oder grauen Jüpchen angetan, oder mit einem Schafspelz, von dem man vor Dreck und Schmer lange nicht mehr die Farbe hat sehen können. Um die Hüften hängen in mehreren Etagen – da geben sie wenigstens mit den neuen Pariserinnen nicht zu klagen – die Röcke bis etwas unter die Wade herab und zeigen ein Paar blaue, oder rote Beine in breiten stumpfen Schuhen, über welche das Fett der alten, oder die Sünde der jungen Jahre mit dem Strumpf hinüberschwillt; oft sind sie aber auch gestiefelt. Auf diesem schlaffen und glänzenden Fleischklumpen sitzt nun ein Kopf, der ihm erst Leben gibt. Über den Haaren, oder den Stellen, wo die Haare einst saßen, liegt eine Mütze, deren Haube man eben so richtig gelb, als weiß nennen könnte, oder statt aller Bedeckung ein Strohhut, die Wangen fein blaurot, die Nasen kupferig und fein zu Knollen ausgewachsen, aus welchen die Tabakssauce, die hier alle Welt nimmt, über die Produkte fließt, worauf die Nase fährt; manchen fehlt indessen diese Scheidewand und Brustwehr der Augen ganz, oder zum Teil. Aus diesen Fleischklumpen, die schlechte Getränke beständig rot färben und oft zu mäßigen Nachtlichtern erhellen, gucken ein Paar Augen, die noch oft französisch süß tun, und sich dann noch wohl ertragen lassen; wenn aber Händel und Zank den Frieden der Seele brechen, o da sind sie fürchterlich: Zum Busen kann man füglich mit derselben braunroten Farbe hinabsteigen, die man zum Gesichte genommen hat, gewöhnlich ist er schwarzbraun, weil er mehr der Sonne ausgesetzt ist; die Brüste hängen, wie ein Paar halb aufgeblasene Blasebälge da, und doch müßte es schlecht sein, wenn nicht ein Blumenstrauß, oder irgend ein Grün diese häßlichen und traurigen Ruinen noch mehr auszeichnete. Um die Mitte des Leibes hängt gewöhnlich ein lederner Gürtel mit Messing beschlagen, woran ein Mittelding zwischen Messer und Dolch baumelt, nebst einer schmierigen Tasche, welche die Schnupftabakdose und die Geldbüchse enthält. Doch schlecht müßte es sein, wenn nicht vor ihnen ein tüchtiger Knüppel läge, oder stände, womit sie sich nächst der Zunge Respekt zu verschaffen wissen. Und wahrlich sie machen nicht lange Komplimente, und ich habe mehr als einmal sie mit einem Kerl zusammentreffen und durch die Erynniswut, nicht durch die Stärke siegen sehen. Doch keine Lust geht darüber, so ein Paar entzündete Megären mit dem losen Gebiß der Zunge aufeinander losfahren zu hören. Die meisten leben hier ihr Leben unter freiem Himmel, und kriechen dann in irgend ein Loch ein. Der Tisch, der sie ernährt, worauf sie Fische austeilen, ihr Fleisch zerhauen, ihre Kaldaunen und Würstel zerhacken, empfängt auch des Morgens ihre Portion Kaffee, die sie aus dem Kaffeehause sich holen lassen, und der Braten, den ihr benachbarter Kunde ihnen aus seinem dampfenden Zelte bringt, liegt nebst Brot und Salat friedlich und ohne Ekel unter dem Blute und Fette des rohen Fleisches und unter dem Schleim der Fische. Das Weinkrüglein, oder der Biertopf, oder das Branntweinfläschchen darf nie ausgehen; dazu einen Happen Brot und ein Stück Fleisch gebissen, und sie sind königlich vergnügt, und zuletzt königlich besoffen; denn das Saufen scheint einmal hier zum Handwerk zu gehören. Gegen zehn Uhr des Morgens sind die meisten schon halb illuminiert, zum Teil auch von den Strapazen der Nacht noch halb besoffen; denn wer hätte hier nicht solche?

Nach diesen echten Poissarden, die man im Auge haben muß, wenn man an die der Zeitungen denkt und der Revolutionsalmanache, kommen in mancherlei Abstufungen die andern Halledamen bis auf die Blumenweiber herab, die schon ihres Gewerbes wegen die zierlichsten sein müssen. Da sind die ersten die, so mit Tauben, Hühnern, Vögeln und anderm Geflügel in Körben, Bauern und Netzen ausstehen, dann die Kraut- und Gemüseweiber, die Frucht- und Obsthändlerinnen, und nebst diesen die

Trödlerinnen, die mit allen möglichen toten Dingen und alten Klappereien handeln, die man nicht essen kann. Die, so mit Gebackenem und Konfitüren ausstehen, sind demnächst schon netter, und die nettesten die Blumenweiber. Aber man hüte sich ja, sich solche Weiber selbst bei diesen Zierlichkeiten zu denken, wie man sie in Deutschland und selbst in Italien findet. Es gibt in Paris nichts Nettes und Jugendliches unten, und es gilt hier überall: was unten liegt, das liegt im Dreck. Da muß man leise treten, oder man muß mit ihnen hinein. Sie machen keine Umstände, wenn man mit ihnen keine macht, und man findet nichts von der deutschen Demut, oder der italienischen Niederträchtigkeit, die sich von andern mißhandeln läßt, bloß weil das Glück sie einige Stufen höher gestellt hat. So lange man in den Schranken französischer Artigkeit bleibt, geht alles gut, aber wenn man sie von oben ansieht und vollends ihre Ware verachtet, da sieht es schlimm aus, selbst die ärgsten Feindinnen machen sogleich gemeinschaftliche Sache, und Übung und Lebensart machen sie im Kampfe fürchterlich. Ich habe es mit meinen Augen gesehen, wie es einem rechtlichen Manne einmal bei den Tuilerien ging. Da sind die Blumenweiber oft wie die Fischweiber. Was lange liederlich gewesen ist, wird immer hart und keilsmäßig. Jener Ehrenmann kaufte sich einige Rosen, und ging fürbaß, indem er die eine zerpflückte und sprach, sie sei welk und geruchlos. Wie eine gehetzte Bestie sprang die Verkäuferin auf ihn ein, bald kamen ihr ein Paar Schwestern zu Hilfe, und in einem Augenblick sah sich der Mann umzingelt, und ein Dutzend knolliger Fäuste wie eine Wagenburg um seinen Kopf geballt. Die Sache stand zum Zuschlagen, als ihn die Wache rettete, die in der Nähe stand, sonst würde es um Kopf und Wangen schlimm ausgesehen haben.

Doch nicht bloß bei Tage ist die größte Gemeinheit hier zu Hause, sondern es geht bei der wilden Freiheit jedes schmutzigsten Lasters so ziemlich die Nächte durch. Die Damen der Hallen herrschen auch bei Nacht noch in einem großen Teil ihres Distrikts und eine Menge Kuppler und verdorbener junger Leute beides Geschlechts steht in ihrem Solde, oder im Schutze ihrer Liebe und ihres Daches; denn das Bedürfnis dieses Daches ist das einzige, was vielleicht ein Viertel der Einwohner von Paris hindert, in einem völligen Naturzustande zu leben. In diesem Winkel alles toten und lebendigen Schmutzes bei Tage, sammelt sich natürlich auch der der Nacht ungehindert, weil wohlhabende und gebildete Leute nicht gern in solchen Pestdämpfen wohnen. Gleich hinter der großen Halle ist die Straße des Lumpengesindels (rue de la Truanderie), die noch mit ihren Bewohnern diesen Namen verdienen muß, und so geht die Lumperei bis ans Ende der vielen klein durchschnittenen Gassen zu den Boulevards fort. Denn dies ist eine erwünschte Gegend für viel loses Volk, weil sie mitten in der Stadt und so nahe an den schönsten Boulevards und dem Palais Egalité ist. Ich habe einige Male in Gesellschaft von sechs, sieben meiner rüstigen Hausgesellen hier um die Mitternachtzeit die Runde gemacht, was war das für ein Leben! Wir waren übrigens mit guten Knüppeln bewaffnet, und hielten uns in einem gedrängten Haufen, weil es sonst hier gefährlich ist durchzukommen. Man merkt es schon in der Nachbarschaft der Halle und des Fischmarktes in den Straßen Clery, Montmartre, du Mail und anderen, was hier für ein Bienenschwärmen um die Abendzeit sein müsse. Denn nirgends hängen sie sich einem hartnäckiger und unverschämter an, die Dirnen, und keine Gegend paradiert öfter in den öffentlichen Blättern wegen Geschichten, die mit solchen Anklettungen Zusammenhang haben. Sollte man es glauben, manche jener Harpyen, die einen bei Tage meilenweit jagen könnten, stehen hier oft an der Spitze eines leichten Haufens und siegen nicht selten durch Kühnheit und durch die Nacht. Jedes Haus ist offen, und seine Bewohnerin, oder einige Miets- und Pensionstöchter treten dem Spazierenden, oder Verirrten einige Schritte auf die Gasse entgegen, und laden ihn gastfrei zum Bette und Schlummer ein. Manche dieser Löcher sind auch Spielhäuser, und steigen in verborgene Keller und Gewölbe hinab, wo Gesundheit und Vermögen oft auf immer verloren gehen. Nicht einzeln, nicht zu zweien und dreien gehen hier die Mädchen und Weiber auf den Fang aus, sondern in ganzen Haufen, und oft lauern einige handfeste Kerle im Hinterhalte mit Knüppeln, wenn das geenterte Schiff sich nicht gutwillig schlep-

pen lassen will, und ersehen die Gelegenheit, wo sie dem Siege den Ausschlag geben können. Am natürlichsten, aber auch am viehischsten geht es um die Hallen her, und das läßt sich jetzt (im Juli) wohl tun, wo eine Menge Burschen auf Bänken und an sicheren Straßenecken die Nacht durchschnarcht; der Arme hat immer ein sicheres Bett. Eine Menge der Buden bleibt unabgebrochen stehen, was läßt sich da nicht unter den Zelten machen? Manche dieser Zelte sind die ganze Wohnung ihres Besitzers, und dieser zieht in der Nacht oft mehr Gewinnst davon, als bei Tage. Die Polizei, die sonst so gut ist, hat hier beide Augen zugedrückt, und sagt nicht einmal ein Wort. Ich müßte mich sehr wundern, wenn hier nicht die zynischen Hochzeiten auf öffentlichem Markte wieder aufkämen. Doch genug; der Arme tut nur häßlicher und abscheulicher, was der Reiche nicht weniger viehisch sich erlaubt. Diese Dinge gehen nicht von der Halle, sondern vom Palais Egalité aus.
Ernst Moritz Arndt, 1799

EKEL IN DER MENGE

Seit dem 3. Juli bin ich nun (über Straßburg) in Paris. – Werde ich Ihnen nicht auch etwas von dieser Stadt schreiben müssen? Herzlich gern, wenn ich nur mehr zum Beobachten gemacht wäre. Aber – kehren uns nicht alle irdischen Gegenstände ihre Schattenseite zu, wenn wir in die Sonne sehen –? Wer die Welt in seinem Innern kennenlernen will, der darf nur flüchtig die Dinge außer ihm mustern. Ach, es ist meine angeborne Unart, nie den Augenblick ergreifen zu können, und immer an einem Orte zu leben, an welchem ich nicht bin, und in einer Zeit, die vorbei, oder noch nicht da ist. – Als ich in mein Vaterland war, war ich oft in Paris, und nun ich in Paris bin, bin ich fast immer in mein Vaterland. Zuweilen gehe ich, mit offenen Augen durch die Stadt, und sehe – viel Lächerliches, noch mehr Abscheuliches, und hin und wieder etwas Schönes. Ich gehe durch die langen, krummen, engen, mit Kot und Staub überdeckten, von tausend widerlichen

Opiz, Arkaden im Palais Royal.

Gerüchen duftenden Straßen, an den schmalen, aber hohen Häusern entlang, die sechsfache Stockwerke tragen, gleichsam den Ort zu vervielfachen, ich winde mich durch einen Haufen von Menschen, welche schreien, laufen, keuchen, einander schieben, stoßen und umdrehen, ohne es übelzunehmen, ich sehe jemanden an, er sieht mich wieder an, ich frage ihn ein paar Worte, er antwortet mir höflich, ich werde warm, er ennuyiert sich, wir sind

einander herzlich satt, er empfiehlt sich, ich verbeuge mich, und wir haben uns beide vergessen, sobald wir um die Ecke sind – Geschwind gehe ich nach dem Louvre und erwärme mich an dem Marmor, an dem Apoll vom Belvedere, an der mediceischen Venus, oder trete vor das herrliche niederländische Tableau, wo der Sauhirt den Ulysses ausschimpft – Auf dem Rückwege gehe ich durch das Palais Royal, wo man ganz Paris kennenlernen kann, mit allen seinen Greueln und sogenannten Freuden – Es ist kein sinnliches Bedürfnis, das hier nicht bis zum Ekel befriedigt, keine Tugend, die hier nicht mit Frechheit verspottet, keine Infamie, die hier nicht nach Prinzipien begangen würde – Noch schrecklicher ist der Anblick des Platzes an der Halle au bléd, wo auch der letzte Zügel gesunken ist – Dann ist es Abend, dann habe ich ein brennendes Bedürfnis, das alles aus den Augen zu verlieren, alle diese Dächer und Schornsteine und alle diese Abscheulichkeiten, und nichts zu sehen, als rundum den Himmel – aber gibt es einen Ort in dieser Stadt, wo man ihrer nicht gewahr würde?
Luchesini und Humboldt haben mich vorläufig bei einigen französischen Gelehrten eingeführt. Ich soll nämlich hier studieren, ich *soll* es, so will es ein jahrelang entworfener Plan, dem ich folgen muß, wie ein Jüngling einem Hofmeister, von dem er sich noch nicht losmachen kann. Ich habe auch schon einigen Vorlesungen beigewohnt – Ach, diese Menschen sprechen von Säuren und Alkalien, indessen mir ein allgewaltiges Bedürfnis die Lippe trocknet – Liebe Freundin, sagen Sie mir, sind wir da, die Höhe der Sonne zu ermessen, oder uns an ihren Strahlen zu wärmen? Genießen! Genießen! *Wo* genießen wir? Mit dem Verstande oder mit dem Herzen? Ich *will* es nicht mehr binden und rädern, frei soll es die Flügel bewegen, ungezügelt um seine Sonne soll es fliegen, flöge es auch gefährlich, wie die Mücke um das Licht – Ach, daß wir ein Leben bedürfen, zu lernen, wie wir leben müßten, daß wir im Tode erst ahnen, was der Himmel mit uns will! – Wohin wird dieser schwankende Geist mich führen, der nach allem strebt, und berührt er es, gleichgültig es fahren läßt – Und doch, wenn die Jugend von jedem Eindrucke bewegt wird, und ein heftiger sie stürzt, so ist das nicht, weil sie keinen, sondern weil sie

starken Widerstand leistet. Die abgestorbene Eiche, sie steht unerschüttert im Sturm, aber die blühende stürzt er, weil er in ihre Krone greifen kann.
Heinrich von Kleist, 1801

NAPOLEON

Gestern habe ich ihn auch endlich gesehen, den Korsen, der der großen Nation mit zehnfachem Wucher zurückgibt, was die große Nation seine kleine seit langer Zeit hatte empfinden lassen. Es war der vierzehnte Juli und ein großes Volksfest, wo der ganze Pomp der seligen Republik hinter ihm herzog. Früh hielt er große Parade auf dem Hofe der Tuilerien, wo alles Militär in Paris und einige Regimenter in der Nachbarschaft Revue passierten. Ich hatte daher Gelegenheit, zugleich die schönsten Truppen von Frankreich zu sehen. Die Konsulargarde ist unstreitig ein Korps von den schönsten Männern, die man an einem Ort beisammen denken kann; nur kann ich mir in den französischen Soldaten, ich mag sie besehen wie ich will, immer noch nicht die Sieger von Europa vorstellen. Wir sind mehr durch den Geist ihrer Sache und ihren hohen Enthusiasmus als durch ihre Kriegskunst geschlagen worden. Die taktische Methode des Tiraillierens, die aber vielleicht nur der Überlegene an Anzahl brauchen kann, hat das ihrige auch getan. Von Bonaparte sollte ich wohl lieber schweigen, da ich nicht sein Verehrer bin. Einen solchen Mann sieht man auf zweihundert Meilen vielleicht besser als auf zehn Schritte. Es scheint aber in meinem Charakter zu liegen, Dir über ihn etwas zu sagen, und das will ich denn mit Offenheit tun. Ich bin keines Menschen Feind, sondern nur der Freund der Wahrheit, Freiheit und Gerechtigkeit. Neid und Herabsetzungssucht sind meiner Seele fremd, ich nehme immer nur die Sache. Ich bin dem Manne von seiner ersten Erscheinung an mit Aufmerksamkeit gefolgt und habe seinen Mut, seinen Scharfblick, seine militärische und politische Größe nie verkannt. Problematisch ist er mir in seinem Charakter immer gewesen und ist es jetzt mehr als jemals, wenn man ihn nicht geradezu verdammen soll. Bis auf den Tag von Marengo, wo ihn Desaix' Tod aus den republikanischen Grenzen heraushob, hat er als Republikaner im allgemeinen handeln müssen; seitdem hat er nichts mehr im Sinne eines Republikaners getan.

Als er aus Ägypten kam, trat er die Krise seines Charakters an. Wir wollen sehen, was er in Paris tut, dachte ich, und dann urteilen. Ich tadle ihn nicht, daß er das Direktorium stürzte; es war keine Regierung, die unter irgendeinem Titel die Billigung der Vernünftigen und Rechtschaffenen hätte erhalten können. Ich tadle ihn nicht, daß er soviel als möglich in der wichtigen Periode das Ruder des Staats für sich in die Hände zu bekommen suchte, es war in der Vehemenz der Faktionen vielleicht das einzige Mittel, diese Faktionen zu stillen. Aber nun fängt der Punkt an, wo sein eigenster Charakter hervorzutreten scheint. Seitdem hat er durchaus nichts mehr für die Republik getan, sondern alles für sich selbst, eben da er aufhören sollte, irgend etwas mehr für sich selbst zu tun, sondern alles für die Republik. Jeder Schritt, den er tat, war mit herrlich berechneter Klugheit vorwärts für ihn und für die Republik rückwärts. Land gewinnen, heißt nicht, die Republik befestigen. Die erste Konstitution zeigte zuerst den Geist, den er atmen würde. Sie wurde mit dem Bajonett gemacht wie fast alle Konstitutionen. Es tat mir an diesem Tage wehe für Frankreich und für Bonaparte. Das Schicksal hatte ihm die Macht in die Hände gelegt, der größte Mann der Weltgeschichte zu werden; er hatte aber dazu nicht Erhabenheit genug und setzte sich herab mit den übrigen Großen auf gleichen Fuß. Er ist größer als die Dionyse und Cromwelle; aber er ist es doch in ihrer Art und erwirbt sich ihren Ruhm. Daß er nicht sah, daß seine Konstitution die neue Republik zertrümmern und dem vollen Despotismus die Wege wieder bahnen würde, das läßt sich von seinem tiefen Blick nicht denken, und über seine Absichten mag ich nicht Richter sein. Ich habe wider das Konsulat nichts, nichts wider das erste Konsulat. Aber seine Macht war sogleich zu exorbitant, und die Dauer war nicht mehr republikanisch. Ich gebe zu, daß die Dauer der römischen Magistraturen von einem Jahr zu kurz war, zumal bei der Unbestimmtheit und Schlaffheit ihrer Gesetze de ambitu; aber die Dauer der neuen französischen von zehn Jahren war zu lang. Der letzte Stoß war, daß der alte Konsul wieder gewählt werden konnte. Ein Mann, der zehn Jahre lang eine fast grenzenlose Gewalt in den Händen gehabt hat, müßte ein Blödsinniger oder schon ein öffentlicher, verächtlicher Bösewicht sein, wenn er nicht Mittel finden sollte, sich wieder wählen zu lassen, und sodann nicht Mittel, die Wahl zum Vorteil seiner Kreaturen zu beherrschen. Kleine Bedienungen mögen und dürfen in einer Republik lebenslänglich sein; wenn es aber die großen sind, geht der Weg zur Despotie. Das lehrt die Geschichte. Ich hätte nicht geglaubt, daß es so schnell gehen würde, aber auch dieses zeigt den Charakter der Nation. Fast sollte man glauben, die Franzosen seien zur bestimmten Despotie gemacht, so kommen sie ihr überall entgegen. Sie haben während der ganzen Revolution viel republikanische Aufwallung, oft republikanischen Enthusiasmus, zuweilen republikanische Wut gezeigt, aber selten republikanischen Sinn und Geist und noch nie republikanische Vernunft. Nicht, als ob nicht hier und da einige Männer gewesen wären, die das letzte hatten, aber der Sturm verschlang sie. Es sind durch diese Staatsveränderung freilich Ideen in Umlauf gekommen und furchtbar bis zur Wut gepredigt worden, die man sich vorher nur sehr leise sagte und die so leicht nicht wieder zu vertilgen sein werden; aber die halbe oder falsche Aufklärung dieser Ideen und der Mißbrauch derselben geben den etwas gewitzigten Gegnern die Waffen selbst wieder in die Hände. Die Republik Frankreich trägt, so wie die römische, und zwar weit näher als jene, ihre Auflösung in sich, wenn man keine haltbarere Konstitution baut, als bis jetzt geschehen. Mir tut das leid; ich habe vorher ganz ruhig dem Getümmel zugesehen und immer geglaubt und gehofft, daß aus dem wildgärenden Chaos endlich noch etwas Vernünftiges hervortauchen würde. Seitdem Bonaparte die Freiheit entschieden wieder zu Grabe zu tragen droht, ist mir's, als ob ich erst Republikaner geworden wäre. Ich bin nicht der Meinung, daß eine große Republik nicht dauern könne. Wir haben an der römischen das Gegenteil gesehen, die doch, trotz ihrer

Swebach, genannt Jacques-François Fontaine oder Desfontaines,
Napoleon nimmt in den Tuilerien die Truppenparade ab.

gerühmten Weisheit, schlecht genug organisiert war. Ich halte dafür, daß in einer wohlgeordneten Republik am meisten Menschenwürde, Menschenwert, allgemeine Gerechtigkeit und allgemeine Glückseligkeit möglich ist. Beweis und Vergleichung weiter zu führen, würde wenig frommen und hier nicht der Ort sein. Wo nicht der Knabe, der diesen Abend in der letzten Strohhütte geboren wurde, einst rechtlich die erste Magistratur seines Vaterlandes verwalten kann, ist es Unsinn, von einer vernünftigen Republik zu sprechen. Privilegien aller Art sind das Grab der Freiheit und Gerechtigkeit. Schon das Wort erklärt sich. Eine Ausnahme vom Gesetz ist eine Ungerechtigkeit, oder das Gesetz ist schlecht. In Deutschland hat man klüglich die Geistlichen und Gelehrten etwas an manchen Privilegien teilnehmen lassen, damit der Begriff nicht so leicht unbefangen auseinandergesetzt werde und die Beleuchtung Publizität gewinne. In Frankreich hat man zwar die Privilegien mit einem einzigen Machtstreich zertrümmert und glaubt nun genug getan zu haben. Aber sie werden sich schon wieder einschleichen und festsetzen.

Der erste Konsul ließ sich einige Male sehen, ehe man Notiz von ihm nahm. Endlich fingen einige der vorderen an zu klatschen; es folgte aber nur ein kleiner Teil der Menge. Der Platz hielt vielleicht über Hunderttausend, und kaum der hundertste Teil gab die Ehrenbezeigung. Der Enthusiasmus war also nicht so allgemein, als man für ihn in seiner neuen Würde hätte erwarten sollen. Auch die Illumination war nicht die Hälfte von dem, was sie voriges Jahr gewesen sein soll, und man sprach hier und da davon, daß die republikanischen Feste nach und nach eingehen sollten. Das ist begreiflich. Indessen werden sie doch etwas länger dauern als die Republik selbst, wie die meisten Zeichen länger währen als die Sache selbst.

Von den Merkwürdigkeiten in Paris darf ich nicht wieder anfangen, wenn ich kein Buch schreiben will, und dazu habe ich weder Lust noch Zeit noch Kenntnis. Die bunte Szene wandelt sich alle Tage und ist alle Tage interessant. Bloß der Garten der Tuilerien mit den Elyseischen Feldern, welcher die Hauptpromenade der Pariser in dieser Gegend ausmacht, gewährt täglich eine unendliche Verschiedenheit. Die Pressefreiheit ist hier verhältnismäßig eingeschränkter als in Wien, und ich bin fest überzeugt, wenn der Tartuffe jetzt erschiene, man würde ihn ebensowohl verdammen als damals. Die Dekaden sind durch das Konkordat und die Einführung der römischen Religion notwendig geradezu wieder abgeschafft, sie heben einander auf. Auch rechnet man in Paris fast überall wieder nach dem alten Kalender und zählt nach Wochen. Die öffentlichen Verhandlungen werden bald folgen. Die Fasten werden in den Provinzen in Frankreich hier und da strenger gehalten als selbst in Italien. In Italien konnte ich fast überall essen nach Belieben; in Dijon mußte ich einigemal, sogar an der Wirtstafel, zur Fasten mit der Gesellschaft Fischragout essen; es war kein anderes Fleisch da. Mir war es einerlei; ich esse gern Frösche, aber diese Mahlzeit ist doch sonst nicht jedermanns Sache. So ging mir's noch mehrere Male auf der Reise. In Paris nimmt man freilich noch keine Notiz davon, aber man tat es auch ehemals nicht. Die alten Namen der Orte und Gassen treten nach und nach alle wieder ein, und eine republikanische Karte von der Stadt ist fast gar nicht mehr zu brauchen. Viele stellen sich, als ob sie die neuen Namen gar nicht wüßten; so sah mich ein sehr wohlgekleideter Mann glupisch an, als ich in die rue de la loi wollte, wies mich aber sehr höflich weiter, als ich sie rue de Richelieu nannte. Das Panthéon heißt wieder die heilige Genoveva und wird höchst wahrscheinlich nur unter dieser Rubrik vollendet werden. Ob sich dieses alles so sanft wieder machen wird, weiß der Himmel. Man scheint jetzt von allen Seiten mit gehörigen Modifikationen darauf hinzuarbeiten. Die wieder eingewanderten und wieder eingesetzten Geistlichen treten schon überall von neuem mit ihren Anmaßlichkeiten hervor und finden Engbrüstigkeit genug für ihre Lehre. Sie versagen, wie man erzählt, hie und da die Absolution, wenn man die Güter der Emigranten nicht wieder herausgeben will. Das kann in einzelnen Fällen sogar republikanische Gerechtigkeit sein, aber der Mißbrauch kann weit führen. Man erzählt viele Beispiele, daß die französischen Roskolniks durchaus keine gemischten Ehen gestatten. Laßt nur erst die Geistlichkeit in die Justiz greifen, so seid ihr verloren.

Vor einigen Tagen las ich eine ziemlich sonderbare Abhandlung in einem öffentlichen Blatt, wo der Verfasser eine Parallele zwischen dem französischen und englischen Nationalcharakter zog. Man blieb ungewiß, ob das Ganze Ernst oder Ironie war. Er ließ den Briten wirklich den Vorzug des tieferen Denkens und behauptete für seine Nation durchaus nur die schöne Humanität und den Geschmack. Wenn sich das letzte nur ohne das erste halten könnte. Die Ausführung war wirklich drollig. Er sagt nicht undeutlich, die ganze Revolution sei eine Sache des Geschmacks und der Mode gewesen, und wenn man die Geschichte durchgeht, ist man fast geneigt, ihm recht zu geben. Aber diese Mode hat Ströme Blut gekostet und wenn man so fortfährt, wird fast so wenig dadurch gewonnen werden als durch jede andere Mode der Herren von der Seine.

Johann Gottfried Seume, 1802

NOTRE DAME

So mannigfaltig auch das Schauspiel des gesellschaftlichen Lebens ist, man sehnt sich endlich nach der Natur; und weiter kann man wohl von dieser nicht abgeschlossen sein, als in Paris. In den Gärten und auf den bepflanzten Plätzen ist nach wenigen warmen Tagen, nicht des Sommers etwa, sondern schon im Frühling, das frische Grün vom alles umwölkenden Staube auf immer zerfressen. Ist man der Stadt selbst von irgend einer Seite glücklich entflohen, so scheint sie einen noch mehrere Stunden lang zu verfolgen. Der Lärm, das Gedränge, der Staub, ist auf den befahrenen Landstraßen wie in der Stadt, und man glaubt zwischen den vielen Landhäusern, die man überall sieht, noch in der Vorstadt zu sein. Gelangt man endlich nach mehreren Stunden an ein ruhiges Gebüsch, auf irgend eine freundliche Anhöhe, so findet man wohl einige Erheiterung und Erfrischung, aber nichts von den großen erhabenen Naturschönheiten, nach denen der lange Entbehrende sich zuerst und am tiefsten sehnt.

Paris liegt in einem weiten offenen Tale, das zwischen Hügeln an einem mittelmäßigen Flusse sich hinstreckt. Die Gegend ist hier und da heiter und gefällig; doch ist das Ganze nicht eben bedeutend, und nichts weniger als reich. Für diese Entbehrung der Natur können selbst die Werke der Kunst auf die Länge keinen Ersatz geben. Dazu kommt noch, daß die Statuen und Gemälde hier, wie in der Fremde, der schönen Umgebung und Begleitung der Architektur entbehren. Der Anblick eines erhabenen Gebäudes bleibt mir immer neu, so wie ich auch eine Gegend erst dann recht lieb gewinne und ihre Größe immer mehr fühle, wenn ich sie täglich sehen kann. Die Nähe eines schönen Gebäudes erhebt unmerklicher Weise das Gemüt des Empfänglichen; es erhält uns fortwährend in der Stimmung, in welcher man sein soll, um Kunstwerke zu betrachten; und so ist das Gefühl der Baukunst eigentlich der Träger des übrigen Kunstsinns. Die berühmten Gebäude in Paris aber sind modern, nicht nur der Zeit, sondern auch dem Charakter nach durchaus modern, ein flaches Streben nach dem Antikischen, hinreichend geschwächt und beschränkt, und wieder auch mit gleichsam eignen Abänderungen sinnreich verbessert, um aller Welt recht wohl gefallen zu können. Ich weiß nichts weiter darüber zu sagen. Die gepriesene Fassade des Louvre mag in ihrer Art verdienstlich sein. Aber was sollen uns zwanzig oder dreißig italienische oder griechische Säulen in einem fremden Lande und Klima, mitten unter Trachten, Sitten, unzähligen Gebäuden, die nichts weniger als griechisch sind? Hier ist das Mißverhältnis überdem sehr auffallend, da jene Fassade an einem Gebäude klebt, was weder alt noch neu, weder griechisch noch gotisch, sondern nichts als im höchsten Grade unförmlich ist.

Die einzige schöne Ausnahme ist die alte Kirche Notre Dame, im gotischen Stil, groß und mit einer Fülle von Zierraten geschmückt. Doch wird einem auch dieser Genuß durch manches verkümmert; es steht diese Kirche an einer niedrigen und abgelegenen Gegend, wo sie nicht ins Auge fällt; die Vorderseite sieht man gut, aber den Anblick des übrigen muß man mühsam zusammen suchen, weil es teils versteckt, teils verbaut ist. Beide Türme sind nur etwa zur Hälfte vollendet, wie es mit so manchem gotischen Dom der Fall ist, seit erst bürgerliche Kriege den Bau unterbrochen, bis der veränderte Handelslauf dem Gelde eine andere Richtung gab, und endlich die Reformation mit allen ihren Folgen eine ganz neue Ordnung der Dinge hervorbrachte. In Paris ist es vielleicht auch dem schon früh veränderten Geschmack zuzuschreiben. Auch ist die Kirche keine von den bedeutenden in Rücksicht ihres Umfanges, und keineswegs der

Charles Meryon, Notre Dame und Petit Pont, 1850.

Größe der Stadt angemessen. In der Revolution endlich ward die Vorderseite durch Herabwerfen der Bilder und sonst auf mannigfache Weise beschädigt und entstellt. Aber schlimmer als alles ist die Verstümmelung, welche man schon früher im Innern vorgenommen hat, indem man die auf gotische Art, aus vielen reifenähnlich verbundenen Säulen abgerundet, und überall so sehr als möglich modernisiert hatte. Dieses Mißverhältnis des Äußern und Innern ist eine unleidliche Störung; und welche eigentliche Geschmacklosigkeit gehört nicht dazu, um das nicht zu fühlen, und auf diese widersinnige Weise überall griechisch Maß und Gewicht gewaltsam einführen zu wollen! Aber diese intolerante Verfolgungssucht in der Kunst war nur zu oft gepaart mit der falsch antikischen Nachahmerei, die im achtzehnten Jahrhundert so epidemisch wurde; und es steht zu befürchten, sie ist es hie und da noch genug, um auch noch jetzt schätzbare Kunstwerke und Denkmale des Mittelalters zu zerstören.

Doch auch so ist die Kirche Notre Dame noch das wichtigste Gebäude in Paris für die Kunst; eine ehrwürdig altväterische Gestalt mitten in der modernen Welt und Umgebung.

In dieser Stimmung, mit diesen Bedürfnissen und Gefühlen verließen wir beim Anbeginn des Frühlings auf eine Zeitlang die allgepriesene Hauptstadt.

Friedrich von Schlegel, 1805

DER GREVE-PLATZ

Ein aufgeschlagenes Buch ist Paris zu nennen, durch seine Straßen wandern heißt lesen. In diesem lehrreichen und ergötzlichen Werke, mit naturtreuen Abbildungen so reichlich ausgestattet, blättere ich täglich einige Stunden lang. Es war zwei Uhr, da ich aus dem Hause trat. Unfehlbar um diese Zeit, spielt der fleißige Tischler gegenüber, ein Viertelstündchen mit seinen Papageien; dann wird der Hobel von neuem gerührt. Der deutsche Baron, mein Nachbar, war eben heimgekehrt, und hüpfte, wie ein Spatz, aus seinem Tillbury. Ein leichtfüßiger Herr! Das Pferd, auf dem Wege zum Stalle, wird kaum fühlen, daß seine Last leichter geworden. Bald kam ich in die Straße Vivienne. Hier ist das Paradies der weiblichen Welt, da findet sich alles, was die Häßlichkeit braucht sich zu verbergen, und die Schönheit sich zu verraten. Hüte, Blonden, Schleier, Geschmeide von Gold und Edelsteinen, und alles in so reichem und kostbaren Vorrate, daß selbst eine Königin mit Bedenken wählen müßte. Vor einem Putzladen hielt eine glänzende Kutsche; der gemächlichen Dame öffnete ein Mohr den Schlag. Ich sah mir das Wappen an – ein ganzes Stickmuster von farbigen Feldern, nebst Klauen- und Schnabeltieren aller Art. Fünf Minuten später warf ich den Blick durch die geöffnete Pforte des Tempels der Eitelkeit, und sah für einen Hut einen Bankzettel hinlegen. Das waren, wenn nicht tausend, wenigstens fünfhundert Franken. Darauf wurden zwei Goldstücke herausgegeben. Der Hut war schöner als ihn eine männliche Feder beschreiben kann: ein Paradiesvogel mit seinem ganzen Gefieder umschimmerte den Kopf. Habe so etwas in meinem Leben noch nicht gesehen! Doch vielleicht hätte die edle Frau Rang und Reichtum gern für das hübsche Gesicht hingegeben, das, neben mir, lechzende Augen nach Hut und Bankzettel schickte. Ich ging weiter, ein kleiner Menschenkreis zog mich an, ich drängte mich durch. Zwei Lumpensammler waren in heftigen Wortwechsel geraten. Ihr kümmerliches Gewerbe folgt dem des Bettlers. Der eine hatte einen handbreiten wollenen Lappen im Kuhmist aufgestöbert, der andere als gleichzeitiger Entdecker machte Ansprüche darauf, hob drohend seinen Stock mit eisernen Haken in die Höhe, und sprach mit wütenden Gebärden: veux tu lâcher cela? Unweit davon zeichnete ein Mann, stehenden Fußes, etwas in seine Schreibtafel ein, so ernst, so andächtig dabei, als hätte ihm der liebe Gott seine zehn Gebote in die Feder gesagt. Ein schnarrendes »Gare!« weckte ihn aus seinen frommen Träumen. Er mochte wohl ein Wechselmakler sein, denn er war von der Seite der Börse hergekommen. Jetzt ging ich den Perron hinab in das Palais Royal. Dieses Lustlager ist wohl jedem bekannt. Alles findet sich hier, selbst menschliches Elend – nur nicht dessen Schein. Die Armut ist vergoldet, der Hunger scherzt, das Laster lächelt.

So war ich zwei Stunden lang umhergewandert, und hatte auf allen Straßen das regste Leben gefunden. Es hüpfte, sang und lachte zwar nicht immer dieses Leben, es schlich, stöhnte und weinte wohl auch – doch es lebte. Und in dieser nämlichen Stunde, in dieser nämlichen Stadt, atmeten vier Jünglinge ohne zu leben, denn wenn nicht Verzweiflung, war Verklärung über sie gekommen, schon waren sie keine Menschen mehr. Die Soldaten, welche wegen Teilnahme an der Verschwörung von Rochelle zum Tode verurteilt worden, sollten um vier Uhr auf dem Grève-Platz hingerichtet werden. Das hatte ich erst auf der Straße erfahren. Vielleicht eine halbe Million Menschen erfuhr diese Hinrichtung erst aus der Abendzeitung. So ist Paris! Es war schon vier Uhr. Ich warf mich in ein Cabriolet, noch den fürchterlichen Schauplatz zu erreichen. Den Palast der Tuilerien vorüber, den Tell's Enkel bewachen; das Louvre vorbei, aus dessen Fenster Karl IX. in der Bartholomäus-Nacht, auf die Herzen seiner Untertanen gezielt; am Pont Neuf vorüber, worauf das Standbild des guten Heinrichs, dessen fromme Augen der Richtstätte gerade zugewendet sind; bis auf den Châtelet-Platz – weiter konnte ich nicht dringen, die Wachen hielten den Weg gesperrt. Eine Brücke, pont-au-change genannt, geht auf diesen Platz aus. Über diese Brücke, jenseits der Seine her, wo das Gefängnis ist, mußten die Verurteilten geführt werden, um zum Grève-Platz, der am diesseitigen Ufer liegt, zu gelangen. Ein großes, mit einem Balkon versehenes Speisehaus, gab den besten Standpunkt, den traurigen Zug, der kommen sollte, zu übersehen. Dieses Gebäude steht auf der Stelle, wo le grand châtelet war, eine Burg, die Julius Cäsar erbaute, und deren Grundmauern im Jahre 1802 niedergerissen worden. Ich stieg in den großen herrlichen Saal, wo viele Menschen guter Dinge waren. Ich sah mitleidige Weiber mit bleichen Wangen und schwer gehobener Brust; aber sie aßen und tranken doch. Der Dichter, welcher sang: »Süß ist's, vom sichern Hafen aus Schiffbrüchige zu sehen« – der kannte das menschliche Herz! Keiner wagte die Empfindungen, die er hatte, laut werden zu lassen, nur die Spione sprachen Empfindungen aus, die sie nicht hatten. Für diese Würmer war heute gutes Wetter, denn die Fäulnis ist ihre Wiege. Höher als sonst spitzten die Horcher ihre Ohren, denn in diesem Saale konnten Wein und Mitleid auch ängstlich verschlossene Lippen öffnen. Einer kam, auch mir den Puls zu betasten. Einen Blick zum Fenster hinaus, auf die Volksmenge und die bewaffnete Macht werfend, sprach er mit spöttischer Miene vor sich hin: »il leur faut quatre mille hommes pour quatre!« Ich schwieg. »Ces jeunes hommes ont bien merité un petit châtiment, ils ont voulu renverser le gouvernement, mais...« Ich schwieg. »Paris dort!« sagte der sentimentale Spion. Ich schwieg, aber ich dachte: Paris schläft nicht, es wacht, kennt die Furcht, bedenkt, zaudert und läßt geschehen. Denn schliefe dieser tausendarmige Riese, und reckte seine Glieder und wendete sich um, wie man es im Schlafe bewußtlos tut, dann würden an dieser gedankenlosen Bewegung die Bajonette dort zerknicken und vier Mütter weinten nicht um ihre Söhne.

Jetzt wälzte sich ein breites Gemurmel vom jenseitigen Ufer herüber. Wir sprangen von unsern Tischen auf, und eilten auf den Balkon. Der Zug kam näher, die Verurteilten in bürgerlicher Kleidung, mit entblößtem Haupte saßen rückwärts, je zwei auf einem Karren. Jeder hatte einen Geistlichen zur Seite. Die Jünglinge schenkten ihnen aber keine Aufmerksamkeit, sondern wendeten ihr Gesicht der andern Seite, der versammelten Menge zu, diese immerfort freundlich grüßend. Sie schienen ruhig, ja heiter. Sie zogen vorüber. Noch eine halbe Stunde vor ihrer Hinrichtung war der Prokurator des Königs im Gefängnisse bei ihnen. Das Geständnis der Wahrheit hätte die Hoffnungslosen vielleicht, eine willkommene Lüge sicher gerettet. Sie schwiegen und starben. Bald kehrten die Karren mit vier Leichnamen zurück. Die bewaffnete Macht ging auseinander. Die klugen Stellungen, welche diese genommen, das Volk im Zaum zu halten, hatte ich mit Bewunderung angesehen. Schaudernd verehrte ich die Macht des menschlichen Geistes, die Werke seiner Wasserbaukunst, wie er das Meer bändigt, und der kleinen Kraft, die Herrschaft über die größere sichert. Da, zum erstenmal in meinem Le-

ben fiel mir bei: Regierungen sind wohl von Gott eingesetzt – wie hielten sich sonst manche!
Die Straße war frei geworden, ich ging nach dem Grève-Platz. Dort war man beschäftigt, das Schafott auseinander zu legen. Eimer mit Wasser wurden über den blutgetränkten Boden ausgeschüttet. Ich dachte an der Lady Macbeth Hand. Ich fragte den und jenen, wie die Jünglinge gestorben. Sie waren festen Schrittes die rote Treppe hinaufgestiegen. Vive la liberté! waren ihre letzten Worte.
Die Nacht war angebrochen. Die Uhr des Stadt-Hauses wurde beleuchtet. Eine nachahmungswürdige Einrichtung! Der Grève-Platz ist auf drei Seiten von Gebäuden umgeben. Die vierte Seite ist offen und der Seine zugewendet. Das Hôtel de Ville und alle Häuser auf dem Platze sind von altertümlicher Bauart, wie auch in deutschen Städten Märkte und Rathäuser beschaffen sind. Auf dem Grève-Platz findet sich viel nachzusinnen, was ist hier nicht alles geschehen! Ich dachte: wenn Frankreich keine Humoristen hat, sie wohnen hier; wenn es keine Schelme hätte, sie wären hier gewiß zu finden; wenn es die Empfindsamkeit nicht kennt, hier sucht man sie nicht vergebens. Denn allen, die seit dreiunddreißig Jahren auf dem Grève-Platz wohnen – welche andere Wahl könnte ihnen bleiben, als über die Herren der Schöpfung zu lachen, Schelme zu werden, oder vor Wehmut zu zerfließen? Ich hatte einen großen Gedanken: die Hauptsache ist, daß man beim Leben bleibt! Die erste Hinrichtung, die auf diesem Platze geschah, wurde im Jahre 1310 an Margarethe Porette, einer Ketzerin, vollzogen. Diese Unglückliche freilich hätte auch bei der größten Gunst der Parzen ihr Leben nicht bis auf unsere Tage erstrecken können. Aber die siebenunddreißig Bürger, die bei einem Aufstande am 24. August 1787, da das Volk noch nicht Herr war, von einer einzigen Gewehrladung der bewaffneten Macht fielen? Aber alle die Schlachtopfer der Revolution, die hier gemordet wurden? Aber Arena und seine vier Genossen, und der Chef der Chouans, Cadondal, die beschuldigt, dem ersten Konsul Bonaparte nach dem Leben getrachtet zu haben, hier hingerichtet worden? Wie geehrt lebten sie jetzt... Und was ist in die-

sem Rathause nicht alles geschehen! Ein Tollhaus ist es zu nennen. Am 2. Nov. 1793 beschloß die Stadtgemeinde, daß ferner den Zuckerbäckern für ihre Näschereien kein Zucker verabfolgt werden dürfe. Am 29. Pluviose des nämlichen Jahres: daß alle Personen für verdächtig zu erklären seien, die bei den Speisewirten nur die Kruste vom Brot essen und die Krume liegen lassen! Ein Mitglied des Gemeinderats bringt einige Wochen später eine Anklage gegen diejenigen vor, welche die Haare der Guillotinierten kauften, besonders gegen die alten Weiber, die sich Perücken daraus machen ließen! Am nämlichen Tage sendete die Polizei die Liste der gefangenen Personen ein. Deren Zahl belief sich auf 7090, beiderlei Geschlechts. Am 21. Floréal des nämlichen Jahres befiehlt die Gemeinde, die mitgeteilte Nachricht, daß man 1684 Staatsverbrecher guillotiniert oder erschossen habe, wäre im Protokolle mit Ehren zu erwähnen! Fünf Tage später wurde beschlossen, daß das französische Volk ein höchstes Wesen anerkenne. Im Jahre 1804 gab die gute Stadt Paris in ihrem Rathause dem Kaiser Napoleon, zur Feier seiner Krönung, ein prächtiges Fest. Am 29. August 1814 gab genannte gute Stadt auch Ludwig XVIII. ein Fest, seine Rückkehr zu feiern. Lobenswerte Unparteilichkeit!

So ist Paris, so ist der Mensch, so ist die Welt!

Ludwig Börne, 1822

DIE VENDÔME-SÄULE

Man muß sehr lachen, wenn man der drolligen Verlegenheit einiger französischen Schriftsteller begegnet, welche Beschreibungen von Paris zum Gebrauche der Fremden verfaßt haben. Viele Bauwerke, in neuerer Zeit entstanden, erregen und verdienen die Bewunderung aller; aber wie davon sprechen? Napoleon hat sie geschaffen. Um dieser stechenden Wahrheit auszuweichen, sieht man jene armen Herren sich wie Raupen krümmen. Sie reden in mancherlei Windungen, und stellen für schreibende Höflinge die schönsten Stil-Muster auf. Sie sagen: alle Bauwerke der kaiserlichen Regierung wären schon unter Ludwig XIV. beschlossen worden; Ludwig XV. habe wohl daran gedacht, die Entwürfe seines Vorgängers auszuführen, habe aber, um das dazu nötige Geld zu holen, die benachbarten Staaten nicht erobern wollen; Ludwig XVI. sei auf Gleiches bedacht gewesen, habe es aber unterlassen, um seine Untertanen nicht mit Abgaben zu beschweren. Dann sagen sie: Napoleon habe nur aus Eitelkeit viel bauen lassen. Dann, um die Schnelle, mit welcher unter ihm so viele und große Werke entstanden, der Bewunderung zu entziehen, sagen sie: Bonaparte habe zu Pferde der Unsterblichkeit zueilen wollen. Ferner: er habe wohl begriffen, daß ihm jene Kunstwerke größern Nachruhm bringen würden, als seine verheerenden Schlachten. Ferner: es habe ihm geahnt, daß es mit seiner Herrlichkeit nicht lange dauern würde, und darum habe er sich beeilt, ein gefälliges Andenken zurückzulassen: Endlich, weil sie fürchten noch nicht genug geschmeichelt, Napoleon noch nicht genug gelästert zu haben, sagen sie: er habe die Baukunst nicht geschätzt, die Baukünstler nicht aufgemuntert, nicht belohnt, sie vielmehr gehaßt, weil ihn, da er noch Lieutenant gewesen, ein Architekt wegen einer Schuld bei dem Friedensrichter verklagt hatte. Wenn dieses wahr ist, muß man sich wundern, daß Napoleon nicht auch die Ammen und Kindermädchen verfolgt, weil ihm, als er noch Kind war, höchst wahrscheinlich eine dieser Personen irgend ein Pätschchen gegeben. Bei Gelegenheit der Vendôme-Säule, sagen jene immergrünen Schmeichler: Napoleon hat die Säule jener des Trajans zu Rom sklavisch nachbilden lassen, weil er den Künstlern nicht vergönnen mochte, eigenem Schöpfungsgeiste zu folgen. Daß er ein Taugenichts war, wissen wir auswendig genug, aber mit der Vendôme-Säule hat er Recht gehabt. Die Künstler unserer Tage haben nur gelernt, den Reichen und Mächtigen zu gefallen. Ein Bildchen, zwischen hölzernen Stäben eingesperrt, in der warmen Stube aufgehängt, von Gardinen gegen die Sonne, von Schloß und Riegel gegen freie Untersuchung geschützt – das ist ihr höchstes Tun. Aber ein Bauwerk unter freiem Himmel, auf den Markt des freien Urteils hinzustellen, allen verständlich, allen gefällig, und das groß in die großen Augen des Volks ein-

Canella, Rue de Castiglione, 1829.

zieht – das vermögen sie nicht. Aber die alten Römer vermochten es, und darum war es wohl getan, eines ihrer Werke nachzuahmen. Die Vendôme-Säule ist das schönste unter allen Bauwerken Napoleons; unter solchen nämlich, die eine sittliche Vorstellung ausdrücken. Denn was die Gebäude betrifft, die dem Vorteile des tierischen Menschen gewidmet sind: Märkte, Wein-, Getreide-Hallen, Schlachthäuser, die der französische Kaiser aufführen ließ, so muß man gestehen, daß die alte Welt nichts Ähnliches vorzuzeigen hatte.

Die Säule auf dem Platze Vendôme soll, wie bekannt, die Siege der Franzosen im Jahre 1805 verherrlichen. Sie ist rundum bis zu ihrer Spitze mit Bildwerken halb erhabener Arbeiten bedeckt, wozu zwölfhundert eroberte Kanonen das Metall gegeben. Ein schönerer Baustoff als den der türkische Kaiser zu verwenden gedenkt, welcher, wie eine deutsche Zeitung schmunzelnd erzählt hat, bei seinem Barte geschworen, in Griechenland eine Moschee von Christenschädeln aufrichten zu lassen! Die Spitze der Säule krönt eine Kuppel, auf welcher bis zur Rückkehr der Bourbonen die Statue Napoleons stand. Sie war, wie ihr Urbild, so fest auf den Beinen, daß man sie absägen mußte. Aus dem Leibe des Helden wurde später das Pferd gegossen, worauf Heinrich IV. auf Pont Neuf sitzt. Eine finstere Treppe führt zur Galerie, welche die Kuppel der Säule umgibt. Mit einer Laterne in der Hand steigt man den ängstlichen Weg hinauf, der so eng ist, daß man den Herabkommenden zurufen muß, oben zu warten, denn zwei sich Begegnende könnten sich nicht ausweichen. So sind die Wege des Ruhms! Von der Höhe der Säule hat ein Held der alten Garde sich vor einigen Jahren herabgestürzt. Beargwohnt von der Schwäche, geneckt, verfolgt, ward ihm das Leben zur Last. In fünfzig Schlachten war er den Lanzen und Schwertern des Feindes kühn entgegengetreten – vor den Nadelstichen der Polizei nahm er feig die Flucht. Von dieser Säule des Ruhms schaut man auf das heutige Paris hinab – ein Anblick, der einem Deutschen wohltun würde, wenn es die Binse größer und stärker machte, daß der Sturm die Eiche niederwarf. Auch haben sie, um die Weltgeschichte Höflichkeit zu lehren, die Inschrift vertilgt, die

am Fuße der Säule deren Bestimmung ausdrückte. Die Inschrift war in lateinischer Sprache, und die wenigsten hatten sie verstanden: die leere Tafel kann jetzt jeder dumme Bauer lesen.
Ludwig Börne, 1822

DER GEIST DER BESCHEIDENHEIT

Karl der x. besteigt den Thron unter den allergünstigsten Konjunkturen. Er findet Frankreich in hohem und fortschreitenden Wohlstande. Die Tätigkeit, der Handel und Wandel, die von einem Ende des Landes zum andern herrschen, übertreffen jede Vorstellung. Nicht bloß zu Paris, sondern auch in den Provinzen, werden überall neue Wohnungen gebaut, alte erweitert, verschönert. Der Handwerker, der sich sonst, für sich und seine Familie mit einem Gemache begnügte, braucht deren jetzt zwei, drei. Er richtet sich bequemer ein. Die Bausteine sind in Paris um hundert Prozent in ihrem Wert gestiegen, und der Boden, auf den gebaut wird, ist so teuer geworden, daß in mehreren Quartieren der mètre carré 500 Francs kostet. Im Kauf und Umtausch des Terrains werden ungeheure Summen gewonnen. Indes ich um mich her nichts als Gedeihen und Wachstum erblicke, rücke ich selbst nicht von der Stelle, sehe auch, wohin ich mich wende, keine Möglichkeit, keine Hoffnung, meine Lage zu bessern. Das ist um so niederschlagender, als die Notwendigkeit der Erziehung meines Sohnes täglich meine Ausgaben erweitert. Das Schicksal hat einen Zauberkreis um mich geschlossen, in dem ich verderben soll.
Ein andrer Vorteil des neuen Königs ist, daß sich die Franzosen dermalen mit nichts weniger beschäftigen, als mit Politik. Seit vier bis sechs Monaten weiß man von keinem Duell, das wegen Meinungssachen in Frankreich vorgefallen wäre. In den Reden Karl's x. atmet ein liebenswürdiger Geist der Bescheidenheit. Gleichviel wer Verfasser, sie sind aus der Denkungsart des Sprechenden geschöpft. Die Herzen des Volks wird er leicht erobern. Sein Benehmen ist voll Anmut und er versteht populär zu sein, was sein höchstseliger Bruder nicht vermochte.

Louis-Leopold Boilly, Pariser Café um 1815.

Mittags den 16. war Herrn von Chateaubriand's Rhapsodie bei Lenormant zu bekommen. Sie macht erstaunliches Glück. Der König und Madame la Dauphine haben dem Verfasser die verbindlichsten Worte gesagt; die ganze Vorstadt St. Germain ist bei ihm vorgefahren und selbst Herr Franchet hat sich auf die Beine gemacht, dem Herrn von Chateaubriand aufzuwarten. Der letztere Umstand gilt für den wichtigsten. Jedermann glaubt, daß der loyale Ritter des heiligen Grabes das Portefeuille der auswärtigen Geschäfte oder das des Innern davon trage, ehe ein Monat verstreicht.
Ein vielgeachteter Bildner, Meister einer Erigone, die nebst mehren seiner Werke die Ausstellung ziert, Herr Flatters, gebürtig aus den preußischen Rheinlanden, hat nach einem Medaillon, das ihm Herr von Saur geliehen, die Büste Goethe's modelliert. Sie ist zum Bewundern. Ich begreife kaum, wie er aus dem höchst unscheinbaren Muster die feinsten Züge des Originals herausgefunden. Grandios wie hier, erscheint Goethe in keinem mir bekannten Bilde. Binnen wenigen Tagen werden Abgüsse zu haben sein. Einige sind nach Weimar, andere nach Berlin bestimmt. Sagen Sie, ob man Ihnen einen derselben senden soll?
Karl Engelbert Oelsner, 1824

DIE FAHRT IM OMNIBUS

Ich besah heute einige neue Gebäude, unter andern die, mit stattlichen Colonnaden umgebene Börse, deren Größe und Totaleindruck imposant ist; doch nehmen sich die langen, schmalen gewölbten Fenster hinter den Säulen sehr häßlich aus. Die modernen Bedürfnisse harmonieren oft gar zu schlecht mit dem antiken Stil. Das Innere ist ebenfalls grandios, und die Täuschung der Deckenmalerei in der Haupthalle vollkommen. Man schwört, darauf Basreliefs zu sehen, aber doch schlechte.
Auf den Boulevards hat man, wie ich heute erst bemerkte, gute Verbesserungen durch Wegnahme mehrerer Häuser bewerkstelligt, und die Porte St. Denis und St. Martin nehmen sich nun

Cham/Carter, Ein Nordstaatler und ein Südstaatler geraten auf einem Omnibus zum Ergötzen der anderen Fahrgäste aneinander.

weit besser aus als ehemals. Ludwig der XIV. verdient diese Monumente, schon um seiner Verschönerung der Hauptstadt willen, denn in der Tat, was man in Paris Schönes und Großes sieht, Ludwig der XIV. oder Napoleon gründeten es. Die Alleen hat man glücklicherweise sorgfältig geschont, und nicht, wie in Berlin Unter den Linden und auf dem Dönhoffsplatz, die großen Bäume abgehauen, um kleine astlose Krüppel statt ihrer hin zu pflanzen. Einen seltsamen Anblick gewähren die vielen Dames blanches und Omnibus, Wagen, die zwanzig bis dreißig Personen halten, die Boulevards fortwährend von einem Ende bis zum andern durchfahren, und jeden müden Fußgänger für bestimmte, sehr billige Preise darin aufnehmen. Meldet sich einer, so zieht der hinten sitzende Conducteur eine Klingel und der Kutscher hält. Eine fliegende Treppe sinkt herab und in wenigen Sekunden geht es wieder vorwärts. Nur drei unglückliche Rosse ziehen diese schweren Wagen, so daß ich, bei der jetzigen Glätte, oft sämtliche Pferde neben einander hinstürzen sah. Man sagt, England sei eine Hölle für die Pferde, sollte indes die Metempsychose wahr sein, so bitte ich mir doch jedesmal aus, lieber ein englisches

Pferd zu werden als ein französisches. Wie man diese unglücklichen Tiere hier oft behandelt, ist wahrlich empörend! und es wäre zu wünschen, daß die Polizei sie, wie in England, beschützte. Ich erinnere mich, daß ich einst in London eine ähnliche Mißhandlung eines armen Cabrioletpferdes durch einen Fiaker mit ansah. Kommen Sie, sagte der mich begleitende Engländer; wenn Sie eine Stunde Zeit haben, sollen Sie sofort der Bestrafung dieses Menschen beiwohnen. Er rief den Mann nun ganz gelassen heran, stieg mit mir ein, und befahl ihm auf's Polizei-Bureau zu fahren. Dort brachte er seine Klage an, daß der Kutscher sein Pferd unnütz gepeinigt und gemißhandelt habe. Ich bezeugte es, und der Kerl war genötigt, sogleich eine ziemlich bedeutende Geldstrafe zu erlegen, worauf er uns noch wieder zurückfahren mußte. Du kannst Dir seinen guten Humor dabei vorstellen.

Auch in andern Teilen der Stadt sind solche Omnibus im Gange, und die längste Course kostet doch nur einige Sous. Es ist höchst amüsant, abends dergleichen Fahrten, auch ohne bestimmten Zweck, zu machen, nur der sonderbaren Karikaturen wegen, die man hier antrifft, und der originellen Konversationen, die man mit anhört. Man glaubt oft einer Vorstellung der Variétés beizuwohnen, und findet Brunets und Odry's Originale getreu hier wieder. Du weißt, wie gern ich auf diese Art beobachtend unter Menschen bin, und überhaupt dazu die Mittelstände am meisten liebe, die auch heut zu Tage allein noch etwas Eigentümliches haben, und auch die glücklichsten sind, denn wahrlich – die Medaille hat sich ganz und gar umgekehrt. Die Mittelstände, bis zum Handwerker herab, sind jetzt die wirklich begünstigten, durch Sitten und Zeitumstände. Die höheren Klassen finden sich mit ihren Rechten oder Prätentionen zu fortwährender Opposition und Demütigung verdammt. Unterstützt hinlängliches Geld ihre Anforderungen, so geht es noch leidlich, obgleich auch hierin, der Ostentation wegen, der Erbsünde der Reichen, wenn es nicht Geiz ist, ihnen Geld weit weniger reellen Genuß gewähren kann, als es ein Paar Stufen tiefer verleiht. – Hält aber den Rang kein Vermögen empor, so ist der so Gestellte ganz gewiß von allen sei-

nen Mitbürgern, den Verbrecher ausgenommen, der Beklagenswerteste, unmittelbar nach dem, welcher wirkliche Hungersnot leidet.
Daher sollte Jeder, wie ich schon einmal, glaube ich, gegen Dich äußerte, seine Lage in der Welt genau erwägen, und der Ambition oder Eitelkeit (ich schließe hiervon nur die Ambition des wahren Verdienstes aus, welche sich durch ihr Wirken selbst, und nur durch dies allein belohnt findet) nichts aufopfern, denn keine Epoche der Welt war einer solchen weniger günstig. Wir Vornehme werden jetzt wirklich wohlfeil zu weiser Enthaltsamkeit und praktischer Philosophie jeder Art hingeführt, und dem Himmel sei Dank dafür!
Mit diesen Gedanken, im Innern der Dame blanche kam ich bei Franconi's Theater an, das auch ein Blinder, nur dem Pferdegeruch nachgehend, schon auffinden kann. Was hier getrieben wird, ist allerdings eine abscheuliche Geschmacklosigkeit, und ein Publikum, das nichts andres zu sehen bekäme, müßte am Ende selbst zu halbem Vieh werden. Ich spreche von den ganz sinnlosen Schauspielen, die hier dargestellt werden – die einzelnen equilibristischen Übungen sind dagegen oft recht sehenswert. Besonders erfreute mich der Seilschwinger, Diavolo betitelt, der gewiß alle seine Mitbewerber so sehr überflügelt, als Vestris einst seine Kollegen. Eine schönere Gestalt, größere Gewandtheit, Sicherheit und vollendetere Grazie scheinen in dieser Art kaum denkbar. Er ist der fliegende Merkur, der von Neuem eine menschliche Form angenommen hat; die Luft scheint sein wahres Element, und das Seil nur ein Luxusartikel, um sich damit, wie mit einer Girlande, zu drapieren. Im wildesten Schwunge sieht man ihn, haushoch, ganz frei und unangebunden auf dem Seile liegen, jetzt dicht vor den Logen mit dem klassischen Anstand einer Antike vorüberschweben, und gleich darauf, wie eine Marionette, mit dem Kopf unten, und den Beinen nach oben, ein Entrechat in den Wolken des Theaterhimmels ausführen. Daß er sich wie ein Rad, vor- und rückwärts, mit der Schnelligkeit eines Uhrwerks, umdrehen, unangebunden sich in der Länge des Seils hinlegen, oder nur mit einem Fuß daran hän-

gend umherschwenken kann, versteht sich von selbst. Er verdient seinen Namen durch die Tat. Il Diavolo non puo far meglio.

Ludwig Heinrich Hermann Fürst zu Pückler-Muskau, 1829

VON DER
JULI-REVOLUTION
ZU
1848

Karl x. kannte die Stimmung des Volks noch weniger als sein Günstling; beide erwarteten zwar von den heimlich ersonnenen Maßregeln, daß sie Murren und Mißvergnügen erregen, vielleicht auch zu einigem Auflaufe Anlaß geben würden; allein mit Hilfe der Gendarmen und der Polizei Mangins hofften sie die Unzufriedenen, die sich auflehnen würden, bald zu Paaren zu treiben. Man verhehlte die getroffenen Maßregeln bis zum letzten Augenblicke; das Publikum hatte aber schon das Vorgefühl von dem, was man gegen die Nation im Schilde führte.

Sonntags den 25. Juli 1830 wurden endlich die berüchtigten Verordnungen vom Könige unterzeichnet und am folgenden Morgen erschienen sie im »Moniteur«. Alle Personen meiner Bekanntschaft, mit welchen ich an diesem Tage zusammentraf, waren betroffen; jedermann sah voraus, was für wichtige Folgen aus der Unbesonnenheit der Hofschranzen entspringen würden. Auf der Börse ging es sehr stürmisch zu, die Staatsrenten fielen um fünf Prozent. Um die Tagesblätter zu verhindern, irgend eine Meinung über die beschlossenen Staatsstreiche zu äußern, befahl Mangin, der Polizeidirektor, kein Blatt solle mehr ohne Erlaubnis der Polizei ausgegeben werden. Da der Vertrag, welcher Volk und König miteinander verband, zerrissen war, so hielten sich mehrere Herausgeber unabhängiger und freisinniger Tagesblätter nicht für verpflichtet, diesem gesetzwidrigen Befehle Genüge zu leisten, und erschienen am folgenden Tage mit strengen, aber gegründeten Rügen der Regierungsveränderung. Ich hatte einige Zeit vorher beschlossen, diesen Sommer nach siebenundzwanzigjähriger Abwesenheit meine Vaterstadt Münster wiederzubesuchen, und daher einen Paß verlangt; dieser wurde mir am Montag in den Bureaux des Polignacschen Ministeriums ausgefertigt. Hier sah es noch sehr still aus und niemand hätte den Sturm vermuten sollen, welcher zwei Tage später über das Polignacsche Hôtel losbrach.

Schon am Montagabend gab es Lärm im Palais Royal und es war

Charles-Caïus Renoux, Die Aufständischen vor dem Hôtel Dieu, 1830.

HOTEL – DIEU

ein Auflauf entstanden, in welchem die Gendarmen und Polizeidiener Gefahr liefen, mißhandelt zu werden.
Am Dienstag war es des Morgens noch still; allein die meisten Fabriken waren am vorigen Tage von ihren Herren geschlossen worden und die Arbeiter irrten erbost in Paris umher. Man wollte sich der Druckerpressen derjenigen Zeitungsexpeditionen bemächtigen, deren Blätter am Morgen wider das Verbot der Polizei erschienen waren. Bei dem Bureau der Zeitung »le Temps« erregte dies einen Auflauf; kein Schmied oder Schlosser aus dem Stadtteile ließ sich willig finden, die Türen, die der Polizeikommissar sprengen lassen wollte, aufzubrechen; die Polizei mußte den Schmied holen lassen, welcher den zu den Galeeren Verurteilten die Ketten anzuschmieden pflegt. Bis Mittag war es indessen noch ziemlich ruhig in Paris, wiewohl jedermann das Schlimmste ahnte. Die Deputierten, die sich in der Stadt befanden, waren schon am Montag zusammengekommen, um über die öffentlichen Angelegenheiten zu beratschlagen. Am Dienstag fanden sie sich in größerer Anzahl ein und setzten ihre Protestation gegen das eigenmächtige Verfahren Karls x. auf.
Kurz nach Mittag begannen die Aufläufe in der Gegend des Palais Royal, auf den Boulevards und auf dem Grèveplatze vor dem Stadthause. Das Polignacsche Ministerium erkannte bald den ernsthaften Charakter dieses Aufstandes und ließ sogleich alle in Paris vorhandenen Truppen unter die Waffen treten; Dragoner und Gendarmen zu Pferde wurden gegen die Aufläufe ausgeschickt, fanden aber hartnäckigen Widerstand. Man warf mit Steinen auf sie und bewaffnete sich mit Knitteln; manche Personen versahen sich sogar mit Feuergewehr. Es wurde auf das Volk geschossen; dieses drängte sich in dichte Haufen zusammen; die Linientruppen weigerten sich, gegen das Volk anzurücken. Diese Weigerung, welche sogleich bemerkt wurde, erregte ein Jubeln unter dem Volke; es reichte den Soldaten die Hände und nannte sie Brüder und Freunde. Für die Polizei war dies ein Donnerschlag, und von nun an bekam das Volk mehr Mut und Kraft. Der Hof hielt sich schon seit länger als einen Monat zu Saint Cloud, eine Meile von Paris, auf, und Karl x., der beständig nur das Volk

durch seine Hofleute gekannt hatte, mußte auch dies Mal nur durch Hofschranzen erfahren, was vorging. Natürlich stellten ihm diese vor, daß die Maßregeln so getroffen wären, daß die Rebellen bald zu Kreuze würden kriechen müssen.
Ich begab mich am Abende auf den Quai neben dem Louvre; von hier sah man die Truppen zu Pferde gegen den Grèveplatz anrükken, von woher ein wildes Geschrei und Lärmen erscholl; die Truppen antworteten darauf durch ein heftiges Peletonfeuer und es kam hier zu einem offenen Gefechte zwischen Volk und Polizei. In der St. Honoréstraße wurde eine Kutsche, die man für die des Ministers Polignac hielt, angehalten und zerschlagen. In jener Gegend dauerte der Aufstand bis in die Nacht hinein; in der Vorstadt St. Germain blieb es aber ruhig und ich erfuhr daher wenig.
Am andern Morgen erfuhr ich, daß man überall die königlichen Wappen zerschlagen habe, und daß kein Kaufmann, keine öffentliche Anstalt mehr das Wort königlich in ihren Inschriften führe. In der Nacht war den Ministern die Gefahr augenscheinlich geworden; da sie aber, wie alle beschränkten Köpfe, glaubten, ihrer Hartnäckigkeit werde nichts widerstehen können, so waren sie in ihrer Eigenmacht keck fortgeschritten und hatten die Hauptstadt in Belagerungszustand erklärt, das heißt, die polizeiliche Gewalt dem Militär übertragen; der Herzog von Ragusa war es, der die Pariser durch seine Obergewalt wieder zum Gehorsam zurückbringen sollte. Wenn etwas die Pariser noch mehr erbittern konnte, so war es dieses. Niemals hatten sie diesem Marschall die im Jahre 1814 mit den Feinden geschlossene Kapitulation verziehen, sondern ihn stets des Verrats beschuldigt; und dieser Mann sollte nun den Despotismus Karls x. befestigen helfen! Man griff zu den Waffen, um eine solche Schmach von der Hauptstadt abzuwenden. An diesem Morgen erschienen nur wenige Tagesblätter; einige wagten es, die Pariser zum Widerstande gegen die gesetzlose Macht aufzumuntern, die sie unterjochen wolle.
Als ich gegen Mittag ausging, um mich wie gewöhnlich nach der Expedition des »Bulletin scientifique« zu begeben, erstaunte ich anfangs, die Straßen so leer zu finden. Kein Wagen ließ sich hö-

ren, nirgends sah ich Truppen. Aber neben der St. Sulpicekirche sah ich zwei Kerls vom Pöbel, welche auf dem Steinpflaster eiserne Stangen wetzten, um sie spitz zu machen. Weiterhin sah ich andere Leute vom Volke, welche schon Gewehre hatten und sich zur Mairie begaben, wo sie sich, wie ich hörte, versammeln wollten, um gegen die bewaffnete Macht loszurücken. Die Not hatte die Bürger einander nähergebracht, sie fühlten das dringende Bedürfnis, mit vereinten Kräften zu wirken. Bald sah man auch gedruckte Anschlagzettel, worin die Bürger aufgefordert wurden, sich bewaffnet an der Mairie einzufinden. Diese Einladung war von niemandem unterzeichnet.

Neben dem Platze des Abteigefängnisses, am Eingange der Bussystraße, waren mehre Leute aus dem Pöbel damit beschäftigt, das Straßenpflaster aufzureißen, um die Straße zu sperren; andere zerschlugen die Laternen und aus den Fenstern eines Hauses auf dem Platze wurde ihnen Beifall zugeklatscht. Auf demselben Platze war eine Wache von Linientruppen; allein die Soldaten blieben ganz ruhig und taten, als ob sie das außerhalb der Wache Vorfallende nichts anginge.

Von einer Polizei war nirgends eine Spur mehr; die Stadt war sich selbst überlassen. So wendeten sich selbst die despotischen Maßregeln Karls x. alle zu seinem Schaden; hätte er die Kraft der gewöhnlichen Polizei nicht plötzlich aufgehoben, so wären vielleicht die Bürger nicht zu ihrer Verteidigung zusammengetreten; hätte er nicht einige Jahre zuvor die Pariser Nationalgarde verabschiedet, so wäre vielleicht keine Empörung zu Stande gekommen. Es ist aber recht, daß der Despotismus durch sich selbst gestraft wird.

Alle königlichen Truppen waren nun aus der Stadt vertrieben; Paris war frei und sich selbst überlassen. Man gab sich dem Taumel der Freude über die Besiegung des Despotismus und der Bigotterie hin. Alle Pariser waren Brüder; Reiche und Arme gingen vertraut zusammen und teilten sich ihre Gefühle mit. Nie habe ich eine solche Übereinstimmung, eine so reine Freude, einen so uneigennützigen Patriotismus gesehen. O die Wiederkehr der Freiheit ist das entzückendste Schauspiel, das die menschliche

Gesellschaft gewähren kann! Überall erblickt man Fesseln, überall Zwang; so selten gelangen die Menschen wieder zu dem Zustande, wozu sie von Natur berechtigt sind.

Die neue Regierung fing an sich zu ordnen; alle Zeitungen waren an den Straßenecken angeschlagen und voll von interessanten Zügen von Patriotismus während der drei letzten Tage und von Bemerkungen aller Art. In einem kleinen Anschlagzettel, den ich aber nur an einem Orte fand, wurde vorgeschlagen, den Herzog von Orléans zum Könige zu wählen. Dies war die erste Äußerung eines Wunsches, der sich bald allgemein aussprach.

Am Sonnabend begab ich mich zum Grèveplatze. Das Stadthaus war einstweilen der Sitz der Regierung, sowie die Hauptstadt die Stelle des ganzen Reiches vertrat. Kanonen waren vor demselben aufgepflanzt; Bürger hielten die Wache. Der Herzog von Orléans war soeben dagewesen und hatte versprochen, die Freiheit der Nation aufrecht zu halten. Angesehene Militärpersonen gingen ab und zu. Einige kamen vom Hauptquartiere des Marschalls Marmont, das sich unterdessen von Paris entfernte, da der Hof sich nach Rambouillet zurückzog. Einen dieser Militärbeamten hielt das Volk für einen Abgesandten Karls x.; es umringte sein Pferd und verfolgte ihn längs des Quais mit dem Geschrei: »Ins Wasser mit ihm!« Eine Menge Bürger standen auf dem Grèveplatze und unterhielten sich von den Vorfällen der vorigen Tage, besonders von dem Angriffe und der Verteidigung des Stadthauses, vor dem man stand. An der Ecke des Grèveplatzes und des Quais, wo sich eine Weinschenke befand, waren so viele Kugeln, sogar aus Böllern, gegen das Haus geschossen worden (wahrscheinlich vom Stadthause aus gegen die hinter jener Ecke verborgenen Bürger), daß dasselbe sehr davon beschädigt war. Ebenso war die Vorderseite einer kleinen Weinschenke am Ende einer engen Gasse, dem Stadthause gegenüber, ganz von Kugeln durchlöchert. Auf dem Grèveplatze waren in den Häusern durch die Kugeln eine Menge Fensterscheiben zerschmettert.

Von den sich unterhaltenden Bürgern äußerten viele die Meinung, es sei besser, keinen König mehr zu haben, und riefen: »Es lebe die Republik!« Andere verließen sich auf die Entscheidung der Regentschaft und der Deputiertenkammer. Der Grèveplatz schien mir in diesem Augenblicke ein kleines römisches Forum zu sein, und mir stellte sich lebhaft die Revolutionszeit vor Augen, als im Stadthause wie jetzt die Angelegenheiten des ganzen Reiches verhandelt wurden.

Die sogenannte große und in der Tat überaus wichtige Woche und der verhängnisvolle Julimonat gingen nun zu Ende. In der folgenden Woche wurde ein neuer Thron errichtet und Frankreich bekam eine freiere Verfassung, die allmählich noch freier werden kann. Denn die Freiheit der bürgerlichen Gesellschaft ist einer großen Ausdehnung fähig; allein nach einer langen Sklaverei muß vielleicht diese Ausdehnung nur Schritt vor Schritt stattfinden, damit sich die Menschen an dieselbe gewöhnen können. Fast alle Regierungen fehlen jedoch darin, daß sie den Bürgern die Freiheit, wozu sie berechtigt sind, zu lange vorenthalten, und manche warten, bis man sie ihnen mit Gewalt abdringt. Dann wird gewöhnlich mehr genommen, als wenn ein gemeinschaftlicher ruhiger Vertrag zu Stande gekommen wäre.

Ich habe mich absichtlich bei dieser berühmten Woche länger aufgehalten als bei den andern großen Begebenheiten, von denen ich Zeuge in Paris gewesen bin. Keine hat mir eine reinere Freude verschafft, bei keinem Auftritte habe ich die Pariser in einem schönern Lichte gesehen. In jener Woche war kein Zwiespalt, kein Faktionswesen; alle Herzen waren einig; alle Seelen glühten für die Freiheit und das Wohl ihres Vaterlandes. Der Umsturz des Napoleonschen Militärdespotismus war ebenfalls ein großes, erhabenes Schauspiel; allein er wurde durch das Einrücken fremder Bajonette bewirkt, und ein Teil der Nation stürzte sich feigherzig einem neuen Joche entgegen.

Auch war ich damals noch ein Fremdling in Paris. Jetzt besaß ich das Bürgerrecht und das Schicksal Frankreichs ging mich nahe an. Seitdem durch die Karlsbader Beschlüsse Deutschlands Freiheit auf lange Zeit gehemmt worden war, hatte ich wenig Lust, in mein Vaterland zurückzukehren. Desto enger schloß ich mich an mein zweites Vaterland an, das mir einen Aufenthalt, eine Familie, sichere Aussichten verschafft hatte; desto sehnlicher mußte

ich wünschen, hier die Freiheit verwirklicht zu sehen, die leider aus meinem wahren Vaterlande verbannt war.
Georg Bernhard Depping, 1830

DIE ST. SIMONISTEN

Jetzt fange ich erst an, mich hier einzuwohnen und Paris zu kennen; freilich ist es das tollste, lustigste Nest, das man sich denken kann; aber für einen, der kein Politiker ist, hat's nur halbes Interesse. Deshalb habe ich mich zum Doktrinär gemacht, lese meine Zeitung morgens, habe meine Meinung über Krieg und Frieden und gestehe nur unter Freunden, daß ich Nichts davon weiß. Das geht aber mit F. nicht, der hier ganz in diesen Strudel von Dilettantismus und Absprecherei geraten ist und sich wirklich zum Minister geeignet glaubt. Es ist sehr schade um ihn; denn was Rechtes wird wohl nie daraus werden. Er hat genug Verstand, um immer beschäftigt zu sein, und nicht genug, um ein Geschäft zu haben – dilettiert in Allem und kann auch Alles gut beurteilen; aber er macht Nichts. So sind wir stets auf demselben Fuß der Vertraulichkeit, sehen uns fast täglich, sind gern mit einander, bleiben uns aber innerlich gänzlich fremd. Er scheint für öffentliche Blätter zu schreiben, ist sehr viel mit Heine und schimpft auf Deutschland wie ein Rohrsperling; alles das kann ich einmal nicht billigen, und da ich ihn eigentlich sehr lieb habe, macht's mich unbehaglich. Man muß sich schon daran gewöhnen; aber es ist gar zu traurig zu wissen, wo es einem fehlt, und nicht helfen zu können. Dazu wird er sichtlich älter, und da taugt dies regellose, unbeschäftigte Leben immer weniger. – A... ist aus dem Hause seiner Eltern in die rue Monsigny gezogen und lebt nun mit Leib und Seele dort. Ich habe einen Aufruf an alle Menschen von P., worin dieser sein Glaubensbekenntnis ablegt und alle auffordert, einen Teil ihres Vermögens, und sei er so klein er wolle, den St. Simonianern zu geben; auch an die Künstler ergeht der Aufruf, ihre Kunst künftig für diese Religion zu verwenden, bessere Musik zu machen, als Rossini und Beethoven; Friedenstempel zu

Gavarni (Paul Chevalier), In der Loge.

bauen; zu malen, wie Raffael und David. Diesen Aufruf habe ich in 20 Exemplaren, die ich Dir, lieber Vater, zuschicken soll, wie P... mir auftrug. Ich werde es bei einem bewenden lassen, und Du wirst genug daran haben; auch das eine nur bei Gelegenheit, versteht sich. Es ist ein schlimmes Zeichen für den Zustand der Gemüter hier, daß eine solche monströse Idee in ihrer abschrekkenden Prosa entstehen und einigermaßen um sich greifen konnte, so daß z. B. von den Schülern der polytechnischen Anstalt sehr viele Teil nahmen. Man versteht nicht, wo es hin soll, wenn sie die Sache so von außen anpacken: dem Einen Ehre, dem Andern Ruhm, mir ein Publikum und Beifall, dem Armen Geld versprechen – wenn sie alles Streben, alles weiter Wollen vernichten durch ihre kalte Beurteilung der Fähigkeit. Und dann nun gar ihre Ideen von allgemeiner Menschenliebe, von Unglauben an Hölle, Teufel und Verdammung, von Zerstörung des Egoismus – lauter Ideen, die man bei uns von Natur hat und im Christentum überall findet – ohne die ich mir das Leben nicht wünschte – die sie aber wie eine neue Erfindung und Entdeckung ansehen, und daher sich jeden Augenblick wiederholen, wie sie die Welt umgestalten und die Menschen glücklich machen wollen. Wenn A... mir ganz ruhig sagt, an sich selbst brauche er nicht zu bessern, sondern an den Andern; denn er sei gar nicht unvollkommen, sondern vollkommen – wenn sie sich selbst und Jedem, den sie gewinnen wollen, nichts als Komplimente und Lobpreisungen machen, die Fähigkeit und Macht, die man hat, bewundern und bedauern, daß so große Kräfte nun verloren gehen sollten durch alle die abgebrauchten Begriffe von Pflicht, Beruf und Tätigkeit, wie man sie sonst verstand: – so will es Einen wie eine traurige Mystifikation bedünken. Ich habe vorigen Sonntag einer Versammlung beigewohnt, wo die Väter im Kreise saßen; dann kam der oberste Vater, forderte ihnen Rechenschaft ab, belobte und tadelte sie, redete zum versammelten Volke und gab Befehle; – mir war es fast schauerlich! Auch er hat sich von seinen Eltern losgesagt, lebt bei den Vätern, seinen Untergebenen und versucht eine Anleihe für sie zu machen. Genug davon! Nächste Woche ist ein Konzert eines Polen; in dem muß ich ein sechspersönliches Stück mit Kalkbrenner, Hiller und Comp. spielen; erschreckt also nicht, wenn Ihr irgendwo meinen Namen geradebrecht seht, wie im »Messager« neulich, wo man aus Berlin den Tod des Professor Flegel anzeigte; es haben es alle Journale wiederholt. Ich arbeite jetzt wieder und lebe vergnügt. Von den Theatern habe ich Euch immer noch nicht schreiben können, obwohl sie mich sehr beschäftigen! Wie aber Bitterkeit und Aufregung selbst in den kleinsten Lustspielen unverkennbar ist, wie Alles auf Politik Beziehung hat, wie die sogenannte Romantik alle Pariser angesteckt hat, daß sie an Nichts, als Pest, Galgen, Teufel und Wochenbetten auf dem Theater denken, wie Einer den Andern in Greueln oder Liberalismus überbietet, und wie in der Mitte von all' diesen Miseren und Rasereien ein Talent, wie Léontine Fay steht, die Grazie und Liebenswürdigkeit selbst, unangefochten von all' dem Unsinn, den sie sprechen und spielen muß, und wie sehr sonderbar all diese Kontraste sind, davon ein andermal!

Felix Mendelssohn-Bartholdy, 1832

DIE CHOLERA

Nicht den Werkstätten der Parteien will ich ihren banalen Maßstab entborgen, um Menschen und Dinge damit zu messen, noch viel weniger will ich Wert und Größe derselben nach träumenden Privatgefühlen bestimmen, sondern ich will soviel als möglich parteilos das Verständnis der Gegenwart befördern und den Schlüssel der lärmenden Tagesrätsel zunächst in der Vergangenheit suchen. Die Salons lügen, die Gräber sind wahr. Aber ach! die Toten, die kalten Sprecher der Geschichte, reden vergebens zur tobenden Menge, die nur die Sprache der Leidenschaft versteht.

Freilich, nicht vorsätzlich lügen die Salons. Die Gesellschaft der Gewalthaber glaubt wirklich an die ewige Dauer ihrer Macht, wenn auch die Annalen der Welthistorie und das feurige Menetekel der Tagesblätter und sogar die laute Volksstimme auf der Straße ihre Warnungen aussprechen. Auch die Oppositionskoterien lügen eigentlich nicht mit Absicht; sie glauben ganz bestimmt zu siegen, wie überhaupt die Menschen immer das glauben, was sie wünschen; sie berauschen sich im Champagner ihrer Hoffnungen; jedes Mißgeschick deuten sie als ein notwendiges Ereignis, das sie dem Ziele desto näher bringe; am Vorabende ihres Untergangs strahlt ihre Zuversicht am brillantesten, und der Gerichtsbote, der ihnen ihre Niederlage gesetzlich ankündigt, findet sie gewöhnlich im Streite über die Verteilung der Bärenhaut. Daher die einseitigen Irrtümer, denen man nicht entgehen kann, wenn man der einen oder der andern Partei nahesteht; jede täuscht uns, ohne es zu wollen, und wir vertrauen am liebsten unsern gleichgesinnten Freunden. Sind wir selber vielleicht so indifferenter Natur, daß wir, ohne sonderliche Vorneigung, mit allen Parteien beständig verkehren, so verwirrt uns die süffisante Sicherheit, die wir bei jeder Partei erblicken, und unser Urteil wird aufs unerquicklichste neutralisiert. Indifferentisten solcher Art, die selbst ohne eigene Meinung sind, ohne Teilnahme an den Interessen der Zeit, und die nur erlauschen wollen, was eigentlich vorgehe, und daher das Geschwätze aller Salons erhorchen und die Chronique scandaleuse jeder Partei bei der andern aufgabeln, solchen Indifferentisten begegnet's wohl, daß sie überall nur Personen und keine Dinge oder vielmehr in den Dingen nur die Personen sehen, daß sie den Untergang der erstern prophezeien, weil sie die Schwäche der letztern erkannt haben, und daß sie dadurch ihre respektiven Kommittenten zu den bedenklichsten Irrnissen und Fehlgriffen verleiten.

Ich kann nicht umhin, auf das Mißverhältnis, das jetzt in Frankreich zwischen den Dingen (d. h. den geistigen und materiellen Interessen) und den Personen (d. h. den Repräsentanten dieser Interessen) stattfindet, hier besonders aufmerksam zu machen. Dies war ganz anders zu Ende des vorigen Jahrhunderts, wo die Menschen noch kolossal bis zur Höhe der Dinge hinaufragten, so daß sie in den Revolutionsgeschichten gleichsam das heroische Zeitalter bilden und als solches jetzt von unsrer republikanischen Jugend gefeiert und geliebt werden. Oder täuscht uns in dieser Hinsicht derselbe Irrtum, den wir bei Madame Roland finden, die in ihren »Memoiren« gar bitter klagt, daß unter den Männern ihrer Zeit kein einziger bedeutend sei? Die arme Frau kannte nicht ihre eigene Größe und merkte daher nicht, daß ihre Zeitgenossen schon groß genug waren, wenn sie ihr selbst nichts an geistiger Statur nachgaben. Das ganze französische Volk ist jetzt so gewaltig in die Höhe gewachsen, daß wir vielleicht ungerecht sind gegen seine öffentlichen Repräsentanten, die nicht sonderlich aus der Menge hervorragen, aber darum doch nicht klein genannt werden dürfen. Man kann jetzt vor lauter Wald die Bäume nicht sehen. In Deutschland erblicken wir das Gegenteil, eine überreichliche Menge Krüppelholz und Zwergtannen und dazwischen hie und da eine Rieseneiche, deren Haupt sich bis in die

Wolken erhebt – während unten am Stamme die Würmer nagen. Der heutige Tag ist ein Resultat des gestrigen. Was dieser gewollt hat, müssen wir erforschen, wenn wir zu wissen wünschen, was jener will. Die Revolution ist eine und dieselbe; nicht, wie uns die Doktrinäre einreden möchten, nicht für die Charte schlug man sich in der großen Woche, sondern für dieselben Revolutionsinteressen, denen man seit vierzig Jahren das beste Blut Frankreichs geopfert hatte. Damit man aber den Schreiber dieser Blätter nicht für einen jener Prädikanten ansehe, die unter Revolution nur Umwälzung und wieder Umwälzung verstehen und die zufälligen Erscheinungen für das Wesentliche der Revolution halten, will ich, so genau als möglich, den Hauptbegriff feststellen.
Wenn die Geistesbildung und die daraus entstandenen Sitten und Bedürfnisse eines Volks nicht mehr im Einklange sind mit den alten Staatsinstitutionen, so tritt es mit diesen in einen Notkampf, der die Umgestaltung derselben zur Folge hat und eine Revolution genannt wird. Solange die Revolution nicht vollendet ist, solange jene Umgestaltung der Institutionen nicht ganz mit der Geistesbildung und den daraus hervorgegangenen Sitten und Bedürfnissen des Volks übereinstimmt, so lange ist gleichsam das Staatssiechtum nicht völlig geheilt, und das krank überreizte Volk wird zwar manchmal in die schlaffe Ruhe der Abspannung versinken, wird aber bald wieder in Fieberhitze geraten, die festesten Bandagen und die gutmütigste Scharpie von den alten Wunden abreißen, die edelsten Krankenwärter zum Fenster hinauswerfen und sich so lange, schmerzhaft und mißbehaglich, hin und her wälzen, bis es sich in die angemessenen Institutionen von selbst hineingefunden haben wird.
Die Fragen, ob Frankreich jetzt zur Ruhe gelangt oder ob wir neuen Staatsveränderungen entgegensehen, und endlich, welch ein Ende das alles nehmen wird, diese Fragen sollten eigentlicher lauten: Was trieb die Franzosen, eine Revolution zu beginnen, und haben sie das erreicht, was sie bedurften? Die Beantwortung dieser Fragen zu befördern, will ich den Beginn der Revolution in meinen nächsten Artikeln besprechen. Es ist dies ein doppelt nützliches Geschäft, da, indem man die Gegenwart durch die

Vergangenheit zu erklären sucht, zu gleicher Zeit offenbar wird, wie diese, die Vergangenheit, erst durch jene, die Gegenwart, ihr eigentlichstes Verständnis findet und jeder neue Tag ein neues Licht auf sie wirft, wovon unsere bisherigen Handbuchschreiber keine Ahnung hatten. Diese glaubten, die Akten der Revolutionsgeschichte seien geschlossen, und sie hatten schon über Menschen und Dinge ihr letztes Urteil gefällt: da brüllten plötzlich die Kanonen der großen Woche, und die Göttinger Fakultät merkte, daß von ihrem akademischen Spruchkollegium an eine höhere Instanz appelliert worden und daß nicht bloß die französische Spezialrevolution noch nicht vollendet sei, sondern daß erst die weit umfassendere Universalrevolution ihren Anfang genommen habe. Wie mußten sie erschrecken, diese friedlichen Leute, als sie eines frühen Morgens die Köpfe zum Fenster hinaussteckten und den Umsturz des Staates und ihrer Kompendien erblickten und trotz der Schlafmützen die Töne der Marseiller Hymne in ihre Ohren drangen. Wahrlich, daß 1830 die dreifarbige Fahne einige Tage lang auf den Türmen von Göttingen flatterte, das war ein burschikoser Spaß, den sich die Weltgeschichte gegen das hochgelahrte Philistertum der Georgia Augusta erlaubt hat. In dieser allzu ernsten Zeit bedarf es wohl solcher aufheiternden Erscheinungen.

Soviel zur Bevorwortung eines Artikels, der sich mit vergangenheitlichen Beleuchtungen beschäftigen mag. Die Gegenwart ist in diesem Augenblicke das Wichtigere, und das Thema, das sie mir zur Besprechung darbietet, ist von der Art, daß überhaupt jedes Weiterschreiben davon abhängt.

(Ich will ein Fragment des Artikels, der hier angekündigt worden, in der Beilage mitteilen. In einem nächsten Buche mag dann die später geschriebene Ergänzung nachfolgen. Ich wurde in dieser Arbeit viel gestört, zumeist durch das grauenhafte Schreien meines Nachbars, welcher an der Cholera starb. Überhaupt muß ich bemerken, daß die damaligen Umstände auch auf die folgenden Blätter mißlich eingewirkt; ich bin mir zwar nicht bewußt, die mindeste Unruhe empfunden zu haben, aber es ist doch sehr störsam, wenn einem beständig das Sichelwetzen des Todes vernehmbar ans Ohr klingt. Ein mehr körperliches als geistiges Unbehagen, dessen man sich doch nicht erwehren konnte, würde mich mit den andern Fremden ebenfalls von hier verscheucht haben; aber mein bester Freund lag hier krank darnieder. Ich bemerke dieses, damit man mein Zurückbleiben in Paris für keine Bravade ansehe. Nur ein Tor konnte sich darin gefallen, der Cholera zu trotzen. Es war eine Schreckenszeit, weit schauerlicher als die frühere, da die Hinrichtungen so rasch und so geheimnisvoll stattfanden. Es war ein verlarvter Henker, der mit einer unsichtbaren Guillotine ambulante durch Paris zog. »Wir werden einer nach dem andern in den Sack gesteckt!« sagte seufzend mein Bedienter jeden Morgen, wenn er mir die Zahl der Toten oder das Verscheiden eines Bekannten meldete. Das Wort »in den Sack stecken« war gar keine Redefigur; es fehlte bald an Särgen, und der größte Teil der Toten wurde in Säcken beerdigt. Als ich vorige Woche einem öffentlichen Gebäude vorbeiging und in der geräumigen Halle das lustige Volk sah, die springend munteren Französchen, die niedlichen Plaudertaschen von Französinnen, die dort lachend und schäkernd ihre Einkäufe machten, da erinnerte ich mich, daß hier während der Cholerazeit, hoch aufeinandergeschichtet, viele hundert weiße Säcke standen, die lauter Leichname enthielten, und daß man hier sehr wenige, aber desto fatalere Stimmen hörte, nämlich wie die Leichenwächter mit unheimlicher Gleichgültigkeit ihre Säcke den Totengräbern zuzählten und diese wieder, während sie solche auf ihre Karren luden, gedämpfteren Tones die Zahl wiederholten oder gar sich grell laut beklagten, man habe ihnen einen Sack zuwenig geliefert, wobei nicht selten ein sonderbares Gezänk entstand. Ich erinnere mich, daß zwei kleine Knäbchen mit betrübter Miene neben mir standen und der eine mich frug, ob ich ihm nicht sagen könne, in welchem Sacke sein Vater sei.

Die folgende Mitteilung hat vielleicht das Verdienst, daß sie gleichsam ein Bulletin ist, welches auf dem Schlachtfelde selbst, und zwar während der Schlacht geschrieben worden und daher unverfälscht die Farbe des Augenblicks trägt. Thukydides, der Historienschreiber, und Boccaccio, der Novellist, haben uns frei-

lich bessere Darstellungen dieser Art hinterlassen; aber ich zweifle, ob sie genug Gemütsruhe besessen hätten, während die Cholera ihrer Zeit am entsetzlichsten um sie her wütete, sie gleich, als schleunigen Artikel für die Allgemeine Zeitung von Korinth oder Pisa, so schön und meisterhaft zu beschreiben.
Ich werde bei den folgenden Blättern einem Grundsatz treu bleiben, den ich auch bei dem ganzen Buche ausübe, nämlich: daß ich nichts an diesen Artikeln ändere, daß ich sie ganz so abdrucken lasse, wie ich sie ursprünglich geschrieben, daß ich nur hie und da irgendein Wort einschalte oder ausmerze, wenn dergleichen in meiner Erinnerung dem ursprünglichen Manuskript entspricht. Solche kleine Reminiszenzen kann ich nicht abweisen, aber sie sind sehr selten, sehr geringfügig und betreffen nie eigentliche Irrtümer, falsche Prophezeiungen und schiefe Ansichten, die hier nicht fehlen dürfen, da sie zur Geschichte der Zeit gehören. Die Ereignisse selbst bilden immer die beste Berichtigung.)
Ich rede von der Cholera, die seitdem hier herrscht, und zwar unumschränkt, und die, ohne Rücksicht auf Stand und Gesinnung, tausendweise ihre Opfer niederwirft.
Man hatte jener Pestilenz um so sorgloser entgegengesehn, da aus London die Nachricht angelangt war, daß sie verhältnismäßig nur wenige hingerafft. Es schien anfänglich sogar darauf abgesehen zu sein, sie zu verhöhnen, und man meinte, die Cholera werde, ebensowenig wie jede andere große Reputation, sich hier in Ansehn erhalten können. Da war es nun der guten Cholera nicht zu verdenken, daß sie, aus Furcht vor dem Ridikül, zu einem Mittel griff, welches schon Robespierre und Napoleon als probat befunden, daß sie nämlich, um sich in Respekt zu setzen, das Volk dezimiert. Bei dem großen Elende, das hier herrscht, bei der kolossalen Unsauberkeit, die nicht bloß bei den ärmern Klassen zu finden ist, bei der Reizbarkeit des Volks überhaupt, bei seinem grenzenlosen Leichtsinne, bei dem gänzlichen Mangel an Vorkehrungen und Vorsichtsmaßregeln mußte die Cholera hier rascher und furchtbarer als anderswo um sich greifen. Ihre Ankunft war den 29. März offiziell bekanntgemacht worden, und da dieses der Tag des Demi-carême und das Wetter sonnig und lieblich

war, so tummelten sich die Pariser um so lustiger auf den Boulevards, wo man sogar Masken erblickte, die, in karikierter Mißfarbigkeit und Ungestalt, die Furcht vor der Cholera und die Krankheit selbst verspotteten. Desselben Abends waren die Redouten besuchter als jemals; übermütiges Gelächter überjauchzte fast die lauteste Musik, man erhitzte sich beim Chahut, einem nicht sehr zweideutigen Tanze, man schluckte dabei allerlei Eis und sonstig kaltes Getrinke: als plötzlich der lustigste der Arlequine eine allzu große Kühle in den Beinen verspürte und die Maske abnahm und zu aller Welt Verwunderung ein veilchenblaues Gesicht zum Vorschein kam. Man merkte bald, daß solches kein Spaß sei, und das Gelächter verstummte, und mehrere Wagen voll Menschen fuhr man von der Redoute gleich nach dem Hôtel Dieu, dem Zentralhospitale, wo sie, in ihren abenteuerlichen Maskenkleidern anlangend, gleich verschieden. Da man in der ersten Bestürzung an Ansteckung glaubte und die ältern Gäste des Hôtel Dieu ein gräßliches Angstgeschrei erhoben, so sind jene Toten, wie man sagt, so schnell beerdigt worden, daß man ihnen nicht einmal die buntscheckigen Narrenkleider auszog, und lustig, wie sie gelebt haben, liegen sie auch lustig im Grabe.
Nichts gleicht der Verwirrung, womit jetzt plötzlich Sicherungsanstalten getroffen wurden. Es bildete sich eine Commission sanitaire, es wurden überall Bureaux de secours eingerichtet, und die Verordnung in betreff der Salubrité publique sollte schleunigst in Wirksamkeit treten. Da kollidierte man zuerst mit den Interessen einiger tausend Menschen, die den öffentlichen Schmutz als ihre Domäne betrachten. Dieses sind die sogenannten Chiffonniers, die von dem Kehricht, der sich des Tags über vor den Häusern in den Kotwinkeln aufhäuft, ihren Lebensunterhalt ziehen. Mit großen Spitzkörben auf dem Rücken und einem Hakenstock in der Hand, schlendern diese Menschen, bleiche Schmutzgestalten, durch die Straßen und wissen mancherlei, was noch brauchbar ist, aus dem Kehricht aufzugabeln und zu verkaufen. Als nun die Polizei, damit der Kot nicht lange auf den Straßen liegenbleibe, die Säuberung derselben in Entreprise gab und der Kehricht, auf Karren verladen, unmittelbar zur Stadt hinausgebracht ward

aufs freie Feld, wo es den Chiffonniers freistehen sollte, nach Herzenslust darin herumzufischen: da klagten diese Menschen, daß sie, wo nicht ganz brotlos, doch wenigstens in ihrem Erwerbe geschmälert worden, daß dieser Erwerb ein verjährtes Recht sei, gleichsam ein Eigentum, dessen man sie nicht nach Willkür berauben könne. Es ist sonderbar, daß die Beweistümer, die sie in dieser Hinsicht vorbrachten, ganz dieselben sind, die auch unsere Krautjunker, Zunftherren, Gildemeister, Zehntenprediger, Fakultätsgenossen und sonstige Vorrechtsbeflissene vorzubringen pflegen, wenn die alten Mißbräuche, wovon sie Nutzen ziehen, der Kehricht des Mittelalters, endlich fortgeräumt werden sollen, damit durch den verjährten Moder und Dunst unser jetziges Leben nicht verpestet werde. Als ihre Protestationen nichts halfen, suchten die Chiffonniers gewalttätig die Reinigungsreform zu hintertreiben; sie versuchten eine kleine Konterrevolution, und zwar in Verbindung mit alten Weibern, den Revendeuses, denen man verboten hatte, das übelriechende Zeug, das sie größtenteils von den Chiffonniers erhandeln, längs den Kais zum Wiederverkaufe auszukramen. Da sahen wir nun die widerwärtigste Emeute: Die neuen Reinigungskarren wurden zerschlagen und in die Seine geschmissen; die Chiffonniers barrikadierten sich bei der Porte St. Denis; mit ihren großen Regenschirmen fochten die alten Trödelweiber auf dem Châtelet; der Generalmarsch erscholl; Casimir Périer ließ seine Myrmidonen aus ihren Butiken heraustrommeln; der Bürgerthron zitterte; die Rente fiel; die Karlisten jauchzten. Letztere hatten endlich ihre natürlichsten Alliierten gefunden, Lumpensammler und alte Trödelweiber, die sich jetzt mit denselben Prinzipien geltend machten, als Verfechter des Herkömmlichen, der überlieferten Erbkehrichtsinteressen, der Verfaultheiten aller Art.

Als die Emeute der Chiffonniers durch bewaffnete Macht gedämpft worden und die Cholera noch immer nicht so wütend um sich griff, wie gewisse Leute es wünschten, die bei jeder Volksnot und Volksaufregung, wenn auch nicht den Sieg ihrer eigenen Sache, doch wenigstens den Untergang der jetzigen Regierung erhoffen, da vernahm man plötzlich das Gerücht, die vielen Men-

schen, die so rasch zur Erde bestattet würden, stürben nicht durch eine Krankheit, sondern durch Gift. Gift, hieß es, habe man in alle Lebensmittel zu streuen gewußt, auf den Gemüsemärkten, bei den Bäckern, bei den Fleischern, bei den Weinhändlern. Je wunderlicher die Erzählungen lauteten, desto begieriger wurden sie vom Volke aufgegriffen, und selbst die kopfschüttelnden Zweifler mußten ihnen Glauben schenken, als des Polizeipräfekten Bekanntmachung erschien. Die Polizei, welcher hier wie überall weniger daran gelegen ist, die Verbrechen zu vereiteln, als vielmehr, sie gewußt zu haben, wollte entweder mit ihrer allgemeinen Wissenschaft prahlen, oder sie gedachte, bei jenen Vergiftungsgerüchten, sie mögen wahr oder falsch sein, wenigstens von der Regierung jeden Argwohn abzuwenden: genug, durch ihre unglückselige Bekanntmachung, worin sie ausdrücklich sagte, daß sie den Giftmischern auf der Spur sei, ward das böse Gerücht offiziell bestätigt, und ganz Paris geriet in die grauenhafteste Todesbestürzung.
»Das ist unerhört«, schrien die ältesten Leute, die selbst in den grimmigsten Revolutionszeiten keine solche Frevel erfahren hatten. »Franzosen, wir sind entehrt!« riefen die Männer und schlugen sich vor die Stirne. Die Weiber mit ihren kleinen Kindern, die sie angstvoll an ihr Herz drückten, weinten bitterlich und jammerten, daß die unschuldigen Würmchen in ihren Armen stürben. Die armen Leute wagten weder zu essen noch zu trinken und rangen die Hände vor Schmerz und Wut. Es war, als ob die Welt unterginge. Besonders an den Straßenecken, wo die rotangestrichenen Weinläden stehen, sammelten und berieten sich die Gruppen, und dort war es meistens, wo man die Menschen, die verdächtig aussahen, durchsuchte, und wehe ihnen, wenn man irgend etwas Verdächtiges in ihren Taschen fand! Wie wilde Tiere, wie Rasende fiel dann das Volk über sie her. Sehr viele retteten sich durch Geistesgegenwart; viele wurden durch die Entschlossenheit der Kommunalgarden, die an jenem Tage überall herumpatrouillierten, der Gefahr entrissen; andere wurden schwer verwundet und verstümmelt; sechs Menschen wurden aufs unbarmherzigste ermordet. Es gibt keinen gräßlichern Anblick als

solchen Volkszorn, wenn er nach Blut lechzt und seine wehrlosen Opfer hinwürgt. Dann wälzt sich durch die Straßen ein dunkles Menschenmeer, worin hie und da die Ouvriers in Hemdärmeln, wie weiße Sturzwellen, hervorschäumen, und das heult und braust, gnadenlos, heidnisch, dämonisch. An der Straße St. Denis hörte ich den altberühmten Ruf »A la lanterne!«, und mit Wut erzählten mir einige Stimmen, man hänge einen Giftmischer. Die einen sagten, er sei ein Karlist, man habe ein brevet du lis in seiner Tasche gefunden; die andern sagten, es sei ein Priester, ein solcher sei alles fähig. Auf der Straße Vaugirard, wo man zwei Menschen, die ein weißes Pulver bei sich gehabt, ermordete, sah ich einen dieser Unglücklichen, als er noch etwas röchelte und eben die alten Weiber ihre Holzschuhe von den Füßen zogen und ihn damit so lange auf den Kopf schlugen, bis er tot war. Er war ganz nackt und blutrünstig zerschlagen und zerquetscht; nicht bloß die Kleider, sondern auch die Haare, die Scham, die Lippen und die Nase waren ihm abgerissen, und ein wüster Mensch band dem Leichname einen Strick um die Füße und schleifte ihn damit durch die Straße, während er beständig schrie: »Voilà le Choléra-morbus!« Ein wunderschönes, wutblasses Weibsbild mit entblößten Brüsten und blutbedeckten Händen stand dabei und gab dem Leichname, als er ihr nahe kam, noch einen Tritt mit dem Fuße. Sie lachte und bat mich, ihrem zärtlichen Handwerke einige Francs zu zollen, damit sie sich dafür ein schwarzes Trauerkleid kaufe; denn ihre Mutter sei vor einigen Stunden gestorben, an Gift.

Des andern Tags ergab sich aus den öffentlichen Blättern, daß die unglücklichen Menschen, die man so grausam ermordet hatte, ganz unschuldig gewesen, daß die verdächtigen Pulver, die man bei ihnen gefunden, entweder aus Kampfer oder Chlorüre oder sonstigen Schutzmitteln gegen die Cholera bestanden und daß die vorgeblich Vergifteten ganz natürlich an der herrschenden Seuche gestorben waren. Das hiesige Volk, das, wie das Volk überall, rasch in Leidenschaft geratend, zu Greueln verleitet werden kann, kehrt jedoch ebenso rasch zur Milde zurück und bereut mit rührendem Kummer seine Untat, wenn es die Stimme der Be-

Grandville, Reise in die Ewigkeit.

sonnenheit vernimmt. Mit solcher Stimme haben die Journale gleich des andern Morgens das Volk zu beschwichtigen und zu besänftigen gewußt, und es mag als ein Triumph der Presse signalisiert werden, daß sie imstande war, dem Unheile, welches die Polizei angerichtet, so schnell Einhalt zu tun. Rügen muß ich hier das Benehmen einiger Leute, die eben nicht zur untern Klasse gehören und sich doch vom Unwillen so weit hinreißen ließen, daß sie die Partei der Karlisten öffentlich der Giftmischerei bezichtigten. So weit darf die Leidenschaft uns nie führen; wahrlich, ich würde mich sehr lange bedenken, ehe ich gegen meine giftigsten Feinde solche gräßliche Beschuldigung ausspräche. Mit Recht, in dieser Hinsicht, beklagten sich die Karlisten. Nur daß sie dabei so laut schimpfend sich gebärdeten, könnte mir Argwohn einflößen; das ist sonst nicht die Sprache der Unschuld. Aber es hat nach der Überzeugung der Bestunterrichteten gar keine Vergiftung stattgefunden. Man hat vielleicht Scheinvergiftungen angezettelt, man hat vielleicht wirklich einige Elende gedungen, die allerlei unschädliche Pulver auf die Lebensmittel streuten, um das Volk in Unruhe zu setzen und aufzureizen; war dieses letztere der Fall, so muß man dem Volke sein tumultuarisches Verfahren nicht zu hoch anrechnen, um so mehr, da es nicht aus Privathaß entstand, sondern »im Interesse des allgemeinen Wohls, ganz nach den Prinzipien der Abschreckungstheorie«. Ja, die Karlisten waren vielleicht in die Grube gestürzt, die sie der Regierung gegraben; nicht dieser, noch viel weniger den Republikanern wurden die Vergiftungen allgemein zugeschrieben, sondern jener Partei, »die immer durch die Waffen besiegt, durch feige Mittel sich immer wieder erhob, die immer nur durch das Unglück Frankreichs zu Glück und Macht gelangte und die jetzt, die Hilfe der Kosaken entbehrend, wohl leichtlich zu gewöhnlichem Gifte ihre Zuflucht nehmen konnte«. So ungefähr äußerte sich der »Constitutionnel«. Was ich selbst an dem Tage, wo jene Totschläge stattfanden, an besonderer Einsicht gewann, das war die Überzeugung, daß die Macht der ältern Bourbone nie und nimmermehr in Frankreich gedeihen wird. Ich hatte aus den verschiedenen Menschengruppen die merkwürdigsten Worte gehört; ich hatte tief hinabgeschaut in das Herz des Volkes; es kennt seine Leute.

Seitdem ist hier alles ruhig; l'ordre règne à Paris, würde Horatius Sebastiani sagen. Eine Totenstille herrscht in ganz Paris. Ein steinerner Ernst liegt auf allen Gesichtern. Mehrere Abende lang sah man sogar auf den Boulevards wenig Menschen, und diese eilten einander schnell vorüber, die Hand oder ein Tuch vor dem Munde. Die Theater sind wie ausgestorben. Wenn ich in einen Salon trete, sind die Leute verwundert, mich noch in Paris zu sehen, da ich doch hier keine notwendigen Geschäfte habe. Die meisten Fremden, namentlich meine Landsleute, sind gleich abgereist. Gehorsame Eltern hatten von ihren Kindern Befehl erhalten, schleunigst nach Hause zu kommen. Gottesfürchtige Söhne erfüllten unverzüglich die zärtliche Bitte ihrer lieben Eltern, die ihre Rückkehr in die Heimat wünschten; ehre Vater und Mutter, damit du lange lebest auf Erden! Bei andern erwachte plötzlich eine unendliche Sehnsucht nach dem teuern Vaterlande, nach den romantischen Gauen des ehrwürdigen Rheins, nach den geliebten Bergen, nach dem holdseligen Schwaben, dem Lande der frommen Minne, der Frauentreue, der gemütlichen Lieder und der gesündern Luft. Man sagt, auf dem Hôtel de Ville seien seitdem über 120000 Pässe ausgegeben worden. Obgleich die Cholera sichtbar zunächst die ärmere Klasse angriff, so haben doch die Reichen gleich die Flucht ergriffen. Gewissen Parvenüs war es nicht zu verdenken, daß sie flohen; denn sie dachten wohl, die Cholera, die weit her aus Asien komme, weiß nicht, daß wir in der letzten Zeit viel Geld an der Börse verdient haben, und sie hält uns vielleicht noch für einen armen Lump und läßt uns ins Gras beißen. Herr Aguado, einer der reichsten Bankiers und Ritter der Ehrenlegion, war Feldmarschall bei jener großen Retirade. Der Ritter soll beständig mit wahnsinniger Angst zum Kutschenfenster hinausgesehen und seinen blauen Bedienten, der hintenauf stand, für den leibhaftigen Tod, den Choléra-morbus, gehalten haben.

Das Volk murrte bitter, als es sah, wie die Reichen flohen und bepackt mit Ärzten und Apotheken sich nach gesündern Gegenden retteten. Mit Unmut sah der Arme, daß das Geld auch ein Schutzmittel gegen den Tod geworden. Der größte Teil des Justemilieu und der Hautefinance ist seitdem ebenfalls davongegangen und lebt auf seinen Schlössern. Die eigentlichen Repräsentanten des Reichtums, die Herren von Rothschild, sind jedoch ruhig in Paris geblieben, hierdurch beurkundend, daß sie nicht bloß in Geldgeschäften großartig und kühn sind. Auch Casimir Périer zeigte sich großartig und kühn, indem er nach dem Ausbruche der Cholera das Hôtel Dieu besuchte; sogar seine Gegner mußte es betrüben, daß er in der Folge dessen, bei seiner bekannten Reizbarkeit, selbst von der Cholera ergriffen worden. Er ist ihr jedoch nicht unterlegen, denn er selber ist eine schlimmere Krankheit. Auch der junge Kronprinz, der Herzog von Orléans, welcher in Begleitung Périers das Hospital besuchte, verdient die schönste Anerkennung. Die ganze königliche Familie hat sich in dieser trostlosen Zeit ebenfalls rühmlich bewiesen. Beim Ausbruche der Cholera versammelte die gute Königin ihre Freunde und Diener und verteilte unter ihnen Leibbinden von Flanell, die sie meistens selbst verfertigt hat. Die Sitten der alten Chevalerie sind nicht erloschen; sie sind nur ins Bürgerliche umgewandelt; hohe Damen versehen ihre Kämpen jetzt mit minder poetischen, aber gesündern Schärpen. Wir leben ja nicht mehr in den alten Helm- und Harnischzeiten des kriegerischen Rittertums, sondern in der friedlichen Bürgerzeit der warmen Leibbinden und Unterjacken; wie leben nicht mehr im eisernen Zeitalter, sondern im flanellenen. Flanell ist wirklich jetzt der beste Panzer gegen die Angriffe des schlimmsten Feindes, gegen die Cholera. »Venus würde heutzutage«, sagt »Figaro«, »einen Gürtel von Flanell tragen.« Ich selbst stecke bis am Halse in Flanell und dünke mich dadurch cholerafest. Auch der König trägt jetzt eine Leibbinde vom besten Bürgerflanell.

Ich darf nicht unerwähnt lassen, daß er, der Bürgerkönig, bei dem allgemeinen Unglücke viel Geld für die armen Bürger hergegeben und sich bürgerlich mitfühlend und edel benommen hat. – Da ich mal im Zuge bin, will ich auch den Erzbischof von Paris loben, welcher ebenfalls im Hôtel Dieu, nachdem der Kronprinz und Périer dort ihren Besuch abgestattet, die Kranken zu trösten kam. Er hatte längst prophezeit, daß Gott die Cholera als Strafgericht schicken werde, um ein Volk zu züchtigen, »welches den allerchristlichsten König fortgejagt und das katholische Religionsprivilegium in der Charte abgeschafft hat«. Jetzt, wo der Zorn Gottes die Sünder heimsucht, will Herr von Quelen sein Gebet zum Himmel schicken und Gnade erflehen, wenigstens für die Unschuldigen; denn es sterben auch viele Karlisten. Außerdem hat Herr von Quelen, der Erzbischof, sein Schloß Conflans angeboten zur Errichtung eines Hospitals. Die Regierung hat aber dieses Anerbieten abgelehnt, da dieses Schloß in wüstem, zerstörtem Zustande ist und die Reparaturen zuviel kosten würden. Außerdem hatte der Erzbischof verlangt, daß man ihm in diesem Hospitale freie Hand lassen müsse. Man durfte aber die Seelen der armen Kranken, deren Leiber schon an einem schrecklichen Übel litten, nicht den quälenden Rettungsversuchen aussetzen, die der Erzbischof und seine geistlichen Gehilfen beabsichtigten; man wollte die verstockten Revolutionssünder lieber ohne Mahnung an ewige Verdammnis und Höllenqual, ohne Beicht' und Ölung, an der bloßen Cholera sterben lassen. Obgleich man behauptet, daß der Katholizismus eine passende Religion sei für so unglückliche Zeiten wie die jetzigen, so wollen doch die Franzosen sich nicht mehr dazu bequemen, aus Furcht, sie würden diese Krankheitsreligion alsdann auch in glücklichen Tagen behalten müssen.

Es gehen jetzt viele verkleidete Priester im Volke herum und behaupten, ein geweihter Rosenkranz sei ein Schutzmittel gegen die Cholera. Die Saint-Simonisten rechnen zu den Vorzügen ihrer Religion, daß kein Saint-Simonist an der herrschenden Krankheit sterben könne; denn da der Fortschritt ein Naturgesetz sei und der soziale Fortschritt im Saint-Simonismus liege, so dürfe, solange die Zahl seiner Apostel noch unzureichend ist, keiner von denselben sterben. Die Bonapartisten behaupten, wenn man die Cholera an sich verspüre, so solle man gleich zur Vendômesäule hinaufschauen, man bleibe alsdann am Leben. So hat jeder seinen Glauben in dieser Zeit der Not. Was mich betrifft, ich glaube an Flanell. Gute Diät kann auch nicht schaden, nur muß man wieder nicht zuwenig essen, wie gewisse Leute, die des Nachts die Leibschmerzen des Hungers für Cholera halten. Es ist spaßhaft, wenn man sieht, mit welcher Poltronerie die Leute jetzt bei Tische sitzen und die menschenfreundlichsten Gerichte mit Mißtrauen betrachten und tief seufzend die besten Bissen hinunterschlucken. Man soll, haben ihnen die Ärzte gesagt, keine Furcht haben und jeden Ärger vermeiden; nun aber fürchten sie, daß sie sich mal unversehens ärgern möchten, und ärgern sich wieder, daß sie deshalb Furcht hatten. Sie sind jetzt die Liebe selbst und gebrauchen oft das Wort mon Dieu, und ihre Stimme ist hingehaucht milde wie die einer Wöchnerin. Dabei riechen sie wie ambulante Apotheken, fühlen sich oft nach dem Bauche, und mit zitternden Augen fragen sie jede Stunde nach der Zahl der Toten. Daß man diese Zahl nie genau wußte, oder vielmehr, daß man von der Unrichtigkeit der angegebenen Zahl überzeugt war, füllte die Gemüter mit vagem Schrecken und steigerte die Angst ins Unermeßliche. In der Tat, die Journale haben seitdem eingestanden, daß in einem Tage, nämlich den 10. April, an die zweitausend Menschen gestorben sind. Das Volk ließ sich nicht offiziell täuschen und klagte beständig, daß mehr Menschen stürben, als man angebe. Mein Barbier erzählte mir, daß eine alte Frau auf dem Faubourg Montmartre die ganze Nacht am Fenster sitzen geblieben, um die Leichen zu zählen, die man vorbeitrüge; sie habe dreihundert Leichen gezählt, worauf sie selbst, als der Morgen anbrach, von dem Froste und den Krämpfen der Cholera ergriffen ward und bald verschied. Wo man nur hinsah auf den Straßen, erblickte man Leichenzüge oder, was noch melancholischer aussieht, Leichenwagen, denen niemand folgte. Da die vorhandenen Leichenwagen nicht zureichten, mußte man allerlei andere Fuhrwerke gebrauchen, die, mit schwarzem Tuch überzogen, abenteuerlich genug aussahen. Auch daran fehlte es zuletzt, und ich sah Särge in Fiakern fortbringen; man legte sie in die Mitte, so daß aus den offenen Seitentüren die beiden Enden herausstanden. Widerwärtig war es anzuschauen, wenn die großen Möbelwagen, die man beim Ausziehen gebraucht, jetzt gleichsam als Totenomnibusse, als omnibus mortuis, herumfuhren und sich in den verschiedenen Straßen die Särge aufladen ließen und sie dutzendweise zur Ruhestätte brachten.

Die Nähe eines Kirchhofs, wo die Leichenzüge zusammentrafen, gewährte erst recht den trostlosesten Anblick. Als ich einen guten Bekannten besuchen wollte und eben zur rechten Zeit kam, wo man seine Leiche auflud, erfaßte mich die trübe Grille, eine Ehre, die er mir mal erwiesen, zu erwidern, und ich nahm eine Kutsche und begleitete ihn nach Père Lachaise. Hier nun, in der Nähe dieses Kirchhofs, hielt plötzlich mein Kutscher still, und als ich, aus meinen Träumen erwachend, mich umsah, erblickte ich nichts als Himmel und Särge. Ich war unter einige hundert Leichenwagen geraten, die vor dem engen Kirchhofstore gleichsam Queue machten, und in dieser schwarzen Umgebung, unfähig mich herauszuziehen, mußte ich einige Stunden ausdauern. Aus Langerweile frug ich den Kutscher nach dem Namen meiner Nachbarleiche, und, wehmütiger Zufall! er nannte mir da eine junge Frau, deren Wagen einige Monate vorher, als ich zu Lointier nach einem Balle fuhr, in ähnlicher Weise einige Zeit neben dem meinigen stillehalten mußte. Nur daß die junge Frau damals mit ihrem hastigen Blumenköpfchen und lebhaften Mondscheingesichtchen öfters zum Kutschenfenster hinausblickte und über die Verzögerung ihre holdeste Mißlaune ausdrückte. Jetzt war sie sehr still und vielleicht blau. Manchmal jedoch, wenn die Trauerpferde an den Leichenwagen sich schaudernd unruhig bewegten, wollte es mich bedünken, als regte sich die Ungeduld in den Toten selbst, als seien sie des Wartens müde, als hätten sie Eile, ins Grab zu kommen; und wie nun gar an dem Kirchhofstore ein Kutscher dem andern vorauseilen wollte und der Zug in Unordnung geriet, die Gendarmen mit blanken Säbeln dazwischenfuhren, hie und da ein Schreien und Fluchen entstand, einige Wagen umstürzten, die Särge auseinanderfielen, die Leichen hervorkamen: da glaubte ich die entsetzlichste aller Emeuten zu sehen, eine Totenemeute.

Ich will, um die Gemüter zu schonen, hier nicht erzählen, was ich auf dem Père Lachaise gesehen habe. Genug, gefesteter Mann wie ich bin, konnte ich mich doch des tiefsten Grauens nicht erwehren. Man kann an den Sterbebetten das Sterben lernen und nachher mit heiterer Ruhe den Tod erwarten; aber das Begrabenwerden unter die Choleraleichen, in die Kalkgräber, das kann man nicht lernen. Ich rettete mich so rasch als möglich auf den höchsten Hügel des Kirchhofs, wo man die Stadt so schön vor sich liegen sieht. Eben war die Sonne untergegangen, ihre letzten Strahlen schienen wehmütig Abschied zu nehmen, die Nebel der Dämmerung umhüllten wie weiße Laken das kranke Paris, und ich weinte bitterlich über die unglückliche Stadt, die Stadt der Freiheit, der Begeisterung und des Martyrtums, die Heilandstadt, die für die weltliche Erlösung der Menschheit schon soviel gelitten!

Heinrich Heine, 1832

Ich hatte bisher so viel über Paris gelesen und gehört, aber die Schönheit seines Himmels sowie das Malerische seiner Seineufer hatte mir noch niemand erwähnt, und gewiß um desto bedeutender mußte mir nun alles dies entgegentreten. – Es ist eine eigene Stimmung, in welche hier ein Gang längst der Seine an einem schönen Abend des wachsenden Mondes uns versetzt. – Ruhig und im zarten Duft schwimmend gleitet der breite Fluß zwischen den großen Häusermassen, den Palästen Louvre und der Tuilerien, des Institut de France und der Münze und anderen dahin, welche sämtlich abends in einen dunkelvioletten Nebel sich hüllen und das Schmalteblau des Stromes hell hervortreten lassen. Auf den nahen eisernen Brücken, auf dem massiven alten Pont Neuf, welcher die Inseln der Seine mit beiden Ufern verbindet, sowie weit unten auf dem Pont Louis XVI entzünden sich die Lampen, hier und da brechen auch auf Gondeln und in den Schwimmschulen auf der Seine Lichter hervor, und über den Gebäuden des südlichen Ufers zwischen duftigen Wolken leuchtet klar das Licht des zunehmenden Mondes. Da senkt sich nun

François-Marius Granet, Der Louvre und die Seine, 1841.

die Dämmerung immer tiefer herab und breitet einen eigenen Schleier der Ruhe über die doch immer noch von lebhaftem Volkstreiben bewegte Stadt. Nun da alles in den eigenen, helldunklen Ton des Abends sich verliert, stört es das Auge des Betrachtenden weniger, wenn immer noch unzählige Fußgänger neben und um ihn auf der Brücke und am Kai sich vorbeitreiben, wenn fort und fort Wagen rollen, und die bald grün, bald rot leuchtenden Laternen der Omnibusse, wodurch diese Wagen abends sich auszeichnen, das Dunkel der Dämmerung wie Irrlichter durchschneiden; – man atmet neben der Kühlung des Abends den erfrischenden Wasserduft des Stromes, man sieht nachsinnend das ferne Abendrot über der Barrière de Neuilly verglimmen, und während neben dem hellen Monde auch die helleren Sterne sichtbar werden, antwortet gleichsam die Erde durch das sich Entzünden der Lichter in den Fenstern der Gebäude der Stadt und der Tuilerien.

Wie ich so, manchen Gedanken Raum gebend, über den Pont Royal ging, konnte ich der Vergleichung mit einzelnen ähnlichen Abenden auf der Dresdener Brücke mich keineswegs entziehen. – Jene Elbbrücke ist an sich reiner geformt, und der Spiegel des Flusses ist freier, dagegen ist hier die Umgebung reicher, großartiger, und ich möchte sagen, geschichtlicher.

Ich kam an auf dem breiten Quai der Tuilerien – eine volle Musik tönte von weitem und die Menge der Spaziergänger ergoß sich in den Garten der Tuilerien. – Ich ließ mich von dem Strome mit fortziehen. – Hier nun längs des prachtvollen, im Innern von strahlenden Lüster erleuchteten Palastes, zwischen der Orangerie und den Marmorstatuen des Gartens die bunteste Menschenmenge auf- und abwogend, während Musikchöre unter den Fenstern des Königs ihre hellklingenden Serenaden ertönen ließen.

Ich gestehe, es war mir ganz eigentümlich heimlich und wohl zu Sinne hier, mitten unter den mannigfaltigen Parteien, unter Royalisten und Republikanern, Karlisten und Konstitutionellen, Militär und Volk, so ganz unbefangen umherzuwandeln, und ich ließ mir geraume Zeit, dies wunderliche Treiben in der zauber-

haften Abendluft gefallen, indem ich nicht umhin konnte zu bedenken, wieviel wohl der König darum geben würde, wenn er so ruhig und sorglos unter all dieser Pracht sich verweilen dürfte.
Als die Musik schwieg, die Menge sich etwas mehr durch den Garten verteilte, eine große Anzahl die vielfältigen, zum Vermieten umherstehenden Strohstühle in Beschlag nahm, und die Konversation der Gruppen nun um so lauter begann, entschloß ich mich, durch das auch in seinen Durchgangshallen glänzend erleuchtete, doch auch stattlich bewachte Schloß hindurch, über den Place du Carrousel nach dem Palais Royal zu wandern, – um in einen neuen Zaubergarten zu treten. – Und gewiß! wer unvorbereitet und ohne weiter zu wissen, was alles in diesen Hallen sich bewegt, so ganz unbefangen, bei einem recht schönen Abende, von der Seite der Seine in den Garten des Palais Royal und seine glänzend erleuchteten Galerien tritt, mag immer in einen märchenhaft luxuriösen Zauberkreis sich versetzt glauben.
Eingetreten in einen weiten, eleganten, mit Säulen umgebenen Vorhof, gelangt man zu einem zweiten Portal, welches in die prächtige neugebildete Galerie d'Orléans führt. Man sieht sich hier in einer Halle, welche links und rechts zu einer Länge von einigen 100 Fuß bei einer Breite von einigen 40 Fuß sich ausdehnt; jeder Pilaster der Galerie ist ein lang herabreichender, mit Gold verzierter Spiegel, an welchem oben in einer Milchglaskugel eine große Gasflamme lodert, und zwischen je zwei Pilastern zeigen sich allemal die Spiegelglaswände und Türen eines der vielfachen, mit höchstem Luxus ausgestatteten Gewölbe, innerlich wieder dem Bedürfnis der ausgestellten Waren gemäß bald mit Ampeln, bald mit Kandelabern von Gaslicht erleuchtet. – Vergoldungen, zarteste Malereien, glänzende Inschriften, oft mit Gold auf das Glas selbst aufgetragen, sowie Mannigfaltigkeit und Reichtum der Ausstellungen lassen weitere Beschreibung nicht zu, und ich erwähne nur noch, was das Äußere betrifft, daß die gesamten Lambris dieser Glaswände und Türen gegen zwei Fuß hoch über den Boden durch poliertes Messing gebildet werden.
Was aber allemal den Glanz dieser Galerie erst vollendet, ist das hohe schöngewölbte, kunstvoll gebrochene Dach, welches durch

und durch aus Glas, von schlanken Eisenstäben getragen, gebildet ist, welches am Tage die Galerie von oben erleuchtet, am Abend aber die Menge des Gaslichtes hundertfältig widerspiegelt und die Nacht zum Tage wandeln hilft.
Auch hier wogt nun eine meist elegant gekleidete Menschenmasse von mancher reizenden Frauengestalt anmutig belebt umher, ergießt sich entweder in die an die Galerie sich anschließenden Arkaden, welche den Garten umgeben und selbst wieder längs der einen Seite eben so glänzende Gewölbe, luxuriöse Restaurationen, Cafés und dergleichen enthalten, während sie auf der anderen Seite durch Bogen geöffnet und nur zum Teil mit zierlichen, oben vergoldeten Gittern verschlossen sind, oder ein Teil der Menge strömt in den Garten, welcher zu beiden Seiten mit vierfachen Alleen junger Kastanien besetzt und in der Mitte mit Rasen und Blumenplätzen, von feinen Drahtgittern umhegt, verziert ist. Auch ich wanderte jetzt unter diesen auf und ab wogenden oder auf den verliehenen Strohstühlen umhersitzenden Menschen in den breiten Gängen des Gartens, freute mich der lauen Nachtluft und der doch einmal ganz neuen und ungewohnten Umgebung, bis ich in die Mitte dieses weiten Vierecks gekommen war, wo mich noch eine Überraschung erwartete. Hier nämlich dehnt ein breites, flaches Wasserbecken sich aus, und angenehmste Kühlung aussendend, sprüht aus der Mitte desselben ein Busch sich nach allen Seiten verbreitender, hoher und starker Wasserstrahlen, deren Niederregnen den Wasserspiegel in die regsamsten Oszillationen versetzte und den feinen Wasserstaub der Luft des Gartens mitteilt. Eine geraume Zeit stand ich an den stäubenden Becken, atmete die milde, wohltätig und angenehm feucht gekühlte Nachtluft, sah dem Spiele der gleich einem Busch weißer Lilien sich auseinanderbiegenden Wasserstrahlen zu, und wenn auch die Gaslichter der fernen, den Garten umgebenden Arkaden zwischen dem Wasserstaube sich hübsch genug ausnahmen, so wirkte doch auf tiefere und mehr harmonische Weise der im dunkelsten Blau des Himmels schwimmende und schon tief zum Horizonte geneigte, wachsende Mond. – Gewiß, es gibt nichts Zarteres als Mondstrahlen auf dem schäumen-

den Busch solcher Wasserstrahlen zitternd. – Das ist die wahre Farbenmusik zu Shakespeares Sommernachtstraum! –
Ich gestehe, daß mir dies Schauspiel eine Sehnsucht nach Einsamkeit gab, und ich war schon im Begriff, nach meinem stillen Zimmer in der Rue Vivienne mich zurückzuziehen, als ich noch beim Fortgehen aus diesem wunderlich reichen Garten auf eine unerwartete Szene traf. – Es stand da ein kleiner erleuchteter, ganz mit den endlos erscheinenden und sich hydramäßig vervielfältigenden Zeitungen und Journalen der verschiedenen politischen Tagesinteressen erfüllter Pavillon, in welchem einige Frauen das Geschäft der Verteilung und der Einnahmen besorgten; umher, in der Nähe helleuchtender Gaslaternen standen oder saßen eine Menge älterer und jüngerer Politiker oder politischer Dilettanten, welche mit Stücken geliehener Flugblätter in Händen, vertieft in den Inhalt, lasen und lasen, und die neuesten Reden der Minister oder Deputierten und die schärfsten Witzworte der Journalisten sehnsüchtig verschlangen! – Ich kann nicht sagen, wie sonderbar mich diese Szene an eine andere erinnerte, welche ich in Neapel erlebte, wo am schönsten Abend auf dem Molo, unfern des Leuchtturms, eine heitere, bequeme, freilich teilweise in Lumpen gekleidete Gesellschaft den nicht besser bestellten Rhapsoden umlagerte, welcher ihnen im heiteren Tone und von manchen Gestikulationen unterbrochen, ergötzliche Märchen vorperorierte! – Zu wie mannigfaltigen und tief ins Leben gehenden Betrachtungen hätte nicht nur die Vergleichung zwischen jenen Lazzaronis und diesen Habitués du Palais Royal – zwischen diesem literarischen Pavillon und jenem zerlumpten Rhapsoden Gelegenheit gegeben! – Die Hiesigen mochten wahrscheinlich auch so manche Märchen mitlesen oder sich beim Lesen ausdenken, ob sie aber immer so heiterer und ergötzlicher Art gewesen sind, erlaube ich mir billig zu bezweifeln.

Carl Gustav Carus, 1835

So ist Paris ein Kind der Seine oder des Doppelflusses der Seine und Marne; auch hat es ein Schiff im Wappen. Der Ursprung der Stadt ist die Flußinsel: dort ist die Stadt, la Cité, dort liegt Paris, das Individuum, von zwei Seiten nehmen es zwei andre Städte ein, beide allgemein, die Stadt der Gedanken und die Stadt des Gewerbes. Das Stadthaus, hart am Quai, der Insel gegenüber, gehört noch dem Kreise der Insel an, und aus den Fenstern der Cité konnte man die Köpfe der Unglücklichen fallen sehen, die der Henker auf dem Grèveplatze mit dem Schwert abhieb. Die Königswohnung, das Louvre, sieht auch noch, wenngleich dem rechten Ufer angehörig, auf das linke hinüber: so geht das erhaltende herrschende Band von jenem Flußkerne aus.
Das heutige Paris ist gleich merkwürdig, wie das des Mittelalters gegliedert. Alles gruppiert sich, gestaltet sich, wie ein Kristall. Die innere Bewegung moralischer Mächte verteilt die Häusermasse, ordnet diese Welt von Mauern und Dächern und bildet sie zu ihrem Körper. Auch hier zerfällt alles in eine Doppelmasse, Paris, die Hauptstadt Frankreichs, auf dem linken, Paris, die Hauptstadt der Welt, auf dem rechten Flußufer. Dort, jenseits der Seine, sind alle Anstalten, von denen aus Frankreich beherrscht, erleuchtet, erzogen wird, dort ist alles französisch und national. Dort sollen die Gräber und Denkmäler der Helden des Volkes zwischen den Säulen des Panthéon sich sammeln; dort pflegen verwundete Krieger ihr Alter im Invalidenpalast, dort sind die Schulen der Jugendbildung, die Rechtsschule, die Schule der Medizin, die Militärschule, die polytechnische Schule, die Sorbonne, das Collège de France, das anatomische Amphitheater, die Säle, wo über Botanik, über Mineralogie und alle Zweige der Naturwissenschaft gelesen wird, die Krankenhäuser, die Paläste der Pairs und der Deputierten, die fünf Akademien, die Münze, der Staatsrat und alle inneren Ministerien, das der Justiz, der öffentlichen Arbeiten, des Innern. Richten wir unsre Schritte in die gegenüberliegende Stadt, dann wird alles glänzend, ausländisch, reich, von dort aus tauscht Paris mit der Welt,

empfängt alles Seltene und Reizende, sammelt es und entsendet aus. Dort auf den Boulevards begegnen uns nicht bloß Mohren und Mulatten und die Löwen in gelben Handschuhen, sondern wir stehen an der Türe des Palastes der auswärtigen Angelegenheiten, wo Herr Thiers den Orient und Neapel und den Königswechsel in Berlin und die Karte der ganzen Erde studiert; dort, in der Rivolistraße, wenden sich die Abgesandten von Martinique und Guadeloupe an den Seeminister; dort wohnt der Handel und spekuliert die Börse; die reichen Geldleute, universal eben durch ihr Geld und meist ausländischer Abkunft, wie Rothschild und Aquedo, öffnen dort an bestimmten Wochentagen ihre glänzenden Salons in der Rue Laffitte und der Chaussée d'Antin; die unzähligen Engländer, die immer nach Paris wandern, füllen dort beinahe eine ganze Stadtgegend; dort ist der ägyptische Obelisk und die Säule aus dem Erz deutscher Kanonen; dort ist das Königsschloß der Tuilerien und das große Museum des Louvre. Ein Eigentum der ganzen Menschheit und von Bedeutung für die Welt, wie die Schätze des Louvre, sind die der großen Bibliothek, während die kleineren öffentlichen Bibliotheken, wie die des Mazarin und die Ste. Geneviève, die nur das Inland benutzt, alle dem linken Ufer zufielen. Selbst die politischen Ideenspaltungen haben sich hier räumlich in Massen geschieden. Auf dem linken Ufer haben sich die rein nationalen Parteien, die altfranzösische im Faubourg St. Germain, die demokratische oder die Partei völliger Gleichheit, welche Idee allen romanischen Nationen tief innewohnt, im Quartier Latin niedergelassen. Die mittlere oder die gemäßigt konstitutionelle Partei, die nicht national, aber deshalb nicht die minder mächtige ist, denn die Richtung der modernen Geschichte geht auf Aufhebung alles national Besonderen, unterstützt den König, den Handel, das Gewerbe, die maßvolle Freiheit von allen den Stadtteilen aus, die die Seine nicht von den Tuilerien scheidet, und dort ist die wahre Heimat der Nationalgarde. Einzig und keiner andern Stadt angehörig ist der Zug der Boulevards, der die nördliche Hauptstadt von einem Ende bis zum andern, von der Bastille bis zur Madeleine quer durchschneidet, ein breiter und stolzer Strom von Wundern des Luxus, leuchtenden Gasflammen und geschmückten Frauen. Aus jenen Wällen, die Paris gegen die Welt schirmten und von ihr schieden, baute die Zeit, die überall Schranken umstürzt, einen hohen, glänzenden Weg, von dem die geistgebietende Stadt fern in die Welt sieht und von wo sie von ihr gesehen wird. Von allen Theatern ist nur ein einziges in der südlichen Stadt, das Odéon, und merkwürdigerweise war gerade dieses, solange es bestand, nationalem Ruhm geweiht, zur Verherrlichung der französischen Geschichte bestimmt: dort erschien der kleine Korporal auf der Bühne, sowie die Julirevolution, und alles, was in dem Herzen der Zuschauer an echt volkstümlichen Gefühlen wohnte, erwachte zu stürmischem Entzücken.

Es ist übrigens auffallend, daß gar keine eigentliche Verbindungsader von einer der beiden großen Stadthälften zur andern führt. Keine der großen Straßen mündet auf eine der Brücken: der Zug der Häuser, die Breite der Paläste läuft dem Flusse entlang, und wer vom Palais Royal kommt und sich nach einer der Brücken richtet, windet sich hier durch das Tor der Tuilerien, dort durch den Hof des Louvre, durch die engen Gäßchen um die Kirche St. Germain L'Auxerrois, ohne daß ihn das Gewühl in einem breiten Strombette nach dem jenseitigen Paris fortwälzte. Die Rue St. Honoré, eine der wichtigsten, wenn auch nicht schönsten Straßen, nimmt hier, wie alles übrige, eine dem Flusse parallele Richtung. So entschieden sind dieses und jenes Paris besondere Ganze.

Schon durch diese so organische Bildung ist Paris die herrlichste alle Städte, denn wenn auch bei allen übrigen ein inneres Leben Prinzip der Gestaltung ward, so ist die Organisation unvollkommen, nicht klar durchbrechend, oft gestört und unentwickelt. Paris aber ist gegliedert wie der menschliche Körper, hier hat es seinen Arm, dort sein Herz, dort sein Auge.

Victor Hehn, 1840

Selbst der ernste Zeitungsleser, der dort an das Gitter gelehnt steht und dem sie lärmend zwischen die Beine laufen, blickt ohne Zorn auf. Das Zeitungsblatt hat er aus einem jener beiden Häuschen für einen Sou gemietet; denn auch solche besitzt das Palais Royal. Es sind hölzerne Pavillons, in denen eine Frau hinter allen möglichen Tagesblättern und monatlichen Revuen sitzt und sie rechts und links an die Begehrenden austeilt, die sich dann ringsum, dieser an einen Stuhl, jener an die Wand oder einen Laternenpfahl gelehnt, in die Lektüre vertiefen. Ich selbst habe, wenn ich Abends durch das Palais Royal nach Hause ging, dort beim Schein der Gasflamme das ministerielle Abendblatt durchlaufen. Abends aber muß man das Palais Royal sehen, dann leuchtet es in unvergleichlicher Schönheit. Jeder der unzähligen Bogen trägt dann eine hängende Gasflamme; nach Norden strahlt das Café de la Rotonde mit rundem Vorbau und gedrängten Lichtern; auch die Fenster des zweiten Stockes sind erleuchtet; wie eine ungeheure silberne Lilie, oder wenn du willst, wie die graziöseste, schlank nach allen Seiten sich neigende Palme gießt der ewig plätschernde Springbrunnen seine flüssigen Garben in den Himmel; süß und ungesehen duften die Blumen zu den Füßen der marmornen Diana, der nur halb erratenen weißen Göttergestalt, auf Stühlen lagert noch immer eine verspätete Frauenwelt, und wieder durchläuft das Auge die strahlende Flammenkette, Licht bei Licht, Flamme bei Flamme, eine wunderbare und dennoch jeden Abend wiederkehrende Festbeleuchtung, regelmäßig und dicht, wie zum Schmuck der Feier eines glücklichen Ereignisses. Von der herrlichsten Wirkung ist der Abendanblick dieses Hofes aus den Fenstern des Foyers des gleichnamigen Theaters: dann überschaut man ihn von oben, und der Springbrunnen beherrscht mit beweglichen Parabolen die Bäume, die nur wie gedrängte Büsche erscheinen. Man hat den Markusplatz in Venedig oft mit dem Garten des Palais Royal verglichen, aber die Ähnlichkeit besteht wohl nur in der länglich viereckigen Form und den rundumlaufenden Arkaden. Beide sind schön in ihrer Art. Dort geschicht-

Passage des Panoramas um 1810.

lich romantisches Interesse, hier mehr Glanz, moderne Geistesmacht und eine kokett teilnehmende Gartennatur. Wendest du dich aus dem Hofe mehr nach Süden und dem Haupteingang und eigentlichen Palaste zu, dann trittst du in die neue, blendende Galerie Orléans. Sie bildet die vierte Seite des großen Rechtecks und schneidet einen kleinen, gepflasterten, ebenfalls von Kaufläden umgebenen Hof von dem eben beschriebenen größeren ab. Sie ist die glänzendste von allen Galerien, festlich von Gas erleuchtet, von einem gläsernen Dache überwölbt; Marmor ist ihr Fußboden, Säulenhallen schließen die Aussicht nach ihren beiden Enden; hinter Kristallscheiben prangen die Waren des Kaufmanns, der hier einige Fuß breit Raum mit Tausenden jährlich bezahlt; überall Bronze, Spiegel, messingene Leisten und goldene Buchstaben; kein fashionabler Salon kann reinlicher, zierlicher und lichtreicher sein. Überhaupt sind diese Galerien Paris eigentümlich. Jede von ihnen ist ein Ansatz zu einem Palais Royal, Organisationsversuche, die erst durch das Palais Royal vollständig verwirklicht wurden. Paris, die Stadt der Geselligkeit und als solche von dichtgedrängter Bauart, bahnte sich Verbindungswege mitten durch Hausmassen und Höfe, deckte sie mit Glas, häufte Waren und Läden und alle Lebensgenüsse darin auf, erhellte sie zauberisch, und jede dieser Galerien ward ein Ganzes, eine Welt. Auch die Galerien haben jede ihr Kaffeehaus, ihre Speisewirte, Friseure, Zuckerbäcker, ja ihre Theater. Dort ist der Mensch nahe und immer näher an den Menschen gerückt, der Austausch ist augenblicklich und ununterbrochen, die Gewerbe vollständig versammelt, begrüßen sich als engverbundene Nachbarn. Jede Galerie ist ein Gesellschaftssaal, sie ist ein echtes Kind der sozialen Stadt, der Stadt sympathetischer Humanität. Die berühmtesten Galerien oder Passagen sind, wenn ich keine auslasse: Colbert, des Panoramas, de l'Opéra, Viso-Dodat, Vendôme, Choisel, Vivienne, du Saumon, Orléans. Im ganzen mag sich ihre Zahl auf ungefähr zweihundert belaufen.

Victor Hehn, 1840

IM PANTHÉON

Das Palais Luxemburg ist ganz den Kindern gewidmet. Vorn in dem schwerfällig verwickelten Gebäude versammeln sich die Pairs; hinten im Garten spielen die Bonnen mit ihren Zöglingen, dicht gegenüber wohnt Jules Janin.

Ich wollte aber heute das Panthéon sehen, das die Franzosen der Unsterblichkeit gewidmet haben. Aux grands hommes la patrie reconnaissante. Man muß bergaufsteigen, um in die Nähe der Unsterblichen zu kommen.

Endlich erblicke ich das Gebäude. Sonderbar, auch hier noch Schuppen um den vor achtzig Jahren begonnenen Bau, auch hier noch nicht Alles fertig. Wie beim Arc de lÉtoile noch Staub von den letzten Steinmetzen, die hier meißelten. Die Franzosen fingen an, ihrer Unsterblichkeit Tempel zu bauen, da sie noch Gelegenheit hatten, unsterblich zu werden. Jetzt in ihrer Pygmäenepoche werden die Tempel erst fertig: jetzt, wo es so leicht ist, berühmt, und so schwer, unsterblich zu werden.

Das Panthéon war ursprünglich die erste Kirche von Paris. Auf der Stelle, wo es später erbaut wurde, stand eine uralte Kapelle. Das Christentum ist also hier dem Kultus des Genius erlegen. Das große, in der Tat imposante Gebäude, mit seiner Riesenkuppel, seinen großartigen, freien, innern Räumen, wurde von Soufflot auf Befehl des fünfzehnten Ludwig erbaut. Es sollte eine Kirche der Pariser Schutzheiligen, der heiligen Genoveva, werden. Genoveva, das duldende Weib, das Weib des Gehorsams und der Liebe, wich vielleicht gern den Männern. Die Jakobiner wollten ihre Unsterblichen in diese Kirche bringen. Die Altäre wurden weggeräumt, die Reliquien der Genoveva wurden mit denen Marats vertauscht. Auch aux grandes femmes hätte man es der Genoveva zu Liebe widmen sollen. Die heilige Dulderin Genoveva würde Charlotte Corday mit ihrem Geisterkuß begrüßt haben.

Die Führer geleiteten uns aus den erhabenen Räumen dieses Tempels in die Gewölbe. Als die Bourbonen zurückkamen, gaben sie diese Räume wieder der Genoveva; als Louis Philippe kam, fielen sie wieder den großen Männern zu. So streitet jetzt der Kultus des Glaubens mit dem Kultus des Genius! Wer weiß, ob nicht die Heiligen einst hierher zurückkehren! Wenn in einer Zeit, wo Alles nach Größe strebt, die großen Männer zu sehr überhand nehmen, wird man anfangen, wieder den guten Menschen zu opfern. Wir stiegen in die Gewölbe hinab. Wie feucht, wie kalt ist es in der Nähe der Unsterblichkeit! Warum da unten in den trüben, dunkeln Räumen! Ihr habt Rousseau und Voltaire dort hingelegt. Voltaire würde nie diese dunkeln Gewölbe für seine Gebeine als Ruheort gewählt haben. Voltaire wollte Licht im Leben, er würde auch Licht im Tode gewollt haben. Rousseau hätte allerdings das Dunkel gesucht, aber das Dunkel eines verschwiegenen Parks, einen stillen, schattigen Blätterhain. Fröstelnder Gedanke, hier unsterblich zu liegen! Lieber seiner Zeit, der Mitwelt genügen, und dann gebettet, wie Uhland singt, in Gras und Blumen, oder vergessen.

Rousseau, der arme, gute, schwache Rousseau, liegt im tiefsten, feuchtesten Dunkel. Aus seinem Sarkophag langt eine Hand heraus, die eine Fackel trägt. Es soll dies bedeuten, daß er noch im Grabe leuchtet. Man findet diese Idee sehr sinnig. Mir war sie schauerlich. Meine alte Mutter fiel mir ein, die mir oft sagte: Wer Vater und Mutter nicht ehrt, dem wächst die Hand aus dem Grabe. Auch an Rousseau hat sich die alte Sage bewährt. Rousseau ehrte seine Eltern, aber der Vater ehrte nicht seine Kinder. Im Panthéon wächst ihm die Hand aus dem Grabe.

Auf der entgegengesetzten Seite liegt Voltaire. Als hätte der eitle Mann es bestellt, sein Sarkophag ist vergoldet und aufgeputzt. Seine Statue blickt sarkastisch auf seine irdischen Überreste herab. Dieser ganze dunkle Winkel ist eine Ironie. Voltaire, der war, bezweifelt den Voltaire, der einst sein wird. Dieser Winkel, der Voltaire gewidmet ist, ist keine Apotheose, sondern ein Epigramm. Das grinsende Lächeln des Philosophen von Ferney, durch Marmor verewigt, ist an dieser Stelle fast eine Blasphemie.

Auch das Modell des Panthéon haben die Franzosen ins Panthéon gesetzt. Es mag der Sarkophag seines Erbauers sein. In den übri-

Villeret, Panthéon, 1835.

gen Räumen, dunkeln, unheimlichen Kammern, sind steinerne Särge in beträchtlicher Zahl aufeinander geschichtet. Sie enthalten die Gebeine vieler Unsterblichen, von denen man in den Jahrbüchern der Geschichte und Wissenschaft einst vergebens nach bedeutendern Spuren suchen würde. In Ermangelung großer Männer, hat Talleyrand gesagt, setzt man Beamte ins Panthéon. Und in der Tat, diese Bureauchefs, diese Akademiker, diese Divisionsgeneräle haben ihre Unsterblichkeit wohlfeil erkauft. Nicht, daß Frankreich arm an Ruhm wäre, aber selten, daß die Mitwelt den Ruhm der Zeitgenossen zu schätzen weiß und die Nachwelt Zeit findet, an die Vergangenheit zu denken. Die wahren Größen Frankreichs wird man im Panthéon vergebens suchen.

Diejenigen Männer, die immer das Hergebrachte tun, können niemals groß werden. Um unsterblich zu werden, muß man wenigstens einmal in seinem Leben einen großen Irrtum begangen haben. Ich bin unsterblich, denn ich habe mich im Panthéon zwei Mal verirrt. Mit Schrecken denke ich an meine überstandenen Gefahren zurück. Ich verirrte mich einmal unten bei den Gräbern und das zweite Mal oben auf der Kuppel. Der Führer eilte, den jungen Rekruten, Studenten, Grisetten, die sich hier die Möglichkeit ansahen, so berühmt als Napoleons Generäle, so unsterblich wie ein Akademiker, so keusch wie die heilige Genoveva zu werden, die Gräber ihrer großen Urbilder zu nennen. Mich, den gefühligen Deutschen, den bei jedem Schritt auf historischem Boden historische Wehmut überkommt, mich hielt es länger in den Totenkammern zurück, als die Andern. Plötzlich war ich im Dunkel allein. Ich höre den Zug der Vorangehenden, höre die Stimme des Führers, taste aber an feuchte Wände, abgeschnitten von den Übrigen, die mich nicht vermissen. Schrecklicher Gedanke, hier mit den französischen Unsterblichen eingeschlossen zu bleiben, vergessen zu werden an der Stätte der Erinnerung, verirrt in dieser Finsternis. Ich greife hier, greife dorthin. »Quatre marches«, hatte der Führer an vielen Orten gesagt. Quatre marches! Ich konnte nichts sehen und fürchtete jeden Augenblick, von quatre zu quatre marches hinunterzustürzen. Vier Schritte bis zur Ewigkeit! Hungertod war eine Idee, die mir oft im Angesicht der französischen Speisezettel, im Angesicht der armseligen Pariser Cotelettes, im Angesicht der Zweifrankenmahlzeiten des Palais Royal schon eingefallen war; wie konnt' ich sie hier zurückhalten, hier, wo es keine andere Nahrung für mich gab, als das sardonische Lächeln dieses boshaften Voltaire! Ich resignierte in allem Ernst darauf, das Tageslicht für heute wiederzusehen. Denn so viel Ehrfurcht hatte ich vor den Toten, daß ich nimmermehr gewagt hätte, hier, wo die Gebeine der Unsterblichen ruhen, einen kläglichen Hilfeschrei auszustoßen. Endlich, endlich erblickte ich in weiter Ferne den Schimmer eines Lichts. Er kam näher, wurde heller, ich fand mich zurecht und eilte mit dem Zuge hinaus aus diesen schreckhaften Gewölben zu einem neuen Abenteuer.

Ich stieg nämlich mit meinen Studenten, Rekruten, Grisetten in

die Kuppel hinauf. Eine Höhe von 500 Fuß über dem Spiegel der Seine. Ich sah das frische und in der Tat anziehende Kuppelgemälde von Gros, das in bunter Gruppierung alle bedeutenden Personen, die sich an die Idee des Panthéon in kirchlicher Hinsicht knüpfen, darstellt. Die heilige Genoveva gilt für ein Meisterstück und hat dem Maler von Karl x. den Adel eingetragen. Sie ist hübsch hingehaucht, luftig und schwebend, verklärt und heilig; nur etwas zu heilig, zu sehr Nonne mit dem Gelübde einer Keuschheit, das der liebenden Mutter des Schmerzenreich widerspricht. Noch höher hinauf steht man in der Kuppel. Drinnen an den Wänden eine Unmasse von Namen, die, mit Bleistift auf die Wand gezeichnet, auf ihre Weise ins Panthéon zu kommen suchen. Warum nicht? Präfekten, dort unten, Maires, Bureauchefs – warum hier oben nicht Commis, Epiciers und Champagnerreisende? Draußen das ungeheure Paris aus der Vogelperspektive, dieses Paris, das so Großes erlebt hat, das Paris des vierten Heinrich, des vierzehnten Ludwig, das Paris der Jakobiner, Napoleons, das Paris der Julirevolution. Notre Dame, die nächste dem Thron des Panthéon, der erste Pair dieses majestätischen Reichs. Welche Fülle berühmter Gebäude, diese Säulen, diese Triumphbogen, und dazwischen die gelbe Seine. Dort der Cimetière Montmartre, drüben der Père Lachaise, ein Panthéon, romantischer noch, als dieses klassische steinerne.
Ich mochte nicht länger oben bleiben. Der wollte wissen, wo Boulogne, der, wo Orléans liegt. Die wollte unten in der Stadt einen Winkel sehen, wo vielleicht in diesem Augenblick ihr Freund ihr untreu ist. Jeder langte sich seine Neigungen, seine heiligen Stätten aus dem Panorama heraus. Ich eilte die Stufen hinunter, wählte auf Geratewohl von zwei Treppen die nächste, springe über Drahtgitter weg, die ich für blinde Warnungen halte, hüpfe wohlgemut auf den Vorsprung der Kirche, der etwa 200 Fuß tiefer ist, als die Kuppel, und will fort. Da fällt die Kuppeltür hinter mir zu. Ich suche eine neue und finde sie nicht. Ich finde sie, sie ist verschlossen. Ich warte auf den Führer. Er verschwindet mit seinem Zuge oben in den Lüften auf der Galerie, ich zähle die Stufen, der Führer kommt nicht. Er ist die andere Treppe hinunter

gegangen und ich bin hier wiederum allein. Vor- und rückwärts kein Weg. Rings nichts als Quadersteine, Galerien, vor mir das noch immer vogelluftige Panorama, die Entfernung in die Tiefe viel zu weit, um meine Stimme hörbar zu machen. Dreihundert Fuß hoch klettere ich auf der Galerie herum. Ich winke und schwenke mein Taschentuch in die Luft mit großer Selbstüberwindung, denn von der schlechten Pariser Wäsche hatte es ein großes Loch, das ich mich genierte, dreihundert Fuß hoch dem medisanten Paris zu zeigen. Eine halbe Stunde resignierte ich mich, hier oben auf dem Panthéon, wie einst Quasimodo drüben auf Notre Dame, zu leben. Ich sah mich, da es regnen wollte, nach einer Glocke um, um mich unter ihr zu bergen. Endlich aber erblickte ich auf einem andern Flügel des großen Baues eine kleine Figur. Es war dunkel geworden. Ich hielt es für einen Gnom, für den finstern Golo, der noch immer Genoveva mit seiner Liebe und seiner Bosheit verfolgt, für einen Mitesser der Unsterblichkeit, der sich ärgert, daß Jemand, der mit ihm einst in einem Zimmer wohnte, unsterblich geworden ist und er nicht. Ich winkte dem schwarzen beweglichen Punkt. Er streckte ein Fragezeichen aus, einen schwarzen rußigen Besen. Es war ein Panthéonfeger, ein Decrotteur des Staubes der Unsterblichkeit. Er lachte, wie Voltaire in den Katakomben unter uns lacht. Er winkte mir Freiheit und Erlösung zu. Nach einer Viertelstunde öffnete sich die Tür. Für einen Franken entging ich der Gefahr, lebendig im Panthéon der Franzosen beigesetzt zu werden. Wenn ich den Eifer bedenke, mit dem ich nach diesem Doppelabenteuer im Hause des Ruhms auf die erste beste Carte du jour eines Restaurant im Palais Royal stürzte, so bin ich vollkommen der Meinung, daß der Hunger und der Ruhm Geschwisterkinder sind.

Karl Gutzkow, *1842*

Ja, die Abende sind noch kühl, die Nächte gehören noch dem Winter, wie die Vergnügungen. Die Chaumière wird erst geöffnet, wenn man wagen kann, von einem erhitzenden Tanze hinaus in die verschwiegene Nacht zu schlüpfen. Noch tanzen die Studenten und Grisetten im Prado, die Schneider und die Dienstmädchen auf dem Ball Montesquieu, die Elegants und die Loretten auf dem bal paré im Saale St. Georges. Man tanzt in schmutzigen Lokalen, in wüstem Durcheinander deutsche Walzer, die man nicht versteht, und oft so verkehrt wirbelt, daß die Tänzer nicht vorwärts, sondern rückwärts gehen und statt regelmäßiger Kreise die wunderlichsten trigonometrischen Figuren beschreiben. Man tanzt die gewöhnliche französische Contredanse, die aber, trotz des Anschlags, trotz des Verbots, trotz der wachthabenden Munizipalgarde regelmäßig in den Cancan ausartet.

Ja, ich habe den Cancan gesehen. Ich muß zuerst von ihm sagen, daß der Cancan eine freie Variation auf das alte bekannte Thema der Française ist. Cotillon und Ronde sind aus Mangel an Raum abgeschafft. Es ist erstaunlich zu sehen, auf welch kleinem Terrain die Cancankünstler ihre Talente zeigen. Es ist ein Raum, nur halb so groß, wie ein zweischläfriges Bett. Und zwischen durch muß noch Platz sein für die durchschlüpfende Neugier der Flaneurs und die blinde Kontrolle des Munizipalgardisten, blind, weil er nichts sehen will und nur zuweilen einem der allzu orgiastisch werdenden Thyrsusschwinger zuruft: »Mein Herr, bleiben Sie moralisch!«

Um über den Cancan die Wahrheit zu sagen, so ist dieser Tanz weniger freie Erfindung, als traurige Notwendigkeit. Ich glaube nämlich, daß derjenige, der ihn zuerst getanzt hat, an einer Krankheit des Rückenmarks litt. Ich glaube, daß der Cancan aus Übersättigung und Unvermögen entstanden ist. Es ist schwer, über den Cancan schreiben und in den Grenzen der Moral bleiben. Man wird mir aber das freie Wort um so eher gestatten, als ich von vorn herein erkläre, daß der Cancan mir unschön, sogar häßlich, ja widerlich erschienen ist. Der Cancan ist Aufforderung zur Liebe, aber nicht, wie die Tarantella, durch wilde, feurige Leidenschaft, nicht, wie die Cachucha, durch neckischen Trotz und herausfordernde Schalkhaftigkeit, sondern er ist Aufforderung zu Pariser Straßenliebe. Der Cancan ist nicht Bedürfnis der Liebe, sondern Selbstaufstachelung dazu, ekelhafte Übersättigung, der possenhafte Witz des Unvermögens. Es ist ein Tanz nicht vor der Liebe, sondern nach ihr. Auch nicht eine Figur des Cancans ist die Folge der herausfordernden Kraft; jede ist die Folge der entnervten Abspannung. Der beste Cancantänzer ist satt, satt bis zum Ekel. Er ironisiert die Liebe, er persifliert sie. Dies Zappeln der Arme, dies Zucken des Oberkörpers, dieses Schlenkern der Glieder, diese Nachahmung aller jener Bewegungen, die die Folge der Rückenmarksdarre sind, hat als Karikatur allerdings etwas sehr Lächerliches, als Volkstanz aber, als Ausdruck der Liebe ist dieser Tanz gemein und unpoetisch. Je blasierter einer ist, desto schöner wird er Cancan tanzen. Sein Tanz verwandelt sich dann in völlig freie Phantasie, er kann durch seine telegraphischen Zuckungen Alles ausdrücken, er kann lange Geschichten erzählen von ohnmächtigen Nächten, verzweifelten Wünschen, erstorbenen Hoffnungen, er kann mit seinem Gliederreißen den ganzen Rheumatismus seiner Zukunft malen, er kann mit seinen Konvulsionen eine Darstellung aller jener Versuche geben, die man in Paris schon angestellt hat, um die Preisaufgabe jenes Kalifen zu lösen, der an alle Weise des Morgen- und Abendlandes die Frage ergehen ließ, ob sich nicht noch eine neue Methode der Liebe erfinden ließe? Der Cancan ist häßlich. Er ist der Tanz der Jugend mit weißem Haar.

Karl Gutzkow, 1842

DER PÈRE LACHAISE

Bamberg holte mich ab, um mich nach dem Père Lachaise zu begleiten. Ein kalter Wind, wie vom Nordpol her, wehte draußen, ich fror während des ganzen Wegs, den man kaum in eineinhalb

Stunden zurücklegt, aber das rege Durcheinanderwimmeln der Menschen auf den Straßen wirkte doch erheiternd auf mich, und ich kam in ganz leidliche Stimmung. Unterwegs kamen wir an einer russischen Schaukel vorbei, darin saß ein Betrunkener, der noch nicht schwindlig genug war, und, weil er vielleicht nicht Geld genug hatte, um ein hinreichendes Quantum Wein zu bezahlen, sich auf kürzerem und wohlfeilerem Wege in den Zustand der Besinnungslosigkeit zu versetzen suchte; das Gesicht rot angelaufen, die Augen zugefallen. Als wir an dem Platz der Bastille vorbeikamen, hatte ich noch einmal Gelegenheit, die Juli-Säule mit ihren schlanken Formen zu bewundern und daneben das nun schon zerfallene Modell zu dem plumpen Elefanten zu betrachten, den Napoleon mit großartiger Ironie als Monument der wilden Volkstat in Erz hat gießen lassen wollen. Wenn man sich dem Père Lachaise nähert, so kommt man in eine Straße, wo nur Immortellen-Kranz-Händler und Steinmetzen oder halbe Bildhauer wohnen; man sieht an beiden Seiten eine unendliche Menge von Monumenten, auch Gipsfiguren, wie z. B. betende Engel, um sie auf Gräber zu stellen. Der Kirchhof selbst ist groß und ausgedehnt, wie die Stadt, die Wege sind gepflastert, wie Straßen, und die Gräber der Toten lassen sich ohne einen Cicerone ebensoschwer finden, wie die Wohnungen der Lebendigen ohne den Adreß-Kalender; der ganze Unterschied besteht darin, daß es auf dem Kirchhof heißt: Hier ruht! und in der Stadt: Hier wohnt! Als ich hin ging, dachte ich: Wie diesem, so näherst Du Dich auch auf all Deinen Kreuz- und Quer-Wegen Deinem eigenen, nur daß Du nicht so genau weißt, wann Du ankommst. Ich sah zuerst das Grab von Casimir Rénier, ein prachtvolles Denkmal, er steht oben darauf und an den Seiten des Obelisken erblickt man die Figuren der Beredsamkeit, der Justiz usw. Nichts fehlte, als die Schildwache, die jeden zurückweist, der mit trockenen Augen kommt. Dann suchten wir das Grabmal von Abälard und Heloïse auf; es ist in gotischem Stil aus den Trümmern der von Abälard erbauten Abtei errichtet, nimmt sich aber, wie alles Gotische, das nicht in den ungeheuren Dimensionen, die dieser Stil durchaus bedingt, aufgeführt wird, nicht besonders aus. Dieses Grab wird von den Parisern viel besucht, die Liebenden schwören sich dort Treue und das Paar von heute stiehlt den Immortellen-Kranz, den das Paar von gestern geopfert hat. Mir zog, als ich dort stand, auf einmal mein ganzes Leben, wie in einer Zickzackfigur, vorüber; ich erinnerte mich eines alten Kupferstichs, den ich bei meinem Zeichenlehrer, dem Maler Harding in Wesselburen gesehen und der Abälard und Heloïse darstellte, wie sie von dem Oheim des Mädchens belauscht werden; was ist seitdem alles geschehen! Hierauf kamen wir an dem pomphaften Denkmal eines Herzogs vorbei, der seinem Bedienten wahrscheinlich mehr Arbeit gegeben hat als der Geschichte; nicht der Marmor reizte mich zum Stillstehen, aber eine Rose, die eben aus der Knospe gekommen war und in ihrer roten Lebensglut seltsam gegen den kalten weißen Stein abstach, ich roch an ihr, halb, um ihren Duft einzuziehen, halb aber auch, um mich zu überzeugen, ob ich noch keinen Schnupfen habe. Nun sahen wir die Gräber von allerlei Generälen und Marschällen, ebenso von den Malern Gérard und David; dann erstiegen wir die mittlere Anhöhe, worauf eine Betkapelle steht und erfreuten uns der herrlichen Aussicht auf Paris, die freilich durch den Nebel getrübt, aber zugleich auch eigentümlicher wurde, indem man die große lebendige Stadt wie durch einen darüber gebreiteten Flor erblickte. Es dämmerte schon, wie wir den Père Lachaise verließen und es war ganz dunkel, als wir die Boulevards St. Martin wieder erreichten; durch eine Straße hindurch sahen wir auf den Montmartre, der in einer wahrhaft phantastischen Beleuchtung vor uns lag, man glaubte nichts Wirkliches, Wahrhaftes zu sehen, sondern eine Kulisse aus einer Wunder-Oper. Überhaupt hatte der Himmel heute Abend eine seltsame, alles Geisterhafte und Schauerliche in meiner Natur aufregende Färbung, er war golden und blutig zu gleicher Zeit; ich mußte eines Nordlichts gedenken, das ich vor vielen Jahren sah und das einen Anblick gewährte, als ob oben an der Wölbung der Kugel Blut ausgegossen und in breiten Streifen bis an den Rand niedergelaufen sei; diesmal war der Grund grellgelb, damals schwarzblau. Vor den sieben Theatern, die sich an den Boulevards St. Martin befinden, drängten sich Tausende von Menschen, um des Glücks teilhaftig zu werden, eine Posse zu sehen und darüber die Not und Plage, die sie zu Hause in der einen oder der anderen Gestalt erwartet, zu vergessen; o, wie sind die zu beneiden, die das können, die das öde Grau, das die bunten Erscheinungen des Lebens nur hervortreten läßt, um sie gleich darauf wieder zu verschlucken, nie bemerken; die sich freuen, daß die Favorit-Karte heute rot ist, morgen schwarz, und es nie gewahr werden, daß die lockenden Farben immer nur denselben Papierfetzen schminken und herausputzen! – Da wäre auch einmal eine Schilderung; ob sie schlechter ist, als eine Dingelstedtsche?

Friedrich Hebbel, 1843

PARIS UND DIE GESCHICHTE

Paris! und Du bist nicht dabei! Daß ich Dich hier nicht herumführen kann! Aber es soll noch geschehn; Du sollst diese große neue Welt noch einmal mit Deinen eignen Augen entdecken und selbst sagen, daß Du vorher noch nichts gesehn hast. Ich hatte es nicht darauf angelegt, hier zu sehn und zu staunen; auch laß ich mich nicht leicht aus der Fassung bringen. Ich wollte Menschen sehn und wußte im Voraus ungefähr, was ich finden würde. Aber ich gestehe Dir, daß ich nun erst die ganze Wichtigkeit dieser ungeheuren Stadt begreife. Der Kaufmann ist sehr liebenswürdig. Er hat mich den ganzen Tag herumgeführt und zwar stiegen wir zuerst auf den Montmartre. Die Häuser gehn ganz hinauf, und oben steht eine kleine häßliche Kirche mit dem Telegraphen. Leider ließ man uns nicht hinauf, denn oben, wo man auf der einen Seite das Tal von Montmorency, auf der andern Paris sieht, muß es schön sein. Wir mußten nun eins nach dem andern nehmen. Eine Frau gab uns den Schlüssel zu dem Calvaire (so heißt Kirche und Garten), und die Anweisung, wie wir auf die Pariser Seite hinauskönnten. Die Pfaffen heulten in der Kirche, wie sie zu tun pflegen, und viele ganz nagelneue Stationen von Szenen aus der Leidensgeschichte waren abgebildet, um Prozessionen und andern Götzendienst wieder herzustellen. Seltsam nimmt sich dieser kleine Anfang des Alten aus gegen die ungeheuren Umgestaltungen der Revolution, die man hier unter den Füßen hat, und die immer noch fortgehn. Dieser ganze Berg und gut das halbe Paris gehörte den Pfaffen und ihren Klöstern. Man hat dies Geniste von der Erde vertilgt, Straßen entstehn auf dem alten Klostergrunde und Menschen bewohnen und genießen was sonst dem traurigen Götzen geopfert wurde und seinen widrigen Dienern zu Gute kam. Nur das kleine Fleckchen des Calvaire mit diesem sehr beschränkten Prozessionsgarten hat das böse Prinzip behauptet. Alles Andere ist Privat- oder Gemeindegut geworden. Die Bauplätze gleich hinter dem Garten, die am schönsten liegen, fanden wir aber noch nicht zugänglich. Erst allmählich wird sich die Straße so hoch herauf ziehn. Der harte Boden, sich selbst überlassen, bildet ein Distelfeld voll mannshoher Stauden. Es ist schwer sich durchzuwinden. Aber hier, welch' ein Anblick! Die Sonne trat aus einer Wolke und warf ihren vollen Glanz in das ungeheure Theater, grade als es sich vor uns auftat. Wir konnten es mit einem Blick nicht fassen, die Ausdehnung der Stadt läuft rund herum, sie macht einen Halbkreis, dessen Enden auf beiden Seiten sich uns entzogen. Zur Linken vor uns hin erblickten wir die waldigen Anhöhn, die den großen Kessel mit umschließen, in dem Paris liegt. Was wir vor uns haben, so weit das Auge trägt, ist alles Paris, der Gesichtskreis seine Grenze.

Nicht weit vom Montmartre mündet die Eisenbahn des rechten Ufers in die Stadt. Wir stiegen ein und blieben nicht lange unter Häusern, dann fuhren wir über den Fluß und in einem großen Bogen an ihm hin. Eine halbe Stunde so rasch, als die Räder laufen können, und wir sind in St. Cloud. Aber was hatten wir erreicht? Nur wieder einen Punkt, auf dem wir uns am Ende von Paris befanden. St. Cloud, Boulogne, Auteuil, Passy, Paris, ein ununterbrochenes Meer von Häusern, eine Stadt. Die Aussicht von St. Cloud übertrifft alles, was ich bisher gesehn habe. Denn was ist es am Ende, wenn wir das Meer groß und die Berge imposant finden? wenn aber solche Strecken eine einzige große Wohnung der Menschen geworden sind, so ist damit eine Eroberung über die Natur und eine Macht des Menschenlebens vor die Augen geführt, deren welthistorische Bedeutung man gar nicht zu kennen brauchte, um von ihrem Anblick ergriffen zu werden. Wien und Rom sind groß, ihre Lage ist schön, schöner vielleicht, als die von Paris; aber leider vergißt man es nie, wenn man sie ansieht, daß sie von Eseln bewohnt und nur spärlich durch Menschen kolonisiert sind, während hier, und nur hier der Brennpunkt des europäischen Geistes, das Herz der Weltgeschichte vor uns liegt.

Freilich ist Paris lange Zeit nicht besser gewesen, als Wien und Rom, und die Geschichte, die hier gemacht wurde, war nichts als das Alberne in jeder Form. Es ist leider noch genug davon übrig. Gleich diese Wasser von St. Cloud, zu denen sich heute die Menge versammelt, was sind sie anders, als eine ohnmächtige Dummheit, für Müßiggänger ins Werk gesetzt und von Narren ausgedacht? Selbst die lustige Menge, die Park und Rasen am Sonntage in Besitz nimmt und den losgelassenen Fontänen zujauchzt, versöhnt uns nicht mit diesen Resten der verrückten Rokokozeit. In Versailles ist das alles noch unsinniger. Und man

Morin/Ansseau, Der Boulevard des Italiens.

sieht es erst recht, nun Gras in seinen breiten Straßen wächst. Der Magistrat von Versailles, sagte neulich der »Charivari«, hat beschlossen, täglich 30000 Fußgänger von Paris zu mieten, um das Gras in den Straßen dieser königlichen Stadt zu dämpfen. Überhaupt ist seit Athen und Rom die Geschichte der Menschen eine Geschichte ihrer Absurditäten geworden und die wieder humanisierte Weltbewegung noch sehr jung. Sie beginnt mit der Revolution, denn die Revolution war die erste Erinnerung daran, daß es einmal Helden, Republikaner und freie Menschen in der Welt gab. Es war ein schöner Traum! War es mehr? Und wenn wir Zeitgenossen dieser großen Rückkehr zur Geschichte der Menschheit sind, ist es nicht um so schlimmer, daß der Traum ein Traum blieb, und daß wir ihn nun nicht einmal mehr zu erzählen wagen? Kein deutscher Geschichtschreiber versteht die Bedeutung der großen Begebenheit, an der sich zu ihrer Zeit alle Herzen erwärmten und die edelsten Geister zu der Hoffnung eines »Fortschrittes der Menschheit« sich aufrichteten.
Arnold Ruge, 1846

IM INVALIDENDOM

Gestern nachmittag war ich zum zweitenmal mit Napoleon unter einem Dach, nämlich im Dom der Invaliden. Das große prachtvolle Gebäude war mit einem Kranz von blühenden Gärten umgeben; Erbsen und Bohnen rankten sich empor und die durch einen gelinden Regen nach so großer Hitze, wie wir sie hier gehabt haben, erfrischten Blumen hauchten ihre unschuldigen Düfte aus. Dabei hat alles einen militärischen Anstrich, Kanonen an beiden Seiten des Portals, ein Offizier mit abgeschossenem Bein auf Wache, jedoch nicht stehend, sondern sitzend auf einem Stuhl. Wenn man in den inneren Hof tritt, so fällt einem zunächst das große steinerne Standbild Napoleons auf der Galerie unter der Uhr in die Augen; es ist imposant, aber der Gesichtsausdruck ist zu finster oder scheint es wenigstens zu sein, denn da man die Statue, durch ein eisernes Gitter verhindert, nicht umgehen kann, so weiß man nicht, ob man richtig sieht. Ein paar Immortellenkränze, die ihm über den Degen gehängt waren, nahmen sich possierlich aus, da sie seltsam gegen den weißen Stein mit ihrem schmutzigen Gelb abstachen! Ich ging in die Kapelle. Sie ist gar zu hell, gar zu farbig; es schadet jedem gottesdienstlichen Gebäude, wenn es von gestern her ist, man will etwas Düsteres, Verräuchertes, man will Wände, die von einer Million verbrannter Kerzen geschwärzt sind, Fenster, die kein Licht mehr durchlassen. Oben, rings um das Gewölbe herum, Lappen an Lappen, hängen die in den Napoleonischen Kriegen erbeuteten Fahnen, an beiden Seiten der Orgel sind die Standarten aufgestellt. Hierauf ließ ich mich in das Bibliothekzimmer führen, von wo aus man eine wunderbar schöne Aussicht auf das Marsfeld hat, das sich vor dem Dom der Invaliden ausdehnt, diesmal im vollsten saftigsten Grün des Frühlings. Nun wanderte ich in dem Gebäude umher, die Korridore auf und ab. Von einem derselben erblickte ich ein kleines Gärtchen, wo ich Napoleon en miniature aufgestellt sah, mit gewichsten Stiefeln und Hütchen; gewiß hatte einer der alten Invaliden seine spärlichen Trinkgelder zusammengespart und die Figur dafür zu seiner Privaterbauung angeschafft; aber der Zug, so rührend er sein mag, verfehlte auf mich durchaus seine Wirkung, dies Pfeifenkopf-Napoleönchen sah gar zu putzig aus. Als ich wieder gehen wollte, fing es stark zu regnen an, ich mußte daher bleiben und schritt, nebst anderen Fremden, Damen und Herren, die aus derselben Ursache zurückgehalten wurden, wohl anderthalb Stunden in den Galerien auf und ab. Wenn ich in den verdammt regelmäßigen Tropfenfall hinausschaute, der mich mit seiner einförmigen Rhythmik zur Verzweiflung brachte, so schien der steinerne Napoleon mit seinem unveränderlichen Ernst mich ordentlich zu verhöhnen.

Friedrich Hebbel, 1844

WINKELGASSEN

Diese Öffentlichkeit von allem, was vorkommt und auch noch von manchem, was erdichtet ist, läßt die Franzosen viel verbrecherischer erscheinen, als die Deutschen, welche ihre meisten Sünden verheimlichen.

Jedoch ist es richtig, daß den Franzosen sein heißes Blut eher zum Extrem treibt, weshalb er aber auch unendlich viel weiter kommt, als der Deutsche.

Ihre Raufereien sind nicht so gewöhnlich Dolchduelle, als die der Italiener; sie werden aber leichter blutig, als bei uns. Gleich im Anfange unseres Aufenthalts in Paris fiel eine solche Szene unter unserm Fenster vor. Das Haus bildete die Ecke von zwei Straßen und beherbergte daher einen Marchand de Vin. Ein starker Cabrioletführer geriet mit einem viel schwächeren Kollegen in Streit, sie verließen den Laden und es kam zu Tätlichkeiten auf der Straße. Der Stärkere benutzte seine Übermacht auf eine brutale Weise; aber plötzlich sahn wir ihn stürzen und sich die Seite halten, sein Gegner hatte ihm einen Messerstich versetzt. Eine Verwirrung und ein Getümmel der Umstehenden benutzte der Kleine und verschwand. Glücklicher Weise war der Stoß nicht in der schlimmsten Richtung gegangen. Der Getroffene erhob sich, bestieg sein Cabriolet und fuhr scheltend von dannen. Noch am andern Tage zeichnete ein großer Blutfleck auf dem Pflaster den Kampfplatz aus. Wir dachten an die blutigen Szenen, die Eugène Sue schildert, und der Vorfall schien uns zu beweisen, daß unsere Straße zu den »unsichern« gehöre. Hatte sie doch kein Gaslicht, war des Abends gewöhnlich sehr menschenleer, und ganz in der Nähe der rue Plumet und anderer Winkelei, die Sue benutzt.

Wenn man die »Mystères de Paris« gelesen hat und mit dem frischen Eindruck dieser widerwärtigen Gespensterwirtschaft nach Paris kommt, so denkt man in jeder einsamen Gasse einem Gurgelschneider zu begegnen und wenn dann ja ein Trunkener oder ein Bettler ins Haus kommt, so ist er sicher der Kundschafter einer großen Diebsbande, welche in der Nacht über die Hofmauer steigen, die Fenster erklettern, die schwachen Türen erbrechen

Charles Meryon, Rue des Mauvais Garçons, 1854.

und alles ermorden wird. Dazu kamen nun noch die Nachrichten von der Bande der Escarpes und die Aufhebung eines ganzen Tapis franc am Boulevard, das Luftmachen um das Hôtel de Ville herum, wo man ganze Straßen wegbrach; man brauchte nur einige Entdeckungsreisen in diese sonn- und luftlosen, immer kotiken Winkelgassen zu machen, einigen verdächtigen Gesichtern in

Blusenjacken zu begegnen, und Eugène Sue war bestätigt. Wer einmal am Fieber der »Mystères de Paris« leidet, der braucht ziemlich lange Zeit, um sich zu überzeugen, daß er wirklich noch unerstochen umhergeht und daß Paris bei der Menge seiner Diebe und Mörder immer noch keine Räuberhöhle, sondern ein ziemlich sicherer Aufenthaltsort ist. Die Bourgeois und die Ouvriers sind hier vollkommen so ehrlich und zuverlässig als in Deutschland, und wenn sie handeln, so prellen sie nicht, sie verführen nur zum Kaufen. Darin sind sie aber auch Meister. Wen sie einmal in ihren Laden hineingelockt haben, der müßte ein Stoiker von Tugend sein, wenn er nicht dreimal mehr kaufen sollte, als er sich vorgesetzt; und da man alles auch aus den entferntesten Gegenden ins Haus gesendet bekommt, so ist es gar nicht nötig, daß man sich eigends mit Geld versehn hat. Ebenso ist es in Cafés und bei den Restaurants; wie man sich auf das Geringste einläßt, was mehr als der gewöhnliche Brauch ist, so wird man mit einem kostspieligen, unberechenbaren Überfluß ausgestattet. Diese Verführung, nicht die Prellerei, verteuert den Aufenthalt in Paris, und sie geht einem auf Schritt und Tritt nach, sie beschränkt sich nicht auf die Läden und die öffentlichen Orte, sie benutzt den Schmutz der Straßen, den Regen und die Hitze des Tags, die frühe und die späte Zeit, die Wißbegierde der Alten und die Neugierde der Kinder, die Politik, die Verbrechen, das Mitleid, die Langeweile, das Spiel und den Ernst, kurz jede Handhabe des menschlichen Herzens und der menschlichen Bedürfnisse und es versteht sich von selbst, daß die Verführung, welche man vorzugsweise verführerisch nennt, hier eine besondere Ausbildung und Eleganz annimmt. Doch das ist hier nicht mein Thema, auch ist es bekanntlich aus allen, auch aus dem sozialen Gesichtspunkt viel besser besprochen, als ich es vermöchte.

Arnold Ruge, 1846

Es war kaum 6 Uhr, als wir im Bahnhofe abgesetzt wurden. Der Morgen dämmerte kaum, und ein feuchter, erstickender, übelriechender Nebel hüllte die Stadt in undurchdringliche Schleier. Einzelne Pikets Soldaten lagen im Bahnhofe. Die Wachtfeuer qualmten und beleuchteten die finstern bärtigen Gesichter der lagernden Gestalten mit roten Hosen und grauen, wollenen Kapuzen. Kein Gespräch, kein Laut nah oder fern, kein Ton, kein Licht kam aus dem ruhenden Häusermeer herauf, das unten in der Tiefe unabsehbar ausgebreitet ruhte.
Eine kalte böse Nacht lag hinter mir. Wir waren langsam in die weiten Schneefelder hineingefahren, zeitweise schlafend, zeitweise aufgeschreckt durch das Festsitzen der Lokomotive im Schnee oder durch das Versagen der Räder auf dem Glatteis der Schiene. Nun war ich in Paris. Die Zahl der Reisenden, die schlaftrunken und verdrießlich aus den Waggons heraus kamen, war klein, einige deutsche Flüchtlinge, einige belgische Kaufleute. Sie stiegen in die wartenden Omnibusse; ich trug mein Gepäck in ein Cabriolet und sagte dem Kutscher, ins Quartier St. Germain hinüber zu fahren.

Fichot/Guillomot, Gare de Strasbourg.

»Herr«, erwiderte der Mann, »ich sage es Ihnen voraus, damit wir uns nicht zu streiten haben, die Fahrt kostet zwei Franken und fünfzig Centimen. Der Weg ist weit; es ist eine Nachtfahrt und das Pflaster ist so verdammt glatt, daß ich mein Pferd werde führen müssen, wenn wir die Rue Poissonière hinabfahren. Die Zeiten sind schlecht und es muß alle Welt leben.«

»Schon gut, fahrt zu.«

Ich befand mich auf einem Terrain das ewig unvergeßlich bleiben wird. Dort auf der Anhöhe zwischen der Barrière Poissonière und der Barrière Rochechouart liegt eines der blutigsten Schlachtfelder des Juni. Wer hörte nicht vom Clos St. Lazare? Es liegt in der Nähe. Wir fuhren weiter. Auf einem weiten runden Platze, Place Lafayette, zu dem wir jetzt kommen, steht schön und malerisch die Kirche Vincent de Paul. Ein neues Schlachtfeld, diese Kirche. Sie war an jenem furchtbaren Tage des 23. Juni eine Zitadelle der Insurrektion geworden. Stundenlang arbeiteten die Kanonen gegen die haushohen Barrikaden, die sie von allen Seiten umschlossen; ein Teil der Bürgergarde dieses Stadtteils, in welcher Barbès Hauptmann gewesen, war dort zum Proletariat übergegangen und focht mit erbittertster Wut. Lefèvre fiel in dieser Gegend.

Alles dies drang auf mich ein, als ich so langsam über den Platz fuhr und die Kirche traurig durch den Nebel daher schimmern sah. Bald begann die Straße jäh hinabzugehen, der Kutscher stieg ab, und führte sein Pferd, das bei jedem Schritt ausglitt.

Kein Mensch, kein Ton, kein Licht. Nichts was sich rührte oder bewegte, alles leer und öde, wie in der Totenstadt der Fabel.

Endlich, nach langer, mühseliger Fahrt kamen wir in besser aussehende Gassen und kreuzten den Boulevard. Eine kurze Strecke. Dann fuhren wir wieder dem Innern der Stadt zu, durch jenes schwarze traurige Labyrinth, das mit der Rue Montorgeuil anfängt und mit der Kirche St. Eustache endet. Aber noch düsterer ward es, als wir auf die Place des Innocents kamen. Dort hatte die Stadt ein wahrhaft grauenhaftes Ansehn. Von dem Knäuel alter, baufälliger Häuser, die dort seltsam zusammengedrängt eine scharfe Ecke in den Markt hinein bilden, hatte man die Hälfte abgetragen. Zackig und düster starrten die Ruinen in den nebligen Himmel hinein. Wie aufgerissene Leichen standen die Häusertrümmer da, ein Chaos von Schutt und Baugerüst, die schwarzen Streifen an den Wänden, durch alle Stockwerke laufend, die den einstigen Schlot bezeichneten, glichen schwarzen, schlaff herabhängenden Fahnen. Nicht häßlicher kann Feuer und Krieg entstellen, als hier die Arbeit des Maurers. Dieser Häuserklumpen erschien mir das Bild von Paris nach der Junischlacht, und ich sagte vor mir hin das Wort eines römischen Schriftstellers über die zerstörte Stadt: urbis deforme cadaver!

Wir kamen zur Seine. Ruhig unter den Gaslampen der Brücken und Quais glitzernd floß der Strom dahin und umschloß mit seinen beiden gewaltigen Armen die alte Cité, die mit ihren hohen, grauen Häusern, mit ihren seltsamen Giebeln und Zinnen, wie ein phantastisches Felseneiland, wie ein ungeheures Geisterschiff dalag. Alte Cité, Wiege von Paris, Stadt der Wunder, wo Cäsar und Julian der Apostat gehaust und der heilige Marcellus den großen Lindwurm erlegte, Insel, wo die Notre Dame ihre steinernen Arme verstümmelt in die Lüfte streckt, auch du weißt von jenem furchtbaren Kampf zu erzählen! Du kannst ihn vergleichen mit dem Kampfe der Bourguignons und Armagnacs, der auch deine Mauern rötete – aber was war er dagegen!...

Im Quartier St. Germain, das wir jetzt erreichten, nach stundenlanger Fahrt, regten sich bereits die ersten Lebenszeichen der erwachenden Stadt. Dort war eine ganze Armee seltsamer und trauriger Gestalten auf den Beinen. Die Gassenkehrer, die zuerst wachwerdenden Kinder der großen Städte, standen dort in der ganzen Seltsamkeit ihrer Lumpen, in Reih und Glied, den Besen auf der Schulter und bereiteten sich zu ihrer Arbeit vor. Lumpensammler und ihre Weiber, den Korb auf der Schulter, den Hakken in der einen, die Laterne in der andern Hand irrten von Gasse zu Gasse und suchten schweigend und tiefsinnig nach Schätzen von dem Wert eines Stückchen Papiers, oder eines Glasscherbens. Einige Schnapsbuden hatten sich aufgetan; bei dem Stümpfchen Licht, das die Spelunken erleuchtete, tat das frühwache Volk seinen Morgentrunk. Es war ein trauriges unheimliches Bild; wer Paris in solcher Stunde und mit solcher Staffage nach langer Abwesenheit wieder sah, der begann zu zweifeln, daß diese Stadt je wieder zu Lärm, Glanz und Schönheit erwachen könne. So traurig war alles rings herum, daß es dem Fremden schien, sie sei die Metropole des Elends geworden, diese Stadt, die noch unlängst der Ballsaal der Welt, das große Freudenhaus Europas gewesen.

Und doch fand ich Paris, als ich einige Stunden später auf die Gasse hinauskam, wenig oder gar nicht verändert. Dasselbe Gedränge die Trottoirs hinab und hinauf, dasselbe Durcheinander von Röcken und Blusen, dasselbe Gerassel von Karren und Wagen. Die Omnibusse von allen Farben wieder da, die als Barrikaden gedient, und turmhoch auf ihnen thronend, die Kutscher mit ihren farbiglacierten Hüten! Dieselben Verkäufer, jeder von den tausend Arten, mit einem eigenen Rufe, und dadurch kenntlich wie die Vögel im Walde. Dieselben Laden mit demselben Flitter, und in ihnen dieselben Dames des Comptoirs mit demselben Lächeln den Käufer empfangend wie ehemals. Dieselben Zettel an den Mauerecken, alle hoch, hundertfarbig und mit wunderbar großen Lettern – nicht etwa wie sonst die roten Zettel der Clubs von Barbès und Blanqui unterschrieben, die der Schrecken aller Wohlgesinnten waren – nein die alten Zettel aus der Louis Philippistischen Zeit, die täglichen Verkünder theatralischen, musikalischen und choreographischen Puffs, mit den wohlbekannten Unterschriften: Jardin d'hiver – Nuit venitienne – Fête romaine – 10000 Gasflammen – und daneben die Zettel der vierunddreißig Theater von Paris. Dieselben großen Herrn in feiner Toilette, das rote Band der Ehrenlegion doppelt in Rock und Überrock; dieselben kleinen Grisetten im schwarzen Kleid, in der einfachen Haube, die große Putzwarenschachtel in der einen Hand, mit der andern das Kleid poetisch schürzend, um den kleinen Fuß zu zeigen.

So hat denn die Sintflut dieses Jahres alles unversehrt gelassen?, fragt man fast unwillig. Jawohl, ist die Antwort. Nur einiges neue Ungeziefer ist von der großen Überschwemmung her auf dem Pflaster liegen geblieben, die gardiens de Paris und die Mobilen.

Die gardiens de Paris sind eine neue Art Polizeidiener, die von Caussidière organisiert wurden. Sie tragen noch den spitzen Hut mit welchem zuvor Caussidière zum Erstaunen von Paris herumzugehen pflegte, und haben deshalb den Namen der Pariser Tiroler erhalten.

Sie sollen noch tief »demagogisiert« sein und ihr revolutionärer Ursprung ärgert die jetzige Restaurationspartei. Sie sollen bald reorganisiert und anders gekleidet werden.

Neugierig blickt man auf die Mobilen, dies berühmte Gesindel, dem die honette und gemäßigte Republik ihr Fortbestehen zu danken hat. Es ist bewaffnete Canaille im wahrsten Sinne des Worts, wahrhaftes Lumpenproletariat im Gegensatz zum arbeitenden Proletariate. Bartlose Jungen, mit liederlichbleichen Gesichtern, stehen sie, die Szerezaner von Paris, in ihren roten Tschakos und graublauen Mänteln haufenweise vor den Türen ihrer Kasernen und kauen Tabak.

Henker Cavaignacs! ruft ihnen hie und da ein vorübergehender Blusenmann zu.

Sie lachen.

Sie lachten auch im Kampfe und tanzten den Cancan im Kugelregen, wie sie es vor den Barrieren zu tun gewohnt waren.

Das sind die Helden, die von den aristokratischen Damen von Paris mit Blumen beworfen und sogar nach Haus genommen wurden.

Das Wetter ist sonnig und mild. Wir gehen durch das Palais Royal, es ist der glänzende Bazar wie früher. Die Laden sind nicht geschlossen, wie es hie und da ein Zeitungsschreiber erzählte, sie prangen noch von Schmuck und Juwelen und buntem Trödel wie ehemals. Ein Flügel des Palais Royal ist eine Kaserne geworden. Elsässisches Militär liegt dort, Trommeln wirbeln unter den Arkaden, von Zeit zu Zeit tönt ein Tusch, und aus den Fenstern, in denen die Soldaten plaudernd liegen, schallen deutsche Lieder herunter.

Ein unvermeidlicher Begleiter auf Schritt und Tritt ist Herr Louis Napoleon. Überall glotzt dasselbe blöde Gesicht hinter den Fenstern der Buch- und Bilderläden hervor, ein Gesicht, an dem

alle Schmeichelei der Malerkunst scheitert. Daneben der Totenkopf Cavaignac und – welche Überraschung – die österreichische Trias: Jelacic, Radetzky und Windischgrätz. Aber wir sind ja im aristokratischen Viertel von Paris. Steht nicht die Börse gerade gegenüber?
Das Gewühl auf den Boulevards ist nicht gelichtet. Dort wogen an beiden Seiten zwei Menschenströme von früh bis Abends spät und versiegen nicht. Neue Passagen haben sich geöffnet, die prächtigen Laden prunken und flimmern wie ehemals. Wie großartige Seeungeheuer, Leviathans auf Rädern, rollen die Omnibusse hinab zur Madeleine, und dazwischen rasseln die Cabriolets und Kaleschen. Jede Straßenecke ist noch wie sonst ein Blumenmarkt, da sitzen die Blumenverkäuferinnen und binden schon Sträuße aus frischen Veilchen. Paris verbrauchte sonst täglich für 3000 Franken Veilchen und Rosen; auch diese Leidenschaft hat sich erhalten.
Endlich etwas Neues, endlich etwas, was an das kurze heroische Zeitalter von Paris erinnert! Dort steht ein Freiheitsbaum. Freilich sind die Tage fern, wo er grünte und in seinem wehenden Wipfel die phrygische Mütze und die Fahnen aller Völker trug! Der arme Pappelbaum ist verdorrt, verdorrt, wie die Hoffnungen des März; aus seinen Fahnen sind mißfarbige, zerrissene Fetzen geworden und kahl und laublos streckt er die Äste in den winterlichbleichen Himmel.
Boulevard des Capucines! dort steht ein altes Haus mit hohen Schornsteinen, hinter einer Vorhofmauer mit hohem Portal verschanzt und von alten, ästigen Lindenbäumen beschattet. – Es ist das Haus Guizots, das Ministerium des Auswärtigen. Hier fiel die mörderische Salve, hier erscholl es Verrat! – und bald waren die Leichen auf die Karren geschichtet, die Fackeln angesteckt – und Rache – Rache – Rache tobte es durch die Stadt, bis die Glokken zu stürmen anfingen und die roten Tücher in Blut getaucht, alles Volk zum Kampf aufriefen.
Jetzt ist ein klösterlicher Ernst auf diesem Hofraum und sein schwarzes Gebäude gelagert. Zwei Wachen, die sich vor dem Tore kreuzen, scheinen das einzige Lebende hier zu sein und auf

William Wyld, Place de la Concorde, 1838.

der Mauer, die Guizot bewohnte steht in schwarzen Lettern: Liberté, Egalité, Fraternité.

Wir sind auf dem Platz de la Concorde. Der schöne Platz ist belebt wie ehemals, mit Spaziergängern, Equipagen und Reitern. Wie groß und prächtig ist hier alles! Von jenseits der Seine blickt die Deputiertenkammer wie ein griechischer Tempel herüber, dort, wo sich die Rue Nationale weit öffnet, blickt die Madeleine, auf der ruhigen Pracht ihrer Säulen ruhend, wie ein anderes Götterhaus herüber. Paläste von allen Seiten, von fern herblickend die Tuilerien, davor der herrliche Park, mit weißen Götterbildern von Marmor bevölkert. Auf der andern Seite der belebte Wald der Elyseischen Felder, von der Avenue de Neuilly durchschnitten, über die sich der Arc de l'Étoile groß und mächtig erhebt. Und auf dem Platze selbst Fontänen, wo die Flußgötter sich das Wasser ins Gesicht speien, goldene Kandelaber – und inmitten all der Pracht dort wo am 21. Januar das große Exempel statuiert wurde, der Obelisk des Ägypterkönigs Osymandias, der alte Stein, der nach einander Moses und Pharao, Cäsar und Pompe-

jus, Alexander, Herodot, und Napoleon an sich vorüber gehen sah...
Die Sonne wird warm, der Himmel schenkt der Welt einen Maitag im tiefsten Winter. Tut er es, damit die Armen in ihrer Hütte nicht zu sehr frieren? Doch immer reicher und üppiger wird das Menschengewühl, stattliche Wagen kommen herangefahren und rollen die Elyseischen Felder hinab, denn es ist die Stunde, um welche der Präsident seinen Ritt zum Arc de l'Étoile zu machen pflegt. Wie sie herankommen ihn zu sehen, wie sie ihm den Hof machen, die noch vor einem Monat über ihn lachten! O Revolution! Du hast zu kurz gedauert. Nichts, nichts hast du vernichtet.
Als der Abend kam, da wogte wieder, die Boulevards hinauf und hinab, von der Madeleine bis zur Porte St. Martin, der große lärmende Jahrmarkt von Paris, die ewige lachende Kirmes. Wie blühende, gelbrote Tulpen in einem unabsehbaren Beete flackerten die Gasflammen auf ihren Kandelabern durch die Nacht daher, und wie Leuchtkäfer über die Tulpenbeete hinsegelnd flohen die tausend Lampen der Wagen. Die Läden prangten bis ins erste Stockwerk hinauf, wie phantastische Schlösser; Gold, Flitter, Juwelen, Blumen, Tücher, Teppiche, Bronze und Vasen prunkten, leuchteten zum Verkauf. Und auf dem Trottoir vor den Theatern und Cafés lustwandelte die Menge in der lauen Winternacht.
Ich verließ das alles und ging durch das Labyrinth der Stadt, über die Brücke der Seine in andere Quartiere hinüber, denn ich hatte einen Gang ans äußerste Ende des Faubourg Monceaux abzutun. Durch die Rue St. Jacques immer hinansteigend, kam ich am Panthéon vorbei, das riesig mit seiner säulenunterstützten Kuppel in den Himmel hinaufragt, und war bald in einem der wildesten Viertel. Immer enger und finsterer wurden die Gassen, die Häuser oft zehn Stockwerk hoch, wuchsen schwarz und drohend wie Felsenwande empor und ließen nur einen schmalen dunkelblauen Streif des Himmels sehen. Ich kam in die Rue Mouffetard. Seltsame Welt, wer das nicht gesehen, kennt Paris nicht! Eine andere Luft weht dort, andere Menschen hausen dort und spre-

chen eine andere Sprache. Alles wimmelt von Volk; die zehn Stock hohen, menschenüberfüllten Häuser sind wie wühlende Ameisenhaufen. Hier wird kein Rock gesehen, hier herrscht die Bluse, und die Kappe sitzt schief auf dem schwarzen struppigen Haare. Weiber mit undenklichen Hauben keifen und schreien, Kinder in schmutzigen Lumpen spielen im Kot. Seltsame Schenken hallen von Lärm und Gesang, werfen durch ihre Vorhänge düstere Lichter auf das Pflaster und erfüllen die Luft vom Geruch der seltsamsten Frituren. Laternen hängen über den Türen, Zettel mit Ziffern schwanken darunter, hier wird der blaue Wein zu zwei und vier Sous getrunken. Warenlager von seltsamster Art sind Haus bei Haus: altes Eisenwerk, altes Kleiderzeug, undenkliches Gerät aller Art hängt in diesen Spelunken. Lumpen und Kleider trocknen an allen Fenstern. Obst und Fleisch vom erbärmlichsten Aussehen liegt bei hundert Krämern zum Kauf. Die Gesichter der Männer sind schön von Wildheit, alles hat schwarze Augen, schwarze Bärte. Hier arbeitet alles rastlos, die Fenster bleiben bis unters Dach tief in die Nacht hinein helle, und doch kommt kein Glück ins Haus. Hier ist alles arm; doch ehe er seine Hand nach einem Almosen ausstreckt, verhungert der Proletarier lieber, der hier wohnt. Wundert Euch dieser Stolz? Wir sind im zwölften Arrondissement, im wahren Barrikadenviertel von Paris. Hier wird jedes Haus eine Festung, wenn draußen die Trommel wirbelt, und mit der alten Flinte, mit Fensterblei und Nägeln geladen, steigt der Arbeiter hinab, wenn die Stunde gekommen. O Paris, dachte ich, indem ich so zwischen der Rue Mouffetard und der Rue Copeau stand, ich verdenke dir's nicht, daß du zitterst, wenn der Ruf erschallt: die Vorstädte steigen nieder! Sie werden bald wieder niedersteigen, den Juni zu rächen. Wirst du dir dann helfen können mit Soldaten und Mobilen, glänzendes, glückliches Paris?

Noch monologisierte ich so, da stieß ich auf eine Gruppe Menschen, in deren Mitte ein junger Mann mit einer Bluse stand. Es war ein schöner junger Kerl mit bleichem Gesicht, ohne Bart, mit schwarzem Haar und einem abgeschossenen Arm, ein Sänger. Mehrere Lieder mochte er schon gesungen haben, bevor ich hin-

Flameng/Ettling, Straßensänger.

zukam, jetzt sollte er ein neues anstimmen. Ich mischte mich unter die Zuhörer und bereue nicht, es getan zu haben. Der junge Mensch begann bald mit voller tönender Stimme:

»Les soldats du désespoir.«

»Wer zieht heran mit einer hallenden Trommel, arm, zerlumpt, ohne Strumpf und Schuhe? Es waren meine Freunde, meine Brüder, die Unglückseligen. Lumpen, und Flicken sind die Uniform der Soldaten der Verzweiflung.

Sie lieben die Tribüne aus Pflastersteinen. Wenn sie der Aufruhr wachruft, dann zittere, harter Arbeitsherr! Der Hunger ist ein guter Werber, er rekrutiert zu Tausenden die Soldaten der Verzweiflung.

O Hohn! Kreuze im Bürgerkrieg! und Ordenssterne! Mancher Mobile wird geschmückt für seine traurige Waffentat. Kein Kreuz ziert je die Brust des Soldaten der Verzweiflung.

Exil! bittres Wort für jene, die gesagt: besser fallen durchs Blei als verhungern oder die Hand nach dem Almosen recken! Du dauerst mich, schönes Paris, du wirst das Grab des Soldaten der Verzweiflung.

Mörder habt ihr sie genannt, diese Arbeiter! Wann haben sie, wenn sie Sieger waren, ihre Dränger füsiliert, wie ihr es tut? Sie verziehen Euch, denn sie dachten: Ihr habt ja auch Mütter, wie wir, die Soldaten der Verzweiflung.

Ihr schickt uns übers Meer. Ihr könnt es. Aber verachten dürft ihr uns nicht. Wenn der Kampf vorbei, wie drücken dann die Ehrgeizigen die schwielige Hand dem Soldaten der Verzweiflung!

Führt uns vor Kriegsgerichte, aber vergeßt nicht, daß jedem Vater in seinem Sohn ein Rächer erwachse. Die Waisen, wenn sie sprechen gelernt, werden auch verfluchen lernen, die Buben, wenn sie groß, werden selbst Soldaten der Verzweiflung.

Um uns an die Kette zu schmieden, entwaffnet ihr uns, könnt Ihr auch unsern Zorn entwaffnen? O Gott höre unsere Klage, wiege sie, wenn sie gerecht ist. Sie führen eine heilige Sache, die Soldaten der Verzweiflung.«

Der junge Mann hatte geendigt. Die Umstehenden näherten sich ihm, und mancher kaufte sein Lied. Auch ich war unter diesen.

Von den Fenstern kamen Sousstücke in weißes Papier gewickelt herab, und nun sah man erst, daß Weiber hinter den Fenstern zugehört hatten.
Ich ging meinen Weg weiter, bänger, aber aufgeregter als je. Wie Paris auf einem Vulkan stehe, ward mir ganz klar. Und immer mußt' ich wieder den Schlußvers des Liedes vor mir hersagen: Sie führen eine heilige Sache, die Soldaten der Verzweiflung.
Alfred Meißner, 1849

SECOND EMPIRE
UND
WELTAUSSTELLUNG

Dienstag, 2. Dezember. – Um acht Uhr früh stürzt mein Kammerdiener in mein Zimmer: »Die Straßen«, schreit er, »sind voll von Truppen und abgesperrt, die Nationalversammlung militärisch besetzt.« Trotz einer furchtbaren Migräne wandere ich in den Straßen von Paris umher und sende zwei telegraphische Depeschen und einen langen Bericht, den ein preußischer Kurier mitnahm, an den Fürsten Schwarzenberg ab. Obgleich noch zu Bette, empfing mich doch die Fürstin Lieven, um unsere Nachrichten gegenseitig auszutauschen. In den späteren Stunden des Tages waren ihre Salons ein förmliches Hauptquartier. Hier kreuzten sich die von verschiedenen Parlamentariern einlaufenden Informationen mit denen ihrer Freunde aus dem Elysée. Als ich mich bei einem milden Regen nach Hause begab, fand ich den Platz Louis xv. abgesperrt und war gezwungen, den Umweg über die Invalidenbrücke zu machen. Buol, der mich auf der Botschaft erwartete, beschwor mich, trotz meiner heftigen Kopfschmerzen an dem Diner, welches Herr von Turgot diesen Abend dem diplomatischen Korps gab, und das er trotz der Ereignisse des Tages nicht abgesagt hatte, teilzunehmen.

Die Stadt bot das Bild eines wahren militärischen Aufstandes. Es erinnerte mich an Lissabon zur Zeit der Pronunziamentos. Überall Massen von Truppen, die Soldaten heiter und gutmütig, mit dem Ausdrucke des Bewußtseins, daß sie die Herren seien. Die Vorübergehenden, das Publikum im allgemeinen ruhig und gleichgültig. In den Straßen wimmelt es von Neugierigen. Zuerst waren es anständig gekleidete Leute; später tauchten Blusenmänner und umheimliche Gestalten an Stelle der Bürger auf. Gegen Abend leerten sich die Gassen, und den Aufregungen des Tages folgte tiefe Ruhe. Der Präsident erschien zu Pferd auf den Boulevards. Es kam zu keiner Demonstration, weder für noch gegen ihn. Obwohl seit einem Jahr nur vom Staatsstreich gesprochen wird, schienen doch alle Leute, »die Guten wie die Bösen« vollkommen überrascht worden zu sein oder eher den Anschein von Menschen zu haben, die es gar nicht begreifen können.

Einer von denen, die davon sicher keinen Begriff haben, war Herr von Turgot, unser Amphitryon. Wir hatten Passierscheine erhalten, was mir ermöglichte, die Brücken zu passieren und ungehindert ins Ministerium des Äußern zu gelangen. Man erwartete den Präsidenten; aber Louis Napoleon litt an einer Migräne, was wohl nicht zu verwundern ist, war zu Bette gegangen und hatte vergessen, sich entschuldigen zu lassen. Nach einer Stunde vergeblichen Wartens setzte man sich zu Tische. Ich befand mich neben dem Hausherrn, dessen nicht fingierte, sondern reelle Heiterkeit und Sorglosigkeit seine Gäste in Erstaunen setzte. Hingegen konnte Frau von Turgot, die mir gegenüber zwischen dem Nuntius und dem englischen Botschafter saß, ihre Unruhe nicht verbergen. Die Missionschefs erforschten gegenseitig ihre Mienen. Normanby, der ernst dreinschaute, fand mich heiter, der neapolitanische Gesandte, Antonini, jubelte, Roger, der belgische Gesandte, machte kein Hehl aus seinen Besorgnissen. Er weiß, daß Louis Napoleon die Orleanisten verabscheut, haßt und fürchtet. Nach dem Gastmahle bei der Fürstin Lieven. Ich finde daselbst nur Guizot und Werner von Mérode. Später kamen der Herzog von Noailles, Frau von Kalerdgi und Buol. Die Fürstin, ganz außer sich, weiß nicht, ob sie hoffen oder fürchten soll. Ich bringe nachstehend die Ereignisse des Tages. Gestern, Montag abends, empfing Louis Napoleon wie gewöhnlich im Elysée. Kein Wort, keine Gebärde, kein Blick, die die Gemütsbewegungen des Verschwörers hätten verraten können. Persigny, Morny, Flahaut, der neue Kriegsminister, General St. Arnaud, der neue Polizeiminister Herr von Maupas, wahrscheinlich auch Carlier, der sich in letzterer Zeit dem Präsidenten genähert hat, waren allein in das Unternehmen eingeweiht.

Morny und St. Arnaud, der eine der Kopf, der andre der Arm, spielten dabei die Hauptrolle. Gegen ein Uhr morgens brachte ein Adjutant des Präsidenten das Manuskript in die Nationaldruckerei. Berittene Gendarmerie und ein leerer Fiaker folgten ihm. Die Arbeiter wurden streng überwacht. Um vier Uhr früh verließ der Fiaker mit dem ersten Stoße gedruckter Anschlagzettel die Druckerei. Während dieser Zeit wurden die Generäle

Changarnier, Cavaignac, Bedeau, La Moricière und Leflô, die Herren Thiers, Roger (du Nord), Charras von der Berg-Partei und andere Mitglieder der Nationalversammlung arretiert, nach Mazas gebracht und in Einzelhaft gesetzt. Zu seiner großen Überraschung erfuhr das Publikum heute früh, daß die Pforten der Nationalversammlung geschlossen und die Bourgognerstraße, sowie die Brücke und der Platz Louis xv. militärisch besetzt seien. Um seine gerechtfertigte Neugierde zu befriedigen, brauchte man nur die an den Mauern angeschlagenen Proklamationen zu lesen: »Da die Nationalversammlung aufgelöst ist und das allgemeine Wahlrecht hergestellt wurde, wird die Nation aufgefordert, Louis Napoleon zu autorisieren, auf Grundlage der Verfassung vom Jahre VIII (1800) eine neue Konstitution, die seine Befugnisse als Präsident der Republik x. auf die Dauer von zehn Jahren festsetzt, auszuarbeiten.« Den Volksrepräsentanten erschien es wie ein Traum. Der alte Dupin, ein Schlaukopf, ließ sich fangen und in seiner Wohnung unter Aufsicht stellen. Im Elysée hatte man gar keinen Grund, ihn zu schonen. Etwa zweihundertfünfzig legitimistische, orleanistische und andre Deputierte, darunter Berryer, Falloux, Montebello, Oudinot, Lanrestan, Jules de Lasteyrie, der Herzog von Broglie, Piscatori und viele vom Berge, versammelten sich, nachdem sie vergebens versucht hatten, in die Nationalversammlung einzudringen, im zehnten Bezirk (Grenellestraße) und erklärten den Präsidenten für abgesetzt. Vom General Espinasse arretiert und provisorisch in der Kavalleriekaserne am Quai d'Orsay eingesperrt, wurden sie in der Nacht in den für Verbrecher bestimmten Zellenwagen, die reinigen zu lassen man nicht einmal der Mühe wert gefunden hatte, nach dem Mont Valérien, nach Vincennes und Mazas gebracht. Der Herzog von Broglie und zwei andre Deputierte wurden in Freiheit gesetzt. Herr Molé, der des Morgens erfuhr, daß seine Kollegen auf dem Bürgermeisteramte in der Grenellestraße arretiert worden seien und daß sie sich noch daselbst befänden, eilte dahin, um ihr Los zu teilen. Der wachhabende Offizier aber, dem das Handwerk eines Gefängniswärters, das man ihm aufgebürdet hatte, nicht zu gefallen schien, verweigerte seine Auf-

Morin/Coste, Im Inneren der Börse.

nahme, indem er sagte: »Hier geht man weder ein noch aus.« Dieser erste Tag wird als günstig für den Prinzen angesehen. Die Physiognomie der Stadt ist (von ihrem Standpunkt aus) eine gute. Louis Napoleon hat sich in den Straßen gezeigt. Man behauptet, daß ein Schuß gegen ihn abgefeuert worden ist und daß die Kappe seines Adjutanten Fleury von einer Kugel durchlöchert wurde.
Mittwoch, 3. – Sehr zeitig morgens bei der Fürstin Lieven. Ich finde daselbst Guizot und andre Freunde. Es ist ein fortwährendes Kommen und Gehen. Die Fürstin wächst dem Anscheine nach mit den Umständen. Wir lachen ein wenig im geheimen über sie; sie ist aber eine »Staatsfrau« und in allen Wechselfällen des Lebens eine große Dame. Seit gestern hat die Stadt ihr Aussehen verändert. Überall Blusenmänner und sehr viele unheimliche Gestalten. Man merkt, daß die Arbeiter feiern. Im Ministerium des Äußern ging alles drunter und drüber. Offenbar haben die Leiter im Elysée zu viel Geschäfte auf dem Halse, um sich mit dem Auslande und dessen Vertretern zu befassen.
Gestern abend suchte die Kanaille das Weite, als die Truppen sich in der Nähe des Faubourg St. Antoine ansammelten. Im Mittelpunkt der Stadt wurden einige elende Barrikaden errichtet, jedoch bald von den Truppen erstürmt. Ein Mann, namens Baudin, wurde getötet und ein andrer vom Berge verwundet und gefangen genommen.
Trotz einer heftigen Neuralgie durchwanderte ich tagsüber die Straßen von Paris, zog Erkundigungen ein und schrieb Berichte. Abends bei der Fürstin Lieven. Blaß und ganz abgezehrt tritt Antonini ein und, obwohl niemand zum Scherzen aufgelegt war, wurde der Gesandte von Neapel mit lautem Gelächter empfangen. Niemand kann so gut Angst haben, als die Neapolitaner. Buol, Frau von Kalerdgi und Miß Marion Ellice waren auch anwesend. Später kam der Herzog von Noailles mit der Nachricht, daß man hoffe, die Roten werden morgen die Schlacht aufnehmen. Das Nichtvorhandensein eines Feindes ist es, was die Lage des Elysée eher awkward, und ich füge hinzu, gefährlich gestaltet. Gegen elf Uhr nachts trägt man auf dem Boulevard des Tempels zwei Leichname auf einer von Fackelträgern umgebenen

Bahre herum. Die Vorübergehenden, unter diesen Baron Ottenfels, wurden gezwungen, vor ihnen den Hut abzunehmen. Als ich ziemlich spät in meinem Wagen nach Hause fuhr, begegnete ich keiner Seele. Nur in der Grenellestraße, wo sich die Botschaft befindet, sah ich Truppenkolonnen und Ordonnanzen, die unaufhörlich im Galopp hin und her sprengten.
Donnerstag, 4. – Man beurteilt den gestrigen Tag als günstig für den Prinzen. Die Kleinbürgerschaft ist in Schrecken versetzt und verkriecht sich hinter ihren Buden. Die Verhaftung so vieler Deputierter mißfällt ihr. In dieser Sphäre weiß man nicht, um was es sich handelt. Bald wird man es erfahren. Die Regierung ist wegen des Mangels an einem zu bekämpfenden Feinde in großer Verlegenheit. Sollte die durch den gestrigen und vorgestrigen Tag geschaffene Lage andauern, würde ihre Stellung unhaltbar werden. Sie ist ohnehin schon sehr kritisch. Die Vorstädte scheinen wenig Lust zu haben, die Schlacht anzubieten oder anzunehmen. Sie ziehen es vor, die Soldaten zu ermüden und sie durch Märsche und Gegenmärsche, die zu nichts führen, gegen dieses Unternehmen unwillig zu stimmen. Auch beginnt man schon an dem Gelingen des Staatsstreiches zu zweifeln. Im Ministerium des Äußern macht man uns gegenüber daraus kein Hehl. Heute morgen erfuhr ich bei der Fürstin Lieven, daß die Absicht bestehe, den Insurgenten (wenn es solche gibt) Zeit zu lassen, ihre Barrikaden zu errichten, bevor man sie angreift. Es war in der Tat erst gegen zwei Uhr, als sich General Magnan, der Kommandant der Armee von Paris, in Bewegung setzte. Es handelte sich darum, die Insurgenten zwischen den Boulevards, den Straßen St. Martin und Richelieu und den Quais in der Nähe des Stadthauses einzuschließen. Auf den Boulevards wimmelte es von Spaziergängern in bürgerlicher Kleidung, Neugierige, die offenbar gekommen waren, um zu schauen, aber nicht um zu handeln, als plötzlich das Militär, ohne augenscheinlichen Grund, an verschiedenen Punkten auf die Leute auf der Straße, auf den Balkons und an den Fenstern feuerte. Das Feuer wurde am Boulevards des Italiens bei der Einmündung der Taitbontstraße eröffnet und zuerst auf die Personen, welche das Café Tortoni und die Maison

Doré füllten, gerichtet, nahm nach und nach, in dem Maße als die Kolonne vorrückte, zu und wurde auf dem Boulevard Poissonnière und neben dem St. Denis-Tor sehr heftig. Eine in der Nähe dieses Denkmals errichtete Barrikade wurde nach der ersten Decharge geräumt. Bei St. Eustache machte die Mobilgarde einen glänzenden Angriff. Die Aufrührer waren freilich in geringer Anzahl und leisteten nirgends ernsten Widerstand. Der Kanonendonner hielt jedoch bis gegen vier Uhr an. Um sieben Uhr abends war der Sieg über diesen nur halb vorhandenen Feind entschieden; um zehn Uhr nachts war er ein vollkommener. Ein mildes, feuchtes Wetter und ein leicht bedeckter Himmel schienen tagsüber die Insurgenten (die wenigen, die vorhanden waren), die Truppen und die Gaffer, von denen eine große Anzahl die Neugierde, die sie nach den Boulevards getrieben hatte, mit dem Leben büßten, zu begünstigen.

Ich sprach mehrmals bei der Fürstin von Lieven vor, wo von Anhängern der beiden Lager fortwährend Nachrichten einliefen oder überbracht wurden. Eine peinliche Szene verursachten daselbst die Ausbrüche von Mathias de la Redorte, des eifrigen Parlamentariers, der unter dem Eindrucke der Ereignisse von heftiger Tobsucht befallen zu sein schien. Graf Buol und ich nahmen, als wir die Salons der St. Florentinestraße verließen, unsern Weg über die Boulevards. Bei der Grammontstraße angelangt, wurden wir in der Menge voneinander getrennt, und ich sah, wie ein Infanteriezug aus nächster Nähe auf die Gruppe, in der sich Buol befand, Feuer gab. Zum Glück wurde er nicht getroffen. Etwas weiter, neben der Barrikade beim St. Denis-Tore, wollte es der Zufall, daß ich Zeuge einer burlesken Szene wurde.

Ein Straßeneckenredner, ein wahres Galgengesicht, hielt eine Ansprache an einen Haufen von Blusenmännern. Er schrie sich halbtot, indem er unaufhörlich wiederholte: »Brüder, setzen wir uns zum Bankette der Natur!« Mit offenem Maule und offenbar überzeugt lauschte die Menge seinen Worten.

Ich trachte mich ihm zu nähern, und den britischen Akzent nachmachend – denn die Aufrührer respektieren den Engländer mehr als die übrigen Ausländer – sagte ich ihm: »Bruder, was

ist denn eigentlich das: ›Bankett der Natur?‹« Der Interpellierte schien verlegen, zögerte, stammelte und wußte nichts andres zu sagen, als daß ein Bankett ein Bankett sei und daß es in Amerika viele Bankette gebe. Diese Antwort mißfiel seinem Auditorium. Um mich herum hörte ich sagen: »Der Engländer hat Recht; er muß sich deutlicher aussprechen.« Durch den Ausdruck eines einzigen Zweifels habe ich also die Gläubigen zu Skeptikern bekehrt. Diesem Schreier wäre es übel ergangen, würde uns nicht in diesem Moment eine plötzlich aus der St. Denisstraße heransprengende Reiterabteilung attackiert haben. Ich hatte gerade Zeit genug, in ein offenstehendes Tor zu springen, das alsbald hinter mir geschlossen wurde. Ich befand mich in einem Konfektionsgeschäft mit ungefähr zwanzig Näherinnen gefangen und eingesperrt. Diese jungen Mädchen empfingen mich lachend und gewährten mir, währenddem die Dragoner »die Brüder« draußen niedersäbelten, die liebenswürdigste Gastfreundschaft.
Im Cercle der Union, an der Ecke der Grammont-Gasse, wurden kurz vor meinem Eintreffen daselbst, durch das Feuer aus den Reihen der vorüberziehenden Truppe die Spiegel zertrümmert. Ein Offizier drang mit einem Piket unter dem Vorwande, daß von den Fenstern aus auf sie geschossen wurde, in das Haus ein. Herr von Bonmont mit drei oder vier andren Mitgliedern des Klubs, darunter auch der General Ornano, hatten Mühe, diesen Offizier zu bewegen, sich zurückzuziehen, ohne Arretierungen vorzunehmen. Um die Unwahrheit dieser lächerlichen Beschuldigung zu beweisen, wollten sich die Mitglieder des Klubs auf das Zeugnis des Generals berufen; dieser war aber geheimnisvoll verschwunden. Niemand hatte ihn hinausgehen sehen. Schließlich, als die Soldaten sich entfernt hatten, fanden wir den tapferen General unter einem mit einem Teppich überdeckten Tische. Niemand wird wohl den ausgezeichneten Ornano der Feigheit bezichtigen! Unter unserem lauten Gelächter gestand er, daß er sich versteckt habe, weil er nicht in einem Klub, der als dem Prinzen Louis feindlich gesinnt gilt, hauptsächlich aber nicht mit Sékins (Zivilisten) arretiert werden wollte.
Abends bei der Fürstin Lieven. Ihr Salon hat ein andres Ausse-

hen. Außer Werner de Mérode keine Burggrafen mehr! Dieser lächelt wehmütig und läßt von Zeit zu Zeit scharfe Bemerkungen von unwiderstehlichem Witze gegen seine besiegten und zum Teil eingesperrten Freunde los. Sein Schwager, Herr von Montalembert, den der Präsident über seine Absichten der Kirche gegenüber, beruhigen ließ, zögerte nicht, seinen Frieden mit dem Elysée zu schließen. Heeckeren, einer jener, die gestern noch am meisten gegen den korsischen Catilina schrieen, beugt sich bereits vor dem neuen Gestirn, begrüßt den Sieger des Tages und einen gebieterischen Ton anschlagend, schnitt er Herrn Guizot kurzweg das Wort ab. Ja, der Streich ist gelungen und die Elyséer von gestern und, wie Heeckeren, von heute, haben Recht, Victoria zu rufen. Louis Napoleon ist der Herr von Frankreich geworden. Er ist es durch die Armee geworden. Im Juli 1830 war es die Bürgerschaft, die siegte; im Februar 1848 das Volk; am 4. Dezember 1851 das Heer. Nun sind wir bei Mexiko angelangt.

Freitag, 5. – Heute morgen wurden einige kleine Barrikaden im Norden des Boulevard Montmartre ohne Schwertstreich von der Truppe genommen, und die Ordnung ist nun überall hergestellt. Heute morgen diktierte ich meinen Sekretären einen langen Bericht über die Ereignisse der letzten Tage. Meine Informationen gründen sich auf das, was ich persönlich gesehen und vernommen habe, so wie auf von Ottenfels und Richard Metternich gesammelte Erkundigungen, die dem Beispiel ihres Chefs folgend, die Viertel, wo Zusammenstöße stattfanden, noch während man sich schlug, aufgesucht haben. So wie ich, bekamen sie viele Truppen, viele Gaffer und wenig Aufständische zu sehen.

Samstag, 6. – Das feuchte und milde Wetter der vier Tage des Staatsstreiches ist nun schön und kalt geworden, und auf den Boulevards wimmelt es von Spaziergängern, die begierig sind, den Kampfschauplatz, wenn man überhaupt von Kämpfen reden kann, zu sehen. Aber immerhin weisen die Häuser dieser reichen und eleganten Stadtteile Spuren eines Hagels von Gewehrkugeln und Kartätschen auf. Die Verwüstungen beginnen bei der Helder- und Grammont-Gasse und erstrecken sich bis über das St. Martins-Tor hinaus. Ich hatte große Mühe, mir einen Weg zu

bahnen, als ich meine Schritte nach dem St. Georgs-Platze und der la Grange Batelièrestraße richtete, um Kondolenzbesuche bei zwei Damen, die der Staatsstreich ihrer Männer beraubt hatte, Frau Thiers und Frau Roger (du Nord), zu machen. Thiers wurde übrigens heute abend in Freiheit gesetzt.
Mit Richard Metternich in einer Loge in der italienischen Oper. Der Saal war fast ganz leer, und es ist hauptsächlich das elegante Publikum, das durch seine Abwesenheit glänzt. Man schätzt die Zahl der Getöteten auf zweitausendsiebenhundert. Dies ist vielleicht übertrieben; was aber keinem Zweifel unterliegt, das ist, daß die Neugierigen die Mehrzahl der Toten ausmachen und daß die Truppe in brutaler Weise und ohne jede Einsicht von der Waffe Gebrauch gemacht hat. Auch ist erwiesen, daß alle Barrikaden bei der ersten Decharge geräumt wurden. Die Sektionsführer hatten auf die Arbeiter gerechnet, aber die Arbeiter wollten nicht auf die Gasse herabsteigen.
Josef Alexander Graf von Hübner, 1851

GEGEN LONDON IST ES EIN QUARK

Seit heut früh fünf Uhr bin ich hier. Das Großartigste, was ich von Paris bis jetzt gesehn habe, ist das Hotel, in dem ich wohne. Im übrigen läßt sich mein Entzücken halten. Etwas mag an meiner Stimmung liegen, aber nicht alles. Es kommt mir alles so räuberhaft vor; eine Unmasse konfiszierter Gesichter, und bei aller Pracht und Schönheit doch auch furchtbar viel Plunder. – Mein Entzücken wird schwerlich sehr wachsen. Die Größe der Stadt imponiert mir nicht, denn gegen London ist es ein Quark; die Kinkerlitzchen und »geschmackvollen Arrangements« aber lieb ich nicht, wenn sie nicht mehr sind als Schein. Für 20 Francs kann ich nicht essen, einmal, weil ich das Geld nicht dazu habe, und zweitens, weil es *allein* nicht schmeckt; und was nun gar die Kneipenwirtschaften und das geputzte Elend angeht, so hab ich ein Grauen davor und wollte, ich hätte die pflichtschuldige Besichtigung dieser Sehenswürdigkeiten hinter mir. So bleiben

Félicien Rops/Boetzel, Typen vom Boulevard.

denn nur die Kunstschätze, und von ihnen hoff ich das Beste. Es ist sehr unwahrscheinlich, daß ich 14 Tage hierbleibe, länger gewiß nicht.

Heut, an unserm Hochzeitstage, muß ich doch ein paar Zeilen schreiben; ich versäume auch nicht viel, denn eigentlich ennuyier ich mich. Um nicht ungerecht zu sein: die Schuld liegt an mir und nicht an Paris. Die Stadt – wie ich mich nun im Laufe von drei Tagen überzeugt habe – ist beides, schön und großartig, aber bleibt – und das ist ihr einziger Fehler – an Großartigkeit und meinem Geschmacke nach auch an *Schönheit* doch hinter London zurück. Überall, das sei wiederholt hervorgehoben, bemerk ich etwas Diebshöhlenhaftes oder im günstigsten Fall einen prahlenden, aber verdächtigen Lappen, der die Blöße oder den Schmutz nur so obenhin verbirgt. Vielleicht finde ich London nur deshalb schöner, weil es interessanter ist. Der Montblanc ist nicht absolut schöner als die Müggelberge; er ist nur imposanter und *dadurch* schöner. Als ich vor viereinhalb Jahren nach London ging, hatte ich dort auch nichts und war noch dazu unendlich viel bedrückter als jetzt. Nichtsdestoweniger hatte ich Momente äußerster Befriedigung, wenn ich meine oft beschriebenen Themse- oder Omnibusfahrten machte. Wär ich damals statt nach London nach Paris gegangen, so würde der Eindruck ziemlich derselbe gewesen sein; aber das ist nun doch mal nicht geschehn, und London hat die Fettaugen meiner Begeisterung abgeschöpft. Wer zuerst kommt, mahlt zuerst.

Paris hat auch gar nicht die Absicht, an Großartigkeit des Lebens und Treibens mit London zu konkurrieren. Es will vor allem bilden, belehren, unterhalten. Ich bin fest überzeugt, daß es darin, besonders was das »Pläsier« angeht, London unendlich überlegen ist, aber ich bin nicht in der Lage, von dieser Überlegenheit zu profitieren. Ob die hiesigen Museen und Galerien besser sind als die englischen, ist, beiläufig bemerkt, noch sehr die Frage. Aber zugegeben, daß sie's sind, so gehört doch ein monatelanger Aufenthalt dazu, um diese Vorzüge völlig als solche zu erkennen und zu würdigen. Diese Galerien sind mein Trost, aber sie können doch nicht *alles* tun. Nun kommt die Hauptsache: das Vergnügen, die Unterhaltung. Ja, du lieber Himmel! Wenn ich 20 Jahre wäre und ein junger Graf (oder ein brillant bezahlter Kommis, was so ziemlich dasselbe ist) und eine Grisette hielte und eine Loge im Theater hätte und leichten Sinnes wäre und Schulden machte und gut französisch spräche – ei, da möchte das ein kostbares Leben sein, ein Leben, an das man noch mit Freuden zurückdenkt, wenn man die Gicht hat und mit dem Kopfe wackelt. Aber aus einem Kaffeehaus ins andere fallen und immer wieder schwarzen Kaffee trinken und »Constitutionnel« buchstabieren, das ist doch wirklich ein erbärmliches Vergnügen und mehr eine Arbeit als ein Genuß. Um sich hier zu amüsieren, bedarf es gewisser guter und schlechter Eigenschaften, die ich *beide* nicht habe. Zunächst muß man Französisch können, und das ist die eine große Tugend, die ich nicht habe. Außerdem muß man Libertin sein, Hazard spielen, Mädchen nachlaufen, Rendezvous verabreden, türkischen Tabak rauchen, das Billardqueue zu handhaben wissen usw. Wer von alledem nichts hat und weiß, der ist ein verlorenes Subjekt und tut gut, seine Koffer zu packen, wenn er sich den Schwindel angesehn und seine Kunstvisiten im Louvre und in Versailles beendigt hat. Ich gehe erst wieder hierher, wenn ich genug Französisch weiß, um an dem geistigen Leben und Treiben einigermaßen teilnehmen zu können, und dann geh ich nicht allein her, sondern in Gesellschaft, und zwar, so Gott will, mit Dir...

Theodor Fontane, 1856

HESSISCHE STRASSENKEHRER

Um den Einfluß zu beurteilen, den die Erfindungen der Neuzeit auf die Überflutung von Paris gehabt haben, brauchen wir nur den Stadtteil zu betrachten, wo sich die großen Bahnhöfe der Ostbahn und Nordbahn, nebst allem was dazu gehört, befinden. Hier, wo die Woge zuerst anprallt, werden wir mit unbewaffnetem Auge den gewaltigen Niederschlag erkennen, den sie in kurzer Zeit gebildet hat; eine wahre Anschwemmung deutschen

Charles Meryon, der Pavillon de Mademoiselle
und ein Teil des Louvre, 1849.

Erdreichs auf französischem Boden. Schon die Straße, die sich in der Achse der Rue Lafayette fortsetzt, trägt den Namen der Route d'Allemagne und in dem ganzen Viertel ringsumher sehen wir die Häuser mit deutschen Namen bedeckt. Gasthäuser, Hôtels Garnis, Kaffeehäuser, Läden und Werkstätten sind von den Angehörigen dieser Nation in Anspruch genommen; aber vor allem beherbergt dieser Stadtteil ein deutsches Proletariat, von dem nur wenige Pariser und selbst wenige der dort lebenden

Deutschen eine Ahnung haben. Wenn von Musik die Rede wäre, würde sich niemand über den Zuzug dieser Nachbarn wundern. Nicht zu wissen, daß ohne Meyerbeer die alte Oper Hungers gestorben wäre und folglich die neue nicht gewagt hätte ins Leben zu treten, würde unerlaubt sein. Frankreich hat das Joch, das der Preuße Namens Maëstro Giacomo dem Pariser Geschmack auferlegt, so völlig begriffen, daß es bei dem Tode desselben geneigt war, ihn so gut wie Karl den Großen, Napoleon I. und gewissermaßen auch den Marschall von Sachsen für sein Eigentum zu erklären, um nicht die Herrschaft eines fremden Helden anzuerkennen. Wird man einst auch Offenbach ein Begräbnis auf öffentliche Kosten und das Ehrengeleit der Nationalgarde gewähren? Die Gerechtigkeit verlangt das eigentlich. Offenbach hat Paris mit eben so viel Glück Anlaß zu Tanz und Lachen gegeben, wie der andere Maëstro zu Schauder und Tränen und beide haben die Erzeugnisse ihrer deutschen Muse mit echt französischer Gewandtheit in alle Welt gesendet.

Aber die Landsleute dieser berühmten Künstler haben in Paris noch ganz andere Arbeit zu tun. Um die Zeit, wenn Ihr Euch nach einer Vorstellung der »Afrikanerin« oder der »Schönen Helena« in einem der Kabinets des Café Anglais zu Tisch setzt, stehen an den äußersten Enden der Stadt Tausende von Deutschen auf, um für den folgenden Tag die Morgentoilette von Paris zu besorgen. Vielleicht ist es Euch einmal im Leben passiert, ein solches Souper ungewöhnlich zu verlängern und wenn Ihr dann nach Sonnenaufgang heimgegangen seid, hat Euch der Anblick ganzer Brigaden fremdartig aussehender Straßenkehrer überrascht. Im Winter tragen die Männer einen Pelz von Hundefell; die Frauen und Kinder – denn auch solche sind in die Brigade einrangiert – tragen alte Kaliko-Lumpen und ein rotes oder grünes wollnes Tuch über den Kopf gebunden. Ohne daß Ihr sie sprechen hört, nur den Physiognomien nach, werdet Ihr Euch überzeugen, daß sie keine Landsleute von Euch sind und wenn Euer Herz mehr national als kosmopolitisch fühlt, wird Euch das ein Trost sein, denn diese armen Leute sehen sehr gedrückt, sehr unglücklich aus. Wollt Ihr wissen wer sie sind, woher sie kommen und wohin sie gehen?

Die Leute, welche morgens zwischen 3 und 8 Uhr die Pariser Straßen fegen, sind fast ausschließlich aus jener Provinz gebürtig. Seit dem letzten Kriege weiß man in Frankreich auch, daß es in Deutschland zwei Hessen gibt: ein Kurfürstentum und ein Großherzogtum. Das Kurfürstentum gehört jetzt nur noch ins Bereich der Geschichte – aus dem gothaischen Kalender ist es gestrichen; das Großherzogtum steht noch darin, ist aber bedeutend geschmälert. Diese beiden Länder waren eben nicht die glücklichsten in Deutschland – hin und wieder trauriger Boden und noch traurigere Fürsten. – Ein Kurfürst von Hessen war jener berühmte Menschenfleisch-Verkäufer zur Zeit des amerikanischen Befreiungskrieges. Aus mancherlei heilsamen Gründen haben seine Untertanen seitdem den Gebrauch beibehalten, über das Meer zu ziehen; die Untertanen seines Vetters dagegen wandern aus verschiedenen Distrikten seit etwa zwanzig Jahren nach der Hauptstadt Frankreichs. Was die Unglücklichen dazu treibt, sich in ein völlig unbekanntes Land zu wagen, ist das Elend, ein tiefes Elend. Und doch wären sie glücklich zu preisen, wenn sich die offizielle Albernheit nicht auch noch in ihre Angelegenheit mischte und das Übel vergrößerte. Die Weisheit und Moralität der Verwaltung gestattet nicht, daß die Stiefkinder des Glückes heiraten; da nun aber die Natur nicht so tugendhaft und vorsichtig ist, als die Ortsbehörde, interveniert sie häufig in höchst verräterischer Weise, indem sie ohne Erlaubnis des Herrn Maire, Kinder zur Welt kommen läßt. Die armen Eltern kommen dann mit einer kleinen, wilden Smala, die zuweilen fünf bis sechs Kinder zählt hierher, eben so sehr, um sich dem Druck ihres ungesetzlichen Verhältnisses zu entziehen, als um ihre Familie zu ernähren, oft sogar, um in der Fremde die gesetzliche Sanktion zu erlangen, die ihnen die Heimat versagt. Das Geheimnis ihres Handwerks liegt denn auch weit mehr in der Kunst nicht zu verhungern, als in der Kunst Geld zu verdienen. Es wird schwerlich in Paris irgend eine Arbeiterklasse geben, die es im Entbehren so weit gebracht, denn Geld zurückzulegen, in einem Berufe, der dem arbeitsfähigen Manne als Maximum täglich 2 1/2 Francs einbringt, ist gewiß nicht leicht. Frauen und Kinder verdienen 25 bis 30 Sous. Ihr Tagewerk beginnt in jeder Jahreszeit um 3 Uhr morgens und mit den Füßen in der Nässe arbeiten sie bis gegen 11 Uhr, legen sich dann schlafen und nehmen für den Rest des Tages nur selten noch eine andere Beschäftigung vor. Bei solchen Einnahmen machen sie es möglich, in 2 bis 3 Jahren die notwendige Summe zu ersparen; haben sie eine zahlreiche Familie, so beträgt der Erwerb 5 bis 6 Francs pro Tag und das Reichwerden erfolgt dann wie mit Dampf. Diese Straßenkehrer sind die Einzigen unter ihren Landsleuten, die nicht das Mindeste von der französischen Sprache lernen, mit Ausnahme der Kinder indessen, die sogar ziemlich schnell darin vorwärts kommen. Die Hessen leben ganz unter sich. Die ersten Ankömmlinge, die noch vor dem Bau der Ostbahn eintrafen, hatten sich im Quartier Saint Marcel, vorzugsweise zwischen dem Panthéon und dem Val de Grâce angesiedelt. In der Folge und besonders als der Mauerbrecher des Herrn Präfekten diese alten Zufluchtsstätten lichtete, wanderten sie nach Norden in die Gegend der Eisenbahn, welche sie in die Heimat zurückführt.

Die Verheerungen, welche das Elend, besonders unter den Straßenarbeitern anrichtet, sind entsetzlich; Mangel, Entbehrungen, ungesunde Arbeit und Heimweh lichten ihre Reihen; alle epidemischen Krankheiten kehren bei ihnen ein und außerdem haben sie an gewissen Übeln zu leiden, die durch ihre Beschäftigung hervorgebracht werden. Dazu gehören die Brüche, die nach dem Ausspruch der Ärzte bei französischen Straßenkehrern weit seltener vorkommen, weil diese sich besser auf die Handhabung ihrer Werkzeuge verstehen und nur die Arme bewegen, während die Deutschen den ganzen Körper krümmen. Die Zahl der Hessen wird auf ein Minimum von 3000 geschätzt. Sie leben nur unter sich, haben mit Andern, selbst mit Landsleuten wenig Verkehr und wohnen in große Häuser zusammengedrängt, die viele Familien beherbergen und deutsche Höfe heißen.

Ludwig Bamberger, 1867

ABSTECHER NACH MONTMARTRE

Der Abstecher zum Empfange des Königs hat mich wieder nach dem Nordbahnhofe gebracht, von welchem unsere ersten Pariser Beobachtungen begannen. Ich nehme an, daß es nicht grade stets die Weltausstellung selbst sein muß, von welcher ich erzähle, und fordere Sie deshalb zu einem zweiten vom ersten wesentlich verschiedenen Streifzuge durch die über 2 Millionen Einwohner

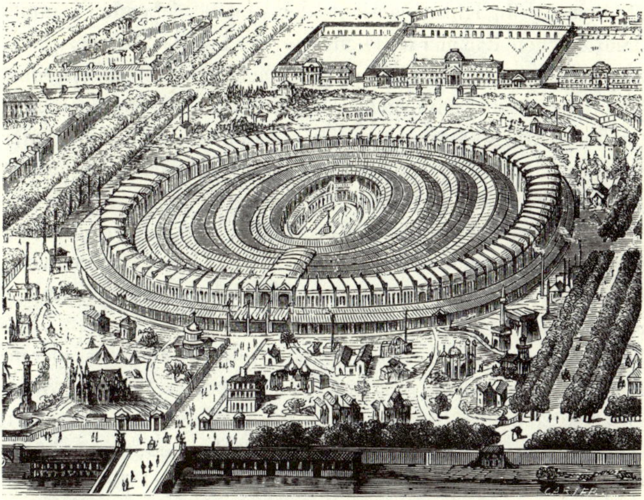

Thorigny/Carter, Weltausstellung von 1867.

enthaltende, Alles in Allem, schönste Stadt der Welt auf. Vom Nordbahnhofe gleich rechts eingebogen, beginnt der Weg durch die Rue de Dunkerque bald ein wenig zu steigen. Zu Anfang ist diese Straße und ihre Querdurchschnitte hübsch genug, um mit der übrigen Umgebung des Bahnhofes zu harmonieren. Aber das ist nur kurze Zeit. Dann beginnt rechts und links ein Trödelkram der schmutzigsten Art sein Wesen. In lumpigen Hütten, welche zum Teil pompöse Überschriften führen, wie »Zum kleinen Palais Royal« oder »Magazin von Kunstwerken« ist das elendeste, was es an alten Bildern, Stiefeln, von Wanzen wimmelnden Komoden, Flöten, zerbrochenen Gipsfiguren gibt, aufgestapelt. Welkes Gemüse, einige Scherben voll übelriechender in Öl gesottener Fische, Kaninchenfleisch, steinharter Käse und dergleichen Leckerbissen stehen hinter den nur zur Hälfte mit Glasscheiben versehenen Fenstern eines »Restaurant«. Es kann nicht fehlen, daß die Gäste besonders angelockt werden dadurch, daß der »Patron« schmutzige Geschirre vor der Türe ausgießt und die

»Maîtresse« ihr Kind angesichts der Vorübergehenden kämmt. Zum Zeichen, daß hier wirklich aus erster Hand zu haben ist, was man zum Leben braucht, ist ein geschlachtetes, halb abgestreiftes Kaninchen in die Sonne gehängt. Wenn kein Fett herausträufelt bei der Hitze, so kommt das daher, daß das Tierchen zu mager war. Durchaus nicht erwiesen ist es aber auch, daß der brenzlige Fettgeruch, welcher aus dem »Grand restaurant bourgeois« emporsteigt, das heißt durch die Türe qualmt, von Kaninchenfleisch sein muß, im Gegenteil es ist mir, als hätte ich den Katzen in solchen Gegenden öfters in kummervollen Mienen Familientrauer angesehen.
Da es übrigens in Paris viele Gegenden gibt, wo alles, was hier im Kleinen vorkommt, in weit ärgerer und noch ekelhafterer Weise ausartet, so mag es hier bei diesen Andeutungen sein Bewenden haben, und wir steigen, uns etwas rechts haltend, immer höher und höher hinauf. Hier und da sind Massen alter Häuser weggebrochen; wir bemerken hier die Hände Napoleons und des Seine-Präfekten Haussmann, der beiden Hauptumwühler von Paris. Plötzlich langt man auf den sogenannten äußeren Boulevards an. Prächtig angelegte, wie die inneren Boulevards einen großen Bogen beschreibende Straßen, fast allenthalben fertig gepflastert, mit Baumreihen besetzt, vom Verkehr lebhaft in Beschlag genommen, sind dieselben doch dadurch von den inneren Boulevards verschieden, daß sie zur Zeit noch lediglich von sogenannten kleinen Leuten, höchstens von Fabrikanten, Krämern, Gastwirten umwohnt werden. Und demgemäß ist auch das Publikum, was daselbst spazieren geht, und vor den auch hier unzähligen Kaffeehäusern, Wein- und Bierwirtschaften sitzt, im Durchschnitte weit verschieden von demjenigen, was die inneren Boulevards füllt. Augenscheinlich werden aber wohl kaum zehn Jahre nötig sein, um hier auch alles zu demselben Glanze zu verwandeln.
Boulevard Clichy, Boulevard Batignolles, welche auf dem Platze Clichy aneinander stoßend den Mittelpunkt dieser neuen Ringstraßen bilden, sind schon heute von eleganten Läden umgeben und strahlen abends in einem Meer von Gaslichtern. Diese Au-

ßenboulevards sind übrigens weit davon entfernt, Paris zu umgeben. Sie schneiden vielmehr gleich den innern, der, wenn ich so sagen darf, vollsaftigen Stadt mitten durch das Fleisch. Was aber außerhalb dieser Außenboulevards liegt, ein ganzes Gewimmel von Straßen und Gassen, das ist gar merkwürdig und charakteristisch für die Kaiserstadt oder Revolutionsstadt, je nachdem es kommt. Keine Straße ist da waagerecht, es geht auf und nieder, besonders aber ersteres, denn der Berg Montmartre trägt diesen Stadtteil auf dem Rücken, wenigstens auf der Stadtseite. Drüben, jenseit der Höhe, schaut man in das grüne Land, natürlich in unabsehbarer Weite mit Landhäusern übersät. Nach drei Seiten ist der Berg unbebaut, westlich vom Kirchhof Montmartre, östlich von der deutschen (Elsässer) Vorstadt Petite Villette. An die breite Südseite klammert sich Paris an. Die polnischen Flüchtlinge und überhaupt viele Fremde wohnen hier und können, je höher hinauf ihre Wohnungen liegen, um so besser auf die Stadt ohnegleichen schauen. Omnibusse können nicht bis oben hinauffahren, Droschken werden selten oben etwas zu tun haben, und so sind es hauptsächlich Lastwagen, Gemüsekarren und dergleichen, welche man hier oben zu sehen bekommt. Ich sage oben! Ja bis zu einer gewissen Grenze, dann schießen plötzlich ganz steile Gärten von der letzten Querstraße auf, oder Felsen, oder Mauern. Nur einige Minuten wie zu Türmen hinaufgestiegen, und wir sind oben in einem ärmlich ausgeschmückten, eine Windmühle umgebenden Garten. Man nimmt uns 2 Sous Eintrittsgeld ab, und dafür dürfen wir einen baufälligen Pavillon besteigen. Freilich die Aussicht ist unbeschreiblich großartig. Schwerlich wird sie noch viel überboten werden, wollte man auch noch die Windmühle für weitere 2 Sous erklimmen. Da unten liegt Paris, von welchem wir seit unserer Kinderzeit träumten, als einem Hauptpunkte unserer Reisesehnsucht, das Paris, welches wir oft genug als den Mittelpunkt aller Kultur nennen hörten. Die uns das sagten, wußten nicht ganz, was sie taten. Da liegt Paris, das so oft von Menschenblut geraucht hat, das unsäglichen Glanz in seinen Straßen sah, und heute wieder sieht, weit über die Vorstellung sehr vieler Leute; die Stadt, die viel Glauben an eine reinere

Morin/Lefevre, Pferderennen im Bois de Boulogne.

höhere Menschlichkeit künftiger Zeiten birgt, welche aber heute, wie ehedem liederlich über alle Grenzen ist. Liederlich? – Es ist das reche Wort nicht, sondern man dürfte vielleicht sagen: in Paris rächt sich die Natur auf brutale Weise an der Unnatur der Moral – wenn es nicht noch eine höhere Natur gäbe, die da beginnt, wo wir die Urkunde unserer Abstammung von den Affen in und an uns selbst möglichst unkenntlich gemacht haben. Ich verzeihe den Lesern gern, wenn sie diese Äußerung so auslegen, als wollte ich damit sagen, der Stammbaum von jenen netten Voreltern bestände in Paris noch recht in Saft und Kraft.

Hier oben bei der Windmühle hat Blücher gestanden und seinen siegesfreudigen Landwehrmännern Wort gehalten, indem er ihnen Paris zeigte, und wahrscheinlich hat die tapfere Schar den ganzen Berg bedeckt bis zur östlichen Seite, wo jetzt ein hoher Steinturm, der die Aussicht noch mehr beherrscht, erbaut ist. Er hat den Namen Solferino-Turm erhalten. – Nun wollen wir wieder hinabsteigen. Welch sonderbares Gemisch von großstädtischem und dörflichem Leben. Hier ein Restaurant oder ein Bäkkerladen, nicht ohne die Dame du Comptoir, dicht daneben eine offene Haustüre, welche den Einblick in entsetzliche Armseligkeit gestattet; hier ein Institut für junge Damen; zwanzig Schritte seitwärts auf unbebautem Platze im wild aufgeschossenen Grase weidende Ziegen, ja Pferde. Kleine Savoyardenjungen spielen hier so gut wie beim Palais Royal ihre durchnäßte Geige, oder liegen neben einem, an den schroffen Abhang gebauten Hause schlafend, den Kopf nach unten gehängt. Plötzlich führt uns unser Weg an einen steinbruchartigen Absatz, wo wir erst vielleicht 80 Fuß unter uns wieder den Weg, das heißt die Straße sehen, oder schräg auf die Dächer blicken. Oben am Abhange spielen Kinder ganz sorglos; fallen sie hinunter, so sind sie tot, aber es scheint, als wenn auch hier Engel Wache halten. Der blinde Mann, der da mit seiner Frau auf den Sand hingestreckt liegt, könnte ihnen allerdings auch nicht beispringen, selbst wenn er nicht seine ganze Aufmerksamkeit auf die Neuigkeiten des »Petit Journal« richtete, welches ihm seine Frau liegend vorliest. Dieses »Petit Journal« ist der für 1 Sou täglich zu kaufende Hausgötze des kleinen Volks in Paris, der concierges, der Gemüsehändler. Diesem Erzphilister-Journal wird täglich in den Straßen auf sehr auffällige Weise Reklame gemacht, indem ein großer bunter Wagen mit der Inschrift des Journalnamens und den zu erwartenden Neuigkeiten an Novellen umherfährt. Ein Reiter auf dem Handpferde, mit grüner Hose und roter Jacke ist so recht nach dem Geschmacke des Publikums, welches das »Petit Journal« liest. Wir sind mit unseren Betrachtungen wieder weiter ins volle Leben der ungeheuern Stadt vorgedrungen. An einem Bäckerladen sind von Honigkuchen gebackene Zündnadelgewehre ausgestellt, und jetzt, wo die fremden Fürsten da sind und »Bismarck«, der gewiß schon manchem Franzosen den Schlaf geraubt, einen großen Teil des Tagesgespräches bildet, wo die ganze Stadt unter dem Wehen aller möglichen Fahnen steht, ist selbst solche süße, zahme Nachbildung dieser Schießwaffe von einigem Interesse. – Von der großen Revue und dem Attentate auf den russischen Kaiser erwarten Sie von mir wohl keine Beschreibung, nachdem die Ereignisse bei den Fürstenbesuchen in allen Zeitungen über alle Maßen ins Einzelne gehend beschrieben worden sind. Ich habe auch von der Revue nichts gesehen, und halte mich lieber an die prägnanten,

drastischen Züge des Volkslebens, oder an kleine heitere Züge aus dem Leben der Großen dieser Erde, die plastischer aus dem Allgemeinen heraustreten.
Robert Geißler, 1867

VON DER COMMUNE ZUR DRITTEN REPUBLIK

Ferrière ist ein Schloß, drei Meilen östlich von Paris, mit königlicher Pracht eingerichtet, die Schöpfung der fünften Großmacht Europas, die Apotheose des Mammons. Hier empfing Rothschild den Kaiser Napoleon, wie einst Graf Molé Ludwig den XIV., so in unserer Zeit der Parvenü des Reichtums den Parvenü der Macht. Die offiziösen Zeitungen erwähnten damals einer Jagd, auf welcher der Kaiser das seltenste Wildbret erlegt, unter anderem einen Papagei, welcher im Fallen vive l'Empereur schrie. Jetzt schreit die Nation à bas l'Empereur, und Ferrière ist das Hauptquartier ihres Feindes, welcher, wie Metz und Straßburg, nun auch die (nach Victor Hugo) heilige Hauptstadt mit eisernen Armen zu umfassen die unbegreifliche Frechheit gehabt hat.
Paris ist von allen Seiten seit gestern völlig eingeschlossen, und wir leben augenblicklich in der Erwartung, wie die in den Zeitungen verkündigten Hunderttausende von Gardes mobiles sich diese Umarmung werden gefallen lassen. Dem Anmarsch von Süden her hat sich das letzte noch intakte französische Corps, das vierzehnte, zwar widersetzt, ist aber gestern hinter die Forts zurückgeworfen, wobei es sieben Geschütze verlor. Das fünfte Armeecorps an der Spitze unseres Vormarsches hat während des 17., 18. und 19. Gefechte gehabt. La France, qui est plus forte que jamais, hat nun auch unter diesen Umständen immer noch das große Wort. Eine Armee im Felde existiert nicht mehr, aber man hat noch M. Rochefort, professeur de barricades und la poitrine des patriotes invincibles. Nichtsdestoweniger erschien gestern hier im feindlichen Hauptquartier die république selbst in Person des Herrn Jules Favre.
Den 22. September. Heute hatte ich einen Brief von Geheimrat von Frankenberg, welcher Euch in Kreisau besucht hat. Der gute alte Herr schickte mir ein Epheublatt von der Kapelle. Ja, hätte Marie diese Zeitläufe noch erlebt. Aber ich denke, die hingeschiedenen Menschen verlieren nicht die Kenntnis irdischer Dinge, und ihr patriotisches Herz nimmt an allem Teil.
M. Favre ist noch nicht aus Paris zurück, und da er noch ganz

kürzlich erklärt hat, daß kein Zoll französischen Bodens, kein Stein einer französischen Festung abgetreten werden darf, da ohnehin die Pariser während des ganzen Feldzuges absolut nur Siegesberichte gelesen haben, so wird man einigermaßen überrascht sein, plötzlich ganz andere Vorschläge zu hören. Es soll mich gar nicht wundern, wenn sie ihn massakriert haben. Der Republik der honneten Leute steht die rote Republik viel gefährlicher gegenüber als die feindliche Armee; vielleicht wird diese noch angerufen, die soziale Ordnung in der Hauptstadt der Zivilisation aufrecht zu erhalten. In Versailles sind die Preußen, nachdem zweitausend Mobilgarden dreihundert schlechte Gewehre abgeliefert, aufs beste aufgenommen, und Sèvres hat um eine Garnison gebeten. In Paris hört heute die Gasbeleuchtung auf und Wasser wird nur noch zu bestimmten Stunden empfangen. Die Eisenbahnen sind sämtlich unterbrochen. Der Bois de Boulogne steckt voll Schlachtvieh, und von unseren Stellungen bei Meudon und St. Cloud können wir es jeden Augenblick unter Feuer nehmen. Die Promenade der beau und demi-monde hat aufgehört, und der Pariser hat heute keine Milch mehr zum Kaffee gehabt. Wie lange er das aushält, bleibt abzuwarten.
Dies ist der vierte Brief, den ich schreibe; der verlorene hat sich vielleicht auch noch gefunden, eine Post ist freilich bei Verdun aufgefunden worden, und vielleicht wird er nächstens im »Figaro« veröffentlicht, so daß Ihr ihn doch noch zu lesen bekommt.
Helmuth von Moltke, 1870

DIE COMMUNE

In jeder Revolution drängen sich, neben ihren wirklichen Vertretern, Leute andern Gepräges vor. Einige sind die Überlebenden früherer Revolutionen, mit denen sie verwachsen sind; ohne Einsicht in die gegenwärtige Bewegung, aber noch im Besitz großen Einflusses auf das Volk durch ihren bekannten Mut und Charakter oder auch durch bloße Tradition. Andre sind bloße Schreier, die, jahrelang dieselben ständigen Deklamationen gegen die Re-

G. Gaillard Fils, Adolphe Thiers, der Dompteur, kann die Nationalgarde und das Volk von Paris nicht bezwingen, März 1871.

gierung des Tages wiederholend, sich in den Ruf von Revolutionären des reinsten Wassers eingeschlichen haben. Auch nach dem 18. März kamen solche Leute zum Vorschein und spielten sogar in einigen Fällen eine hervorragende Rolle. Soweit ihre Macht ging, hemmten sie die wirkliche Aktion der Arbeiterklasse, wie sie die volle Entwicklung jeder frühern Revolution gehemmt haben. Sie sind ein unvermeidliches Übel; mit der Zeit schüttelt man sie ab; aber gerade diese Zeit wurde der Kommune nicht gelassen.

Wunderbar in der Tat war die Verwandlung, die die Kommune an Paris vollzogen hatte! Keine Spur mehr von dem buhlerischen Paris des zweiten Kaisertums. Paris war nicht länger der Sammelplatz von britischen Grundbesitzern, irischen Absentees, amerikanischen Ex-Sklavenhaltern und Emporkömmlingen, russischen Ex-Leibeignenbesitzern und walachischen Bojaren. Keine Leichen mehr in der Morgue, keine nächtlichen Einbrüche und fast keine Diebstähle mehr; seit den Februartagen von 1848 waren die Straßen von Paris wirklich einmal wieder sicher, und das ohne irgendwelche Polizei.

»Wir«, sagte ein Mitglied der Kommune, »wir hören jetzt nichts mehr von Mord, Raub und Tätlichkeiten gegen Personen: es scheint in der Tat, als ob die Polizei alle ihre konservativen Freunde mit nach Versailles geschleppt habe.«

Die Kokotten hatten die Fährte ihrer Beschützer wiedergefunden – der flüchtigen Männer der Familie, der Religion und vor allem des Eigentums. An ihrer Stelle kamen die wirklichen Weiber von Paris wieder an die Oberfläche – heroisch, hochherzig und aufopfernd wie die Weiber des Altertums. Paris, arbeitend, denkend, kämpfend, blutend, über seiner Vorbereitung einer neuen Gesellschaft fast vergessend der Kannibalen vor seinen Toren, strahlend in der Begeisterung seiner geschichtlichen Initiative!

Und nun, gegenüber dieser neuen Welt in Paris, siehe da die alte Welt in Versailles – diese Versammlung der Ghuls aller verstorbnen Regimes, Legitimisten und Orleanisten, gierig, vom Leichnam der Nation zu zehren – mit einem Schwanz vorsintflutlicher Republikaner, die durch ihre Gegenwart in der Versammlung der Sklavenhalter-Rebellion zustimmten, die die Erhaltung ihrer parlamentarischen Republik von der Eitelkeit des bejahrten Pikkelherings an der Spitze der Regierung erhofften und 1789 karikierten durch Abhaltung ihrer gespensterhaften Versammlungen im Jeu de Paume (Ballspielhaus, wo die Nationalversammlung von 1789 ihre berühmten Beschlüsse faßte). Da war sie, diese Versammlung, die Vertreterin von allem, was abgestorben war in Frankreich, aufgestützt zur Positur scheinbaren Lebens durch nichts als die Säbel der Generale von Louis Bonaparte. Paris ganz Wahrheit, Versailles ganz Lüge, und diese Lüge losgelassen durch den Mund Thiers'.

Thiers sagt einer Deputation der Bürgermeister des Seine- und Oise-Departements:

»Sie können sich auf mein Wort verlassen, das ich *nie* gebrochen habe!«

Der Versammlung selbst sagte er, sie sei »die freiestgewählte und liberalste Versammlung, die Frankreich je besessen«; seiner buntgemischten Soldateska, sie sei »die Bewunderung der Welt und die schönste Armee, die Frankreich je gehabt«; den Provinzen, das Bombardement von Paris sei ein Märchen:

»Wenn einige Kanonenschüsse gefallen sind, so geschah das nicht durch die Versailler Armee, sondern durch einige Insurgenten, die glauben machen wollen, sie schlügen sich, wo sie sich doch nirgends zu zeigen wagen.«

Dann wieder sagt er den Provinzen:

»Die Artillerie von Versailles bombardiert Paris nicht, sie kanoniert es bloß.«

Dem Erzbischof von Paris sagt er, die den Versailler Truppen nacherzählten Erschießungen und Repressalien (!) seien lauter Lügen. Er verkündet an Paris, er beabsichtige nur, »es von den scheußlichen Tyrannen zu befreien, die es bedrücken«, und das Paris der Kommune sei in der Tat »nur eine Handvoll Verbrecher«.

Das Paris des Thiers war nicht das wirkliche Paris der »schoflen Menge«, sondern ein Phantasie-Paris, das Paris der Francsfileurs, das Paris der Boulevards, männlich wie weiblich, das reiche, das kapitalistische, das vergoldete, das faulenzende Paris, das sich jetzt mit seinen Lakaien, seinen Hochstaplern, seiner literarischen Zigeunerbande und seinen Kokotten in Versailles, Saint Denis, Rueil und Saint Germain drängte; für das der Bürgerkrieg nur ein angenehmes Zwischenspiel war; das den Kampf durchs Fernglas betrachtete, die Kanonenschüsse zählte und bei seiner eignen Ehre und der seiner Huren schwor, das Schauspiel sei unendlich besser arrangiert, als es im Theater der Porte Saint Martin je gewesen. Die Gefallnen waren wirklich tot, das Geschrei der Verwundeten war kein bloßer Schein; und dann, wie welthistorisch war nicht die ganze Sache!

Dies ist das Paris des Herrn Thiers, ganz wie die Emigration von Koblenz das Frankreich des Herrn von Calonne war.

Karl Marx, 1871

DIE PARISER KOMMUNE

(Nach der Melodie: Es kann ja nicht immer so bleiben)

Es kann ja nicht immer so bleiben,
Daß der Arme gedrückt wird als Knecht
Und daß ihm die Mächtigen, Reichen
Verweigern sein menschliches Recht.

Der schweren Bedrückungen müde
Und müde der ewigen Last
Hat die Männer des Arbeiterstandes
Ein Drang nach Befreiung erfaßt.

Saht ihr die Pariser Kommune,
Die mitten in Elend und Not
Ihr Banner so mächtig entfaltet,
Ihr Banner, das einige Rot?

Père Lachaise – die letzte Verteidigungsstellung der Kommunarden.

Und wenn den Verrätern und Sklaven
Auch diesmal der Sieg noch gelang,
Und wenn auch im Blute des Volkes
Das Bollwerk der Freiheit versank,

Und wenn auch alle gemordet,
Die kühn für die Freiheit gekämpft –
Man hat doch die Sehnsucht nach Freiheit
Im Herzen des Volks nicht gedämpft.

In Gefängnissen, auf den Galeeren
Sowie bei der Arbeit tönt fort
Als Losung des Volkes noch immer:
Kommune! das heilige Wort.

Die Losung wird donnernd erschallen
Aufs neue im Kampf für das Recht,
Dann werden die Ketten zerspringen,
Dann werden die Toten gerächt.

Dann mögen die Frevler erzittern,
Die Feinde der Wahrheit, des Lichts,
Es ist ihre Herrschaft zu Ende,
Es nahet der Tag des Gerichts.

Und als Morgenröte der Freiheit
Die Fahne, die rote, wird wehn –
Hoch leb die Pariser Kommune,
Bald möge sie wieder erstehn!

Max Kegel, 1872

DAS ARBEITERVIERTEL

Wo ist das Arbeiterviertel von Paris?

Wenn wir das Wort »Arbeiterviertel« im strengen Sinne des Wortes nehmen, so möchten wir fast ganz Paris ein Arbeiterviertel nennen. In Paris wird außerordentlich viel gearbeitet, ja im Verhältnis wohl mehr als in anderen Städten. – Der Pariser, sei seine Stellung, welche nur immer, ist ein ungemein fleißiger Mensch, viel mehr erwerbungslustig als erwerbungssüchtig. Fast jeder, und darum auch die ganze Stadt, macht in seiner Arbeit, um sich zu ernähren, nur zwei Pausen, die eine etwa zwischen acht bis zehn Uhr, die andere um 4, 5, 6 Uhr oder noch später, ein Umstand, der namentlich den Deutschen anfangs unbequem, lästig und fast unmöglich ist, bis man sich daran gewöhnt hat und man dann diese Einrichtung höchst praktisch findet. Vergleicht man nun gar erst in den eigentlichen arbeitenden Klassen beide Nationen, die deutsche und die französische, miteinander, so schlägt der Vergleich in Bezug auf anhaltende Tagesarbeit, auf Schnelligkeit und Arbeitslust gänzlich zu Gunsten der Pariser aus. Die meisten deutschen Arbeiter unterbrechen sich alle Augenblicke in ihrer Arbeit, sind langsam und unlustig und eben wegen der Unlustigkeit grob bei der geringsten Einrede, und arrogant, oft bis zum Übermaß. Doch will ich unsere Landsleute nicht tadeln; ich will nur die Pariser beschreiben.

Der Pariser arbeitet nicht nur den ganzen Tag, sondern er arbeitet auch die ganze Woche. Am Montagmorgen fehlt ebensowenig jemand bei seiner Arbeit, wie an jedem anderen Wochentag. Und dazu haben auch die Frauen und Töchter des Handwerksstandes seltsam fleißige Hände. Alle helfen mit, in Stände hinein, in denen die Kooperation von Frauenhänden gar nicht vermutet werden sollte. Das männliche Geschlecht ist fast überall Produzent; es arbeitet hinten im Hause. Die Frauen und Töchter bringen die Ware dann an den Mann. In unglaublich vielen Läden, was auch immer in ihnen verkauft werden mag, verkaufen nur junge Mädchen, während die ältere Dame an der Tür in dem »Comptoir« sitzt und die Kontrolle, besonders das Verkaufsbuch führt.

Nichts ist angenehmer, nichts anmutiger, ja nichts ist reizender, als in einem Pariser Laden – er braucht gar nicht ersten Ranges zu sein – etwas zu kaufen. Besonders werden mir alle deutschen Damen, die Pariser Läden besuchten und in ihnen Einkäufe machten, beistimmen. Ich kann das nicht weiter detaillieren. Es ist aber so. Doch darf man nicht zu viel handeln. Während man in Italien, vom Norden bis Süden, im Süden aber viel mehr als im Norden, in den Verkaufsläden unverschämte Preise findet, von denen man ziemlich jedesmal mindestens ein Drittel abhandeln muß und abhandelt, ohne daß die Verkäufer das übelnehmen, würde man doch in Paris etwas still angesehen werden und nichts erlangen, wenn man sich auf bedeutendes Handeln und Herabdingen legen wollte. Auch findet man für die gewöhnlichen Arti-

Plakatkleber der Commune.

kel nirgends übertriebene Preise. Der Luxus freilich mag sich vorsehen. Aber er ist ja auch nicht nötig, und namentlich nicht notwendig in der bürgerlichen Pariser Gesellschaft.

Kurz, ich behaupte der Pariser Arbeit gegenüber das Allerbeste in Bezug auf Fleiß und Zuvorkommenheit.

Aber Sonntags und Festtags! Da ist der Pariser »ouvrier« in seinem Elemente. Wirklich alle Klassen und Graduationen von Menschen, die die ganze Woche arbeiten, nehmen am Genuß des Sonntagsnachmittags teil. Und da, wie ich eben gesagt habe, auch das weibliche Geschlecht an der ganzen Wochenarbeit teil nimmt, so hat es und erlangt es auch am Sonntag seine vollste Berechtigung zum Genuß.

So ist denn wirklich am Sonntagnachmittag das Pariser Mannesleben recht eigentlich das Pariser Frauenleben. Er und sie zusammen! Das ist die Klangfarbe des Pariser Volkskonzertes auch ohne Musik – ein Männlein und ein Fräulein, grade wie im Paradiese! Nur die Toilette ist französisch geworden. Gott mag wissen, wie sie es anfangen, sich immer so zu treffen zum großen Cotillon am Sonntagnachmittag. – Wenn sie auch nicht alle in Balltoilette erscheinen können, so sind sie doch alle nett und sauber angezogen. Und so ein froher Schwarm von Tausenden, wohin er auch immer summen und lachen mag, wo er sich auch nur immer niedergelassen hat, ist wirklich wundervoll anzuschauen. Besonders ist die Pariser Kinderwelt am schönen Sonntagnachmittag zum Entzücken – und wir treffen sie schon einmal wieder und reden mehr von ihr. Vorläufig müssen wir einmal in das Arbeiterviertel an einem Wochentag hineinschauen, vor allem aber es definieren, seinen Bezirk angeben.

Wir können wieder unsere alte Einteilung von Paris herbeiziehen. Das Arbeiterviertel liegt dem Quartier Latin gegenüber. Alles, was nördlich oder nordöstlich von der Seine, und östlich, oder südöstlich vom Boulevard de Sebastopol liegt, ist hauptsächlich das Arbeiterviertel von Paris.

Robert Avé Lallemant, 1877

SALON DER IMPRESSIONISTEN

Der Salon öffnet erst im Mai der bilderlustigen Welt seine Pforten. Während die offiziellen Kunstrichter sich noch abmühen, aus dem ungeheuren Angebot von nahezu zehntausend Werken der Malerei und Skulptur die salonfähigen Stücke auszulesen, hat eine Gruppe von Farbenkünstlern, die sich »Les peintres indépendants« nennen, ihre vierte öffentliche Ausstellung, eine Art Winkel-Salon, bereits am 10. April in der Avenue de l'Opéra dem kunstsinnigen Publikum zugänglich gemacht.

Die Zahl der Bilder beträgt zweihundertsechsundvierzig, die der autonomistischen Aussteller nur fünfzehn, worunter eine Frau, ein Fräulein und ein Toter, der selige Piette, Aquarellist. Fleißig ist diese Gemeinde der sonderbaren Farbenheiligen, das steht fest. Weniger fest ihre neuerungssüchtige Prätention.

Früher nannten sie sich schlankweg Impressionisten. Nun haben sie den Titel geändert – ich weiß ihnen wahrhaftig Dank dafür! – und schreiben das stolzere Wort »Die Unabhängigen« auf ihre Zunftfahne.

Unabhängig wovon? Das ist die Frage. Von der Schule? Das wäre kein Unglück, denn der freisinnige Pinsel steht höher, als der akademische Zopf mit seinen reglementsmäßigen Pomaden. Vom guten Geschmack? Auch das ließe sich hören, sintemal der herrschende gute Geschmack meist nur ein sogenannter und gar oft ein unzweifelhaft schlechter ist. Von der technischen Tradition? Das Versuchsfeld ist ein weites und das Unbekannte lockt den strebenden Sinn. Von der schönwissenschaftlichen Kritik der offiziellen und patentierten Philosophierer? Das verdiente allen Respekt. Das schulmäßig ästhetische Dogma der Buchgelehrsamkeit gilt dem schaffenden Künstler mit Recht als eine Absurdität und in der Form ausübender Kritik als eine monstruöse Ungerechtigkeit obendrein.

Die Wissenschaft vom Schönen ist eine »drôlerie«, von den Philosophen erfunden zur größeren Heiterkeit der Künstler, behauptet der böse Emile Zola. Mit dem Zusatz: sobald sie mit dem Anspruch absoluter Wahrheit auftritt und auf ihren Syllabus pocht –

kann der Zola'sche Ausspruch von jedem Wohldenker akzeptiert werden. Die Wissenschaft hat in dieser Materie keine andere Mission, als an einem gegebenen Werk einen gewissen Zustand des menschlichen Geistes zu studieren mittelst der historischen Forschung und der Analyse. Deshalb hat sie sämtliche artistische Manifestationen mit der nämlichen Liebe zu umfassen, ohne sich parteilich zu Gunsten einer Schule, eines Stils, einer Form auszusprechen und alleinseligmachende Rezepte zu diktieren.
Also unabhängig wovon, Messieurs les Indépendants? Ein bißchen von alledem, aber leider auch von der ernsthaften künstlerischen Zucht und, mit wenigen Ausnahmen, von einer reellen Begabnis.
Die Mittelmäßigkeit spielt sich gern als unbegriffene unabhängige Größe, die Trägheit und Zerfahrenheit als geniale Ursprünglichkeit auf.
Und das ist sehr bedenklich für das Auftreten der Sektierer in der Avenue de l'Opéra. Denn die wirklich Talentvollen unter ihnen, die das Zeug und den Willen besaßen, ein gutes Bild zu malen, pflegten bald fahnenflüchtig zu werden und es sich zur Ehre zu rechnen, im Salon das weniger revolutionäre, aber desto tüchtigere und von ethischer Energie getriebene Häuflein der »jeune école« verstärken zu helfen.
Zu ihnen gehört der geachtete Landschafter Guillemet.
Andere haben den Versuch gemacht, sich aus den Reihen der Indépendants fortzustehlen und im Katalog des Salons ihren verworrenen artistischen Zivilstand regularisieren zu lassen. Ich nenne Cézanne, dessen Bilder von der Jury mit orthodoxer Hartnäckigkeit von Jahr zu Jahr zurückgewiesen worden sind.
Weit schlimmer, als diese oft geglückten, öfter mißglückten Versuche der Fahnenflucht, erscheint mir für die Wertschätzung der »peintres indépendants« der andere Umstand, daß Herr Manet, der als der Oberpriester der Sekte gilt, es beharrlich verschmäht, an ihrer öffentlichen Ausstellung sich mit eignen Beiträgen zu beteiligen. Seine Führerschaft ist demnach kaum mehr als eine platonische Caprice oder eine gewollte Täuschung.
Der obengenannte Guillemet hat die von den Unabhängigen be-

Vernier/You-Perrichou, Die Mühlen von Montmartre.

liebte Malweise als peinture au fusil definiert. Er sprach die launige Behauptung gegen einen Kritiker aus, diese Maler stopften die verschiedenen Farben ihrer Palette in einen geladenen Flintenlauf und schössen sie auf eine ausgespannte weiße Leinwand ab. Mit diesem Schuß sei das Bild fix und fertig; der Schütze hätte nur noch den Titel zu ersinnen und seinen Namen in die vorteilhafteste Ecke zu zeichnen, um seinen unabhängigen Ruhm auf die Nachwelt zu bringen.

Zur Verstärkung des Guillemet'schen Ausspruchs wage ich die Bemerkung, daß mich zuweilen dünkte, die Herren hätten ihre Farbenflinte nicht nach Schützenart an die Backe gelegt, sondern rückwärts durch die Beine abgeschossen.

Daß übrigens auch die Mitwelt diesen sonderbaren Schöpfungen gegenüber nicht gleichgültig bleibt, davon konnte ich mich bei meinem Besuche in der Avenue de l'Opéra zu meinem nicht geringen Ergötzen überzeugen. Das Publikum war so heiter und aufgeräumt, wie ich es im Salon und in Museen noch nie gesehen. Es wälzte sich von Saal zu Saal, von Bild zu Bild, und schüttete sich fast aus vor Lachen.

Man kann nicht liebenswürdiger Kritik üben. Die Herren Ex-Impressionisten vom Pinsel, die ein säugendes Weib und einen

Krautkopf, eine Ruderpartie und eine Kulissenszene, ein Porträt und einen sauren Hering, eine Nebellandschaft und ein Tanzbein, eine Flanelljacke und einen Rauchfang mit dem ungeschwächten Enthusiasmus ihrer Augenblickskunst auf die Leinwand warfen, spritzten oder schossen, können mit diesem ehrlichen Lacherfolg um so zufriedener sein, als sich die größere Zahl ihrer wunderbaren Werke – laut Katalog – bereits in festen Händen befindet. Beati possidentes –

Und da gibt es noch Leute, die die alte Phrase nachschwätzen, als wär's ein Bibelspruch, daß der Fluch der Lächerlichkeit in dem geistreichen Paris tödlich sei!

Die anregende, das Zwerchfell erschütternde und eine raschere Zirculation der Säfte befördernde Ausstellung währt volle vier Wochen. Damit ist allen Hypochondern die Möglichkeit gegeben, eine Reise in die Avenue de l'Opéra Nr. 28, eine Treppe hoch, zu unternehmen. Die »peinture indépendante« ist ganz gewiß eine hygienische Kunst, eine heilsame Medizin für gewisse Leibesbeschwerden. Sie ersetzt eine kostspielige Badekur. Eintrittspreis ein Franc, im Abonnement billiger.

Ich habe bereits statistisch bemerkt, daß die 246 »Werke« von nur 15 Künstlern herrühren. In der Zeit des Dampfes, der Elektrizität und der zollwirtschaftlichen Umkehr ist Geschwindigkeit bekanntlich keine Hexerei mehr. Die unabhängigen Pinselführer von Paris haben das Nämliche in der Bemalung umfangreicher Leinwandstücke beweisen wollen.

Ich möchte wetten, daß Herr Caillebotte seine ausgestellten fünfundzwanzig Bilder, worunter acht Porträts und ein Dutzend Landschaften großen Formats, zwischen dem Frühstück und dem Abendbrot – »gebürstet« hat, wie der Atelier-Ausdruck lautet (brosser une toile).

Lebourg wartet mit dreißig, Pissarro sogar mit achtunddreißig Bildern auf und alle nagelneu, frisch aus dem Lauf geschossen. Welch' eine Gewerbstätigkeit!

Auch die Vielseitigkeit einzelner Malermeister ist erstaunlich. Landschaft, Architektur, Stilleben, Porträt, Mensch und Vieh zu Wasser und zu Land werden von ein und derselben Hand mit den

verschiedensten Ausdrucksmitteln traktiert, mit Öl- und Wasserfarben, mit Pastell, Kreide und Blei.
Nur Degas scheint sich auf eine Spezialität zu beschränken. Sein Pinsel affektioniert hauptsächlich die leichten Geschöpfe der Tanzmuse, und zwar nur in einzelnen Körperteilen. So stellt ein Bild zwei der züchtigen Jungfrauen vom Ballettcorps dar, wovon die eine vom Rahmen von oben nach unten mitten entzweigeschnitten wird und dem neugierigen Forscher nichts zu sehen übrig bleibt, als ein mächtiger Chignon, ein Arm und ein Bein. Das ist grausam. Auf einem andern Bild, »École de danse«, sehen wir links die Büste des in der Ecke hockenden Tanzmeisters, während rechts ein rotes Bein aus dem Rahmen hervorguckt. Ein Bilderrätsel? Vielleicht.
Am merkwürdigsten sind die geographischen Impressionen dieser Herren. Ihr Blick in die Landschaft gewährt uns Aufschlüsse, von denen sich die vulgären Reisenden mit ihren stumpfen Augen seither nichts träumen ließen. Jetzt weiß man's: die klare Loire ist eigentlich eine Pfütze, die trübe, molkige Seine bei Paris dagegen ein paradiesisches Wasser, auf welchem die sonnigen Reflexe einer wahrhaft tropischen Vegetation gaukeln.
Den Habitués der Folies-Bergères und der Kulissen der Boulevard-Theater wird ein ironisches Licht aufgesteckt; die artistische Demimonde ist nach dem Zeugnisse der Unabhängigen von einer fabelhaften Häßlichkeit.
Am stärksten geht Herr Caillebotte mit seinem Farbentopf ins Zeug. Er macht die liebe alte Natur mit einer Sauce an, die auf unsere gewöhnlichen Augen wirkt wie Paprika auf die Zunge. Es empfiehlt sich eine schwarze oder blaue Brille aufzusetzen, um sein »ragoût fantaisiste« gefahrlos mit den Augen verdauen zu können.
Louis Forain ist ohne Zweifel ein scharfsinniger Beobachter des Pariser Lebens; er zeichnet mit großem Geschick und versteht ein lebendiges Bild mit Aplomb hinzustellen. Allein seine Farbengebung ist kaum weniger exzentrisch, als die Caillebottes.
Ebenso verdient Lebourg als Zeichner aufrichtiges Lob.
Die besten Bilder, denen unser Geschmack zu folgen wohl im

Stande ist, rühren von Claude Monet und Fräulein Mary Cassatt her. Letztere hat eine »femme dans la Loge« und eine »femme lisant« ausgestellt, zwei Bilder, wofür ich gern den ganzen Leinwand- und Farbenaufwand ihrer artistischen Glaubensgenossen drangeben würde.
Michael Georg Conrad, 1879

DIE MASCHINE DES PARISIANISMUS

Der Pariser ist der vollendetste Automat von der Welt. Wenn ich sage: der Pariser, so meine ich damit jedes beliebige Menschenkind, das innerhalb der glorreichen Thiersschen Fortifikation von der Porte Maillot bis zum Tor von Vincennes, vom Montmartre bis zum Montparnasse sich akklimatisiert und naturalisiert hat. Denn der »Parisien de Paris«, d.h. jenes außerordentliche Produkt, das seinen Stammbaum durch einige authentische Generationen auf eine reine Pariser Wurzel zurückführen kann, kommt nur noch so sporadisch vor, daß es bald gar nicht mehr anzutreffen sein wird, wenn nicht der Staat oder der Pariser Gemeinderat zu seiner Forterhaltung ebenso weise als energische Maßregeln trifft. Der Pariser Gemeinderat? Ich irre; der dürfte für diese Aufgabe am wenigsten Verständnis besitzen, seit er selbst nur noch eine bunte Sammlung von künstlich hergestellten Parisern bildet, deren Familienverzweigung nach Elsaß, Deutschland, Polen, der Schweiz, England, ja bis nach Brasilien und anderen interessanten Gegenden, die zur Stunde noch nicht oder nicht mehr auf der französischen Landkarte liegen, in phantastischen Zickzacklinien verläuft. Die Pariser Bevölkerung ist ein Sammelsurium aller Rassen beider Hemisphären – und damit die Kollektion an Vollständigkeit nichts zu wünschen übrig lasse, sorgt die Verwaltung des Jardin d'acclimatation dafür, daß Eskimo, Hottentotten, Feuerländer und andere seltenere Vettern von Zeit zu Zeit am Pariser Horizonte auftauchen und durch ihre zahme Barbarei den raffinierten Sitten der »capitale du monde« noch mehr Relief geben.

Honoré Daumier, Im Regensturm.

Raffinierte Sitten! Sie bringen das Wunder fertig, daß das Pariser Volk trotz seiner mannigfaltigen Herkunft im ganzen ein banales Gepräge zeigt, in welchem alle markanten Eigentümlichkeiten verwischt oder unter der Patina der neuen Kultur verborgen sind. Nirgends sieht der Fremde weniger charakteristische Typen, frappante Menschenbilder, originell-bizarre Erscheinungen, die mit urwüchsiger Hartnäckigkeit ihr Sonderwesen wahren, als gerade in Paris, dieser kosmopolitischen Monstrekolonie. Der Parisianismus, weit entfernt, den feinsten Extrakt aus den fremden Kulturblüten herzustellen und so zu sagen einen Auszug des Rein- und Allgemeinmenschlichen darzubieten, liegt vielmehr in dem virtuosen Gelingen einer äußerlichen Schablonenarbeit, die so lange fortgesetzt wird, bis das fremde Menschenwesen dem alleingeltenden, überlieferten Modell bis in die kleinste Äußerlichkeit ähnlich geworden ist. Wer in Paris als erwerbendes Individuum vorwärts kommen will, muß sich als gehorchendes Rädchen in die große Maschine einfügen lassen; denn die Pariser Gesellschaft ist kein lebendiger Organismus, sie ist ein ingeniöser Mechanismus, der mit wunderbarer Präzision seine Funktionen verrichtet. Ob das Triebwerk Haare kräuselt, künstliche Blumen fabriziert, Operetten und Feuilletons schreibt oder ob es in einer höheren Ordnung gemeinsamer Tätigkeit den Künsten und Wissenschaften neue Impulse verleiht, Kriege führt und Revolutionen macht, die fremden Elemente arbeiten dabei mit der nämlichen mechanischen Zuverlässigkeit, mit derselben instinktiven Hingabe und Opferwilligkeit wie die französischen, und was zustande kommt und den Beifall oder den Verdammungsspruch der Welt findet, es ist im weitesten Sinne des Wortes ein »Article de Paris«, gleichgültig, wie die heterogenen geistigen Elemente heißen, die aus allen Ecken und Enden der Welt ihre spezifische Kraft zusammengeschossen, um die Maschine des Parisianismus in Schwung zu erhalten. Eine fürchterliche Maschine, mit dem besten Gehirnfett der modernen Menschheit geschmiert; ein ebenso kompliziertes als despotisches Instrument, dessen Tyrannei kaum dem Genie, dem Millionär und dem Gauner einige individuelle Freiheit gestattet.

Der französische Volksgeist neigt, wie selten ein anderer, zum Konservatismus; er hat eine tiefe Scheu vor jeder Initiative, vor jedem selbstgewagten Einschlagen einer neuen Bahn. Er fühlt sich nur sicher und behaglich und leistungsfähig in seiner alleinseligmachenden Routine. Er rührt sich nicht von der Stelle, wenn ihn nicht große Vorbilder, eklatante Erfolge der Nachbarvölker vorwärts locken. Die große französische Revolution selbst entsprang nicht der Explosion eines Originalgedankens im Nationalgehirn, sie war im Zusammenfluß außerordentlicher materieller und moralischer Notstände mit den philosophischen Eruptionen einiger Ausnahmsgeister doch nur eine Nachahmung der Befreiungstat der Angelsachsen, und nie hätten die Franzosen ihrem Könige den Kopf abgeschlagen, hätten ihnen nicht die Revolutionäre Englands den sakrilegen Blutstreich vorgemacht. Die

Proklamation der Menschenrechte war gewiß eine ungeheure Tat im damaligen Europa, aber die Franzosen waren doch nur die Übersetzer und die Amerikaner die Verfasser des Originals. Man weiß, wie barock ablehnend der selige Thiers, ein Stockfranzose in jeder Faser, sich der Einführung der Eisenbahnen gegenüber verhalten hat.
»Das wird nicht dauern«, sagte der große kleine Mann mit seiner dünnen, kreischenden Stimme: »in drei bis vier Jahren wird man die Lächerlichkeit und Unrentabilität des Unternehmens einsehen – und dann kräht kein Hahn mehr danach.«
Es war auch derselbe pfiffige Herr Thiers, der sich gegen die Einführung der – Briefmarke sträubte, angeblich deshalb, weil durch diese postalische Neuerung betrügerischen Nachahmungen öffentlicher Wertzeichen ein erweitertes Versuchsfeld geschaffen würde!
Das Gaslicht brachten die Engländer nach Frankreich; ein Mister Wilson war der Gründer der Pariser Gasgesellschaft, wobei er die schönen Millionen verdiente, die jetzt sein Sohn, der eben die Tochter des Präsidenten Grévy geheiratet, mit echtem Pariser Chic verwaltet. Die Einführung der elektrischen Beleuchtung und der elektrischen Straßenbahn wird gleichfalls von Ausländern betrieben. Im Postwesen stehen die Franzosen heute noch, trotz der eifrigen Reformtätigkeit ihres tüchtigen Verkehrsministers Cochery, hinter den meisten europäischen Staaten zurück. Über die Opfer an Zeit, Geld und Kraft, welche die ärgerliche Routine im Verwaltungs-, Rechts- und Schulwesen zur Stunde noch fordert, erhebt die Pariser Presse selbst das lauteste Lamento. Die unglückselige Kriegführung in Tunis hat reiches Anklagematerial wider die ungelenke Herrschaft der Routine geliefert. Nun verspricht man sich alle erdenklichen Fortschritte von dem »großen Reformministerium Gambetta« und nur die intransigenten Zeitungsschreiber Rochefortschen Bekenntnisses sind fanatisch genug, mit den groteskesten Lästerungen auf der italienischen Abstammung Gambetta's herumzureiten und der Regierung des »verschlagenen Genuesers« das heilloseste Pech zu prophezeien.

Die verwickelte Beamtenwirtschaft ist eine der tollsten Sehenswürdigkeiten von Paris – selbst nach dem mehr als zehnjährigen Bestand der sogenannten Republik noch. Ein Beispiel! Einer meiner Pariser Kollegen wollte die sorgfältig umgatterten und verschlossenen Ruinen der Tuilerien besuchen. Er wandte sich an die »Direktion der nationalen Bauwerke« um einen Erlaubnisschein. Der Direktor war abwesend. Er fragte nach dem »Divisions-Chef«; der wies ihn zum »Bureau-Chef«, dieser zu einem »Sous-Chef«. Letzterer bedauerte, in dieser Sache nichts tun zu können und adressierte den Gesuchsteller an die »Direktion der städtischen Arbeiten«. Hier schickte man ihn zu einem Monsieur Guillaume, der die Demolierungen »dirigiert«. Guillaume fand das Gesuch bedenklich und riet, den »Inspektor« Marot zu befragen. Marot entschied nach langer Überlegung, daß diese Angelegenheit allein dem »Konservator der Ruinen« angehe und das sei Herr Garnier, »Architekt der Oper«. Der Architekt verweist den Gesuchsteller an einen »Unter-Architekten«, der endlich mit Hilfe seines »Kommis« und eines »Garçon de Bureau« die ungeheure Leistung vollbringt und dem Journalisten einen Erlaubnisschein, sowie ein Schlüsselchen zum Besuch der Tuilerien-Ruinen aushändigt. Historisch!

Wir könnten sämtliche Gebiete des Volkslebens durchmustern und wir würden nur neue Zeugnisse für den eminent konservativen Charakter des echten, unverfälschten Franzosentums finden. Erst durch die gewaltsame Unifikation der Jahrhunderte lang widerstrebenden, sich gegenseitig befehdenden Provinzen, durch die straffe Zentralisation aller Staatsgeschäfte, hat der Parisianismus mehr und mehr das Szepter über den Volksgeist in die Hand bekommen und durch die Mischung des einheimischen Blutes mit den aus aller Herren Ländern unausgesetzt herbeiströmenden fremden Säften jene nervöse, bis zu revolutionären Ausbrüchen sich steigernde Unruhe eingeimpft erhalten, welche zuweilen den ganzen sozialen Mechanismus der Hauptstadt in die Luft zu sprengen droht.

Doch ist es nur eine kleine Minderzahl von exaltierten Köpfen in der Literatur, in der Kunst, in der Politik und Presse welche

durch ihr aufgeregtes Wesen über die Oberfläche des Pariser Lebens jenen Schein von Gärungssymptomen zu verbreiten, jenes wunderliche Blasentreiben, jenes Gischten und Schäumen in die gewöhnlichsten Werktagsereignisse zu bringen, kurz, jenes Stigma toller Überreizung hervorzurufen vermögen, das den Beobachter aus der Ferne mit bösen Ahnungen erfüllt und ihn verleitet, der Millionenstadt an der Seine die schlimmsten Katastrophen von einem Tage auf den anderen zuzutrauen.
Allein die große Mehrheit der Pariser vollzieht ihre Geschäfte mit der unbekümmerten Sicherheit und Pünktlichkeit eines vollendeten Automaten, und gelingt es der exaltierten Minorität unter Mitwirkung begünstigender Umstände von außen, dennoch von Zeit zu Zeit eine Umwälzung in Szene zu setzen und, wie bei der Kommune 1871, die souveräne Tollhäuslerei mit ihrem ganzen Stab von zerstörungswütigen Farceurs auf den Thron zu erheben, daß man meinen möchte, nun sei für das moderne Babylon das Ende aller Dinge gekommen; siehe, in einem Minimum von Zeit wendet sich das apokalyptische Wirrsal, die Verhältnisse ordnen sich, die Ruinen werden fortgeschafft, tausend Hände rühren sich, die Spuren der Verwüstung durch neuen, reicheren Schmuck vergessen zu machen, Paris erscheint glänzender und glücklicher als zuvor – und der Mechanismus schnurrt und saust fröhlich weiter, in riesiger Geschäftigkeit Erzeugnisse auf Erzeugnisse, Werte auf Werte häufend.
Wie gesagt, der Mehrheitspariser ist der vollendetste Automat von der Welt, und hierin scheint mir der Schlüssel zu dem Geheimnisse zu liegen, wie es ihm möglich wird, mit so verblüffender Leichtigkeit sich aus den schlimmsten Lagen herauszuziehen und nach einer umstürzlerischen Orgie genau die Arbeit da wieder aufzunehmen, wo sie kurz zuvor gewaltsam abgebrochen wurde. Wo ein Organismus noch lange fortkränkeln würde, hätte man, wie in den Pariser Revolutionen, die frevelhafte Hand an den Kern seines Lebens gelegt, da klappert ein Mechanismus fidel weiter, sobald das störende Hemmnis beseitigt ist. Daraus geht weiter hervor, daß die Stärke des Pariser Lebens nicht nach der Seite des Gefühls, des Gemüts, der idealen Empfindsamkeit lie-

gen kann, sondern sich nur innerhalb der von dem schönen Schein, der leichten Geistreichigkeit, der oberflächlich flotten Unterhaltung, des augenblicklichen, materiellen Erfolgs gezogenen Schranke betätigen muß. Das Niedersteigen in die Tiefen und Abgründe des Gefühls wie das Aufsteigen in die blauen Ätherweiten des Ideals verirrt und verwirrt und hält auf, sagt sich der Pariser Menschengeist; lieber nicht! So hat er denn auch, er, der so bereitwillig und mit so viel Chic politische Revolutionen überwindet, eine instinktive Angst, wenn sich im Reiche der Ideen, in der Wissenschaft, in Kunst und Literatur die Vorboten einer Revolution melden. Wie schwört er da bei allen Göttern auf die Wohltat der heiligen Schranken des Konventionalismus, auf die Notwendigkeit einer sakrosankten Autorität, auf die Unantastbarkeit des Überlieferten! Hat er nicht mit einer Halsstarrigkeit sondergleichen zuerst den Klassizisten, dann den Romantikern, dann den Realisten in der Literatur den Weg zu verrammeln gesucht? Hat er 1830 nicht die verrücktesten Streiche ersonnen, um Victor Hugo und seinem Anhang die Existenz auf den weltbedeutenden Brettern unmöglich zu machen? Hat er nicht dem genialen Musiker Berlioz die Türen zu seinen Theatern und Konzertsälen, dem genialen Maler Courbet die Türen zu seinen Ausstellungen und Salons vor der Nase zugeschlagen und die beiden Männer bis zu ihrem Tode mit dem Hohngelächter der Boulevardwitzlinge verfolgt? Sind heute nicht noch die Komponisten Massenet und Saint-Saëns, weil sie in dem Verdachte zukunftsmusikalischer Ketzerei stehen, gezwungen, mit ihren großen Opernwerken in die Provinz oder in das Ausland, nach Italien, Belgien, Holland, Deutschland zu wandern, um dort die Gastfreundschaft und eine unbefangene Kritik für die erste Aufführung ihrer Schöpfungen in Anspruch zu nehmen?
Erst wenn diese Meister tot sind oder auf internationalen Umwegen große Erfolge, nicht mehr wegzudisputierende Triumphe, ein die Welt erfüllendes Renommée erkämpft haben, dürfen sie auf eine gefällige Aufnahme bei den Parisern rechnen, während der kitzelnde Operettensingsang, der schlüpferige Vaudeville- und Possenquark, das anzügliche Sensationsdrama, die paradoxe

Lalanne/Boetzel, Paris vom Trocadéro aus gesehen.

Malvirtuosität, für deren Pikanterien der gröbste Sinn sofort über das nötige Verständnis verfügt, in Paris eine goldene Wiege und in der Boulevardpresse die enthusiastischsten Gevattern finden.

Liegt aber die Stärke des Parisers nicht in der gemütvollen Intuition, in der idealdürstenden Eindrucksfähigkeit, so liebt er es nichtsdestoweniger, sich von Zeit zu Zeit in Gefühlsunkosten zu stürzen und sich selbst das Schauspiel seiner »beaux sentiments« zu geben. Er handelt jedoch auch in diesem Fall als korrekter Automat, bei dem selbst die Gefühlchen ihre feste Stunde haben und sich öffentlich nicht eher in Bewegung setzen dürfen, als bis das Schnürchen des Konventionalismus gezogen wird. Eine solche festgesetzte Stunde ist der Allerseelentag – »la fête de la mélancolie populaire«. Daß auch die rechtschaffene Trauerempfindung ihren Teil an der luxuriösen Totenfeier hat, wer wollte das in Abrede stellen? Gewiß, das Mysterium des Todes erfüllt die Seele des Weltkindes so gut wie den Geist des frommen Kirchengläubigen mit Schauern der Ehrfurcht und man kann Pariser bis in die äußersten Haarspitzen sein und Skeptiker von der Sohle bis zum

Scheitel, ohne sich deswegen der tiefen, undefinierbaren Empfindung erwehren zu können, die uns bei der einsamen Wanderung zwischen den Gräbern umfängt. Bei der einsamen Wanderung! Der Pariser zieht aber an diesem Tage in Legionen hinaus auf seine fashionablen Friedhöfe, auf den üppig blühenden, marmorstarrenden Père Lachaise, auf den wie eine Watteausche Phantasie-Landschaft anmutenden Montmartre, auf den Montparnasse, der den Besucher mit der Koketterie eines »jardin d'amour« empfängt, und stellt da seine Trauer aus, wie ein Parvenü seine frischerworbenen Schätze an einem mit großem Zeremoniell gegebenen Rezeptionsabend.
Wie Paris seine Toten feiert – dieses Thema ist schon so oft variiert, in allen Stilarten und Manieren behandelt worden, daß ich mich zu keiner Wiederholung verlocken lasse, und eine Manifestation des Totenkultes, der Respekt und Schweigen gebietet, zu analysieren oder zu kritisieren, dazu wäre ich am allerwenigsten aufgelegt. Ich will nur bemerken, daß die übliche Wallfahrt der politischen Sektierer, welche die Gräber ihrer hervorragenden Parteigenossen zu Tribünen für aufregende Volksreden herabzuwürdigen sonst wenig Scheu trugen, in diesem Jahre unterblieben ist. Das ist gewiß ein Fortschritt in der politisch-sozialen Lebensart. Aber ohne jedwede parteigeistliche Schaustellung mit großen Redekunststücken durfte der Tradition zuliebe dicser Tag doch nicht verstreichen. So erließ denn die »demokratische Union für antiklerikale Propaganda« einen Aufruf an die Gesinnungsgenossen, die »berühmten Toten des freien Gedankens« durch einen imposanten »Huldigungsakt« im Festsaale des Trocadéro-Palastes zu feiern. Louis Blanc, Morin, Armand Levy, Yves Guyot, Fräulein Deraisme und andere männliche und weibliche Notabilitäten des organisierten Freidenkertums leiteten die Zeremonie, die unter der Ehrenpräsidentschaft Victor Hugo's von ungefähr zweitausend Personen mit Sang und Klang und ebenso schneidigen als gefühlvoll rhetorischen Ansprachen inszeniert worden ist.
Um aber jenem Häuflein von Wilden, die sich weder aus dem Totenkultus auf den Friedhöfen, noch aus der freidenkerischen Al-

lerseelen-Manifestation etwas machen, auch ein Pläsier zu bereiten, veranstalteten die spekulativen Theaterunternehmer auf der ganzen Boulevardlinie Tagesvorstellungen und setzten die heitersten Zugstücke auf das Programm. O, diese herrliche Maschinerie des Weltstadtlebens, wie weiß sie doch jedes Rädchen zu beschäftigen zum Wohlgefallen aller Berufenen – und zum Profit der Auserwählten!
Wäre das Fest vollständig, wenn nicht am Allerseelentag auch den reinen Chauvinisten das Tischlein gedeckt würde? Sicher nicht. Sind nicht die deutschen Reichstagswahlen in Elsaß-Lothringen zu Gunsten der Protestpartei ausgefallen? Also flugs die umflorte Trikolore her, vier, fünf Stücke, ein halbes Dutzend, und Kränze aus Perlen, Immergrün und Epheu, von allen Größen, und Blumensträuße eine schwere Menge – um die Straßburger Statue auf dem Konkordienplatz demonstrativ damit zu schmücken. Ich gestehe, der Eindruck des mächtigen Steinbildes der sitzenden Straßburgia, von Trauerfahnen umweht und Totenkränze zu Häupten, zu Füßen, auf dem Schoße, gehört zu dem Ergreifendsten im Todestage der Pariser. Still grüßend geht der deutsche Chronist vorüber und wie Geisterstimmen ziehen ihm die Klänge der Wacht am Rhein durch die Seele.
Michael Georg Conrad, 1881

DIE FRAU AUF DER PARISER WELTAUSSTELLUNG

Man mag über die emanzipatorische Bewegung der Frauen denken wie man will, man mag sie als innerhalb der Entwicklung des Menschengeschlechts liegend anerkennen oder sie als unnatürlich verdammen, eines, wird man zugeben müssen, haben die Frauen, die sich an der Spitze dieser Bewegung befinden, den Männern, denen sie in Recht und Pflicht gleichgestellt sein wollen, gründlich abgeguckt, nämlich: Reklame zu machen für ihre Angelegenheit, die geschickte mise-en-scène der eigenen Sache. Frauenkongresse, deren praktischer Wert wie derjenige fast aller solcher Veranstaltungen gleich Null ist, erinnern von Zeit zu Zeit alle,

M. Price, Eine Besteigung des Eiffelturms 1889.

die es vergessen haben sollten, daß es sich regt im Frauenreiche. Exotische Kriege, deren uns die letzte Zeit überreichlich gebracht hat, geben der Frau eine willkommene Gelegenheit, in der Sache selbst erfolglos für den Frieden zu demonstrieren, und wenn auch nirgends etwas Positives erreicht wird, die Reklame ist da, man macht von sich reden, und unter Umständen genügt das. Daß diejenigen Frauen, von denen man am meisten spricht, nicht die Besten sind, das darf in diesem Falle nicht einmal gelten. Es liegt in solchem Vorgehen der modernen Frauenwelt, wenn man die etwas über das schickliche Ziel hinausgehenden Ansprüche auf ein erträgliches Maß zurückschraubt, eine ganz gesunde Reaktion auf gewisse internationale soziale Krankheitserscheinungen der Gesellschaft der gesamten zivilisierten Welt.
Es haben sich naturgemäß die Regisseure der weiblichen Bewegung die Gelegenheit der diesjährigen Pariser Weltausstellung nicht entgehen lassen, um auch ihre Statisten auf die Szene der großen Weltkomödie zu schicken, deren Schauplatz die französische Hauptstadt ist. Sie haben auf dem Champ de Mars, am Fuße des Eiffelturmes ein »Palais de la femme« errichtet. Die »Union des femmes de France«, etwas ähnliches wie der deutsche vaterländische Frauenverein, hat eine kleine Doppelausstellung, deren einer Teil in einem Pavillon hinter dem Palais der Heere und Marine installiert, der andere auf einem kleinen Seinedampfer untergebracht ist, und so kann der Besucher, wenn er es nicht vorzieht, bei den bauchtanzenden Ägypterinnen der Kolonial-Ausstellung oder den Marchandes de sourire der rue du rire seine Kenntnisse über die Stellung der modernen Frau zu erweitern, hier konstatieren, wie weit das Weib auf dem Wege der Gleichberechtigung gelangt ist.
Die Ausstellung des »Palais de la femme« ist eigentlich ungeachtet des offiziell verkündeten internationalen Charakters, eine französische; das ist eine Tatsache, an der auch die Zahl der Amerikanerinnen, Engländerinnen etc., die sich herbemüht haben, nichts ändern kann. Es war hier der französischen Frau eine Gelegenheit gegeben, sich gegen den ungünstigen Ruf, den sie – ganz zu Unrecht wie gleich gesagt werden soll – im Auslande be-

sitzt, zu wehren. Aber sei es, daß sich die Damen ihrer schlimmen Reputation nicht bewußt waren, sei es daß selbst das hartnäckigste Emanzipationsgemüt sich nicht freimachen kann von der Eitelkeit, die man dem schwächeren Geschlecht nachrühmt, man hat die Gelegenheit unbenutzt vorübergehen lassen; man hat eine moderne Frau nur im Sinne der Modejournale gezeigt. Es ist eine Ausstellung der Sporting lady geworden, der Damen, die im Radler-Kostüm, als Ruderin, oder im Firnis-Mantel der Automobil-Fahrerin, die Erfüllung ihres Daseinszweckes finden. Es ist schade darum, denn gerade in Frankreich hat der Feminismus in der letzten Dekade rein äußerlich sehr nennenswerte Fortschritte gemacht. 1893 erschien der erste weibliche Advokat vor dem Pariser Barreau. Die Zahl der weiblichen Ärzte innerhalb Paris schwillt jährlich an und während jedes französische Blatt seine Spalten den weiblichen Journalisten öffnet, haben die Frauen 1897 in Paris ein Blatt gegründet, das täglich erscheint und in dessen Redaktions-, Expeditions- und Druckerei-Räumen der Mann so verpönt ist, wie alles weibliche in den Klöstern jener griechischen Mönche, die selbst der Hündin und der Henne den Zutritt zum Kloster verwehren. »La Fronde« nennt sich stolz dies Blatt, das von der ersten bis zur letzten Zeile von Frauen geschrieben, von Frauen gedruckt und von Frauen kolportiert wird. Und bei all diesem ehrlichen Schaffen, bei all diesem aufrichtigen Streben nach wirtschaftlicher Unabhängigkeit, das sich bei der Französin noch obendrein in viel graziöserer, liebenswürdigerer Form abspielt, als es bei den Vertreterinnen des Feminismus anderer Länder der Fall ist, bei all diesem mutigen Eintreten in einen gewaltigen Kampf, erfreut sich die Französin speziell bei uns in Deutschland einer so schmählichen Auffassung, daß es unbegreiflich erscheint, wie diejenigen, die Frankreich auch nur ganz oberflächlich kennen gelernt haben, diese Ansicht unwidersprochen immer wieder können laut werden lassen. Wir kennen die französische Frau in Deutschland aus den Stücken, die uns der geschäftstüchtige Leiter des Berliner Residenz-Theaters vorführt, und für das junge Mädchen der Pariser Familie dient uns die Maud des Herrn Marcel Prévost als Typ. Es gibt Leute in

Deutschland, nach deren Auffassung jede französische Gattin ihren Mann durchschnittlich die Woche einmal betrügt und jedes junge Mädchen der guten Pariser Gesellschaft in unerlaubten Beziehungen zu den Herren ihrer Umgebung steht. Kommt nun so ein braver deutscher Philister mit solchen Ansichten einmal auf acht Tage nach Paris und benutzt seine Nächte dazu, auf dem Boulevard von dem Place de la Republique bis zur Madeleine auf und ab zu pendeln, so erblickt er in den ihm begegnenden weiblichen Erscheinungen lauter strikte Beweise für seine Ansicht. Der junge Mann vergißt, daß Berlin eine Friedrichstraße hat, in der selbst ein so frommes Gemüt wie Herr Stöcker frühmorgens um 3 in einer Viertelstunde 40 alleingehende Mädchen zählte. Den größten Teil der Schuld für diese schiefe Beurteilung der Französin im Auslande tragen die im sogenannten Parisismus schwelgenden, französischen Schriftsteller, und die Damen jenseits der Vogesen mögen sich bei Henri Beque und Prévost, bei Feydeau und Bisson für die Ansichten bedanken, die die Werke dieser Herren im Auslande über sie verbreitet haben. Selbst Henri Laredan, der Autor des nouveau jeu, durfte in einer Rede in der Akademie von der französischen Frau ein Bild entwerfen, das eine verzweifelte Ähnlichkeit mit den Cocotten-Rollen seiner Stücke aufweist.

In dem erwähnten Frauenblatt gab Danièle Lesneurs dem hervorragenden Redner und mittelmäßigen Vaudevillisten in gerechter Entrüstung einen Verweis, der jedoch kaum gehört wurde. »Jenseits des Kanals« schreibt die bekannte Romanschriftstellerin: »wie jenseits des Rheins sind die Worte Laredans wie Geständnisse aufgefaßt worden. Sie passen so gut zum weiblichen Typus, den unsere Literatur feiert. Für diejenigen, die unsere Romane lesen, gibt es keine Frau bei uns, wir haben nur die Maîtresse, kein Land kennt soviel Nachsicht wie das unsere für die galante Frau, in keinem Lande ermutigt die männliche Bevölkerung so durch Idee und Literatur die weibliche Libertinage. In keinem Lande läßt der Mann es so offen und so fortgesetzt an Achtung den Frauen seiner Klasse gegenüber fehlen und nirgends bereitet er ihr einen schmachvolleren Ruf – bis unter die Kuppeln der Akademie. Ich aber behaupte mit Beweisen und Dokumenten in Händen, daß in keinem Lande die Frau fleißiger, geduldiger, sparsamer und erfinderischer ist, das häusliche Glück zu schaffen, daß sie nirgends anständiger ist, als in Frankreich. Welches Verdienst besitzt sie nicht? Kein Gesetz schützt sie, weder gegen die Verführung noch gegen das Verlassenwerden, noch gegen die kapitalistische Ausbeutung. In keinem Lande der Welt arbeiten die Frauen so viel in allen Berufsarbeiten und Gewerben, die ihnen zugänglich sind, wie in Frankreich. Ernst, Tatkraft und Charaktergröße fehlen den französischen Frauen nicht und wenn die Männer sie ihnen nicht zugestehen und sie von ihnen nicht fordern, so geschieht das, weil diese Eigenschaften bei ihnen selbst in der Abnahme begriffen sind.«

Danièle Lesneurs hat Recht, die Französin besitzt alle die guten Eigenschaften, die sie außerdem noch mit der liebenswürdigen Grazie ihres Volkes verbindet, aber das hätte man ausstellen sollen und gerade das findet man im »Palais de la femme« nicht. Die Französin des Bois de Boulogne und der Pariser Salons kennt das Ausland hinreichend und wird ihrer sogar überdrüssig. Es wäre ein edles Ziel der Frauen auf der Ausstellung gewesen, uns etwas von jedem besseren französischen Weibe zu zeigen, von dem Danièle Lesneurs spricht, das, wie ich wohl weiß, in der Majorität ist, das aber die Autoren der französischen Modernen ihren Lesern unterschlagen.

Maurice Rappaport, 1900

DIE CONCIERGE

Dichte Staubwolken erfüllen das Treppenhaus, energisches Kratzen die Stiegen: Herr und Frau Concierge reinigen Flur und Treppen.

Jedes Pariser Haus besitzt ein Pförtnerpaar. In den Augen des Eigentümers sind sie die Vertreter seiner hausherrlichen Gewalt, in denen der Mieter meist lästige Aufpasser und Spione, in ihren eigenen endlich die vielgeplagten Sklaven fremder Launen.

Réguier, Bettanier und Marlon (nach einem Gemälde von Ladreyet), Die Conciergenloge.

Im Volksmund heißen die Pförtnersleute le Pipelet, la Pipelette. Eugène Sue hat sie so getauft.
Niemand kennt die Mieter besser als Conciergen: Sie kontrollieren Aufstehen und zu Bettegehen, morgendlichen Ausgang und nächtliche Heimkehr. Sie stellen fest, wer sich einen neuen Früh-

jahrshut kauft, und wessen Winterrock fadenscheinig geworden. Aller Besuch fragt in ihrer Höhle an, ob du zu Hause bist, deine Briefe empfängt das Pförtnerpaar, dein Steuerzettel wird bei ihnen für dich abgegeben, und aus den, nach französischer Sitte unverschlossenen Zustellungen der Gerichte erfährt Familie Pipelet, ob dir eine Erbschaft oder eine Ehescheidung bevorsteht.

In den reichen Stadtvierteln wohnen Pipelets in einer Pförtnerloge, die Paradebett, Spiegelschrank, Vorhänge und Lehnsessel enthält. Der Mann, glattrasiert, die Frau, frisiert, tragen die korrekte Haltung der gens de grande maison zur Schau.

In den mittleren Bürgerhäusern wohnen Pipelets in einem engen Raum, der auch das Kochöfchen enthält, von allen Herrlichkeiten der Quartiers riches ist nur die herkömmliche Armoire à glace übrig geblieben.

Charakteristischer Zug: Pipelets essen sehr gut. Der Duft eines leckeren Ragout, eines lapin sauté steigt oft von ihrer Loge in das Treppenhaus.

Hausschlüssel sind in Paris unbekannt. Daher ist folgende Szene dort häufig: Nachts um 11 Uhr. Der Mieter (außen) klingelnd:

Concierge (in seinem Bett) aus Leibeskräften schnarchend.

Mieter: Ding, Ding, Ding. – Concierge: ch, ch, ch, ch...

Mieter: Ding, Ding, Ding. – Concierge: ch, ch, ch, ch...

Ein Besuch (der das Haus verlassen will), klopft an die Pförtnerloge: Cordon, s'il vous plaît.

Der Concierge (aufgeweckt), zieht an dem Draht (cordon), welcher die Haustür öffnet. – Eintretender Mieter, austretender Besuch rennen im Dunkeln gegeneinander.

Nachdem der Mieter seinen Namen gerufen, tastet er die Treppen hinan. Fünf Minuten vergehen.

Zweiter Mieter außen: Ding, Ding.

Concierge (mit einem Fluch) zieht den Cordon.

Es ist Madame Bigotte, die nach Hause kommt. Ihre leisen Schrittchen sind kaum zu hören.

Zehn Minuten Pause. Dritter Mieter außen: Ding, Ding.

Concierge (im Einschlafen): Ah, tu peux sonner... (dreht sich an die Wand).

Mieter: Ding, Ding, Ding. Concierge: pff, pff, pff, pff.
Mieter: Ding, Ding, Ding, Ding (immer lauter, schriller, ärgerlicher).
Die Frau Concierge, aus dem Schlaf geweckt, zieht zornentbrannt an dem Cordon und taucht, nachdem sie ihrem Gespons einen derben Puff versetzt, wieder unter die eheliche Bettdecke. – Frieden.
Conciergen wohnen zu ebener Erde. Die sieben Stockwerke, die sich über ihnen erheben, drücken auf sie, auf ihre Urteile und Meinungen. Conciergen sind meistens das Urbild des philisterhaften Kleinbürgers, mit ausgesprochenem instinct de propriétaire, einer Vorliebe für alle Autorität, vom Präsidenten der Republik bis zum Polizeisoldaten, und einer starken Abneigung gegen Bettler, Vagabunden und herumziehende Künstler.
Ihr Leitstern ist – ein Zwanzigfrankenstück.
Ihre Pförtnerlogen, Brutstätten der Berechnung und des Klatsches, der Sammelplatz des weiblichen Dienstbotenpersonals, Spinnstuben, in denen aus Fäden der Böswilligkeit nicht selten Nessusgewänder gefertigt werden.
Kaethe Schirmacher, 1900

PICASSOS BLAUE PERIODE

Ein kleines Bild, das ich aus Freude, ohne jede Gewinnabsicht, für zwei Francs erstanden hatte, war die Grundlage gewesen für mein bisheriges Pariser Leben. Im Jahre 1905 machte ich eine wichtigere Erwerbung, die größere Konsequenzen mit sich brachte. An der Ecke des Boulevard Rochechouart und der Rue des Martyrs hatte ein alter, dem Genusse roten Weines ergebener Mann einen Laden, in dem er Betten und Bettzeug verkaufte. Vor der Tür des Ladens aber hatte er, der ein Bilderfreund war, die Malereien unbekannter junger Maler zu wohlfeilen Preisen aufgestellt. Dort fand ich eine Leinwand, auf der ein weiblicher Akt mit gelbem Haar abgebildet war. Ich zahlte die zehn Francs, die man für dieses Bild verlangte, das mir sonderlich gefiel. Die Signatur des Namens, der mit einem P begann, war mir durchaus unbekannt. Meine Freunde im Café du Dôme fanden, daß es eine schlechte Cézanne-Nachahmung sei, und daß der betreffende Maler keine besonderen Gaben besäße. Ein paar Tage darauf lernte ich ihn kennen, in jener kleinen Kneipe des »Lapin Agile«, die damals, von öden, schlecht beleuchteten Grundstücken umgeben, aus der Höhe des Montmartre einsam in die Ebene blickte. Wir saßen alle am großen Mitteltisch und tranken Wein, ein paar Maler, Dichter, Literaten. Ein junger Mann deklamierte Verlaine. Da erzählte ich meinem Nachbarn von dem Ankauf des Bildes. Es fand sich, daß er selbst der Maler war, und er sagte mir, daß er Picasso hieße. Wir gingen nach Mitternacht alle hinunter. Da, zwischen den engen Mauern, tönte plötzlich ein Schuß. Picasso hatte ihn abgefeuert, aus Freude, einen Liebhaber seiner Kunst gefunden zu haben. Dieses war die einzige äußerlich bewegte Begegnung, die ich mit ihm hatte. Alle andern Male, wenn wir uns sahen, war es ein gemeinsames, langes Schweigen vor seinen Werken. So in den ersten Jahren, wenn ich morgens auf der Place Ravignan in dem alten, barackenhaften Hause erschien, wo er mit der schönen Fernande und einem großen gelben Hunde lebte. Er sprang dann schnell aus dem Bette, schlüpfte in eine blaue Arbeiterhose und stellte ein paar seiner Leinwände hin.

Diese waren das blaue Reich, in dem er lebte. Ein Hauch von Schwermut und Trauer lag über den Gestalten dieser Knaben, Harlekins, jungen Dichter und Mütter. Sie schienen die eigentlichen und melancholischen Bewohner dieses gespenstischen Hauses, über dem ein tragisches Schicksal lag. Ein Freund Picassos war dort früher durch ein Glasdach gestürzt und tödlich verunglückt. Ein junger deutscher Maler, der später dort wohnte, hatte sich im Haschischrausche am Fenster erhängt, nachdem er die kleine Monatsrente, die er von zu Hause erhielt, unter die Freudenmädchen der Umgebung verteilt hatte.

In der Rue Laffitte fing jetzt Sagot an, sich mit den Bildern Picassos zu beschäftigen. Bei ihm, und ein paar Schritte weiter bei Vollard, der schon früh eine Ausstellung gemacht hatte, sah man die schönsten Werke dieser blauen Periode. Als einer der ersten

Touchagues, Café du Dôme.

hatten ein amerikanischer Sammler, Herr Leo Stein, und seine Schwester Gertrude solche Bilder gekauft. Wir vom Dôme verbrachten die Samstagabende häufig in Steins Atelier, um die Sammlung zu betrachten. Er hatte schöne Stücke von Cézanne und Renoir und neben Picasso einen andern jungen Maler, Henri Matisse, der häufig anwesend war, in einem großen Renaissancestuhle saß und in japanischen Drucken blätterte. Er trug einen roten Bart und eine goldene Brille und erinnerte mich äußerlich an meinen Mathematiklehrer Glatz. Ich glaube aber nicht, daß dieses der Grund war, weshalb ich seiner Kunst immer etwas fern blieb. Ich war nicht unempfindlich gegen die kluge und geschmackvolle Gestaltung seiner Bildfläche, aber diese Verteilung des Aussehens eines Objekts auf der Leinwand befriedigte mich nicht; ich vermißte das innere Verbundensein mit dem Gegenstande, den ich erleben wollte.

Herr Stein war weniger ein Liebhaber von Bildern als ein Philosoph. Er war unermüdlich damit beschäftigt, »Ebenen« auf seinen Bildern zu konstruieren, und es war interessant, ihm zuzuhören. Er war der erste, der jene Bilder Picassos kaufte, die dieser unter dem Einflusse der Kunst wilder Völkerschaften schuf. Ich bekam zu Anfang des Jahres 1907 ein verzweifeltes Billett von Picasso, ich möchte ihn sofort besuchen; er quäle sich mit neuen Dingen, Vollard und Fénéon seien bei ihm gewesen, seien aber, ohne etwas verstanden zu haben, wieder fortgegangen. Ich fand bei ihm jene Riesenleinwand mit Frauen und Früchten, die ich jetzt bei Doucet wieder sah, einige Wochen vor dem Tode des berühmten Sammlers, und einige kleinere Bilder, alle unter dem Einflusse der Negerplastiken. Ich bin damals so wie die beiden andern von ihm fortgegangen, hatte Wochen nötig, um das Gefühl nachzuerleben, das Picasso in diese Bahn getrieben. Aber als ich die neue Sprache begriffen hatte, habe ich ihn auf dem Wege, da er um Großes rang, um den Sinn und die Gestaltung eines neuen menschlich-künstlerischen Fühlens und Wollens, da er von einer Welt verlacht und verhöhnt wurde, derselben, die ihn heute vergöttert, treu begleitet. Herr Leo Stein hatte ihn sehr bald nach den ersten Ankäufen aus jener Periode fallen lassen, da der Künstler nicht mehr den Anschauungen entsprach, die sich der Sammler von ihm gemacht hatte.

Wilhelm Uhde, 1905

DER HUT DER ANARCHISTIN

Ich habe das kleine Gefängnis in der Rue Cassette verlassen und genieße jetzt Luft und Licht und Raum im fünften Stock der Rue Madame und bin in Bälde damit fertig, mich zu akklimatisieren. Ich erlebe schon viel Schönes und merke, daß ich in Paris bin.
Eins muß ich Dir erzählen, was Dich und die Familie sehr ergötzen wird: Mein petit chapeau gris ist hier durchgefallen. Paris, das so viel ertragen kann und muß, konnte das Hütlein nicht ertragen. Jeder guckte mich an und lachte, sogar die vorbeifahrenden Droschkenkutscher riefen mir Witze nach. Es war gerade zwischen zwölf und ein Uhr mittags, wo die kleinen Ladenmädchen und Lehrjungen in Klumpen auf der Straße stehen, da wurde ich von ihren Lachsalven verfolgt.
Bei Durand-Ruel flüsterte der Portier dem Garçon zu: »c'est une anarchiste.« Schließlich flüchtete ich in das Innere eines Omnibus, wo mich doch nur eine beschränkte Anzahl Augen wahrnehmen konnte, fuhr nach dem Bon-marché und erstand mir eine Kopfbedeckung, die nun geduldet wird, die ich aber nicht leiden kann.
Und ich war so stolz auf meinen petit chapeau gris, und nun zwingt mich die böse Welt, ihn kaltzustellen.
Man ist hier überhaupt kolossal mokant. Auch im Atelier die Mädels werfen sich immer Blicke zu und kichern wie die Kinder. Dieses Volk hat etwas durch und durch Kindliches. Sie zanken sich gern, sind aber gleich wieder gut miteinander, können rabbeln, daß der Mund nicht stille steht, haben für das Naive und Gemütliche Geschmack usw.
Dann haben sie auch etwas Helfendes vom barmherzigen Samariter. So polterte mir heute auf der Straße mein Malkasten auseinander, alle Farben nach einer anderen Richtung. Da half mir eine Dame mit aufsammeln, obgleich es schneite und schmutzig war. Das würden hier viele tun.
Im Atelier ist es sehr komisch: lauter Französinnen, die sehr amüsant sind. Ich habe nur noch große Angst vor ihnen, weil sie so leicht lachen. Sie malen aber wie vor hundert Jahren, als ob sie die

H. Brispot, Plakat für den Kinematographen von Lumière.

Malerei von Courbet an nicht miterlebt hätten. Sie gehen nur in die Ausstellungen, für den prix de Rome, und das wird wohl in etwas besserer Qualität derselbe Dreck sein.
Eine Leinewand aber habe ich hier gefunden, die, glaube ich,

meine Leibleinewand wird. Meine Malerei sehen die andern sehr mißtrauisch an, und in der Pause, wenn ich meine Staffelei verlassen habe, dann stehen sie mit Sechsen davor und debattieren darüber.
Eine Russin fragte mich, ob ich es denn auch wirklich so sähe, wie ich das mache, und wer mir das beigebracht hätte.
Da log ich und sagte stolz: »Mon mari.«
Darauf ging ihr ein Licht auf, und sie sagte erleuchtet: »Ach so, Sie malen, wie Ihr Mann malt.«
Daß man so malt, wie man es selber sieht, das vermuten sie nicht.
Gestern zur Feier Deines Geburtstages habe ich ein Stilleben gemalt: Apfelsinen und Zitronen, die sehr lockten.
Und nun bin ich von ganzem Herzen Dein und denke an Deinen Rotbart in dieser großen Stadt und freue mich doch, daß ich ein bißchen fern von Dir bin, weil es dann um so schöner wird.
Paula Becker-Modersohn, 1905

GOTIK IN PARIS

In einem der Höfe des umfangreichen Komplexes, als der das Palais de Justice auf der Seineinsel, der Cité, sich erstreckt, liegt die Doppelkapelle Sainte Chapelle. Ein ganz köstliches und seltenes Kleinod, steht sie in ihrer etwas nüchternen und kahlen Umgebung. Hier erhob sich die erste Burg der französischen Könige, später tagte in ihm der erste Gerichtshof, das Parlament. Es ist ein mächtiger, aber nicht sonderlich schöner Bau, der, an das Ufer eines lauten und lebhaften Verkehrs gelagert, dieses kleine Wunder mittelalterlicher Architektur vor der Unrast des Alltags bewahrt. Merkwürdig: Paris hat fast kein nennenswertes Denkmal des romanischen Stils. Die eine Kirche St. Germain des Prés kann sich nicht entfernt mit den Werken am Rhein vergleichen; sie ist baugeschichtlich interessant durch die primitive und trotzige Wucht ihres Turmes, entbehrt aber jeder bezeichnenden Schönheit. Das Gesicht des alten Paris wird durch die Gotik ge-

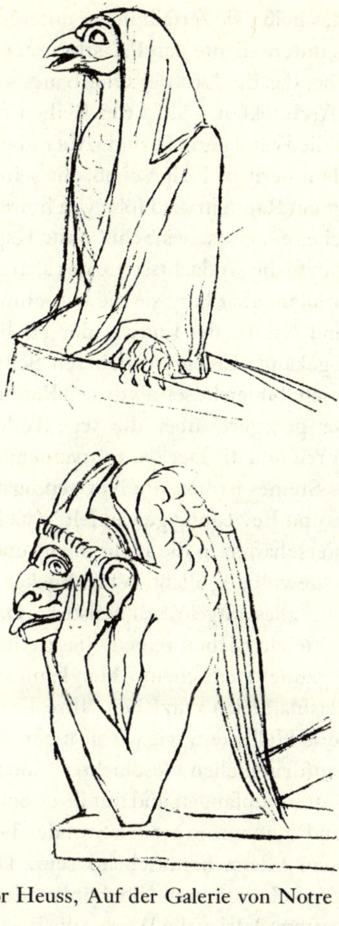

Theodor Heuss, Auf der Galerie von Notre Dame.

prägt, eine Gotik, die sich weniger zu der Monumentalität deutscher Dome sammelt, als sie ihren Reichtum in einer unsagbar zarten malerischen Durchbildung der typischen Formen zerstreut.

Darin ruht die zauberhafte Wirkung der Sainte Chapelle. Man kann sich nichts in ihrer Art Vollendeteres denken. Sie ist eine

Doppelkirche, das heißt, sie zerfällt in ein unteres und ein oberes Stockwerk. Das untere diente den Palastbeamten: ein einfaches, niederes Gewölbe, das die Last des Oberbaues – eine glückliche Erfindung des Architekten – auf zwei Reihen niederer Säulen legt, die nahe an die Wand gerückt sind. Aber über dem etwas gedrückten und dämmerigen Erdgeschoß mit seinen gedämpften Goldtönen steigt ein Raum in die Höhe von hinreißender Schönheit. Diese Kirche, ein einfaches Schiff ohne Kapellen, ist nicht sehr groß; sie bildete die Andachtsstätte des altfranzösischen Königshauses. Vor allem aber barg sie die vornehmsten Reliquien, Dornenkrone und Kreuz, die Ludwig der Heilige dem lateinischen Kaiser abgekauft. Einen köstlicheren Schrein konnte der fromme König nicht bilden lassen als diesen Raum. Es scheint, als ob der Künstler gezögert, über die segenvollen Heiligtümer Wände aufzuführen und die Decken zu spannen; mit dem schweren Material des Steines ist bis zum Notwendigsten gespart und alles ist zu Linie und Bewegung gewandelt. Zu einer Bewegung, die in den Fensterschäften in die Höhe steigt und sich zu einem ganz einfachen Gewölbe schließt. Vom Sockel abgesehen kein Stück Wandfläche: alles aufgelöst zu Fenstern. Das imponierende Beispiel einer mittelalterlichen reinen Glasarchitektur, die Jahrhunderte vorwegzunehmen scheint. Man kann sich nie der Wirkung früher Glasmalereien entziehen. Ihre Farben haben eine Reinheit, Glut und Helligkeit, wie wir sie nicht erreichen, und sie erzählen keine aufdringlichen Geschichten, sondern wollen nur das Licht der Sonne empfangen und mit ihrer Schönheit vermählen. Ich habe den Raum nur in grauen Stunden betreten, im Sonnenlicht muß sein Glanz berauschend sein. Die Formen der Durchgliederung und die rührende Schönheit der alten Plastiken sind von wahrhaftem Adel. Alle Worte, die dies Werk des Peter von Montereau zu schildern oder zu loben suchen, klingen dürftig und schal; seine überströmende Kraft und Kühnheit wirken gleich einer Offenbarung.

Die Weite und den Reichtum des Begriffs Gotik, den ein geschichtlicher Schematismus uns leicht zu einer kurzen Formel zusammendrängt, empfindet man sehr deutlich, wenn man sich auf kurzem Wege von der quellenden Pracht dieser Schloßkapelle zu der ernsten und gehaltenen Fassade von Notre Dame wendet. Jeder von uns trägt seit frühe ihr Bild mit sich. Aber es bedarf vor der Kathedrale selber einiger Zeit, bis man sich von einer gewissen Enttäuschung befreit. Die Monstrosität der horizontalen Turmabschlüsse muß vom Auge überwunden werden, bevor es die logische und klare Schönheit dieser Massengliederung begreift. Der Beginn des Baues, der sich durch zwei Jahrhunderte zieht, fällt um 1160. Die Gotik hatte noch nicht mit himmelstürmenden Linien die Horizontale der früheren Form völlig durchbrochen. Das verleiht dieser Fassade ihren breiten, fast gedrungenen Charakter. Sie ist in deutlich markierten Stockwerken, die auch das Innere zum Ausdruck bringt, aufgeführt; Portale, Rosette, Türme sind scharf gegliedert und scheinen weniger aus einem einheitlichen Rhythmus erwachsen als mit einem ausgesprochenen Gefühl für das Gewicht der Massen aufeinander gelagert. Dies macht die Front so übersichtlich und hebt das einzelne zu starker Bedeutung, ohne die Geschlossenheit zu stören.

Man kann von diesen Einzelheiten, die dem Ganzen sich fügen und organisch aus ihm hervortreten, ohne Abbildungen nicht reden. Die stilistische Zartheit der nur schmückenden gotischen Plastik läßt sich durch Schildern nicht zur Anschauung verdichten; sie darf ihrem Rahmen nicht genommen werden. In den wundersamen Giebelfeldern der Portale sind die menschlichen Bewegungsmotive noch recht vorsichtig und wenig zahlreich; eine naive Freude am Erreichten füllt sie mit einer primitiven Gleichartigkeit, in der das tastende Suchen nach Abwechslung unsere Sinne rührt. Aber die Begrenztheit des Könnens förderte den höheren Zweck der Einheit im architektonischen Ausdruck. Als die Plastik durch die Schule der Antike gegangen war und sich als selbständige Kunstform erneuert hatte, fand sie nur noch schwer den Weg zurück zu solch inniger Verbindung mit der Baukunst. Wir zumal sind dessen täglich Zeugen.

Das Innere der Kathedrale ist von großzügiger Einfachheit, und man hat alle Verunstaltungen der Jahrhunderte mit sorgendem Fleiß und Verständnis entfernt. Das Gefühl der Großräumigkeit

erscheint nicht so stark, wie man erwarten möchte; was überrascht und gewinnt, ist die schöne und reiche Entwicklung der einzelnen Bauglieder. Statt die Seele emporzureißen, führt sie das Auge zu reizvollen Durchblicken und Überschneidungen, die beim Weitergehen in mannigfaltigem und angenehmem Wechsel sich darbieten. Die Gewölbe stehen auf mäßig hohen, runden Säulen, deren Kapitelle mit Blattwerk geschmückt sind. Der Horizontale wird auch im Innern eine große Bedeutung zugestanden. Sie umrahmt die Empore der Galerie, die in einer Art Stockwerk den ganzen Bau umzieht. Mir ist deren liturgischer Zweck in einem katholischen Gotteshaus nicht klar geworden; aber dem Architekten gab sie eine Fülle malerischer und linearer Feinheiten. Ihre Helligkeit weitet den Ernst des Raumes.
Jeder Besucher von Paris ersteigt die Türme von Notre Dame, nicht allein, um sich an dem vergnüglichen und grotesken Bild zu seinen Füßen zu ergötzen – solche hohen Warten hat Paris mehrere –, sondern um den Spuk der steinernen Gespensterwelt da oben zu erleben. Auf der Brüstung des Stockwerks, wo die Türme von der Gesamtmasse weggehen, hockt allerhand Teufelszeug, das eine grandiose Phantasie erfunden und eine wuchtige, strenge Hand in den grinsenden Stein gebannt. Fabelhafte Tiere mit langen Schnäbeln, spitzen Krallen, mit unförmigen Ohren und verzogenen Mäulern, Teufel mit frommen Flügeln, Zwerge mit langen Bärten sitzen da und glotzen mit großen, bösen, lauernden Augen auf die Stadt. Es ist eine unheimliche Gesellschaft, zwischen der man die Galerie umwandert. Was wollte der Künstler, als er dieses sündhafte und grausige Volk auf der Höhe des heiligen Baues versammelte? Die ganze Hölle und die Gespenster der Tiefe scheinen hierher geflogen zu sein, um mit scheußlichen Fratzen über die fromme Menschheit zu triumphieren und ihrer zu spotten. Wer begreift die Angst oder den Hohn, die die Seele dieses Künstlers des Mittelalters erschütterten und durchwühlten? Ein Abgrund öffnet sich zwischen ihm und uns, und wir vermögen nur mit Scheu zu ahnen, nicht zu verstehen. Uns, denen die Leidenschaft jener frühen Schöpfer vor einer betrachtenden und erkennenden Kühle gewichen ist, bleibt, diese

Denkmale in ihrem künstlerischen Ausdruck zu bewundern. Sie sind, auch wenn wir von dem Zwingenden ihrer psychischen Kraft nicht reden, große und sichere Taten in der Kühnheit ihrer Stilistik. Das Material, dieser harte graue Stein, ist nicht in Schmuck und Weichheit verflüchtigt, sondern in feste, spröde Linien gepreßt, ohne daß die Lebendigkeit der Bewegung gehemmt wie so häufig. Man möchte – in gewissem Sinne – die Plastik der Notre Dame-Kirche geradezu dem heutigen Bildhauer vorbildlich nennen.
Theodor Heuss, 1906

RUE TOULLIER

So, also hierher kommen die Leute, um zu leben, ich würde eher meinen, es stürbe sich hier. Ich bin ausgewesen. Ich habe gesehen: Hospitäler. Ich habe einen Menschen gesehen, welcher schwankte und umsank. Die Leute versammelten sich um ihn, das ersparte mir den Rest. Ich habe eine schwangere Frau gesehen. Sie schob sich schwer an einer hohen, warmen Mauer entlang, nach der sie manchmal tastete, wie um sich zu überzeugen, ob sie noch da sei. Ja, sie war noch da. Dahinter? Ich suchte auf meinem Plan: Maison d'Accouchement. Gut. Man wird sie entbinden – man kann das. Weiter, rue Saint Jacques, ein großes Gebäude mit einer Kuppel. Der Plan gab an Val de Grâce, Hôpital militaire. Das brauchte ich eigentlich nicht zu wissen, aber es schadet nicht. Die Gasse begann von allen Seiten zu riechen. Es roch, soviel sich unterscheiden ließ, nach Jodoform, nach dem Fett von pommes frites, nach Angst. Alle Städte riechen im Sommer. Dann habe ich ein eigentümlich starblindes Haus gesehen, es war im Plan nicht zu finden, aber über der Tür stand noch ziemlich leserlich: Asyle de nuit. Neben dem Eingang waren die Preise. Ich habe sie gelesen. Es war nicht teuer.
Und sonst? ein Kind in einem stehenden Kinderwagen: es war dick, grünlich und hatte einen deutlichen Ausschlag auf der Stirn. Er heilte offenbar ab und tat nicht weh. Das Kind schlief,

der Mund war offen, atmete Jodoform, pommes frites, Angst. Das was nun mal so. Die Hauptsache war, daß man lebte. Das war die Hauptsache.

Daß ich es nicht lassen kann, bei offenem Fenster zu schlafen. Elektrische Bahnen rasen läutend durch meine Stube. Automobile gehen über mich hin. Eine Tür fällt zu. Irgendwo klirrt eine Scheibe herunter, ich höre ihre großen Scherben lachen, die kleinen Splitter kichern. Dann plötzlich dumpfer, eingeschlossener Lärm von der anderen Seite, innen im Hause. Jemand steigt die Treppe. Kommt, kommt unaufhörlich. Ist da, ist lange da, geht vorbei. Und wieder die Straße. Ein Mädchen kreischt: Ah taistoi, je ne veux plus. Die Elektrische rennt ganz erregt heran, darüber fort, fort über alles. Jemand ruft. Leute laufen, überholen sich. Ein Hund bellt. Was für eine Erleichterung: ein Hund. Gegen Morgen kräht sogar ein Hahn, und das ist Wohltun ohne Grenzen. Dann schlafe ich plötzlich ein.

Das sind die Geräusche. Aber es gibt hier etwas, was furchtbarer ist: die Stille. Ich glaube, bei großen Bränden tritt manchmal so ein Augenblick äußerster Spannung ein, die Wasserstrahlen fallen ab, die Feuerwehrleute klettern nicht mehr, niemand rührt sich. Lautlos schiebt sich ein schwarzes Gesimse vor oben, und eine hohe Mauer, hinter welcher das Feuer auffährt, neigt sich, lautlos. Alles steht und wartet mit hochgeschobenen Schultern, die Gesichter über die Augen zusammengezogen, auf den schrecklichen Schlag. So ist hier die Stille.

Ich lerne sehen. Ich weiß nicht, woran es liegt, es geht alles tiefer in mich ein und bleibt nicht an der Stelle stehen, wo es sonst immer zu Ende war. Ich habe ein Inneres, von dem ich nicht wußte. Alles geht jetzt dorthin. Ich weiß nicht, was dort geschieht.

Ich habe heute einen Brief geschrieben, dabei ist es mir aufgefallen, daß ich erst drei Wochen hier bin. Drei Wochen anderswo, auf dem Lande zum Beispiel, das konnte sein wie ein Tag, hier sind es Jahre. Ich will auch keinen Brief mehr schreiben. Wozu soll ich jemandem sagen, daß ich mich verändere? Wenn ich mich verändere, bleibe ich ja doch nicht der, der ich war, und bin ich etwas anderes als bisher, so ist klar, daß ich keine Bekannten

Eugène Atget, Alte Häuser, alte Straßen.

habe. Und an fremde Leute, an Leute, die mich nicht kennen, kann ich unmöglich schreiben.

Habe ich es schon gesagt? Ich lerne sehen. Ja, ich fange an. Es geht noch schlecht. Aber ich will meine Zeit ausnutzen.

Daß es mir zum Beispiel niemals zum Bewußtsein gekommen ist, wieviel Gesichter es gibt. Es gibt eine Menge Menschen, aber noch viel mehr Gesichter, denn jeder hat mehrere. Da sind Leute, die tragen ein Gesicht jahrelang, natürlich nutzt es sich ab, es wird schmutzig, es bricht in den Falten, es weitet sich aus wie Handschuhe, die man auf der Reise getragen hat. Das sind sparsame, einfache Leute; sie wechseln es nicht, sie lassen es nicht einmal reinigen. Es sei gut genug, behaupten sie, und wer kann ihnen das Gegenteil nachweisen? Nun fragt es sich freilich, da sie mehrere Gesichter haben, was tun sie mit den andern? Sie heben sie auf. Ihre Kinder sollen sie tragen. Aber es kommt auch vor, daß ihre Hunde damit ausgehen. Weshalb auch nicht? Gesicht ist Gesicht.

Andere Leute setzen unheimlich schnell ihre Gesichter auf, eins nach dem andern, und tragen sie ab. Es scheint ihnen zuerst, sie hätten sie für immer, aber sie sind kaum vierzig: da ist schon das letzte. Das hat natürlich seine Tragik. Sie sind nicht gewohnt, Gesichter zu schonen, ihr letztes ist in acht Tagen durch, hat Löcher, ist an vielen Stellen dünn wie Papier, und da kommt dann nach und nach die Unterlage heraus, das Nichtgesicht, und sie gehen damit herum.

Aber die Frau, die Frau: sie war ganz in sich hineingefallen, vornüber in ihre Hände. Es war an der Ecke rue Notre Dame des Champs. Ich fing an, leise zu gehen, sowie ich sie gesehen hatte. Wenn arme Leute nachdenken, soll man sie nicht stören. Vielleicht fällt es ihnen doch ein.

Die Straße war zu leer, ihre Leere langweilte sich und zog mir den Schritt unter den Füßen weg und klappte mit ihm herum, drüben und da, wie mit einem Holzschuh. Die Frau erschrak und hob sich aus sich ab, zu schnell, zu heftig, so daß das Gesicht in den zwei Händen blieb. Ich konnte es darin liegen sehen, seine hohle Form. Es kostete mich unbeschreibliche Anstrengung, bei diesen Händen zu bleiben und nicht zu schauen, was sich aus ihnen abgerissen hatte. Mir graute, ein Gesicht von innen zu sehen, aber ich fürchtete mich doch noch viel mehr vor dem bloßen wunden Kopf ohne Gesicht.

Ich fürchte mich. Gegen die Furcht muß man etwas tun, wenn man sie einmal hat. Es wäre sehr häßlich, hier krank zu werden, und fiele es jemandem ein, mich ins Hôtel Dieu zu schaffen, so

würde ich dort gewiß sterben. Dieses Hôtel ist ein angenehmes Hôtel, ungeheuer besucht. Man kann kaum die Fassade der Kathedrale von Paris betrachten ohne Gefahr, von einem der vielen Wagen, die so schnell wie möglich über den freien Plan dort hinein müssen, überfahren zu werden. Das sind kleine Omnibusse, die fortwährend läuten, und selbst der Herzog von Sagan müßte sein Gespann halten lassen, wenn so ein kleiner Sterbender es sich in den Kopf gesetzt hat, geradenwegs in Gottes Hôtel zu wollen. Sterbende sind starrköpfig, und ganz Paris stockt, wenn Madame Legrand, brocanteuse aus der rue des Martyrs, nach einem gewissen Platz der Cité gefahren kommt. Es ist zu bemerken, daß diese verteufelten kleinen Wagen ungemein anregende Milchglasfenster haben, hinter denen man sich die herrlichsten Agonien vorstellen kann; dafür genügt die Phantasie einer Concierge. Hat man noch mehr Einbildungskraft und schlägt sie nach anderen Richtungen hin, so sind die Vermutungen geradezu unbegrenzt. Aber ich habe auch offene Droschken ankommen sehen, Zeitdroschken mit aufgeklapptem Verdeck, die nach der üblichen Taxe fuhren: Zwei Francs für die Sterbestunde.
Rainer Maria Rilke, 1910

STREIK DER EISENBAHNER

Die Beamten der Nordbahn, die in der Frühe gegen 4 Uhr ihren Dienst antraten, hatten keine Ahnung, daß in der Nacht der Streik erklärt worden war. Im Innern des Bahnhofs begegneten sie einem starken Polizeiaufgebot und einer Kompanie Infanteristen, die sich in den Wartesälen einrichteten. Sie benützten den Tornister als Kopfkissen und versuchten, ihren gestörten Morgenschlummer fortzusetzen. Die Stationchefs eilten an die Telephone. Sie riefen eine Maschinenhalle nach der andern an. Keine Maschine konnte ausfahren. Die Lokomotivführer und Heizer des Frühdienstes waren ausgeblieben. Später trafen einige Züge ein, deren Führer den Streikbefehl noch nicht erhalten hatten. Die in Paris wohnten, stiegen von den Lokomotiven und entfernten sich. Die andern erklärten sich bereit, den Zug bis zu ihrer Heimatsstation zurückzuführen. Von den 50 Zügen, die bis zu dieser Stunde abgegangen sein sollten, waren nur 8 gefahren. Niemand wußte, wie weit sie kämen. In der Direktion der Nordbahn trafen verschiedene Meldungen ein, wonach in der Nacht eine große Anzahl Telegraphendrähte und Telephonanlagen zerstört worden waren.

2 Uhr nachmittags. Die Direktionsbeamten der Nordbahn haben sich zu einer dringenden Besprechung versammelt. Der Konferenz wohnen Abgesandte des Ministerpräsidenten und Polizeipräfekt Lépine bei. Man sagt, daß es im Beratungszimmer wild hergehe. Die Beamten der Gesellschaft gestehen, daß die Plötzlichkeit der Bewegung sie überrascht habe, und daß deshalb nicht alle nötigen Vorbereitungen getroffen worden seien. Lépine drängt auf eine gewaltsame Lösung des Konflikts. Man will versuchen, eine möglichst große Zahl Arbeitswilliger aufzutreiben. Die Mechaniker, die zurzeit in der Armee dienen, sollen schleunigst zusammengezogen und die Genietruppen zur Verfügung der Gesellschaft gestellt werden. Lépine will die Arbeitswilligen schützen und gegen die Streikenden, die die Arbeit zu stören versuchten, mit Gewalt vorgehen. Nach der Versammlung begibt sich der Polizeipräfekt auf den Bahnsteig. Die Züge setzen sich trotzdem nicht in Bewegung. 4 Uhr nachmittags. Meeting der Streikenden in der Arbeitsbörse. Toffin gibt bekannt, daß heute früh von 750 Lokomotivführern und Heizern nur 12 zur Arbeit kamen. Sie sind im Bahnhof eingesperrt und werden von der Gesellschaft verproviantiert. »Man wird ihnen ihre Frauen wegnehmen«, ruft jemand unter großer Heiterkeit. Es ist das erste Mal, daß man etwas von der Heiterkeit merkt, die die Pariser sonst in den schwersten Tagen nicht verläßt. Aber diesmal scheint die Stimmung im allgemeinen schlecht. Die Streikenden sind sich offenbar bewußt, daß ein Eisenbahnerstreik so ziemlich das Unpopulärste ist, das man sich denken kann. Deshalb haben sie auch sofort nach der Streikerklärung eine durch ihre Mäßigung auffallende Bekanntmachung erlassen, worin sie den Streik als eine bedauerliche, aber unabwendbare Handlung der Not-

wehr hinstellten... Nach Toffin nimmt der Syndikalist Le Guennic das Wort zu einer ruhigen, aber energischen Ansprache, worin er noch einmal alle die gescheiterten Vermittlungsversuche des Syndikats aufzählt und die Erwartung ausspricht, daß die Angestellten der andern Gesellschaften und der Straßenbahn der Bewegung schnell und entschlossen folgen. Tatsächlich versichern die Arbeitersekretäre der andern Gesellschaften, die einander auf der Tribüne folgen, daß sie bereit seien, ihrerseits in den Ausstand zu treten. Großen Eindruck macht der Sekretär der Bureaubeamten. Er sagt, daß die Bureaubeamten sich am längsten gesträubt haben und erst in den Verband der Eisenbahnsyndikate eintraten, als sie alle ihre Versuche, auf dienstlichem Wege eine Besserung der elenden Verhältnisse herbeizuführen, als gescheitert ansahen. Renault erscheint und wird mit tosendem Beifall begrüßt. Er ist der Führer der Angestellten der Staatsbahn, vor kurzem wegen einer als revolutionär bezeichneten Schrift aus dem Dienst entlassen. Er spricht für den Generalstreik. Endlich erhebt sich der Sekretär des Streikkomitees Lemoine, und langsam, eindringlich gibt er den Arbeitern, die ihm mit angehaltenem Atem zuhören, die letzten Ratschläge: Sie sollen nicht demonstrieren, um der bewaffneten Macht keine Gelegenheit zu geben einzugreifen. Sie sollen nicht trinken und ihre Groschen zusammenhalten; denn man weiß nicht, wielange der Streik dauert. Sie sollen nur auf ihresgleichen hören und keiner Alarmnachricht Glauben schenken, bevor sie nicht vom Syndikat bestätigt worden ist. Es handle sich darum, kalt und fest zu bleiben, deshalb sei es besser, wenn sie nur ihre eigenen Zeitungen lesen, die »Humanité«, die »Guerre Sociale«, die »Voix du Peuple« und die »Tribune de la Voie Ferrée«, das Organ ihres Syndikats. Der Streik werde solange dauern, bis die Forderungen der Arbeiter erfüllt seien. Aber die Arbeiter lehnten es auch jetzt nicht ab, mit den Gesellschaften zu verhandeln. Das Syndikat wünsche selbst, den Streik möglichst schnell zu beenden, doch würde es in einer Mobilmachung der Eisenbahner eine Ungesetzlichkeit erblicken, weil die Einberufung zur Fahne das gesetzlich gewährleistete Streikrecht faktisch aufhebe und die Freiheit eines jeden, zu ar-

Mario von Bucovich, Gare du Nord.

beiten oder nicht zu arbeiten, durch die Militärdiktatur ersetze. Und deshalb würden die Streikenden einem Mobilmachungsbefehl nicht Folge leisten.
Die Versammlung stimmt die »Internationale« an: ein tiefes rhythmisches Summen im ungeheuren Saal, ein Durcheinander von Takten, mehr eine Massenbewegung, als ein Gesang. Die Streikenden gehn in Gruppen die Treppe hinunter, aber an der Tür brechen sie den Gesang ab und zerstreuen sich über den Boulevard Magenta und die Place de la République.
8 Uhr nachmittags. In den Restaurants und Brasserien an der Gare du Nord herrscht großes Geschimpfe. Hunderte von Reisenden sind dort zusammengedrängt und führen um ihr Gepäck, das sich zwischen Biergläsern und halbverzehrten »Choucroutes garnies« auf den Tischen türmt, erregte Debatten, in denen teils die Streikenden vom Militär erschossen oder in ihren Soldatenuniformen gewaltsam auf die Maschinen gehoben werden, teils die eilig zusammenberufenen Abgeordneten die Regierung zu Boden schmettern. »Briand wird der erste sein, der entgleist!« ruft einer, wogegen eine Gruppe vorortlicher Krämer die Überzeugung ausspricht, daß für Briand der Moment gekommen sei, eine historische Größe zu werden. Draußen auf der Straße stehn viele Automobile aneinandergereiht. Die Chauffeure verhandeln mit den ungeduldigsten der Reisenden. Es ist die reinste Autobörse. Die Fahrt nach St. Denis kostet 30 Francs, die nach Chantilly 50, nach Compiègne 100, für 300 Francs kann man im Autotaxi nach Lille gelangen... Die »Eröffnung« war unbestimmt, aber gegen neun Uhr tritt eine Konsolidierung ein, die Tendenz wird ruhig. Die Preise sind durchweg um ein Drittel gestiegen. Ein Herr, der sich für Lille einschiffte, mußte 500 Francs bezahlen. Angesichts der allgemeinen Entrüstung beschließen die Chauffeure in einer eilig um das schnäpsebeladene Hufeisen einer Bar einberufenen Versammlung, die Preise nicht höher zu treiben, aber fest zu bleiben.
Die Papiere der Nordbahngesellschaft fallen, und die Preise der Lebensmittel steigen. Die Abendblätter predigen ruhig Blut. Sie

versichern, daß die Regierung mit allen Mitteln für die Regelmäßigkeit der Lebensmittelzufuhr sorgen wird.

10 Uhr abends. Versammlungen überall. Die Angestellten der Nordbahn beraten in der Arbeitsbörse, die der Staatsbahn in der Rue Pouchet. Die Arbeiterausschüsse der Mittelmeerbahn und der Orléansbahn bereiten die Versammlungen für morgen früh vor, in denen, wie alle Führer übereinstimmend meinen, der Generalstreik beschlossen werden wird. Unterdessen strömen die Arbeiter der Staatsbahn aus dem Syndikatsgebäude der Rue Pouchet. Sie kommen mit glänzenden Gesichtern. Die Versammlung hat für den sofortigen Streik gestimmt. Auf die Frage, warum sie im Gegensatz zu ihren Kameraden der Nordbahn so vergnügt seien, antworteten sie: »Es wäre nicht so schnell zum Streik gekommen bei uns, wenn die von der Nordbahn uns nicht mitgerissen hätten. Wir fürchteten uns anzufangen und allein zu bleiben. Aber so!«

Der ganze Generalstab des Allgemeinen Arbeiterverbandes, der am Kongreß in Toulouse teilnahm, hat die Arbeiten abgebrochen und ist nach Paris gefahren. Er wurde an der Gare d'Austerlitz von einem Führer der Eisenbahnarbeiter empfangen. Man sah den Generalsekretär des Allgemeinen Arbeiterverbandes Jouhaux mit dem Eisenbahner tuscheln, indes die andern Herren sich in respektvollem Abstand hielten. Dann erklärte Jouhaux: »Famos, es geht wie geschmiert«, und alle eilten kampflustig aus dem Bahnhof.

Das Streikkomitee ist in geheimer Sitzung zusammengetreten.

2 Uhr nachts. Das »Comité central de grève« hat den Generalstreik der Eisenbahner verkündet.

René Schickele, 1910

SEHNSUCHT NACH PARIS

Wenn durch den Abend Frankreichs, der der Weiße
Der Königslilien ihres Wappens gleicht,
Wie Honig süß, der Sonnentag, der heiße,
›In honiggelbe Himmel ferne‹ weicht,

Dann zittern von Montmartre viele Glocken,
Und grüßen ihn und seinen goldnen Glanz.
Doch auf Paris, der alten Schönen Locken,
Glühn rote Wolken wie ein Hochzeitskranz.

Halb März, halb Herbst, voll trauriger Essenzen,
Wer je den Wind in seine Lungen trank,
Wenn rot die Türme Notre Dames erglänzen,
Er ist nach dir vor wilder Sehnsucht krank.

Dein Taumelkelch, umwunden schwarz mit Rosen,
Nachtschattengift erschüttert ihm das Blut,
Und westwärts schaut er ›immer‹, wo ihn kosen
Die Winde Frankreichs mit verhaltner Glut.

Paris, Mutter der Kunst, und jeder Größe
Die wie der Sieg auf deiner Stirne schwebt
Und deiner altersgrauen Schläfe Blöße
In einen Wald von Lorbeer stolz begräbt,

Wo tief in deinem Schoß im Sarkophage
Vom Fittich seiner Adler überwacht,
Der Kaiser schläft, und leise Totenklage
Im Dome wandert durch die Mitternacht,

Wo wie ein Wald die alten Fahnen stehen,
Die durch Ägypten trug die Legion.
Sie rauschen manchmal noch, die Tücher wehen
Wie Küsse sanft ›um‹ deinen toten Sohn.

Doch morgens brennt im Osten auf der Seine
Im Häusermeere wie ein Sturm-Fanal
Im Mastenwald, im Meer der schwarzen Kähne
Die Sonne blutig, wie ein großer Gral

Eugène Atget, Boulevard de Clichy.

Vom roten Wein gefüllt bis an die Borde,
Vom Wein der Freiheit, der das Herz beschwört,
Und auf der weiten Place de la Concorde
Aus Dantons Mund der Städte Zorn empört.

O großer Tag, da rote Donner grollten
Auf deiner Stirn, und blutig, fett und feist,

Des Königs armes Haupt im Sande rollte,
Großes Paris, das altert und verwaist,

Noch blühn im Sommer deine Boulevards
Mit Linden voll, und zittert noch im Licht
Das Elysée, wenn auf den Champ de Mars
Sich zwischen Wagen drängt die Menge dicht

Und Abend sinkt, wie Veilchen träumerisch,
Wie Veilchen welk. Der hohen Linden Duft
Weht von der Seine Ufern her, die frisch
Der Abendwind bewegt in lauer Luft.

Dann ziehn im Strom der bunten Boote viel
Am Park Vincennes vorbei, mit Immergrün
Den Mast umkränzt, und den gewundnen Kiel,
Wo, klein wie Sterne, rote Lampen glühn,

Aus niederen Spelunken schallt ein Lied,
Auf grauen Stirnen liegt der Lampe Licht
In kleinen Fenstern, die mit Laub umzieht
Ein Weinspalier, das sich im Wind verflicht.

Den Fluß hinab, durch Park und Sommergarten.
Korndampfer schaukeln in den Häfen breit,
Wo Dirnen stehn. Auf ihrem Munde warten
Die Küsse, kalt, voll herber Bitterkeit.

Doch über dir, Paris, und deiner Pracht,
Die im Verblühen noch die Brüste spreizt,
Weit über dir, und der erwachten Nacht,
Die mit Laternenschein die Straßen beizt,

Weit über deinem Haus der Invaliden,
Des schwarzes Totenmal vorüberzieht,
Glänzt wie das Bernsteintor der Hesperiden
Des Abendgottes goldnes Augenlid.

Georg Heym, 1911

IN DER MÉTRO

Die Métro schien mir damals sehr leer, besonders wenn ich es mit jener Fahrt vergleiche, als ich krank und allein zum Rennen gefahren bin. Das Aussehen der Métro unterliegt auch abgesehen vom Besuch dem Einfluß des Sonntags. Die dunkle Stahlfarbe der Wände überwog. Die Arbeit der die Waggontüren auf- und zuschiebenden und dazwischen sich hinein- und herausschwingenden Schaffner stellte sich als eine Sonntagnachmittagsarbeit heraus. Die langen Wege zur Correspondance wurden langsam gegangen. Die unnatürliche Gleichgültigkeit der Passagiere, mit der sie die Fahrt in der Métro hinnehmen, wurde deutlicher. Das Sich-gegen-die-Glastüre-Wenden, das Aussteigen einzelner an unbekannten Stationen weit von der Oper wird als launenhaft empfunden. Sicher ist in den Stationen trotz der elektrischen Beleuchtung das wechselnde Tageslicht zu bemerken, besonders wenn man gerade heruntergestiegen ist, merkt man es, besonders dieses Nachmittagslicht, knapp vor der Verdunkelung. Die Einfahrt in die leere Endstation der Porte Dauphine, Menge von sichtbar werdenden Röhren, Einblick in die Schleife, wo die Züge die einzige Kurve machen dürfen nach so langer gradliniger Fahrt. Tunnelfahrten in der Eisenbahn sind viel ärger, (hier) keine Spur von der Bedrückung, die der Passagier unter dem wenn auch zurückgehaltenen Druck der Bergmassen fühlt. Man ist auch nicht weit von den Menschen, sondern eine städtische Einrichtung, wie zum Beispiel das Wasser in den Leitungen. Das Zurückspringen beim Aussteigen, mit dem dann folgenden verstärkten Vorgehen. Dieses Aussteigen auf ein gleiches Niveau. Meist verlassene kleine Schreibzimmer mit Telefon und Läutewerk dirigieren den Betrieb. Max schaut gern hinein. Schrecklich war der Lärm der Métro, als ich mit ihr zum erstenmal im Leben vom Montmartre auf die großen Boulevards gefahren bin. Sonst ist er nicht arg, verstärkt sogar das angenehme ruhige Gefühl der Schnelligkeit. Die Reklame von Dubonnet ist sehr geeignet, von traurigen und unbeschäftigten Passagieren gelesen, erwartet und beobachtet zu werden. Ausschaltung der Sprache aus dem Verkehr, da man weder beim Zahlen noch beim Ein- und Aussteigen zu reden hat. Die Métro ist wegen ihrer leichten Verständlichkeit für einen erwartungsvollen und schwächlichen Fremden die beste Gelegenheit, sich den Glauben zu verschaffen, richtig und rasch im ersten Anlauf in das Wesen von Paris eingedrungen zu sein.

Die Fremden erkennt man daran, daß sie oben, schon auf dem letzten Absatz der Métrotreppe, sich nicht mehr auskennen, sie verlieren sich nicht wie die Pariser aus der Métro übergangslos in das Straßenleben. Auch stimmt beim Herauskommen die Wirklichkeit erst langsam mit der Karte überein, da wir auf diesen Platz, wo wir jetzt nach dem Heraufkommen hingestellt sind, niemals zu Fuß oder zu Wagen gekommen wären, ohne Führung der Karte.

Die Erinnerung an Spaziergänge in Anlagen ist immer schön, Freude daran, daß es noch so hell ist, aufpassen, daß es nicht rasch dunkel wird, davon und von der Müdigkeit ist Gangart und Herumschauen beherrscht. Die straffe Fahrt der Automobile auf der großen glatten Straße. Das rotgekleidete Orchester, das im Lärm der Automobile im kleinen Gartenrestaurant unhörbar nur zum Genuß der nächsten Umgebung auf den Instrumenten arbeitet. Nie gesehene Pariser führen einander an der Hand. Verbranntes erdfarbenes Gras. Männer in Hemdärmeln mit ihren Familien im Halbdunkel der Bäume, zu denen der Zutritt schon vorher verboten war. Hier war das Fehlen der Juden am auffallendsten. Der Rückblick zur kleinen Dampfbahn, die sich aus einem Karussell abgewickelt und weggefahren zu sein scheint. Der Weg zum See. Meine stärkste Erinnerung vom ersten Anblick dieses Sees ist der gebeugte Rücken des Mannes, der, zu uns ins Boot, unter das gespannte Tuchdach geneigt, uns die Fahrkarten reichte. Wahrscheinlich infolge meiner Sorge um die Karte und meiner Unfähigkeit, den Mann zu einer Erklärung zu zwingen, ob das Boot den See umfahre oder zur Insel übersetze und ob es Haltestellen habe. Deshalb habe ich mich so in ihn verschaut, daß ich ihn manchmal allein über den See gerade so stark, aber ohne Boot gebeugt sehe. Viele Leute in Sommerkleidern auf der Landungs-

Germaine Krull, Métrostation.

stelle. Boote mit ungeschickten Ruderern. Niedriges Seeufer ohne Geländer. Langsame Fahrt, erinnert mich an Spaziergänge, die ich vor einigen Jahren jeden Sonntag allein gemacht habe. Herausziehen der Füße aus dem Wasser auf dem Bootsgrund. Beim Anhören unseres Tschechisch Erstaunen der Passagiere, sich mit derartig Fremden in ein Boot gesetzt zu haben. Viele Menschen auf den Abhängen des Westufers, eingepflanzte Stökke, ausgebreitete Zeitungen, Mann mit seinen Töchtern flach im Gras, wenig Lachen, niedriges Ostufer, bei uns schon seit langem abgeschaffte Wegbegrenzung aus kleinen, aneinandergefügten gebogenen Hölzchen, geeignet, Schoßhündchen vom Rasen abzuhalten, ein wilder Hund läuft über die Wiesen, ernst arbeitende Ruderer mit einem Mädchen in ihrem schweren Boot. Ich lasse Max besonders einsam bei einer Grenadine im Dunkel am Rande eines halb leeren Cafégartens, wo nahe eine Straße vorübergeht, die wieder von einer andern unbekannten förmlich flüchtig gekreuzt wird. Automobile und Wagen fahren von dieser dunklen Kreuzungsstelle in noch wüstere Gegenden. Ein großes eisernes Gitter gehört vielleicht zum Verzehrungssteueramt, ist aber geöffnet und läßt jeden durch. In der Nähe sieht man das grelle Licht des Lunaparks, das die Unordnung dieses Halbdunkels vergrößert. So viel Licht und so leer. Auf dem Weg zum Lunapark und zu Max zurück stolpere ich vielleicht fünfmal.
Franz Kafka, 1911

EIN VERLORENES IDYLL

Wenn der Abend sich auf die Stadt senkt und der Himmel unsichtbar wird, als schlösse er wie ein Laden zur Feierabendstunde seine Läden, verlasse ich mein Zimmer und streife durch die Volksquartiere des Temple und der Bastille.
Eine Zeitlang verlockten mich die vornehmen Viertel hinter der Oper, aber sie sind nur elegant und langweilig. Das Leben zieht sich in ihnen schon hinter die Häuser zurück; in ihnen werde ich nicht mehr an die große Materialität des Daseins erinnert, nicht

an die Arbeit und den Unterhalt, nicht an den harten Zwang des Tages.

In den Volksquartieren sind Haus neben Haus Läden.

Die Läden sind eng, manchmal so eng, daß man sich nicht in ihnen umdrehen kann, denn sie sind nur ein Verschlag in einem Hausgang, ein abgezwungenes Winkelchen einer Straßenecke, in dem eine Frau, in ihren Schal vermummt, auf einem Schemel sitzt und den Kartoffeln die Augen aussticht, um sie in einem riechenden Fett zu braten und dann für einen Sou in einem Zeitungsfetzen an einen hungrigen Lehrbuben, einen rußigen Arbeiter zu verkaufen.

Im Fleischerladen steht der Mann und hackt die Knochen auseinander, und sein Weib sitzt im Kontor und läßt prüfend die Geldstücke auf der Marmorplatte klingen.

In den Bäckerläden lehnen an allen vier Wänden ganz lange und ganz schmale Brote in Reih und Glied.

In einer Garküche flammt ein mächtiges Feuer und sieben Hühner zischen an einem Spieß.

In den Charcuterien ringeln sich Bratwürste wie gefleckte Schlangen auf einem runden Weidendeckel.

In einer muffigen Bude steht ein alter Jude und bietet alles feil, was Menschen gebraucht haben.

In einem Bücherverschlag verkauft ein Bursche Kolportagehefte, die schon durch zehn Hände gegangen sind.

Alle Läden gehen bis auf den Bürgersteig hinaus; der Fleischstükke, der Grünwaren, der getrockneten Fische, die aus Island kommen, der Käse, der Stiefel, der Tuchreste sind gigantisch viele, und es ist wie im Schlaraffenland, nur mit dem Unterschied, daß für einen Armen nicht ein Bröselchen abfällt.

Die Menschen hasten. Sie fahren in Kutschen, in Omnibussen, in Dampfwagen, auf Rädern und Karren; wenn man stehen bleibt, zittert der Boden, den die Untergrundbahnen durchrasen.

Jämmerliche Mütter tragen halbtote und kranke Kinder auf den Armen; die Kokotten schreiten geschminkt, wiegend und beutelüstern aus den Seitengassen in die Lichter des Fahrdammes; ein Stelzfuß späht lange Zeit aus, um die Straße überschreiten zu

können; der Agent dirigiert mit dem weißen Stab den Verkehr, der sich verfilzt und unentwirrbar erscheint.
Viele Gesichter sind gemein, gereizt und abgespannt – es ist keine Freude in ihnen und das Leben ist hart. Aber einige tragen Züge, die von Ernst und Menschlichkeit sprechen, und allen diesen Leuten gebührt Achtung, denn sie arbeiten.
Vor einer kleinen Druckerei bleibe ich stehen und sehe zu, wie Visitenkarten und Geschäftsempfehlungen gedruckt werden.
Eine saubere, intelligente Maschine, die auch ich verstehe, hat drei Walzen, die über eine Farbfläche laufen; die Buchstabenfläche senkt sich nach vornen und schmiegt sich mit einem sanften Druck für eine Sekunde an ein weißes Stück Papier, dann tritt sie zurück, und das Papier ist mit schwarzen Zeilen bedeckt.
Ein junger Bursche steht vor der Maschine und bedient sie. Es ist in seiner Haltung etwas, das mich rührt.
Es läßt sich schwer beschreiben, es ist etwas Ruhiges und Würdiges, und die Würde ist nicht streng – es ist die richtige Haltung, die man bei der Arbeit haben muß. Die Arbeit gibt ihm selber Brot und dem, der sie bestellt hat, Nutzen.
Es ist eine Auffassung, die nicht mehr in die Weltstadt paßt; die Weltstadt hat das Persönliche aufgehoben und kennt nur noch die Bestellung, die durch viele Hände geht: sie läßt unlustig werden.
Er macht eine Wendung, und ich sehe auch sein Gesicht; es ist sanft und trotzig.
Der Bursche erinnert an einen jungen Meister, wie sie in vergangenen Jahrhunderten in einer deutschen Reichsstadt lebten und bei der Arbeit vor dem Amboß, dem Leisten, sich mit einem bescheidenen Selbstgefühl der festen Grenzen ihres Lebensbezirkes bewußt waren.
Gewiß sahen so die Drucker der Humanistenzeit aus, die wohl fühlten, daß sie mit ihren geschwärzten Händen Wissen in die Welt trugen.
Aber heute ist das nur ein verlorener Posten.

Otto Flake, 1917

VOM ERSTEN WELTKRIEG ZUR VOLKSFRONT

Seit dem 7. Dezember soll die Pariser Börse wieder geöffnet sein. Ob diese Öffnung und die Kurse, die täglich jetzt in den Zeitungen gegeben werden, nicht einen nur rein demonstrativen Wert haben? Die Fenster der Banken hängen voll großer Plakate, in denen die Bank sich anbietet, bei der Veräußerung von Werttiteln behilflich zu sein oder auch andere finanzielle Arbeiten nebensächlicher Art zu machen. Wenn man früher auch nur von fern an diese Gegend streifte, die Rue Vivienne oder die Rue du 4 Septembre oder die Rue de la Banque heraufkam, so war unversehens das ganze Viertel voll von einem geheimnisvollen barbarischen Gebrüll, als kämen auf einmal mit den Schreien des Urwalds verborgene Heere durch die Gassen gerast. Und dann stand man auf einmal erschrocken vor der Börse und sah auf den breiten Treppen und unter den Säulenhallen den wilden, verwahrlosten Ameisenhaufen von Leidenschaft durchkreuzt und in Leidenschaft brandend, stampfend, rasend, brüllend um Glück und Geld tanzen.

Und jetzt kam ich hin. Die Treppen waren leer. Keine Stimme wurde laut, die Türen öffneten sich nicht, kein Mensch stieg die Treppen hinauf oder herab. Trotzdem war Börsenzeit, und abends stand in den Blättern unter »Bourse de Paris«:

»Der Eindruck, den man von der Gesamtheit der Geschäfte bekommt, die man jetzt vornimmt, ist sehr zufriedenstellend ...« usw., und verfolgt man dann den Wechsel der Werte durch die Tage, so sieht man doch Leben in den Werten, freilich und besonders für die französischen Renten ein absteigendes, während der »Sieg von Lodz«, der die Russen 150000 Tote und 130000 Gefangene kostete, die russischen Werte trieb. Wobei man zwischen der Zuverlässigkeit der französischen Kriegsberichterstattung oder dem demonstrativen Schein der augenblicklichen Geschäfte an der Pariser Börse wählen mag. Diese Art von Börse scheint mir mehr Renommisterei zu sein!

Man braucht ja auch nur die trostlosen Reden über die Lage des französischen Geschäftes zu hören oder durch die Straßen zu ge-

Eugène Atget, Ladenschild.

hen. Alles, was früher den Reiz der Auslagen in den Geschäften machte, dies vielfach pikante Erneuernde in allen Zweigen fehlt vollständig. Die Auslagen sehen aus, als ob überall Ausverkauf jenes Sammelsuriums von Dingen wäre, die durch Jahre sich in Ablegekästen ansammeln. Außer einem Plakat für Biskuite, auf dem die landläufige Darstellung eines rothosigen Infanteristen ist, sieht man an Plakaten nichts, das Anschluß an die laufende

Zeit genommen hätte. In den Untergrundbahnhöfen sind viele große Fächer leer. Die Plakatsäulen sind in ihrer größten Fläche für Bekanntmachungen des Kriegsministeriums reserviert, die nie erfolgen. Sollten dort die Siege angeschlagen werden? Da die Franzosen ihre Siege aber immer erst sechs Wochen, nachdem sie erfochten wurden, feststellen, so wie es mit dem berühmten Sieg an der Marne geschah, der plötzlich Anfang November entdeckt wurde und seitdem täglich in allen Zeitungen unter dem Titel »Der Sieg an der Marne vom 12. September« gepriesen wird, so denkt sich der Kriegsminister wahrscheinlich, daß die Litfaßsäulen, die der Aktualität dienen, zu solchen Kundmachungen ungeeignet sind, und läßt den Raum leer. Alle deutschen Reklamen sind natürlich aufs sorgfältigste weggesäubert.
Wieviel Geschäfte liegen brach! Jeder vierte Laden ist geschlossen, und wenn nicht alles von Inschrift drauf ausgetilgt ist, wie es bei den zahllosen deutschen Geschäften gemacht wurde, so steht drauf: »Wegen Mobilisierung geschlossen«, meist von irgendeiner schwatzhaft bombastischen vaterländischen Bemerkung begleitet.
Besonders bös mitgenommen ist die Rue Lafayette. In ihr herrschte bis zum letzten August der Edelsteinhandel der Welt. Er war eigentlich in österreichischen Händen. Jetzt sieht man nur noch die Schraublöcher der Firmenschilder und die berühmten Namen: L. Rosenthal Frères, Chr. Caesar et Fils, Strauß, M. Schalom, Sachs, Schrof, Lindemann sind hinausgeschmissen worden. Die ehemalige Brasserie Viennoise, bekannter unter dem Namen »Café Fritz«, in der sich ein starker internationaler Niederschlag dieses Handels unter den gutturalen Klängen der Sprache Galiziens vollzog, ist verlassen von den sonderbaren Erscheinungen von früher. Sie hat ihren gefährlichen Namen in »Brasserie des Diamantaires« umgewandelt, man erkennt den frisch aufgemalten Namen, und zeigt aufdringlich ihre gute französische Gesinnung durch Plakate an, auf denen sie täglich die Zahl der Suppen verzeichnet, die sie den Armen von Paris spendet und die Perle und Rubin, Smaragd und Brillanten ersetzen.
Es ist die Zeit des Spielzeugs! Weihnachten und Neujahr stehen

vor der Tür. Bis zum Krieg war das Spielzeug deutsch, jetzt ist es armselig und gelangt nicht über Blechkanönchen, Bleisoldaten und zum Kinderkörper reduzierte Uniformen hinaus. Man sieht wenig von ihm. Die Galeries Lafayette, die die Straße abschließen, zeigen in einem Fenster eine Schlacht, die von französischen und englischen Puppen gewonnen wird, da sie nicht von französischen und englischen Soldaten gewonnen werden kann. Die Magasins du Louvre öffnen erst um halb zehn und schließen schon um halb sieben und sind den Tag über leer und öde, bis gegen Abend sich einiges vom Strom der Einkäuferinnen hinein verliert. Auch hier wird aus denselben Gründen eine Puppenschlacht gewonnen. Das Fenster ist dicht umlagert. Man kommt kaum heran. Eine Frau drückt sich durch, eine Handwerkersfrau wohl aus der Rue du Faubourg St. Antoine, und wie sie sieht, was es ist, sagt sie laut, halb unwillig, halb wegwerfend: »O, c'est toujours la guerre!« Ein Teil dieses Kaufhauses beherbergt ein großes Lazarett.

In keinem Geschäft sieht man jene zahllosen und anlockend praktischen Verpackungen, die für die Soldaten im Feld bestimmt sind, wie sie seit langem die deutschen Schaufenster füllen. Nur Potin verkauft etwas Ähnliches, einen Korb mit einigen Eßwaren und Wein für fünf Franken. Er war eigentlich nur für »Etrennes« bestimmt. Aber die Pariser kommen nicht zu sich vor Begeisterung über diesen Fünf-Franken-Korb. Am meisten imponiert ihnen der billige Preis für diese Fülle von guten Dingen. Ob sie ihn kaufen?

Was aber am meisten auffällt, ist, daß in den Ausstattungsgeschäften militärische Dinge fast ganz fehlen. Wohl sieht man hier und dort schwarze, wasserundurchdringliche Schlafsäcke und dergleichen. Aber die Fülle von praktischen Dingen aller Art, wie Schuhwerk, Unterzeug, pelzgefütterte Joppen, wasserdichte Unterkleider, Westen, Wollhauben, Lungen-, Knie- und Pulswärmer, Kochgeschirre, wie sie Deutschland und auch London seinen Soldaten herstellt, sind in Paris kaum zu finden. Das einzige, was sie an Neuem vertreiben, sind Schuheinlagen und wasserdichte Brust- und Rückenschützer aus Papier. Was doch

schließlich als eine etwas zweifelhafte Sache erscheint. Die Papierschuhe wenigstens, die ich mir zur Probe kaufte, waren geliefert, bevor ich Paris verließ. Daß es nun Winter wird, sieht man in den Schaufenstern von Paris und Frankreich, die sich mit soldatischen Dingen befassen, überhaupt nicht.
Norbert Jacques, 1914

ODE AN PARIS

Paris, du glückliche Modistin im Mittag der Zeiten
Dein blauweißroter Sommerhut bewimpelt die Welt –
Wie brennt der Juli aller Bastillen dir!
Indes von Lorbeerhainen beschattet
Schweigt das versunkene Aisne-Tal

Wie züngeln die Flammen der Garde Républicaine
Die Marseillaisen steigen in den Himmel
In Landauern die tadellosen Fräcke
Auf schweifigem Pferd der Marschälle Macht:
O Dreigestirn der goldenen Medaillen!

Ich aber bin dein unsichtbarer Gast
Aus tausendjährigen Räumen alten Leidens:
Es fährt die rote Hochzeit der Völker zum Bürgerbankett
Hoch über mich Einsamen hin

Ich seh das Leuchten deiner Triumphe nicht
Nicht Schwalben um den Eiffelturm noch den Aufruhr der Fahnen
Nicht die Puppen Japans noch die Negertamboure
Wie sie durch alle Kinos grinsen werden –
Ich halte Parade der Toten.

Hut ab! Aus Unterwelten steigt der Blutsoldat
Die Knie in die Gräber gerammt
Den halben Kopf als Meteor gespritzt über Verdun –

(Und die andere Hälfte an pfirsichem Mädchenbusen)
Revolverhände zerknüllen die Sterne
Hut ab vor ausgeweinten Witwen an den Fenstern –

Der Präsident hält den Zylinder hin
Und sammelt goldne Hurras für die Republik
Doch hinter seinen grellen Generalen
Schwebt unerkannt und ohne Marschmusik
Gigantenhaft auf ungelenken Gäulen
Ein andres graues Heer:
Debout les morts!

Iwan Goll, 1918

PARISER EINDRÜCKE

Frankreich galt von jeher als das Mekka der deutschen Künstler. Dort holte man sich den wahren Schliff als Maler. Die großen Talente, die dort lebten und arbeiteten, zogen viele fremde Kunstschüler an, ganze Dynastien von Malern holten sich ihre künstlerische Bildung dort. Meister, wie Thomas Couture bildeten direkt Berühmtheiten aus und wurden als Lehrer in der ganzen Welt gerühmt und gefeiert. Erfolgreiche Schulen entstanden und

große Begabungen die aus ihnen hervorgingen, verliehen ihnen Ansehen und Namen. So gelangte Paris allmählich in den Ruf des Kunstzentrums der Welt. Und wer den wahren Geist der Malerei, die letzten Feinheiten der »peinture« sich aneignen wollte, ging dorthin. In Paris entstanden die letzten großen Bewegungen: die der Impressionisten mit ihrem Stab blendender Talente, die Schule von Fontainebleau, später der Kubismus und der Futurismus usw., die überall in der Welt enormen Einfluß auf die jüngeren und manchen älteren Künstler ausübten. Kein Wunder, daß man Paris und seine ganze Atmosphäre, die offenbar doch den Künsten so günstig war, in den Himmel hob.
Heute nach den langen Jahren der Absperrung, der Zeitungslügen und der Inflation – gibt es wieder eine ganze Anzahl von Künstlern und literarischen Commisvoyageurs, die nach Paris pilgern in dem alten romantischen Vorurteil ins Mutterland des wahren Geistes zu kommen und die mit allerlei Einführungs- und

Empfehlungsschreiben die dortigen Ateliers und Meister heimsuchen; emsig wie Bienen überall den Rüssel hineinsteckend, um dann ihre Eindrücke in Form von mehr oder minder langen Feuilletons abzulagern. Manche, meist die, die schon früher in Paris gelebt und gearbeitet haben, schreiben gleich ganze Bücher. Sie, die der Krieg vertrieb, kehren nun zurück zu ihrer Jugend-Geliebten, sehen nicht oder wollen nicht sehen, daß diese Dame inzwischen beträchtlich gealtert ist. Für sie besteht immer noch das alte Paris, wie man es seinerzeit in erstem romantischen Erleben, vielleicht auch in gewissem Gegensatz zur preußischen Welt sah. – Das war natürlich lange vor dem Krieg. Damals, als das vielgenannte Café du Dôme noch Standquartier der deutschen Künstlerclique gewesen. Aber wie das Café du Dôme sein Aussehen verändert hat, renoviert und gründerjahrhaft umgebaut ist, so hat sich auch die alte Illusion von Paris überlebt. Man stellt fest, daß das meiste, was in den Artikeln über Paris berichtet wird – veraltet, erdichtet und abgestanden ist. Kurz: Daß noch mit alten Maßstäben gemessen wird (wie es vielfach auch in Bezug auf Amerika geschieht). Wenn z.B. Frankreich heute als Land geschildert wird, in dem die Freiheit regiert, und die Demokratie etwa im Gegensatz zu Deutschland Wirklichkeit geworden ist, wo Generäle nichts zu sagen haben und Diplomaten ihrem Volke verantwortlich sind – so widerspricht dies den Tatsachen.
In Wahrheit richtet sich die französische Kulturproduktion wie bei uns nach den Bedürfnissen der bürgerlichen Interessen. Dessen sind sich die Pariser Künstler bis auf verschwindende Ausnahmen (Gruppe Clarté) ebensowenig bewußt, wie ihre deutschen Kollegen. Sie führen ein Atelierdasein, verstrickt in allerlei formale Probleme, aber wesentlichen Einfluß auf die Ereignisse vermögen und versuchen sie gar nicht mehr auszuüben.
Bis um die Jahrhundertwende heran war ja tatsächlich in Frankreich der Zeichner wie der Dichter eine aktive Kraft sozialer Entwicklung. (Man denke an Victor Hugo, Courbet, Zola, an die »L'assiette au beurre«, an Steinlen und Grandjouau).
Heute aber herrscht in Paris dieselbe Stagnation, das gleiche juste milieu wie bei uns.

Vereinzelte kämpfen ja noch den alten Kampf, etwa Masereel und Barbusse, die Clarté-Leute, aber als Außenseiter; der Begriff radikal hat seine frühere Schärfe eingebüßt. Romain Rolland, der gerne als der Künder einer besseren Menschheit zitiert wird, ist ein ebenso milder Radikaler, wie etwa Herriot als Politiker (der nicht nur äußerlich Ebert ähnelt).

Das uns liebe und vertraute Frankreich des revolutionären Pathos und der unversöhnlichen sozialen Satire gehört der Vergangenheit an. Man vergleiche das Witzblatt »La Charette« mit der alten »Assiette au beurre«. Der gleiche Niedergang wie etwa beim »Simplizissimus«.

Es nutzt nichts, sich Träumen hinzugeben – Frankreich ist heute intellektuell und geistig träge, fast abgestorben; und diejenigen, die immer von »Tradition« reden, werden feststellen, wenn sie die einzelnen Säulen der Tradition untersuchen, daß hier eine ähnliche Morschheit und Zerrissenheit vorzufinden ist, wie überall sonst in Europa.

Es ist auch unzutreffend, wenn behauptet wird, die französische Kunst habe nun zurückgefunden nach Jahren des Irrens und des Experimentierens zur alten »klassischen« französischen Tradition. Besonders dumm ist diese Weisheit, wenn sie, wie ich wiederholt las, ausgespielt wird gegen den sogenannten deutschen Expressionismus – gegen die dieser Kunstgattung eigenen Ver-

George Grosz, Vier Skizzen zum Text.

zerrungen und Übertreibungen, – wenn behauptet wird, man sei drüben endgültig damit fertig und zurückgekehrt zum ruhigen Fluß der Kontur, zum edlen Aufbau der Komposition, zum klassisch-idyllischen und mythologischen Genrebild der Poussin, le Nain und Ingres etc. Man ist voll Lobpreisung und verweist dabei gern auf Picasso oder Derain, die bekanntlich schon zurückgefunden haben und nun sanft im Bett der großen französischen Überlieferung schwimmen. Sieht man sich aber solche neuen Bilder von Picasso an, so ist das erste, was auffällt: die Formen, die nicht weniger deformiert sind, als die Köpfe und Körper auf unseren geschmähten Expressionisten-Bildern (für die ich im übrigen keineswegs eintreten will), wenn mir auch die gotisch sein sollende Härte dieser Darstellungen privat besser gefällt, als die gummipuppenartigen aufgeblasenen, an Elefantiasis gemahnenden Formen bei Picasso. Wo ist da die Klassik? Wo die »edle« Linie? Das einzige, was all diese Experimente mit dem »Klassischen« gemein haben, ist ihre Langweiligkeit. Ein großer Quatsch mit der Neuklassik, – heute, wo der gesellschaftliche Boden und die sogenannten ökonomischen Bedingungen tief zerrissen sind, ungemein verschachtelt und verfahren. Heute haben die Bemühungen selbst blendender Talente, einen klassischen Stil zu schaffen, nur untergeordneten Experimentalwert – ändern aber nichts an der allgemeinen schöpferischen Stagnation. Mal ein bißchen andere Walze! Die alten klassischen Maler hatten we-

nigstens als wichtige Voraussetzung Inhalte. Große Geschehnisse, heroische Motive aus der Menschengeschichte; sie modernisierten Bürgerhelden auf antik, die heutigen Neuklassiker haben nur noch die »Drei Äpfel« von Cézanne – von denen doch weiß Gott schon eine frühere Generation lange genug gelebt hat. Die Klassik der heutigen kann eben nicht weniger harmonielos, ideenfeindlich, verlogen und verzerrt sein, als die übrigen sozialen Auswirkungen der bürgerlichen Klassenkultur. Bleibt letzten Endes eine mißglückte Anleihe am vergangenen großen französischen Bürgertum. Dieses Sichverwandtfühlen mit der Klassik mag einen Grund haben in dem Ausruhenwollen nach dem Kriege – im Sicherheitsgefühl des Sieges. Aber eine solche Idylle muß gekünstelt und blutleer bleiben in dieser Welt der unausgetragenen Klassengegensätze, wenn diese auch auf der französischen Oberfläche weniger sichtbar sind als bei uns.
George Grosz, 1925

DAS ENDE

Paris verklingt
La Gloire, l'Esprit
Der Kolibri
Welkt abgeschminkt

Verlassen grinst
Und leichenblaß
Der Montparnasse
– ein Hirngespinst

Le Bal Bullier
The Joquey mit
Modell und Maus
Sie wandern aus

Helen Smith, Warenhausplakat, 1925.

Ein Gaga- und
Avantgardist
Erinnert sich
– Gedankenstrich

Le Revolté
Le Montparno

Son Art Nouveau
C'est du passé

Meerleuchten ruht
Abglanz gewebt
Und überschwebt
Die Absinthflut

Die Ewigkeit
Sinkt am Schafott
Es geht die Zeit
Den Globetrott

Walter Mehring, 1925

PARIS IST PALMYRA

Nordfrankreich, durch das man von Berlin nach Paris fährt, ist flaches Land, es könnte Ostfriesland oder Jütland sein; Tiefebene der Seine, nirgends durch höhere Gebirge gegürtet. Es trägt die Orte, die man lieber vergäße: Maubeuge, Charleville, Laon, Compiègne; in St. Quentin die Kathedrale sieht groß und in gewisser Weise schamlos aus; sie steht mit hohen, graublauen, unbedeckten Schenkeln in dem abrasierten Land. Dann die Champagne, sehr dürftig, kein Wald, kein Feld, nur zu Weidegang benutzt und ohne Dörfer; aber an den Abhängen auf dem Kalkboden unter einer Pflege ohnegleichen der weltberühmte Mousseux.
Zwischen den Pyrenäen und Ardennen liegt die große Weinebene Europas; der jährliche Ertrag ist zweihundertsiebzig Millionen Francs; man unterscheidet zweihundertfünfzig Sorten; an Gesamtmenge liefert Frankreich vierzig Millionen Eimer im Jahr, während Deutschland viereinhalb, Spanien achteinhalb Millionen liefert; in Paris kommen jährlich auf den Kopf beziehungsweise die Gurgel der Bevölkerung hundertundzwölf Liter Wein.

Außerdem ist Frankreich das pompöseste Obstland des Erdteils, und zwischen Cannes und Grasse werden Blumen in weiten Feldern gebaut wie andernorts Rüben und Getreide. Im Jahr werden zwei Millionen Pfund Orangenblüten, eineinhalb Millionen Pfund Rosen, fünfundsiebzigtausend Pfund Veilchen gewonnen, Lavendel und Rosmarin sind so häufig, wie bei uns Klee und Gras – hier sind die kleinen Orte, die starke Gerüche kilometerweit in ihre Umgebung treiben, die Fabriken der illustren Firmen, die in der Rue de la Paix ihre Niederlage haben.
Nimmt man von Berlin den Kurfürstendamm und die Linden zusammen, multipliziert es mit zehn, dann hat man zwanzig solcher Straßen, wenn man vor der Madeleine steht. Rechts ist ein Haus, das führt nur blaue Straußenfächer, links das führt nur Perlen. Strümpfe, dreifarbig in der Längsrichtung, regenbogenfarbig ineinanderfließend, werden der Charme des Sommers sein. Jetzt ist das Unumgängliche Cape und Hermelin. In Hermelinmantillen von der Größe eines Theatervorhangs, am Hals geschlossen von einer Hand unter dem Feuer haselnußgroßer Solitärs, betreten die Damen nach dem Theater um Mitternacht das Restaurant.

Mario von Bucovich, Pont Alexandre III.

Die Austern sind aus Portugal, haben einen großen Bart, wenig Fleisch, aber es ist fest und hat das Salz des Meeres. Die Oliven sind fett von taraskonischem Öl; den Poularden, erweicht von burgunderschweren Saucen, blättert das Mastfleisch von den Knochen; über das Pistazieneis gießt man Champagner; wer abends keinen Frack anhat, ist ein Mann vom Lande. Da ist Potin, Geschäft für Lebensmittel. Geschäft! Wertheim für Delikatessen, maurischer Durchbruch durch drei Boulevards zum Stapel kanaanitischer Gehänge. Pilaster, erstickt von Ananas; Pfeiler, grün von Feigen und Artischocken; eine Stromschnelle für Forellen; Schnepfen, Fasanen serienweise. Anhäufungen von Spargel, eine Miete Kiebitzeier, Kuchensorten bis auf die Trottoirs. Zwanzigtausend Hektoliter Olivenöl braucht Paris jährlich für Salat und Mayonnaisen – ja, wir sind Mangeurs de choucroute, Sauerkohlfresser, genannt Jean Potage.
Oder da ist Moulin Rouge. Teppiche von einem bestimmten Rot zwischen Lachs und Glaskirsche liegen vom Pflaster über die Freitreppe bis in alle Winkel des Theaters. In einer Ecke eine Dixie-Band vom Red River, in der andern ein Haifischbeschwörer aus Kolombo. Und auf der Bühne New York-Montmartre, la grande Revue du Moulin Rouge, zwei Akte, fünfzig Bilder, etwa sechzig Erzeuger, alle namentlich genannt einschließlich der Autoren, der Schnallen und Steine der Schuhbänder, des Perlmutters der Muscheltänzerinnen und des Produzenten der telefonischen Organisation.
Ich glaube nicht, daß das Budget des preußischen Staats genügt, um diese Revue zu finanzieren. Alle Erdteile sind ausgeraubt. Der Mann aus Chinatown hat die fremden Bewegungen, und das Land des Geheimnisses tut sich auf.
Der Irokese zischt sonderbare Laute, der Tomahawk flirrt und Musik und Melancholie des Indian Territory. Und Tanz, Tanz, Tanz; unerträglich allmählich im übrigen Europa, hier erregend, unflätig und elegant: Buck dance, Flicker dance, Peacock's mirror dance, Jazz dance, Leopard dance, Danse des gigolettes, Danse des candélabres. – Und Bilder, Erdteile, Kulturgeschichten; Aufsteigendes aus Falltüren, Niedergleitendes aus Bonbonschach-

teln, Reitendes, Fahrendes, Sprünge in den Nil, Familienszenen, schwarze Messen, Ball auf dem Dachgarten der Astors, Versuchungen des heiligen Antonius, Pantherzug der Königin von Saba: Apachen, Magier, Standartenschwinger, Lotosträgerinnen, Lustknaben, Amazonen und – »ah, viens dans mes bras« – der Sklave.

Paris ist Palmyra, in der der Purpur wuchs, der Hafen Sluys, in den sich hundertundfünfzig Kauffahrteischiffe in einer Stunde drängten, das Brügge jenes Brabant, in das die Mütter aus den umliegenden Provinzen in der Woche ihrer Niederkunft zogen: für das Kind ein Teil am Reichtum dieser Stadt. Es ist der Stapel der Welt und die Messe der Nationen; es hat in seinen endlosen Komplexen Schätze angehäuft, die sich mit nichts vergleichen lassen; es hat in seinen angeschwärzten Straßen einen Atem der Welt, den ich berauschender fand als in New York.

Es ist nicht das Technische, die Autos, das Voluminöse in den Bewegungen, die die Masse treibt. Allerdings, wenn in der Tauentzienstraße zwei Limousinen hintereinander fahren und ein Autobus in der Ferne sichtbar wird, ist das ein lebhafter Verkehr. Hier rasen fünf bis sechs Taxis in breiter Front nebeneinander die Boulevards hinunter, entgegen ebensoviel, keine Kilometerzahl vorgeschrieben oder innegehalten, Renntempo; wer auf den Damm geht, ohne daß der Polizist stoppt, ist ein ausgemachter Nekrolog –, es ist nicht die Dimension der Architektur, immerhin: Louvre und Palais Royal, aus Jahrhunderten, wo Paris zweihunderttausend Einwohner hatte, haben jetzt noch mehr als die Maße, die die Viermillionenstadt verlangt –, es sind nicht die viertausend Raritäten der Museen und nicht die Glasfenster von Sainte Chapelle –, niemand kann bestreiten, daß Berlin eine monumentale Geschäftsstadt ist, aber Paris ist das Genie einer Nation und entfaltet es in jeder Stunde.

Es ist die Stadt der Künste seit den Kapetingern, des Reichtums durch die bourbonischen Jahrhunderte, die Stadt Napoleons in einem glanzvollen Schein. Nichts ist vergangen, jeder hat teil an allem; die Geschichte nimmt das Gegenwärtige auf und gibt sich ihm hin. Das Panthéon ist gewiß ein akademisches Walhall, aber zu Füßen Jeanne d'Arcs, auf dem Sockel der düsteren Hirtin, liegen achtzehn kleine Sträuße, frische und welke. Wie oft lebte sie wieder vor ihrem Land, »dem schönsten, das die ewige Sonne sah«: mittags, wenn das Geschäftsfräulein ihr die Veilchen brachte oder abends das Pärchen die kleine Tüte mit Schlüsselblumen –, wie tritt umgekehrt das Jüngste an die Stätten alten Ruhms: in der Comédie Française zwischen Molière und Corneille die Statuen zweier Fünfundzwanzigjähriger, die an der Marne oder bei Laon ihr Leben ließen; was werden sie geleistet haben? – nicht mehr als die Gleichaltrigen in unserer Nation, aber ich habe nie gehört, daß Franz Marc oder Lichtenstein oder Trakl auch nur einen Lorbeerzweig irgendwo um ihren Namen erhielten.

Es ist die Stadt des Aufwands, der Antiquitäten, der Porzellane, der Bijoux und eines ruhelosen Modedrangs. Aber der Luxus wirkt nicht unsozial, das ist sonderbar. Es ist die Nation, die verschwendet; auf dem Weg siegbeschenkter Jahrhunderte erwarb sie genug. Es liegt hier eine Erscheinung vor wie beim Stil, der sein Unwiederbringliches durch Übertreibung gewinnt: die leere Automatie des Technischen hat durch die frappante Notdurftsentfernung im Luxus einen seelischen Zauber gewonnen. Es ist ein Irrtum, daß die Wilden bessere Leute sind. Wer es bezweifelt, lasse es sich von Schiller bestätigen, der in seiner Niederländischen Geschichte die Verschwendung, den Reichtum, die Wollust des burgundischen Hofes dahin absolutionierte: – »aber wieviel erfreuender ist selbst dieses Übermaß dem Freunde der Menschheit, als die traurige Genügsamkeit des Mangels und der Dummheit barbarischer Tugend, die beinahe das ganze damalige Europa darniederdrücken.« –

Ist Paris deutschenfeindlich? Ich habe nichts davon bemerkt. Die Sachen stehen da, wo sie hingehören. Im Hof des Invalidenhotels links, auf den echten Schienen, umschirmt von hundert deutschen Mörserschlünden, der Salonwagen des Maréchal Foch, in dem er »imposait« am 11. November 1918, fünf Uhr morgens, im Franc Port den Besiegten die Bedingungen des Waffenstillstands; die beauftragten Deutschen waren Erzberger, v. Winterfeld,

Picot, Der Tanz. Fassadenrelief am Revuetheater Folies Bergères.

Vanselow. Aber das Invalidenhotel ist das Armeemuseum. Eine sonderbare Trophäe steht nicht weit davon ab: ein altes Pariser Droschkenauto, bedeckt mit den Fahnen der Entente. Die Geschichte dazu: im September 1914, zur Zeit der Marneschlacht, gab es nicht genug Beförderungsmittel für die Truppen an die Front. Die Taxis wurden requiriert. Paris war autoleer, ein unvorstellbarer Gedanke. Die Taxis sind alt und klein, zwei bis drei Mann in Rüstung gehen höchstens hinein; sie werden daran geklebt haben wie die Bienen. So jagten sie zur Front. Es sind alte Gestelle, die Fahrt wird ihnen schwergeworden sein. Eins davon hat man nun in das Museum gestellt, und breit rollt die Trikolore über das abgenutzte Chassis.

Aber das ist das Gemütsleben der Zeughäuser. In der Stadt selber sieht man nichts vom Krieg und Sieg – sehr im Gegensatz zum Beispiel zu Italien, wo jedes Dorf ein Kriegerdenkmal hat, und zwar eins mit Flaggen und Schwertern und einem faschistischen Spruch. In der Stadt ist der Deutsche vollkommen unbehelligt, auch wenn er seine Zeitung liest. Ich hörte im Autobus zwei Landsleute in der bekannten lauten Art ihre Heimatsprache sprechen und dazu mit Stöcken um sich fuchteln, ohne daß dies jemand zu bemerken schien. In den Geschäften wird man französisch, englisch, deutsch angeredet, in dieser Reihenfolge, wenn die Verständigung nicht sofort erfolgt. In den Kiosken gibt es eine Menge deutscher Zeitungen; an einem einzigen Stand sah ich folgende Journale: Berliner Tageblatt, Vossische Zeitung, Deutsche Allgemeine Zeitung, Tag, Rote Fahne, Frankfurter Zeitung, Hannoverscher Kurier, Die Weltbühne. Für die Frankfurter Messe sieht man große Holzschilder: »Foire de Francfort« in vielen Straßenzügen. In der Grande Opéra spielt man Wagner mindestens zweimal die Woche, französisch, aber die Vorstellungen sind ausverkauft. Ich hörte das Konzert einer russischen Sängerin, deren augenblickliches Engagement an der Berliner Staatsoper auf dem Programm keineswegs verschwiegen war. Ich las im »Figaro« eine begeisterte Kritik über den Nibelungenfilm, der gerade lief. Die zahlreichen deutschen Filme werden mit den deutschen Schauspielern angekündigt; ich las auf einer Seite des »Journal« die Namen Krauss, Steinrück, Veidt, Lucie Mannheim. Im allgemeinen hat man den Eindruck, daß die alte Generation, die Leute von siebzig, die Clémenceau-Garde, anders denkt; aber die Jugend ist abgeschliffen und snobistisch wie die Jugend in allen Städten von Welt.

Wie ist es mit der Kunst, wie spielt man Oper und Theater? Uninteressanter als in Berlin. Hedda Gabler in der Comédie Française, anscheinend kein Gemeingut der Pariser: très bizarre, rief meine Nachbarin immer wieder, très bizarre! Einzig gut die Maske der Hedda: die gereizteste Frauenphysiognomie, die ich je gesehen habe, aber das Spiel wie bei uns vor vierzig Jahren, naturalistisches Salonstück, und Lövborg ein sentimentaler

Schwätzer, Halstuch statt Kragen zum Zeichen sozialen Abstiegs, der Rest à la schwindsüchtiger Poet. – Zwei Pirandellos in einem Vorstadttheater, Versuchsbühne auf Montmartre, Adresse unbekannt bei sämtlichen Hotelportiers. Dem Programm nach das früheste Stück Pirandellos: »Chacun sa vérité (cosi è)«, dasselbe Kitschproblem mit dem Pilatuszinnober »Was ist Wahrheit« wie in den »Sechs Personen« mit einem Schuß teuflisch, aber prägnanter, spannender, härter durch die drei Akte getrieben und mit zwei Bombenrollen, von den Akteuren épatant hingelegt. In der Grande Opéra »Le Crépuscule des Dieux« und »La Valkyrie« würde die Bayreuther nicht entzücken: man spielte Meyerbeer und sang Puccini. Die Stimmen kaum mittelmäßig, Wotan ein wohltemperierter Salondämon, Brünhilde die elegante Lyrische, die ganze Schlußszene vom Souffleurkasten ins Publikum ariend ohne Rücksicht auf Grane, ihr Roß, und die heimfliegenden Raben, und die starken Scheite, geschichtet am Ufer des Rheins, wirkten mehr wie eine Illumination zu einem Metabend, als das Debakel einer Mythenwelt. Aber man darf vielleicht hier die Bemerkung einflechten, daß die stundenlang monologisierenden Germanen und Germaninnen mit ihren ungeklärten sexuellen Auswirkungen von Natur aus zwischen Rue Pigalle und Lafayette keinen rechten Schick haben. –

Im vorigen Sommer war die Olympiade in Paris, jetzt eröffnet man die internationale Ausstellung für dekorative Kunst und Kunstgewerbe; alle Nationen außer Norwegen und Deutschland haben ihr weißes Haus erbaut. Es wird wieder das Unsinnigste an Leistungen und Produkten herbeigeführt und verglichen werden, einiges wird erwählt werden, einiges wird versinken, die Welt verknotet sich zu neuen Moden und Gestalten, bald werden sie über den Broadway, bald durch die Goldwäscherstädte von Virginia gehen. Dann werden sie erledigt sein, dann ist es aus. Aber auf irgendeinem Wege werden sie wieder eingehen in die Stätte, die eine der Gebärerinnen der Welt ist, la grande Isis, die diademene Stadt.

Das ist Paris, im Flug genommen, Lutetia, Stadt des Fiebers,

Stadt des Traums. Vom Bois weht es durch die Tuilerien um den Obelisk des Sesostris an die Platanen vor der Statue Charlemagnes. Dreißig Brücken über den Fluß, und auf den Bogen die Triumphe und die Genien eines Volkes und darunter das Herz des Inconnu. Stadt der Liebe und der Blutlachen, der Kronen und der Kommunarden, Stadt der armen und der großen Söhne – ah, viens dans mes bras!

Gottfried Benn, 1925

BERICHT AUS DEM PARADIES

Das Paradies liegt im Keller, in der Tiefe. Aber es ist so günstig plaziert, daß es beinahe meiner Vorstellung vom siebenten Himmel entspricht. Es ist ein unterirdisches Paradies. Aber die Richtung, die man einschlagen muß, um zu ihm zu gelangen, spielt gar keine Rolle. So glaube ich manchmal, wenn ich einen geschmeidigen Sturz unternehme, im kühnen Flug emporzufallen...

Den Eingang zum Paradies beleuchten blaue Buchstaben, aus kleinen Lämpchen zusammengesetzt. Ihr Blau nähert sich ein wenig dem Violett. Es ist das Blau des blauen Stiefmütterchens und der ersten Morgenschleier, die über einem Acker liegen. Es ist ein Blau starker eindrücklicher Träume und rauchender Zigaretten. Es ist nicht das Blau des Himmels und nicht die Farbe des südlichen Meers. Sie sehen, wie schwer es ist, eine Farbe deutlich zu beschreiben.

Zu beiden Seiten der Treppe, die zum Paradies hinunterführt, mit glatten Sünden gepflastert, aber auch mit einem Geländer versehen, befinden sich Spiegelwände, die das Blau kleiner Glühlampen etwas heller widerstrahlen. Es entsteht eine Atmosphäre aus Rauch, Morgen und Traum. Es entsteht eine ganz fremde Farbe, sehr verschieden von allen bekannten. Infolgedessen erlischt das Bewußtsein von der Zeit. Man erinnert sich nur, daß es Mitternacht war, als das Tor des Paradieses aufging und ehe man seiner Verdammnis anheimfiel. Auch die Erinnerung an die geographische Lage erlischt: an den ganzen Montmartre-Himmel mit seinen bunten Reklamesonnen; an die irdischen Hupensignale irdischer Automobile in der Rue Pigalle. Blau und umdämmert ist das Gehirn. Die Zeit rinnt nicht, sondern wallt, in Schleier aufgelöst...

Der Treppe gegenüber sitzt die Musikkapelle. Sie hat Klavier, Geige, Saxophon, Flöte, Ziehharmonika, Trommel. Der Geiger hat fast gar nichts zu tun. Deshalb ist er Kapellmeister. Er steht vor der Musik, aber mit dem Rücken zu ihr, zugewandt den Ankommenden, der Treppe, dem Publikum. Er dirigiert nicht die Musik, sondern den Raum, die Farbe, den Tanz. Er dirigiert das Paradies. Manchmal singt er. Seine Stimme hat er mit der des Saxophons vertauscht. Er hat ein breites, weißes Gesicht aus Schlemmkreide. Er pumpt mit Armen und Beinen Räusche aus seiner Nüchternheit. Denn er ist sehr nüchtern. Er allein weiß hier Bescheid um die Stunde und um die geographische Lage. Er ist ein irdischer, rationalistischer Kapellmeister. Seine Tage verbringt er mit der Zeitung im Bett. Er gehört nicht zum Paradies, wie zum Beispiel ich. Er hat nur einen Kontrakt mit dem Paradies.

Ich aber trinke Calvados.

Das ist ein Schnaps, gebraut aus Apfelsaft, je nach seinem Alter goldbraun wie herbstliche Blätter oder zartgelb wie Bernstein. Manchmal schmeckt er wie Cognac und manchmal wie Blüten unbekannter Früchte. Im Paradies kostet er auf jeden Fall fünf Franken...

Tische und Stühle stehen eng beieinander, in zwei langen Reihen, in deren Mitte man tanzt. Ich sitze gern am Rand. Manchmal kommt ein Engel vorbei und streicht mir die Haare. Denn es leben Engel im Paradies, selbstverständlich...

Sie entstammen allen Rassen der Erde, sie sind weiß, gelb, schwarz, braun, schattiert, gemischt, nuanciert, mit schwarzen Augen und hellen, mit dicken Lippen und schmalen, mit schweren und zarten Brüsten, mit breiten und schlanken Hüften, mit Knien aus kühler Seide, sie sind braun geschminkt und weiß gepudert; kurz: sie sind Engel...

Touchagues, Place Pigalle.

Ins Paradies kommen sie – weiß man woher? –, um zu tanzen. Sie lassen sich von Männern umarmen, die von Engeln keine Ahnung haben. Sie lassen sich eine Limonade bezahlen und müßten Champagner trinken. Sie verdienen sehr wenig Geld, und dennoch geben sie ihre Nächte her.
Ich gönne sie nicht allen Tänzern.
Ich gönne sie nicht den Handlungsreisenden mit den breiten Schultern aus Watteline, den Reisenden, die ohne Musterkoffer einen Abstecher ins Paradies machen und trotzdem erkenntlich sind. Ich gönne sie nicht den schmiegsamen Krawattenverkäufern, den Knochenweichen, Rückgratlosen, aus denen man einen modernen Knoten flechten könnte. Ich gönne sie nicht den bürgerlichen Ehrenmännern aus Boston, Liverpool und Amsterdam, die, befreit von ehelicher Aufsicht, eine Mädchenbrust an eine wollüstige Brieftasche drücken.
Ich gönne sie den Matrosen, den ewigen Knaben mit dem schwankenden Gang, mit den blauen Augen und den kindlichen Kragen, die auch im Paradies ein ewiger Seewind bauscht; den Negern, den Halbnegern, den javanischen Schiffsköchen, den mongolischen Boys, den abessinischen Prinzen und den schweren Fuhrwerkern aus den Markthallen. Sie kommen alle ins Paradies. Sie kommen aus den Kolonien, sie kommen aus den Kriegen, sie kommen aus Tunis, Algier, Marokko, aus den Häfen von Marseille, Bordeaux und Le Havre ...
Manchmal ist das Paradies wie der tiefe Bauch eines Schiffes. Der ganze Raum schwankt gelind und unaufhörlich, und ohne Pause spielt die Kapelle das Konzert der Maschinen. Das Gefühl des Geborgenseins und gleichzeitig der Verlorenheit hält mich für ewig hier. Niemals wird es Tag werden, niemals irdische, von Sonne, Arbeit, Mittagspause, Turmglocken bestätigte Wirklichkeit. Dieses Gemach segelt mit mir durch den Ozean der Welten. Wenn die unaufhörliche Musik eine halbe Minute aufhört, ist es wie der unendliche stumme Augenblick, der während eines Gewitters zwischen Blitz und Donner geklemmt ist, furchtsam, atemlos, ohne Herzschlag.
Auf einmal wechselt die Beleuchtung. Sie fällt in das tiefe Grün-

Frans Masereel, Das Revuetheater.

blau nächtlicher Wiesen, dann in ein dunkles Rot von Rubinen. Die Lippen der Menschen werden blau und die Zigarette in meiner Hand ein kleiner Stab mit einem silbernen Brandköpfchen, auf dem ein Netz zarter Filigranasche geflochten ist. Dann wird es orangegelb im Paradies. Die Ziehharmonika allein spielt mit menschlichen Seufzern beim Atemholen ein Lied, das zwischen Europa und Afrika gelegen ist wie eine Insel, eine orangegelbe Melodie. Die erinnert an die Volkslieder aller Nationen und besonders an slawische Sommernächte. Es ist, als erhielte die Zieh-

harmonika allein die goldgelbe Beleuchtung. Es ist ein abendliches Instrument. Es gebärt und nährt diesen übertriebenen Sonnenuntergang ohne Sonne: den Weltuntergang.
Alle Menschen wissen schon, daß sie verloren sind. Die Mädchen werden noch verlorener. Selbst die Handlungsreisenden möchten weinen.
Aber dazu kommt es nicht. Es darf nicht sein. Der letzte Seufzer der Ziehharmonika bläst das orangene Licht aus, und die Flöte entzündet wieder das Silber an der Decke.
Neue Ankommende, zum Paradies Verdammte, schüttet die Straße hinunter. Ein neuer Engel kommt: blaßgelb, dritte Generation Mischung; im zarten Gesicht ein breiter, immer offener Mund. Er enthüllt ein starkes, weißes Gebiß, eine zärtliche Drohung.
Es ist eines der unerforschlichen Rätsel der Natur, daß diese Frau mit den starken, großen Zähnen so demütige, so gebrechliche Fußknöchel hat; und einen Fuß, der die Stufen der Treppe nicht tritt, sondern küßt.
Joseph Roth, 1926

UNVERGLEICHLICHE LEBENSGIPFEL

Einer, mit dem ich meine innerste Not, Europa und den von ihm neu einzunehmenden Standpunkt hätte besprechen und entwikkeln können, war mir nicht begegnet. Überall gab es glattes Zugeständnis, so weg- und ziellos könnte es nicht weitergehen; von einem Zwang aber, nur das, sonst nichts zu denken, war nicht die Rede.
Paris und seine Bewohner standen vom Fremdenstrom, für dessen leibliche und Liebesgenüsse sie zu sorgen hatten, überbraust. Den Rest Kraft wandten sie an die Frage, wie Frankreich seines Geldes fortschreitender Entwertung begegnen, das immer größere Loch im Staatshaushalt zustopfen könnte.
Inzwischen blühte französische Küche! Den Pariser nicht nur, den aus der Provinz rastlos Zuströmenden sah man vom frühen

A. Pollée, Boulevardbetrieb um 1928.

Morgen an auf Vorplätzen der Cafés und Estaminets eine Unzahl bunter Schnäpse und Apéritifs bis zum Mittag vertilgen. Vor Félix Potins schimmernden Auslagen mit raren Frühgemüsen Primeurs des Wildgeflügels Hummern Langusten Pasteten südländischen Früchten Weinen Limonaden, drängten schnatternd mit gierig fühlenden Fingerspitzen Körben und Taschen, Legionen kaufender Hausfrauen.

Zweimal am Tag aber brachen um ein Uhr mittags, sieben Uhr abends Scharen Gäste aus aller Herren Länder zu einem Riesenfraß an gutgedeckte Tische auf, die unter der Wucht ausgeklügelter Platten sich bogen: nicht nur in Gaststätten der Reichen, bei Larue Paillard Foyot Ciro Henri Voisin dem Café de Paris bei Ledoyen, doch in Lokalen, die der Bürger mit Kind und Kegel dicht besetzte: bei Drouant auf dem Boulevard Strasbourg, dem Italiener Boccardi, den Etablissements Duval.

Bei Victor Cazenave in der Rue de Duras, der seinen Namen offenbar dem Helden von François Mauriacs »Génétrix« entlehnt hat, aus Toulouse stammt, aß ich mit meiner Frau und Masereels

Dinge, die uns Tränen des Glücks und süßer Sättigung in die Augen trieben.
Von Austern und Muscheln aller Provenienzen an, die wir mit zartem rosa Landwein begossen, über Seezungen in Crêmesaucen, die in weißem Burgunder schwammen, kamen wir über eine Toulouser Spezialität in irdenem Topf, mit tausend fremden Gewürzen rotgeschmort, die mit uns fast alle Insassen des Restaurants aßen, strikt und schlicht zu einer frischen Pfirsichscheibe, über die man fetten flüssigen Gervais in Strömen gegossen hatte, zu der frappierter Champagner perlte.
Das waren abseits schwerer Sorgen um Europas Zukunft klotzige Gewißheiten, denen Franz Pfemfert nicht widerstanden hätte; bei denen wir an Flauberts Worte dachten: »Die Arbeit jedes Menschen hängt von seiner schmackhaft zweckmäßigen Ernährung ab.«
Ein Exempel zu statuieren, wiederholten wir an drei Abenden die gleiche Speisenfolge, der ein Café filtre, Marc de Bourgogne, edelste Cabanas angeschlossen wurde, und die innerhalb eines bescheidenen Preises blieb, für den man in Berlin in besserer Wein- oder Bierwirtschaft Laune Gesundheit und Leben auf Wochen hinaus gefährdet.
Das also stand fest: Ein Volk, das trotz allem solche Küchenwunder fand und erhielt, seinen Allerärmsten solche Ernährung garantiert, hat auf einem Gebiet wenigstens einen Lebensgipfel erreicht, dem keine andere Nation einen anderen vergleichen kann.
Am dritten Abend gingen wir nach Tisch zu einer Aussichtsterrasse auf Montmartre, von der wir des Eiffelturms mächtige Scheinwerfer das nächtliche Paris absuchen sahen, welcher Vorgang uns wie eins der schönsten Blätter aus Masereels »Stadt« begeisterte. Auf dem Rückweg liefen wir an Moulin de la Galette vorbei, aus der heraus, in die hinein Paris' kleine Mädchen in hellen Scharen mit frischgeplätteten Kleidern und Hemden zu fremden Männern, die ihr Herz für sie bereit, den Geldbeutel gespickt hielten, strömten.
Zu Füßen von Moulin La Galette wies mir Masereel, so weit das

Auge reichte, Haus an Haus jene heimelig beleuchteten Hotels, die mit über zehntausend weichen Betten vom Tanz heimschwärmende Paare zu ihrer völligen Vereinigung in einem Liebeslager von solcher Wucht und Ausdehnung aufnehmen, wie es das kaiserliche Rom in seinen Lupanars nicht annähernd besaß; in dem unter dem wohlwollend blinzelnden Blick der Obrigkeit alles herzlich gesittet, mit leiblicher Andacht und Anmut geschieht.

Ich dachte an ähnliche Häuser in Deutschland und Berlin, traurig demütigende wanzenbevölkerte Stuben, die den Verliebten winken. In denen sie auf harten knarrenden Matratzen, das Bild eines unwirsch dreinschauenden preußischen Königs, meistens der Königin Luise, die die Blumen liebte und sich das nicht gedacht hat, über sich, flüchtiges Wild unter falschem Namen sich verbergen, während ihre Wirte, von windenden Hunden der Polizei erwischt, als Kuppler schwer bestraft zu werden, riskieren.

Ums Morgengrauen führen tausend Taxis die satten ungezählten Paare für ein Spottgeld an den Punkt der inneren Stadt, an dem sich ihre Wege nach Haus, zu neuen Tages strammer Arbeit trennen.

Carl Sternheim, *1926*

DIE ÎLE ST. LOUIS

Voran segelt die Île de la Cité Seine-abwärts im Wahrzeichen von Notre Dame.

Ihr folgt die Île Saint Louis, wo man seit zweihundert Jahren vergessen hat, die Zeit aufzuziehen.

Sie ruht auf einem zu hohen Kaimauerpostament und formt eine feste graugebackene Krone antiker Hotels und einbalsamierter Paläste, die nach innen geneigt sind, schraffiert von immer geschlossenen Fensterläden. Sie ist rings abgesteckt mit kohlschwarzen Pappelsäulen, die ihr Düsterkeit von Was-nicht-Geheurem geben.

An ihrer Westspitze werden die »Ludovisischen Köter«, eine Unterwelts-Hundeabart, zum Baden getrieben. An ihrer nördlichen Breitseite ankern die »Lavoirs«. Sie gleichen javanischen oder sonstwie exotischen Pfahldörfern, bestochert mit seltsamen Röhren, von denen einige Rauch ausknattern. Durch die Querrippen gewahrt man im Innern das Gewühl von Wäscherinnen, die auf schmalen Brettern Wäsche schrubben, bügeln, wringen und mangeln. Die Besitzer dieser Kahnsiedlungen logieren und nächtigen sommers auf Deck in einer Laube, die Klavier, Herd, Bett und Vogelkäfig enthält. Am Uferende der Laufstege stehen Portale aus Topfpalmen, und das Wasser dazwischen stagniert, zäh, von Schlingpflanzen durchwachsen. Auf den Ufern, am Fuße der Mauerquadern des Quai Bourbon, werkeln die Schiffsteerer, Wollspinner, Angler und Vagabundenbarbiere, und über die fauligen Treppen schleppen Weiber dickgeplusterte Wäschebündel, als ob sie Leichen trügen. An der Nordspitze ankert ein Badeschiff, ein zweites Wasserdorf, auf dessen Marktplatz, dem Mittelbassin, zwischen braunen Netzwänden die Schwimmer zappeln. Solche Badeanstalten waren ehemals die »Maisons des Etuves« oder Schwitzhäuser. Von der südlichen Breitseite spannt eine »Estacade«, eine Palisadenbrücke aus Rohholz, primitiv wie Negerarbeit, zum jenseitigen Quartier Latin. Schnurgerade eine Längsstraße und drei Quergassen zerlegen den Rhombus St. Louis in fast gleichgroße Abschnitte.

Baumgartner, Quai an der Île St. Louis.

Die westliche Quergasse ist die Rue Le Regrattier, sie führt eine Steintafel:

»Rue de la Femme sans Tête«
– Straße der Frau ohne Kopf –

unter einer Figur ohne Oberleib, gegenüber einem rosa gestrichenen Hauswürfel, wo Marduc wohnte.

Walter Mehring, 1927

Einige der Pariser Faubourgs sind die Riesenasyle der kleinen Leute, von den Unterbeamten an bis zu den Arbeitern, den Gewerbetreibenden und den Existenzen, die verloren heißen, weil die andern es sich gewonnen geben. Die Art ihres Zusammenlebens durch die Jahrhunderte hindurch drückt sich in der Gestalt der Asyle aus, die gewiß nicht bürgerlich ist, aber auch nicht proletarisch im Sinne von Schornsteinen, Kasernen, Chausseen. Sie ist armselig und menschlich zugleich. Ihre Menschlichkeit rührt nicht allein daher, daß das Dasein in den Faubourgs Restbestände des natürlichen Lebens enthält, die es erfüllen. Entscheidend vielmehr ist, daß dieses gefüllte Dasein im Zeichen des Abbruchs steht.

Die Avenue de St. Ouan ist am Samstagnachmittag ein Jahrmarkt. Nicht so, als habe dieser sich wie ein Wanderzirkus hier aufgeschlagen, sondern die Avenue ist trächtig mit ihm gegangen und setzt ihn aus sich heraus. Der Zwang, sich für den Sonntag zu versorgen, treibt eine Menge zusammen, die den Astronomen als Nebelflecken erschiene. Sie staut sich zu dichten Ballen, in denen die Einzelnen wohlverpackt warten, bis sie ab und zu ausgewickelt werden. Zwischen den Einkäufen genießen sie das Schauspiel des steten Zerfalls der Komplexe, denen sie angehören. Es hält sie an den Rändern des Lebens.

Umspülte das Mittelmeer die Avenue, ihre Läden könnten nicht fensterloser sich öffnen. Ein Warenstrom entquillt ihnen, der zur Stillung der kreatürlichen Bedürfnisse dient; er klettert an den Fassaden empor, unterbricht sich auf Straßenbreite und schnellt dann jenseits des Querstrudels der Passanten mit doppelter Gewalt in die Höhe. Über dem Gestrüpp der ungerodeten Naturprodukte, die als Hors d'Oeuvres später die Speisekarte beleben, neigen die Urwaldstämme der Fleischkeulen ihre Wipfel. Daneben schießt der Hausratbedarf ins Kraut, mit Bezügen aus Sackleinwand, auf denen eine reizende Flora Blumen über den Alltag streut.

Die Not bringt die Dinge in den Umkreis der menschlichen

Wärme. Dem organischen Gewühl der Eßwaren-Abteilungen entsteigt ein Apparat aus Glas und Metall, dessen spitzer Stachel einzig aus der Lust an Quälerei geboren scheint. Seinem Blinken nach hält man das Instrument für fähig, rein zum Vergnügen in die blühenden Schlächterstücke, die Fische und Muschelragouts zu stechen, bei denen es sich eingenistet hat. Es ist ein Ölträufelapparat, der aus seinem Glasbauch bekömmliche gelbe Portionen in die kleinen Gefäße der Kunden tropfen läßt. Die Bedürftigkeit der Umgebung hat ihn freundlich gestimmt und aus einer mechanischen Biene in einen harmlosen Hauskobold verwandelt, der sich um die Zubereitung der Mahlzeiten bekümmert und den Kindern gut ist.

Umfaßt auch der Jahrmarkt den Warenhauskatalog in kosmischer Vollständigkeit, so ist er doch nur die Volksausgabe der großen Welt. Das Vorhandene ist gering und von der Unbestimmtheit schlechter Photographien. Nicht umsonst sind von den Faubourgs die Revolutionen ausgegangen. Das Glück mangelt ihnen, der sinnliche Glanz.

Er breitet sich über der Oberwelt der Boulevards im Zentrum.

Mario von Bucovich, Porte d'Italie.

Die Menge in ihnen ist eine andere als die draußen. Nicht Zweck noch Stunde nötigt sie zu ihrem Umlauf; sie rieselt zeitlos. Die nachgedunkelten Paläste, die als Bild weiter dauern, vermögen kaum noch durch die Gewalt ihrer feinen Proportionen die Menschen- und Autoschübe zu meistern. Den Plan hat niemand ersonnen, nach dem die Elemente des Getriebes das Linienwirrwarr in den Asphalt kritzeln, es gibt keinen solchen Plan, die Ziele sind in den einzelnen Partikelchen verschlossen, und das Gesetz des kleinsten Widerstandes weist den Kurven die Richtung.

Hinter den Spiegelscheiben mischen sich die notwendigen Dinge mit dem Überfluß, der notwendiger wäre, wenn er nicht grenzenlos sich ergösse. Personen jeden Standes ist erlaubt, sich Nachmittage lang im Anblick der Edelsteine, der Pelze und Abendtoiletten zu verlieren, deren eindeutige Herrlichkeit am Ende der Kolportage-Romane verheißungsvoll winkt. Daß ihre Summe sich überschlagen läßt, macht die Sachwerte unnahbarer, als sie es je noch waren. Ihr räumliches Beieinander enthält die Forderung, Laden um Laden zu betreten und zum Zwecke der Inventarisation Gegenstände jeder Gattung zu kaufen. Aber am wenigsten besäße sie der, den sie alle hätten.

Mit dem Beginn der Dämmerung gehen in Augenhöhe die Lichter an. Unablenkbar wie die Kügelchen eines Rechenbretts streichen die Bogenlampen durch den Irrgarten der Brandpfeile und bengalischen Schwünge. In den Hauptquartieren des Nachtlebens ist die Illumination so grell, daß man sich die Ohren zuhalten muß. Die Lichter indessen sind zu ihrem eigenen Gefallen versammelt, statt den Menschen zu scheinen. Ihre Glühzeichen möchten die Nacht erhellen und vertreiben sie nur. Ihre Reklamen prägen sich ein, ohne sich entziffern zu lassen. Der rötliche Schimmer, der ihnen nachwallt, legt sich als Hülle über das Denken.

Aus dem Trubel erheben sich die Zeitungskioske, winzige Tempel, in denen die Publikationen der Welt sich ein Rendezvous geben. Die sich im Leben als Gegner bekämpfen, liegen gedruckt beieinander, größer könnte die Eintracht nicht sein. Wo die jiddischen Organe auf der Grundlage arabischer Texte sich mit fetten Überschriften in Polnisch berühren, ist der Friede gesichert. Nur eben, die Zeitungen kennen sich nicht. Jedes Exemplar ist in sich zusammengefaltet und begnügt sich mit der Lektüre seiner eigenen Spalten. Der engen körperlichen Beziehung ungeachtet, die von den Papieren gepflegt wird, sind ihre Nachrichten so außer jeder Verbindung, daß sie ohne Nachricht über sich sind. In den Zwischenräumen waltet der Dämon der Geistesabwesenheit unbeschränkt.

So ist es nicht nur in Paris. Die weltstädtischen Zentren, die auch die Orte des Glanzes sind, gleichen sich mehr und mehr einander an. Ihre Unterschiede vergehen.

Breite Straßen führen aus den Faubourgs in den Glanz der Mitte. Sie ist die gemeinte Mitte nicht. Das Glück, das der Armseligkeit draußen zugedacht ist, wird von anderen Radien getroffen als den vorhandenen. Doch müssen die Straßen zur Mitte begangen werden, denn ihre Leere ist heute wirklich.

Siegfried Kracauer, 1928

PARIS, DIE STADT IM SPIEGEL

Unter allen Städten ist keine, die sich inniger mit dem Buche verband als Paris. Wenn Giraudoux recht hat und es das höchste menschlicher Freiheitsgefühle ist, schlendernd dem Lauf eines Flusses zu folgen, führt hier noch der vollendetste Müßiggang, die beglückteste Freiheit also, zum Buch und ins Buch hinein. Denn über die kahlen Seine-Quais hat sich seit Jahrhunderten der Efeu gelehrter Blätter gelegt: Paris ist ein großer Bibliotheksaal, der von der Seine durchströmt wird.

Kein Monument in dieser Stadt, an dem sich nicht ein Meisterwerk der Dichtung inspiriert hätte. Notre Dame – wir denken an den Roman von Victor Hugo. Eiffelturm – Cocteaus »Vermählte auf dem Eiffelturme«, mit Giraudoux' »Gebet auf dem Eiffelturm« sind wir schon auf den schwindelnden Höhen der neuesten Literatur. Die Oper: Mit Leroux' berühmtem Kriminalroman

Mario von Bucovich, Antiquare am Seine-Quai.

»Das Phantom der Oper« sind wir in den Souterrains dieses Baues und der Literatur zugleich. Der Triumphbogen spannt sich mit Raynals »Grab des unbekannten Soldaten« um die Erde. So unauslöschlich hat sich diese Stadt ins Schrifttum eingezeichnet, weil in ihr selbst ein Geist wirkt, der den Büchern verwandt ist. Hat sie nicht, wie ein routinierter Romancier, von langer Hand die fesselndsten Motive ihres Aufbaues vorbereitet? Da sind die großen Heerstraßen, die von der Porte Maillot, der Porte de Vincennes, der Porte de Versailles den Truppen ehemals den Zugang auf Paris zu sichern hatten. Und eines Morgens, über Nacht, besaß Paris die besten Autostraßen unter allen Städten Europas. Da ist der Eiffelturm – ein reines freies Monument der Technik in sportlichem Geiste – und eines Tages über Nacht, eine europäische Radiostation. Und die unabsehbaren leeren Plätze: sind sie nicht feierliche Seiten, Vollbilder in den Bänden der Weltgeschichte? In roten Ziffern leuchtet das Jahr 1789 auf der Place de Grèves. Von dem Gewinkel der Dächer umgeben auf jener Place des Vosges, wo er den Tod fand: Henri II. Mit verwischten Zügen eine unentzifferbare Schrift auf jener Place

Maubert, ehemals der Zugang zum finsteren Paris. Bei der Wechselwirkung zwischen Stadt und Buch ist einer dieser Plätze in die Bibliotheken hineingewandert: auf den berühmten Didot-Drukken des vorigen Jahrhunderts steht als Signet die Place du Panthéon.

Wenn das literarische Spektrum der Stadt von dem geschliffenen prismatischen Verstande auseinandergefaltet wird, so sehen, je weiter wir uns von der Mitte den Rändern nähern, die Bücher um so seltsamer aus. Es gibt ein ultraviolettes und ein ultrarotes Wissen um diese Stadt, die sich beide nicht mehr in die Form des Buches zwängen lassen: Photo und Stadtplan, – das genaueste Wissen vom Einzelnen und vom Ganzen. Wir haben von diesen äußersten Rändern des Blickfeldes die schönsten Proben. Wer je in einer fremden Stadt an einer Straßenecke bei schlechtem Wetter mit einem der großen papierenen Pläne hantieren mußte, die bei jedem Windzuge wie Segel schwellen, an jeder Kante reißen und bald nur noch ein Häufchen schmutziger Blätter sind, mit denen man sich quält, erfährt aus dem Studium des Plan Taride, was ein Stadtplan sein kann. Und was die Stadt ist. Denn ganze Viertel erschließen ihr Geheimnis in ihren Straßennamen. An dem großen Platz vor der Gare St. Lazare hat man halb Frankreich und halb Europa um sich. Namen wie Havre, Anjou, Provence, Rouen, Londres, Amsterdam, Constantinople ziehen sich durch die grauen Straßen wie durch graue Seide changierende Bänder. Das ist das sogenannte Viertel Europe. So kann man Stück für Stück die Straßen auf der Karte, kann freilich auch »Straße für Straße, Haus für Haus« die Stadt in dem riesigen Werke durchgehen, in dem um die Mitte des neunzehnten Jahrhunderts Lefeuve, der Hofhistoriograph Napoleons III., alles Wissenswerte gesammelt hat. Das Werk gibt schon im Titel einen Begriff von dem, was einer zu gewärtigen hat, der dieser Literatur sich nähert, der auch nur versuchen würde, die hundert Seiten unter dem Stichwort »Paris« durchzustudieren, die der Katalog der Kaiserlichen Bibliothek enthält. Der aber wurde schon im Jahre 1867 abgeschlossen. Der irrt, der hier nur wissenschaftliches Schrifttum, Archivarisches, Topographisches oder Geschichtliches anzutreffen erwartet. Nicht der kleinste Teil dieser Büchermasse sind Liebeserklärungen an die »Hauptstadt der Welt«. Und daß sie meist von Fremden stammen, ist nichts Neues. Fast immer sind die leidenschaftlichsten Galane dieser Stadt von draußen gekommen. Und ihre Kette spannt sich um die ganze Erde. Da ist Nguyen-Trong-Hiêp, der 1897 in Hanoi sein Preisgedicht auf die französische Hauptstadt erscheinen ließ. Da ist, um nur die jüngste zu nennen, die rumänische Prinzessin Bibesco, deren reizende »Catherine-Paris« den galizischen Schlössern, der polnischen Hocharistokratie, ihrem Gatten, dem Grafen Leopolski, entflieht, um die Heimat ihrer Wahl zurückzugewinnen. In Wahrheit scheint es sich in diesem Leopolski um den Fürsten Adam Chartoryski zu handeln. Und in Polen hat das Buch nicht viel Liebe gefunden... Nicht alle Anbeter aber haben der Stadt ihre Verehrung als Roman oder als Gedicht zu Füßen gelegt: Erst kürzlich hat Mario von Bucovich in der Photographie seiner Neigung einen schönen, glaubhaften Ausdruck gegeben, und Morand hat ihm in einem Vorwort zu diesem Album das Recht auf seine Liebe bestätigt.

In tausend Augen, tausend Objektiven spiegelt sich die Stadt. Denn nicht nur Himmel und Atmosphäre, nicht nur Lichtreklamen auf den abendlichen Boulevards haben aus Paris die »Ville Lumière« gemacht. – Paris ist die Spiegelstadt: Spiegelglatt der Asphalt seiner Autostraßen. Vor allen Bistros gläserne Verschläge: die Frauen sehen sich hier noch mehr als anderswo. Aus diesen Spiegeln ist die Schönheit der Pariserin getreten. Bevor der Mann sie erblickt, haben sie schon zehn Spiegel geprüft. Ein Überfluß von Spiegeln umfängt auch den Mann, zumal im Café (um es innen heller zu machen und all den winzigen Gehegen und Ställchen, in die Pariser Lokale zerfallen, eine erfreuliche Weite zu geben). Spiegel sind das geistige Element dieser Stadt, ihr Wappenschild, in das sich noch immer die Embleme sämtlicher Dichterschulen eingezeichnet haben.

Wie Spiegel jeden Reflex prompt, nur symmetrisch verschoben, zurückgeben, tut dies auch die Schlagworttechnik der Komödien von Marivaux: Spiegel werfen das bewegte Draußen, die Straße,

in das Intérieur eines Caféhauses, wie ein Hugo, ein Vigny es liebten, Milieus einzufangen und ihre Erzählungen vor einen »historischen Hintergrund« zu stellen.
Die Spiegel, die trüb und ungepflegt in den Kneipen hängen, sind das Sinnbild von Zolas Naturalismus; wie sie einander in unabsehbarer Reihe spiegeln, ein Gegenstück zu der unendlichen Erinnerung der Erinnerung, in die sich unter der Feder von Marcel Proust sein eigenes Leben verwandelt hat. Jene neueste Photosammlung »Paris« schließt mit dem Bilde der Seine. Sie ist der große, immer wache Spiegel von Paris. Tagtäglich wirft es seine festen Bauten und seine Wolkenträume als Bilder in diesen Fluß. Er nimmt die Opfergaben gnädig an, und er bricht sie zum Zeichen seiner Gunst in tausend Stücke.
Walter Benjamin, 1929

DER 14. JULI 1928

1.

Nach viel sah der Tag heute nicht aus.
Kein Geld, auch Paris wird dann kleiner. Ging in die alte Arbeiterkneipe, es gibt schlechtere, die nicht billiger sind.
Da sah ich aber einen, der ging auf. So richtig, so schuldlos genießend, wie es sich gehört. Der Mann mir gegenüber hatte Hummer in den verschafften Fäusten, biß und spuckte rote Schale, daß der Boden spritzte. Doch dem zarten Wesen darin sprach er fröhlich zu, als er es einmal hatte, still und verständig. Endlich war hier ein Gut nicht mehr durch genießende Bürger geschändet; der Schweiß der Entbehrenden, die Schande der Kapitalrente schmeckte diesem da nicht mit. Seltsam genug in Paris, wo sich noch kein Bürger geniert, einer zu sein, sich nicht nur bequem, sondern auch stolz einen Rentier nennt. Am Arbeiter mit dem Hummer blieb noch andres erinnert, vom großen Einbruch damals, lange her. Erst recht schimmerte ein gewisses Später auf, wo das Geld nicht mehr um die Güter bellt oder in ihnen wedelt. Wo die überaus törichte Wahl zwischen reiner Gesinnung und reinem Bissen erspart bleibt.

2.

Man ging an diesem Abend durchaus nicht wie sonst. Rettete sich nicht vor der Straße, ihrer Mitte, auf der die Wagen sausten, links herauf, rechts herab, scharf und gegen uns.

Sondern endlich lebte diese Mitte, ja, es wuchs etwas auf ihr. Die Artillerie des besitzenden Verkehrs war gelegt, zog sich in die Ferne oder außen herum, der herrliche Asphalt wurde bewohnt. Farbige Papierlampen quer darüber machten niederen Raum, darin wurde getanzt. Häuser waren nun seine Wände, die erleuchteten Fenster ringsum glänzten als neue Lampen, wie selbstleuchtende Spiegel, nochmals mit Menschen darin. Und am schönsten war, daß sich der Tanzraum nur an den Seiten schloß, aber sonst die lange Straße für sich hatte, ihre Querstraßen dazu. An der nächsten Ecke spielte schon wieder Musik, und die Paare wanderten durch das leuchtende Quartier.

Das ist Pariser Straße am 14. Juli, dem großen Tag. Auch als die Bastille erstürmt wurde, hat das Volk getanzt, auf dem Boden, dem die Festung gleichgemacht worden war. Er vertrat die Wiese der Seligen, und das ist geblieben; freilich tanzte man damals anders nach der Natur. Aber haben sich die Revolutionäre auch beruhigt, längst Hörner und Flügel abgestoßen, so schießt doch durchs »Nationalfest« zuweilen noch ferne Erinnerung. Gar nicht in Bausch und Bogen der Nation zugehörig, sondern ohne Frieden mit dem gekommenen bourgeois gentil'homme. Denn als am 14. Juli 1928 ein Auto durch eine dieser Tanzstraßen vorstoßen wollte, von einem Herrn mit Strohhut gesteuert, machte das Volk nicht Platz, obwohl man gar nicht tanzte in diesem Augenblick und bloße Taxi schon in Menge durchgekommen waren. Wohl der Strohhut reizte auf, sonst ja nichts Besonderes, hier aber merkwürdigerweise ein Symbol der Herrenklasse, vielleicht wegen seiner Helle und weil sonst Maschinen nicht mit Strohhüten bedient zu werden pflegen. Der aufreizende Strohhut wich nicht, sondern gab Vollgas, durch die Menge hindurch. Doch zwanzig Fäuste hatten schon den Wagen von hinten gepackt, zogen ihn trotz des wütenden Auspuffs die Straße wieder herunter, hin und her, in schweigsamem Takt auf der freiwilligen Stechbahn; selbst der Propriétaire schaffte ruhig, mit einer gewissen finsteren Sportlust von Reaktion. Einmal nur wäre ihm der Durchstoß fast gelungen, da kam die zweite Herzensfreude: ein junges Mädchen sprang plötzlich vor den Wagen, tanzte lächelnd und furchtlos, eine Blume in der Hand, später im Mund, diktierte dem stoppenden Herrn die Bewegung, und als der Wagen stillhielt, verneigte sie sich mit großem, mit anmutigem Spott. Hier hätte sich nun der Fahrer wirklich zurückziehen lassen sollen, aber die herrschenden Klassen kapitulieren auch noch schief, abstrakt und undialektisch; kurz, statt die Lage zu fassen und sich in ihr aufzuheben, verwandelte der Provokateur die Kraft seines Vorstoßes in eine nicht minder anmaßende des Rückzugs, drehte um, fuhr bei dem schweren und falschen Manöver nun wirklich in die Masse hinein. Einige Frauen wurden an die Mauer gedrückt, die Männer hatten keinen Anlauf mehr hinter der kehrenden Maschine, so kräuselte sich die Luft sehr rasch, Schimpfworte fielen, das Auto wurde höchst putschistisch von der Seite gepackt und es wäre umgestürzt, hätte nicht der Propriétaire das Vordersteuer in die rechte Lage gebracht, und der Wagen schoß fliehend davon. Doch der Strohhut erfuhr wenigstens, was der weißen Lilie in jeglicher Gestalt zukommt. Ein junger Bursche hatte ihn dem Bürger vom Kopf geschlagen, warf ihn in die Höhe, andere fingen ihn auf, schon spielte dic Musik wieder und die Paare tanzten, aber nicht nur mit Füßen und Leib, sondern die Hände hatten zu tun. Hatten den Strohhut zu suchen, wie er von einem Paar zum andern durch die Luft gestoßen ward, bis er endlich auf dem Boden lag, nivelliert und zertreten, ein sehr geringer, sehr allegorisch zerstampfter Stellvertreter der Bastille. Brave Taxifahrer, die jetzt daherkamen und den nahen Boulevard gewinnen wollten, machten sogleich kehrt; die Wirtschaftspartei beteiligt sich nicht am Bürgerkrieg. Und auch die Rebellenstraße hatte bald wieder vergessen, daß sie als einzige in Paris ein wenig 14. Juli getanzt hatte. So kam der Strohhut nicht einmal in einen Polizeibericht, geschweige denn in die Geschichte, sondern nur in diese kleine, wartende Erzählung.

3.

Ebenfalls in Paris hat ein ruhiger Mensch, zwei Jahre vorher, folgendes in Gang gebracht.

Der saß vor einem grünen Schnaps, bisweilen las er. Das Café war um diese Stunde sehr besetzt, die Gespräche lebhaft, politische Unruhe lag in der Luft. Der Gast hatte ein Buch bei sich, das ihn weit von Brotteuerung und Frankensturz führte oder auch gar nicht weit, nur waren schon dreißig Jahre seitdem vorüber. Seit dem fin du siècle, wie man damals sagte, und die geputzten Menschen schienen es vergessen zu haben, trotz der Truppen, in den Kasernen »konsigniert«. »Doch ältere Leser«, so stand in dem Buch, »ältere Leser gedenken vielleicht noch der Zeit und der großen Aufregung, die durch die Welt ging, wenn die Zeitungen immer wieder, in ganz kurzen Abständen, von anarchistischen Bombenattentaten in Paris zu berichten wußten, die offenbar von einer weitverzweigten Bande ausgingen, deren die Polizei nur teilweise habhaft werden konnte. Scheinbar wahllos flogen die Bomben in Wohnhäuser wie in ein elegantes Café am Bahnhof St. Lazare, in die Deputiertenkammer und ein kleines Restaurant, selbst in die menschenleere Madeleinekirche. Eine Kaserne ging in die Luft, der serbische Gesandte wurde auf der Straße angeschossen, Sadi Carnot, der Präsident der Republik, auf der Fahrt zum Theater erdolcht. Es war die Zeit der Revachol, Vaillant, Henry, Caserio und andrer gefährlicher Propagandisten der Tat, die Zeit des Dynamits und der verstecktesten Bedrohung bürgerlicher Gesellschaft und Gesittung.« Mitten in Gerüchte, ja in den nächtlichen Schrecken der Kinderzeit führte so das Buch: selbst die anarchistischen Bünde, die man ausgehoben hatte, trugen furchterregende Namen, wie aus Kolportage, die keinen Spaß kennt. Da waren »Die haarigen Burschen von Billancourt«, »Die Panther von Batignolles«, »Die Eichenherzen von Cettes«, »Die Kinder der Natur«, »Die Zuchthäusler von Lille«, »Der Pranger von Sedan«, »Der Yatagan von Terre Noire«. Die Verschwörerblätter selbst führten am Ende, mitten unter harmlosen Anzeigen, eine ständige Rubrik mit der Überschrift: »Anweisung zur Herstellung nichtbürgerlicher Produkte«.

Mario von Bucovich, Place de la Bastille.

Hier mußte der Gast unterbrechen, denn ein junges Paar hatte an seinem Tisch Platz genommen und sprach. So elegant waren die beiden, wie die »Dame«, wie der »Herr« sich denkt, daß sie im Paradies angezogen seien. Jetzt erhob sich der ruhige Leser, ganz ahnungslos, er wollte sich nur Zigaretten holen, dachte gar nicht mehr an die Panther von Batignolles, sondern Nana lag ihm näher: – da geschah, kaum einen Schritt von dem Tisch entfernt, eine so entsetzliche Explosion, daß sie das Paar hochhob vor Schreck, Tische umfielen, die Passage stillstand. Dem Leser selbst zitterten die Knie, doch im Ganzen war er unverletzt wie das Paar übrigens auch, was immerhin ein Zufall war; denn wie leicht hätten die Splitter der Syphonflasche verwunden können, die der Gast heruntergestoßen hatte, als er sich Zigaretten holen wollte. Der Direktor kam und verlangte Ersatz, der Leser zahlte ihn und freute sich fast schamhaft, so harmlos davongekommen zu sein. Auch im übrigen Café legte sich die leidenschaftliche Landschaft, das vornehme Paar bestellte einen frischen Apéritif, aus tiefem Instinkt mit der bloßen Geldbuße des Manns nicht ganz zufrieden. Dieser verließ auch bald den Schauplatz, das sehr historische Dynamitbuch unterm Arm, holte sich endlich die Zigaretten am Schanktisch, wie Friedenspfeifen, fuhr in sein gewohntes Restaurant. Dort erzählte er die heroische Geschichte, worin aus Pech ein Attentäter, aus einer Syphonflasche Weltgericht erschienen war. Rasch hatte sich der Geist wieder in die Flasche zurückgezogen; doch die dunkle Scham des Manns, der Ärger des Paars an seiner Strafe standen noch fühlbar in der Luft. Betroffenheit des Literaten, Erberinnerung der Bourgeoisie: beides spielte über dem unfähigen Ereignis. Spielte eine Vergangenheit nach, die nicht verging, eine Zukunft vor, von der sich selbst der Pariser Bürger nicht losgesprochen fühlt. Was ein Fest wurde wie der 14. Juli, ist gewesen; aber die Furcht, die einmal darin war, ist noch frisch. Speisten alle Arbeiter Hummer, so ritzten die Splitter der Syphonflasche keine Gefühle.

Ernst Bloch, 1930

PARISER GEDENKTAFELN

In Paris haben sie beinahe am selben Tag zwei Gedenktafeln an zwei Häusern eingeweiht: eine für den großen Zeichner und Maler Honoré Daumier und eine für den Liedersänger der neunziger Jahre: Aristide Bruant. Jedesmal waren da Vertreter der Gemeinde der Stadt Paris, das wenigstens sehr oft so tut, als ob... wenn seine besten Söhne gefeiert werden, und jedesmal wurden diese braven und typischen Reden geschwungen, die wir auswendig wissen. Es ist das aber beide Male nicht so komisch, wie es auf Anhieb aussieht.

Daumier war ein Gigant; nach Goya wohl das Größte, was satirische Zeichenkunst des letzten Jahrhunderts aufzuweisen hat – er, der erblindet nach dem Kriege von siebzig starb, war nicht schlecht gegen das angelaufen, was man »Gesellschaft« nennt – aber er hat es nie parteipolitisch getan, sondern stets von einer Jahrhundertwarte herab, die ihm die Möglichkeit gab, das zu sehen, was an allen Epochen komisch gewesen ist und klein. Seine Zeit hat ihn anerkannt und bekämpft, und die Vorväter der Feiertagsredner von heute sind wohl nicht sehr gut auf ihn zu sprechen gewesen.

Bruant hat mit leichter Pose eine soziale Empörung herausgesungen, die ihm viel Geld eingebracht hat, was nicht gegen ihre Echtheit sprechen muß – nur ist diese Empörung weit vom Klassenkampf entfernt gewesen. Was da in den ersten Montmartre-Cabarets ausklang, war noch echt (im Gegensatz zu heute) – und ein paar der Lieder werden für die nächsten Jahre bleiben – alle Franzosen kennen und lieben sie. Geändert hat sich das »Argot«, der Straßendialekt der Pariser, geändert Anschauung und Arbeitsverdienst, sozialer Kampf und Arbeitsmethoden – geblieben aber ist das Streben der Großstädter nach Freiheit und Licht.

Ja, und nun haben beide ihre Gedenktafeln bekommen. »In diesem Hause lebte...« Die kleine Feier wird bald vorüber sein, die offiziellen Redner sind in ihr Auto gestiegen oder in die Untergrundbahn, die Eingeladenen und die Neugierigen, die die An-

sammlung für das Straßenparkett einer Rauferei gehalten haben, haben sich zerstreut, und nun hängen da die Tafeln.
Niemand sieht sie mehr an. Grau und unscheinbar werden sie vom Regen und Wetter – nur die Kenner der Stadt bleiben vielleicht eines Tages vor dem Hause stehen und kontrollieren, ob dies auch das richtige Haus ist, in dem . . . und dann wird das alles vergessen.
Bleiben werden die kleinen Lieder und die großen Blätter der beiden: zweier Franzosen, die aufrührerisch gewesen sind und die doch von den Bürgern gefeiert werden dürfen, weil tief in jedem Franzosen – auch in seinen Revolutionären – ein arbeitender Bürger schlummert.
Kurt Tucholsky, 1929

DER COUTURIER-BETRIEB

»Frankreich ist führend, Frankreich ist maßgebend auf diesem Gebiet.« – Was fängt man schon mit solchen Phrasen an? – Denn andere Länder sind wieder führend im Eisenhandel, und Holland in der Margarinefabrikation. Dies hier aber ist nicht etwa eine wirtschaftliche – wie sich das so Statistiker ausdenken –, sondern eine Herzensangelegenheit: nämlich eine Sache der Begabung. Also eine wirkliche Macht.
Man hat nämlich alles zusammen in Frankreich. Man hat die Rohmaterialien, die Stoffe, und hat den Geschmack, das »Schöpferische«, wie man das so schön nennt.
Da kommen also ein halbes oder ein dreiviertel Jahr, bevor eine neue Mode kreiert wird, der Fabrikant aus Lyon – dem Riesenzentrum der Samt- und Seidenindustrie, wo es an die vierzig bis fünfzig große Seidenhäuser gibt – mit Modeleuten zusammen und beraten über die künftig anzuziehende Frau. Soll sie gerade Linien haben, sollen die Kleider geschweift sein, sollen es steife Stoffe sein, dünne glatte oder rauhe schwerere, mit Muster, was für Muster, oder ohne Muster. Dann werden die Stoffe gewebt, und alles entwickelt sich weiter. Der Stoff kommt in die Hand des

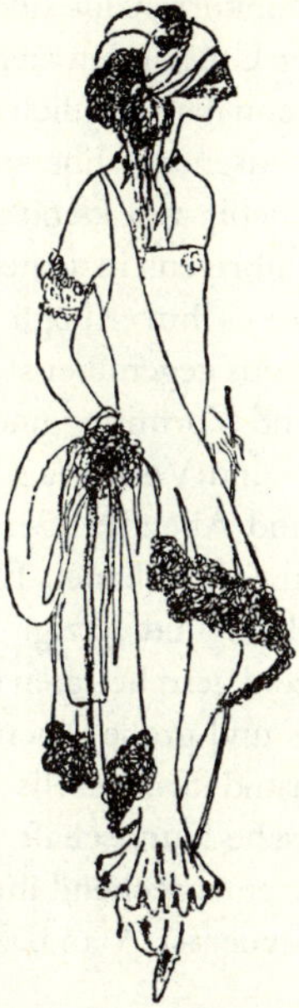

Marlice Hinz, Das Modell.

Couturier; die Modellistes werden eingespannt, d. h. sie werden nachdenklich, gehen umher und warten auf die Stunde der Inspiration, wo gezeichnet und aufgesteckt wird. Und dann beginnen die Vorführungen. Durchaus nicht etwa für die geschätzte Privatkundschaft, sondern für die noch geschätzteren Grossisten aus Deutschland, aus Amerika, England usw. Und langsam kommen dann die Damen heran, zu den großen Vorführungen.
Diese Vorführungen kann man nur jedem dringend empfehlen, denn sie sind ein echtes Stück Pariser Leben, wo sich die ganze Eleganz und die ganzen guten Manieren, kurzum alle möglichen guten französischen Eigenschaften am glänzendsten zeigen. Aber man glaube nur nicht etwa, daß sich die großen Schneider darum reißen, sich zu produzieren. Vielmehr sei man sich darüber klar, daß sie eine Art Halbgötter sind, aus dem selbstverständlichen

Grund, weil sie völlig konkurrenzlos sind in der Welt. Das geht sogar so weit, daß unter Umständen sich gute in sehr schlechte Manieren umkehren, wenn man nämlich glaubt, man könnte sich den Betrieb hier öfters ansehen, ohne zugleich auch Kleider zu kaufen, man könnte beliebig viel kiebitzen.

Da ist Herr Patou, der übrigens in seinem Bureau verschiedene Utensilien haben soll, die es ihm ermöglichen, plötzlichen Eingebungen seinen Mannequins gegenüber stattzugeben. Er ist heute maßgebend für Sport und Vormittag und setzt ganz sachlich die Besichtigung für Sport- und Vormittagskleider am Morgen und die für Nachmittags- und Abendkleider am Nachmittag an.

Da ist die Königin: Gabrielle Chanel, Exfreundin des Großfürsten Dimitri von Rußland und jetzige Freundin des Duke of Westminster, den sie wohl gern heiraten möchte. Ihre Spezialität sind elegante Complets und große Abendkleider. Natürlich hat sie, speziell auch auf Grund ihrer gesellschaftlichen Talente, eine riesen-anglo-amerikanische Kundschaft.

Madeleine Vionnet, die entsprechend ihrer Distinguiertheit und ihrem Geschmack sehr teuer ist. Man bezahlt wie nichts fünf- bis sechstausend Frank.

Lanvin, die einen Marquis geheiratet hat, die eine Gretchenfrisur trägt, ein bißchen literarisch ist und trotz ihres großen Erfolges sehr befangen. Sie ist von einer Art koketter Keuschheit. Auch ist sie Ritter der Ehrenlegion. Übrigens zieht sie auch sogar Herren an.

Callot. Ihre Spezialität ist es, die alten Aristokraten anzuziehen. Russen zum Beispiel, die noch ein bißchen Geld haben. Alles ist ein bißchen Rokoko.

Premet, deren Talent es ist, aus einer kleinen Kokotte eine Femme du Monde zu machen.

Lenieff, früher Zeichner bei Poiret, für dessen Spezialität man schon einen besonders hübschen Körper haben muß, damit einem diese Roben stehen, die alle sehr riskiert und im guten Sinne prätentiös sind.

Worth, der es besonders liebt, die Frau unter dem Busen zu modellieren. Achtung! Besonders schöne Mannequins.

Lelong: Spezialität, das kinoptische Kleid, dessen Wirkung in der Bewegung liegt.
Deuillet-Doucet.
Jenny, für den Nachmittag. (Im selben Hause wie Guerlain.)
Chéruit: für Abendkleider. Gleichfalls sehr mouliert, sehr auf Taille und hosenrockartig.
Rose Descot, Talbot usw. usw.
Und fast hätten wir über all diesen sehr ernsten Fragen Mr. Paul Poiret vergessen, »le maître des étoffes contrastées«, eine der aufregendsten Persönlichkeiten von Paris – leider müssen wir hinzufügen – ehemals. Aber er war zweifellos ein Universalgenie, der sich an alles heranwagte, der nicht nur Kleider machte, sondern auch Kunstgewerbe, der Schauspieler sein und kochen wollte. Und der auf alle Fälle ein höchst originelles und teilweise auch sehr geistreiches Phänomen ist. Leider schlägt er ein bißchen aus, treibt allzuviel Blüten und gehört zu dieser Klasse Menschen, die allzu reich und zu wenig speziell begabt sind. Er hatte auf der Kunstgewerbeschau vor einigen Jahren – wo die Pariser plötzlich den deutschen Jugendstil entdeckten und zu Ehren brachten, wie sie jetzt nach dem Kriege eine Renaissance unseres Richard Wagner heraufgeführt haben – ein paar Schiffe auf der Seine liegen, auf denen er wahre Orgien des Geschmacks aufführte. Wo z. B. Karussells zu sehen waren mit typischen Pariser-Figuren und dic schönsten Mannequins, und wo Fanfaren ertönten, wenn er selbst »in See stach«. Das war ebenso eine Überspekulation wie die Degradierung seines schönen 18. Jahrhundert-Hôtel zu einer kunstgewerblichen Phantasmagorie mit silbernen Türen und Farben von ausgelaufenem Vanilleeis und mauve, um mit allem diesem Durcheinander seine Klientel in eine Art Edelrausch zu versetzen. Dabei war er selbst dick und rund und recht gemütlich und trug einen stachligen Backenbart, den er später allerdings abgenommen hat. Anstatt seiner üppigen orientalischen Phantasie in die Zügel zu fallen, trieb er sie im Gegenteil noch an und erfand so im Rauschzustande die ungeheuerlichsten Dinge, indem er z. B. nicht nur den Hosenrock kreierte – das war eine sehr zahme Angelegenheit –, sondern indem er z. B. den Frauen kurzerhand

Clownskostüme aufhängte. So daß die Folge hiervon einmal eine glatte Meuterei seines Personals war, das ihm erklärte, es mache nicht mehr mit, weil sie bei seiner Art von Phantasie sonst brotlos würden.

Nun ist es glücklich soweit. Nun ist er aufgekauft und wird von irgendeiner öden Gesellschaft kontrolliert. Hat somit alles Interesse verloren und soll sich in seinem Groll der Küche genähert haben. Er ist eine von diesen Pariser Erscheinungen, die deshalb auf die Dauer nicht reüssieren, weil sie sich gegen einen französischen Grundsatz versündigen, nämlich das Maß.

Schließlich ist noch eine sehr kluge und geistreiche Frau, die allerdings mit allen diesen Fragen sehr wenig zu tun hat, zu nennen: Mme. Sonia Delaunay, die Frau des Eiffelturmmalers, die sich seit Jahren bemüht, die Pariser und die übrige interessierte Welt für den Kubismus auch in der Mode zu gewinnen. Sie ist eine ausgesprochen abstrakte Künstlerin. Die Qualitäten ihrer Zeichnungen liegen in der geometrisch strengen Linie, die leider nicht jedermanns Sache ist. Zumal auch ihre Farben zum großen Teil sehr streng und manchmal kraß sind. In die allgemein waltende Süßlichkeit und Liebenswürdigkeit bringt sie einen höchst angenehm strengen und sachlichen Ton herein.

Und tutti quanti...

Natürlich haben sie Feinde, alle diese Großen. Und zwar sind es hauptsächlich die kleinen Schneider und Schneiderinnen der Nebenstraßen, die nur einen kleinen Teil der Mieten dieser großen Pomphäuser mit ihren endlosen Repräsentationsräumen zu bezahlen haben und die kurzerhand die neuen Créations imitieren. Dagegen ist sehr schwer etwas zu machen. Nur die Begabung hilft dagegen und der Wechsel. Bei der geraden Linie wurde nicht viel verdient. Sie war leicht zu kopieren. Man konnte diese Kleider sogar zu Hause machen. Also verlangte die Mode schleunigst die geschweifte Linie: die Kleider wurden immer kürzer; immer weniger Stoff wurde verwendet. Also verlangte die Mode die Verlängerung. Und das einzige, was sie dem Zug der Zeit zugestand, war, daß die Kleider wenigstens vorn kürzer waren als hinten.

H. von Wedderkop, 1929

INSEL

1. Halbjahr 1980

Bernhard Blume, Leonora Carrington
Barbara Fischer, Natalia Ginzburg
J. W. v. Goethe, Siegfried Kracauer
Olof Lagercrantz, Stanisław Lem
Hermann Lenz, Karl Philipp Moritz
Rainer Maria Rilke, Walter Schmögner
Dolf Sternberger, Jan Józef Szczepanski
Leo N. Tolstoj, Ernst Weiß
Ralph-Rainer Wuthenow

Wiener Genesis, Deutsches Mittelalter
Insel-Klassiker, Insel-Bücherei
Insel Bibliothek, insel taschenbücher für Kinder
Die schöne Insel-Karte
Das schöne insel taschenbuch

Paris. 9. März 1932. Mittwoch

Vormittags hinüber nach 52, Avenue Kléber, wo Briand gestorben und aufgebahrt ist. Ein jeder kann hinein. Kleine Vierzimmer-Wohnung im zweiten Stock, kleinbürgerlich, fast ärmlich eingerichtet. Interieur eines kleinen, mittleren Beamten, wenig Bücher, triviale, mittelmäßige Drucke an den Wänden. Man merkt nichts von irgendwelchen intellektuellen oder künstlerischen Bedürfnissen, von Luxus gar nicht zu reden. Typisch die Wohnung eines ›kleinen Mannes‹. Sonderbar! Man fragt sich, ob er wirklich gar keine über das mittlere Niveau hinausgehenden Bedürfnisse gehabt. Ich sehe ihn noch neben mir in Genf im Hotel des Bergues in seinem Salon auf dem Sofa sitzen und mit halbgeschlossenen Augen, wie wenn er am Einschlafen wäre, zuhören, während ich ihn wegen der Stellung, die er Deutschland im Völkerbund zugestehen würde, auszuforschen suchte (Ratssitz usw.); und wie er plötzlich die Augen aufschlug und die entscheidende Antwort gab: Es wäre lächerlich, wenn Deutschland keinen ständigen Ratssitz bekäme; das sei selbstverständlich. Der Eindruck war da auch der eines sehr klugen, ja schlauen Kleinbürgers. Vielleicht war es dieses Kleinbürgertum, das den Boden abgab für das gegenseitige Verständnis von Briand und Stresemann; beides Gastwirtssöhne aus sehr kleinen Verhältnissen. Der Sarg stand im Schlafzimmer auf einem kleinen Katafalk.

Paris. 12. März 1932. Sonnabend

Briands Beisetzung. Eiskalter, ziemlich klarer Tag. Die Champs Elysées viele Reihen tief von einer dichten Menge eingesäumt trotz der Kälte und des Windes. Um zwei war die Zeremonie angesagt. Aber zwei Stunden mußte man stehen, bis der Zug endlich nach vier vorbeikam. Die Absperrung wurde von Spalier bildenden Soldaten gesichert. Sonst war, namentlich im Zuge, von Militär so gut wie nichts zu sehen.

Zuerst kamen einige Rotten Garde Républicaine zu Pferd, dann riesige Berge von Blumen auf schwarzbespannten Wagen, dann der Sarg selbst in eine Trikolore gehüllt auf einem pomphaften Leichenwagen, der von sechs schwarzbehangenen Pferden gezogen wurde; hinterher Minister, Diplomaten, fremde Auswärtige Minister (ich erkannte Sir John Simon). Zuletzt aber, am eindrucksvollsten, lange Abordnungen von pazifistischen Vereinen, Frontkämpfern, Pfadfindern, Arbeitern mit Plakaten. Man hörte sie schon von weitem kommen, wie sie im Takt riefen: »La Paix, la Paix« und »Dés-ar-móns, dés-ar-móns« und wie die zu beiden Seiten sich drängende Menge der Zuschauer klatschte und ihren Ruf wiederholte.

Ich habe von dieser Beisetzung einen ähnlich starken Eindruck bekommen wie von denen der beiden andren großen Friedenspolitiker, Rathenau und Stresemann, obwohl in jedem Fall natürlich die äußeren Umstände ganz verschieden waren.

Paris. 26. August 1932. Freitag

Der Durchschnittsfranzose, le Français moyen, wird heute über deutsche Innenpolitik ausführlicher und farbiger informiert als über seine eigene. Dic Franzosen haben offenbar ein Gefühl, als ob sich in ihrer nächsten Nachbarschaft ein Vulkan aufgetan hätte, dessen Ausbruch jeden Augenblick ihre Felder und Städte verwüsten könnte und dessen kleinste Regungen sie daher mit Staunen und Angst verfolgen. Ein Naturereignis, dem sie fast hilflos gegenüberstehen. Deutschland ist heute wieder (leider!) wie im Kriege der große internationale Star, der in jeder Zeitung, in jedem Kino die Massen fasziniert aus einer Mischung von Furcht, Nichtverstehen, widerwilliger Bewunderung, in die sich auch nicht wenig Schadenfreude mischt; die große tragische, unheimliche, gefährliche Abenteurerfigur, die sogar Rußland auf der internationalen Bühne an die Wand gespielt hat. Etwa die Rolle, die Frankreich während der Dreyfus-Affäre spielte. Aller Augen sind auf sie gerichtet in banger Erwartung dessen, was kommen wird.

Die Rolle, die in der französischen Phantasie vor und gleich nach dem Kriege Rußland spielte, ist heute auf Deutschland übergegangen. Der Franzose hat sich von der Bühne ins Parkett bege-

Am Eiffelturm, 1931.

ben, von wo aus er das deutsche Drama mit angsterfüllter Spannung verfolgt. Er empfindet die Ohnmacht des Zuschauers vor einer antiken, etwas zu blutrünstigen, etwas widerlichen Tragödie, die ihn zugleich abstößt und anzieht. Frage: Was ließe sich für Deutschland politisch aus dieser Situation gewinnen?

Deutsche Tonfilme in deutscher Sprache, wie ›Mädchen in Uniform‹ und ›Emil und die Detektive‹, laufen hier schon seit Wochen täglich vor ausverkauften Häusern. ›Mädchen in Uniform‹, wie ich meine, schon neunzehn Wochen!

Paris. 28. August 1932. Sonntag

Nachmittags Maillol in Marly besucht. Ich fand ihn lesend im Schatten seines Gartens, strahlend vor Zufriedenheit und, wie mir schien, Gesundheit. Für seine Zufriedenheit waren verschiedene Umstände und Geschehnisse maßgebend. Erstens ist seine Frau fort, sie ist mit Lucien in Chamonix. »Je suis bien tranquille ici maintenant; ma femme est à Chamonix! Malheureusement elle revient dans huit jours. Quand elle est ici, elle m'injurie toute la journée. Elle est folle; je ne comprends même pas ce qu'elle me dit.«

Sehr beglückt ist er auch über das Totendenkmal, das er auf der Insel im Meer vor Banyuls macht; ein niedriger, grabartiger Bau auf der Spitze der felsigen Insel, aus graublauem Stein, mit drei Reliefs, in der Mitte die Figur des toten Kriegers, die ich in klein besitze, hier auf Lebensgröße in Stein vergrößert. Er zeigte Photographien. Zugleich auch Aufnahmen von dem Fest, das sein Heimatstädtchen Banyuls ihm zu Ehren im April veranstaltet hat. Dieses hat ihn ganz besonders erfreut. Man sieht ihn inmitten der Mädchen und Fischer, man sieht ihn tanzen, man sieht vier Hammel, die im Walde am Spieß gebraten werden, man sieht die Reigen der Mädchen. »C'était tout à fait grec«, sagte er. Das ist für ihn das höchste Lob.

Wir sprachen natürlich auch von der Krise. Er meinte, er persönlich könne sich nicht beklagen, er habe vor einigen Tagen erst eine große Figur nach Amerika verkauft, und Druet hätte vor kurzem auch eine Figur von ihm verkauft. Aber sonst sei es allerdings für die Künstler schlimm. Lucien habe nichts verkauft. »Le monde est tombé dans un trou. Ce que je ne comprends pas, c'est que le génie de l'homme ne suffise pas à le sortir de ce trou.« – Er ist in einer tieferen Wirklichkeit als der unserer gespensterhaften Tageskämpfe verwurzelt.

Er erzählte, daß gestern abend die Passavant (jetzt Mme. Nicolas) mit ihrem Mann bei ihm in Marly gegessen habe, und strahlte dabei über das ganze Gesicht. Die Passavant sei schon etwas früher, ohne ihren Mann, gekommen und habe geweint, als sie das Atelier wiedersah. Von ihrem Mann sagte Maillol, er sei ein sehr netter junger Mensch und die Passavant mit ihm glücklich, was ihn sehr freue. Ich fragte nach Bonnard. Maillol: man sehe ihn nicht mehr, seine Frau, die Marthe, lasse keinen Besuch zu, sondern werfe jeden hinaus, der zu ihm wolle, auch die ältesten Freunde. »Sa femme est encore plus folle que la mienne.«
Von Louveciennes den Blick über das Seinetal nach Paris. Im strahlenden Sonnenschein eine glückselige Landschaft. In den Wäldern bei St. Cloud viele Ausflügler, meistens en famille, Vater, Mutter und Kind oder Kinder, im Sonntagsstaat auf dem Rasen liegend. Der Gegensatz zu Deutschland ist auffallend. Bei uns tun sich sonntags die jungen Leute zusammen und wandern, spielen, baden, vom bourgeoisen Sonntagsaufputz sieht man selten eine Spur mehr, sondern schöne, kräftige Körper, unbekleidet oder halbbekleidet. Hier herrscht dagegen noch der kleinbürgerliche Stil in Kleidung und Sonntagsvergnügen durchaus vor.

Harry Graf Kessler, 1932

BOUQUINISTEN UND ANGLER

»Se faire une chambre dans le cœur et y demeurer.« *François de Sales*

Seit es der Allmacht gefallen hat, mich nach Paris zu versetzen und mir nach unendlichem Suchen ein glimpfliches Zimmer im lateinischen Viertel anzuweisen, befinde ich mich als Insasse des Hotels »au Petit Bonheur« (»Zum Kleinen Glück« wäre sinnig übersetzt, aber falsch) in gleicher Nachbarschaft zur Seine wie zum Luxemburger Garten, so daß ich mich, wie weiland Buridans Esel, beim Verlassen des Hauses nie entscheiden kann, ob ich mich zur Rechten und zum Bouquinieren, oder zur Linken

Mario von Bucovich, Angler.

und zum Spazieren wenden soll. Die Allmacht entscheidet dann für mich, indem ich ihren Willen an meinen Knöpfen abzähle. Bouquinieren und Angeln sind esoterische Künste, reine Tätigkeiten um ihrer selbst willen wie die Liebe, »Zweckmäßigkeiten ohne Zweck« wie das Schöne; daher denn die wahren Angler, in die wunschlose Betrachtung der wippenden Federpose versunken, auf ihren Schemeln wie auf delphischen Weltnäbeln hokkend und je nach ihren Fähigkeiten von großen oder kleinen Ahnungen besucht, durch einen wirklichen Fisch empfindlich gestört wären, weswegen sie mit offenbarer Sorgfalt fischloseren Gewässern den Vorzug geben. Ihr eigentliches Geheimnis aber ist das Zeremoniell: das scheinbar Überflüssige, wofür's der Laie denn auch unbesehen hält – und sich selbst für klüger.
Wer anders als ein kundiger Adept könnte denn meinen Eifer begreifen, wenn ich nach Büchern suche, ohne doch je eins zu kaufen, obschon ich jedesmal einen ausdrücklichen Taler in meine Börse tue, den ich doch – meint der Laie – ebensogut zu Hause hätte lassen können. Aber grad heute kauf ich mein Büchlein: die

Fabeln von Lafontaine, staubgrau von außen, voll silberner Unsterblichkeit von innen, um sieben und einen halben Groschen. Im gleichen Augenblick zieht unser Angler seinen Zwergkarpfen aus der Seine, schleudert den Störenfried aber nicht zurück in die Wogen, sondern wickelt ihn zärtlich ins Morgenblatt, um ihn den Kindern mitzubringen oder, sollte er keine haben, seiner Wirtin – gesetzt, daß er sie leiden kann. Im Spielraum solcher kleinen Unregelmäßigkeiten atmet das Lebendige; denn Ausnahmen bestätigen seine Seele.

Peter Gan, 1935

KUNDGEBUNG DER VOLKSFRONT

Wohl findet auch in diesem Deutschland die Idee einer neuen wirtschaftlichen Struktur, die einst im Programm des »Führers« stand, aber von ihm später beiseite gelassen wurde, eine gewisse materielle Verwirklichung wie in Italien. Aber während ihr Vordringen hier ohne Enthusiasmus begrüßt wird als Folge nicht eines Glaubens, sondern äußerer Notwendigkeiten, entzündete sich in Frankreich die Begeisterung an dem neu entstandenen Ideal sozialer Gerechtigkeit. Und man erkannte plötzlich, daß die staatliche Wirklichkeit nicht mehr den hohen Ideen entsprach, an die man glaubte, und man verlangte nach einer schöpferischen Kontrolle am Bestehenden durch ein soziales Gefühl, das als Ausstrahlung anerkannter Menschenrechte in der Luft lag. Eine neue Generation wollte mit diesem »Neuen« gegenüber ehrenwerten Männern, deren Zeit abgelaufen war, eine alte Ordnung überwinden, deren Äußerungen nicht mehr den heutigen Vorstellungen des Sittlichen entsprachen. Bis an das Ende meines Lebens wird der schöne Tag in seiner Großartigkeit meinem Gedächtnis eingeprägt bleiben, an dem das Feuer der Begeisterung zum ersten Male vor aller Augen sichtbar wurde. Ich spreche vom vierzehnten Juli des Jahres 1936, an dem in Frankreich der europäische Mensch geboren wurde.

Ich befand mich am Nachmittag dieses Tages in der Wohnung

meines Freundes Albert Michelis, einstigen Freundes auch von Helmut Kolle, die an der Place des Vosges gelegen ist und in der zwischen strengen Möbeln des siebzehnten Jahrhunderts und unter alten Bildern, die zu ihnen passen, auch einige der leidenschaftlichsten und reifsten Werke des uns beiden Unvergeßlichen hängen. Wir hatten an dem großen Tische gefrühstückt, einer »table à gibier«, auf denen man zur Zeit Ludwigs des Dreizehnten auf den Schlössern das Wild zu zerteilen pflegte. Die Sonne drang durch das offene Fenster zwischen den grünen Vorhängen hindurch, fing sich in den Pokalen, die mit rotem Burgunderwein angefüllt waren, und lag auf einigen Bildern, die sich ernst von den klösterlich weißen Wänden abhoben. Unser Blick ging durch die offene Tür in den großen Wohnraum, der auch von der Sonne angefüllt war, und ruhte sich auf einigen Landschaften des Louis Vivin aus, in denen, wie auf den Bildern seines älteren Bruders, des Zöllners, die Seele des französischen Volks in ihren schönsten Eigenschaften sich kundtat: in Generosität, Kindlichkeit und Begabung, und ich dachte daran, wie ich einige Wochen zuvor den Hochbetagten zur letzten Ruhe geleitet hatte. Die französische Volksseele, die hier mit den Mitteln der Kunst sich deutete, sollten wir jetzt in einer überwältigenden Kundgebung erleben.
Der weite, von gleichmäßigen Häuserfassaden eingerahmte Platz, in fernen Zeiten das gesellschaftliche Zentrum der Stadt, die sogenannte Place Royale, lag völlig vereinsamt, mitten im Lichte, im Winkel der beiden großen Straßen, die in wenigen Schritten zur Place de la Bastille führten. Hier, an der geheiligten Stelle, an der vor nahezu eineinhalb Jahrhunderten der große Kampf um die Menschenrechte begann, erwartete die neue Regierung die zur Volksfront zusammengeschlossene Menge. Sie kam, in zwei Strömen. Wir fühlten in Ergriffenheit schweigend ihr Nahen auf den beiden Straßen, hörten immer deutlicher Musik, Lieder, Rufe, jubelnde Stimmen, bis wir wie auf dem Bug eines Schiffes uns befanden, das mitten hinein in das brausende Meer der Begeisterung fuhr. Wir stiegen dann hinunter, blickten bald auf die eine, bald auf die andere Straße und sahen die beiden ruhigen Ströme langsam dahinziehen; fünf Stunden lang sahen

wir sie so ziehen, ein nicht in nationalen, sondern menschlichen Ideen geeintes Volk. Keine demonstrative Geste, kein herausforderndes Wort, aber ein heiliges Feuer, eine große Haltung, ein Wissen um die Bedeutung der Stunde wurden sichtbar. Dieses war kein Akt der Propaganda, nicht der Triumph eines politischen Programms oder einer Partei, es war das Bekenntnis zu politisch deutbaren menschlichen Werten von französischer Färbung, aber europäischer Geltung.

Die natürliche Einheit, die hier sich gebildet hatte, war etwas anderes als die künstliche und erzwungene, die in Deutschland durch Dekrete, Gewalt, Verschweigen und Entstellen der Wahrheit geschaffen war und deren Bindungen eine unbestimmte Phraseologie von »Ehre« und »Ordnung« waren. Die falschen Inspirationen, die sich Deutschland aus seinen drei großen Formaten, Luther, Goethe und Bismarck, geholt hatte, und mit denen es schließlich beim Kultus eines ideenlosen und amusischen Generals und eines Erleuchteten gelandet war, die, gutgläubig, das Beste wollten, aber nicht konnten, und in deren Hände es nacheinander sein Schicksal gelegt hatte, hatten keinen allgemein brauchbaren Wert schaffen helfen als Inhalt einer hohl gebliebenen Staatsform und als Beitrag zu einer europäischen Gemeinschaft. Sie hatten nichts zuwege gebracht als den unbegründeten, von Schwerterrasseln und Bardensang begleiteten übermütigen Anspruch auf Überlegenheit.

Wie einst im kaiserlichen Deutschland eine wirkliche materielle Prosperität und eine wirkliche Ordnung, so machten jetzt im Dritten Reiche ein scheinbarer Wohlstand und ein Zusammenstehen unter der Knute Eindruck auf die übrige Welt. Alle rein materiell und physiologisch orientierten Menschen vom dicken Industrieherrn mit der gelben Aktentasche bis zu dem in militärischem Schema seelisch abgestorbenen und verrohten Schüler mit dem Abzeichen im Knopfloch bewunderten den »Erfolg«, den ein paar abwegige Ideen niedrigen Niveaus (wenn man den aufgeregten Kultus des eigenen Wesens als »Idee« bezeichnen will), in Verbindung mit abscheulichen Methoden haben konnten. Die Majorität der Menschen, die, bis in die sozial und geistig anspruchsvollen Schichten hinein, materiell, dumm und unsittlich ist, holte sich hier entzückt neue Anregung und Ermutigung. Der Gegensatz zwischen dem über sich selbst begeisterten Faschisten und dem im Glauben an eine Idee glühenden Wanderer zur Bastille, der die Menschenrechte neu beschwor, ist nicht zu überbrücken. Der nationalistische und der europäisch orientierte Mensch sind nicht in derselben übergeordneten Gemeinschaft denkbar. Wenn im bürgerlichen Leben eine Gesellschaft zum Schutz von Leben und Eigentum gegründet wird, würde es falsch sein, aus Angst vor Mördern und Einbrechern diese, um ihre Gunst zu gewinnen, als Sozietäre aufzunehmen. Ein solches Unternehmen würde es denen, die daran gewohnt sind, Meineide zu leisten, zu erpressen, den schwächern Nachbar zu überfallen und umzubringen, fremde Geldschränke zu öffnen, nur erleichtern, die Gruppe der Friedlichen und Ehrenhaften zu überwältigen. Gewiß, Mitglieder von Gangsterklubs in Chicago, Unterweltvereinen in Berlin, des sogenannten Milieu in Paris haben strenge Gesetze, ihre Disziplin und ihre Ehrbegriffe. Aber alle diese sind von den bürgerlichen wesentlich verschieden und mit ihnen nicht vereinbar.

Sowenig zwischen diesen beiden Welten eine Harmonie herzustellen wäre, sowenig ist sie zwischen den heutigen Demokratien und den heutigen Diktaturen möglich. Die gleichzeitige Existenz beider ist auf die Dauer nicht denkbar. Welche Einstellung schließlich den Sieg davontragen wird, kann nicht zweifelhaft sein. Wie Städte sich nach Westen ausdehnen, so entwickelt sich die menschliche Ideologie nach links. Eine momentane Rückwärtsbewegung nach der äußersten Rechten zu kann nur einen Sprung nach dem entsprechend weit liegenden linken Punkte als vorläufig letztem und die künftige Richtung bestimmenden zur Folge haben. Vor allem aber ist eine mit den Gesetzen der Sittlichkeit verknüpfte Idee jeder Machtanhäufung und Gewalt auf der Gegenseite überlegen. Weder Unterdrückung noch Gefängnisse noch Mord können ihren Siegeszug hemmen. Und wie das alte Christentum in der kommunistischen Gemeinde der Jünger das alte große Rom überdauerte, wird auch die heute wiedererwachte Idee einer gerechten wirtschaftlichen Ordnung die heutige klein gewordene Welt überleben. Wann und auf welchen vielleicht blutigen Umwegen sie zur Herrschaft gelangen wird – wer kann es sagen. Es wird davon abhängen, ob ihre Vertreter die politischen Handlungen mit dem unverwandten Blick zum Ideal und in ununterbrochener Beziehung zu den Gesetzen der Moral vollziehen oder ob sie in schwachen Stunden in Altes zurückfallen werden; ob es ihnen gelingt, die schöne Bewegung als eine solche des menschlichen Herzens zu erhalten und zu verhindern, daß sie als Staatskapitalismus oder Lohnbewegung endet. Die Gefahr besteht. Die Literatur der Kommunistischen Partei kann nicht die Bibel, die Maler der »Maison de la Culture« können nicht Corot ersetzen.

An jenem Tage des vierzehnten Juli fühlte ich es zum ersten Male mit vollkommener Deutlichkeit, daß ich mein Vaterland verloren habe.

Wilhelm Uhde, 1936

OKKUPATION, RÉSISTANCE, BEFREIUNG

Eine unmittelbare Berührung mit dem Nazismus und dem sowjetischen Kommunismus bot in gewisser Hinsicht die Pariser Weltausstellung von 1937, die ich mit meiner Schwester besuchte. War es Zufall oder Absicht, daß man die beiden Pavillons des Deutschen Reiches und der Sowjetunion einander gegenüber aufgestellt hat? –

Das »Urmenschenpaar« von Arno Breker, steif, unbeweglich, wie aus der Eiszeit in riesiger Nacktheit herüberragend, flankierte den Eingang des deutschen Pavillons. Innen war alles auf Prunk abgestellt: vergoldetes Teegeschirr in feinstem Lederkasten mit reichem Goldzierat, nur handgebundene kostbare Bücher, Möbel nur für die oberen Zehntausend. Den französischen Kleinbürgern, die die Ausstellung besuchten, imponierte das furchtbar. »C'est riche, ça!« konnte man allenthalben hören. Man konstatierte es mit einem Gemisch von Bewunderung, Neid und Ärger, daß dies ausgerechnet den »boches« gelungen war! Wir, meine liebe Schwester Marei und ich, genierten uns eher, weil wir mehr das Protzige als das künstlerisch Wertvolle zur Schau gestellt sahen. –

Und nun der sowjetische Pavillon! Es waren lange nicht so viele Besucher da. Alles war sehr einfach. Modelle von Schulklassen auf dem Land, wo es nie Schulen gegeben hatte. Möbel, einfach, aber zweckdienlich und gut in den Linien. Bücher in Mengen, auf schlechtem Papier, schlecht gebunden. Schulbücher, Lenin, Marx, russische Klassiker. Zahlen standen daneben, wieviele Millionen davon gedruckt, wie die Verteilung über das ganze Land organisiert war. Hübsche Holzarbeiten, auch Maschinen. Als kostbarstes Ausstellungsstück eine Landkarte aus Halbedelsteinen und echten Steinen zusammengesetzt, Rubinen, Smaragden, Diamanten, die es in russischer Erde gab. Als ich 20 Jahre später die Sowjetunion aus eigener Anschauung kennenlernte, ist mir der ungeheure Fortschritt zwischen der Vor- und der Nachkriegszeit sinnfällig aufgegangen.

Nicht vor, aber auf dem Dach des Pavillons war eine Plastik zu

Musée d'Art Moderne, 1937.

sehen: Ein Mann, eine Frau und ein Junge, die vorwärtsstürmten. Als wir beide von einem kleinen, wahrscheinlich künstlichen Hügel inmitten der Ausstellung diese beiden Gruppen, die den deutschen Pavillon bewachenden und die den sowjetischen nur zum Sprung benutzenden Gestalten mit einem Blick umfaßten, überkam mich die ganze Ironie dieser Gegenüberstellung. »Sieh«, sagte ich zu meiner Schwester, »die da werden die anderen überwältigen. Warte nur ab!« Es war noch keine Sympathie für die Sowjetunion, sondern die plötzliche Gewißheit, daß diese

protzige Nazi-Herrlichkeit mit allem, was sie verbarg, nicht dauern würde.
Klara Maria Fassbinder, 1937

DAS KLEINE BISTROT

In der Nähe meiner Wohnung liegt ein kleines Bistrot, in dem es einen ausgezeichneten Kaffee zu trinken gibt. Es ist im Sommer angenehm kühl in dem Raum, dessen Steinfliesen oft von Madame Laurent, der immer freundlichen Wirtin, gekehrt und gesprengt werden. Selten nur stört das Radio die Gespräche der Gäste. In Stunden, in denen es wenig zu tun gibt, läßt sich Madame Laurent manchmal Tanzmusik spielen.
– Cela me repose, sagt sie dann. Cela me fait oublier les affaires qui ne marchent pas comme elles devraient.
Das entspricht zwar nicht der Wahrheit, aber es sagt sich so schön und läßt den Verdacht nicht aufkommen, man lege womöglich alle Abend ein paar Hundertfrankenscheine auf die hohe Kante.
Die Geschäfte gehen vorzüglich, den ganzen Tag, besonders gut aber in den späten Stunden. Denn dieses Bistrot schließt erst nachts um zwei seine Tore, nicht schon um eins, wie die meisten anderen. Es verkehren in ihm angenehme und freundliche Leute. Zum Beispiel: Zwei Antiquare, die in der Nähe ihre Läden haben und herzlich miteinander befreundet sind, obwohl eigentlich der eine dem anderen unentwegt ins Gehege kommt. Einige junge Friseure (aus dem Salon »Victoire de la Beauté«) mit schön ondulierten Haaren und beängstigend polierten Fingernägeln, ein Rumäne, der in einem dumpfen Hauseingang Strümpfe und Socken verkauft, ein Tessiner Kastanienröster, der seine »Fine« mit Maronen bezahlt, ein Obst- und Blumenhändler, dessen hochbeladener Karren an der nächsten Straßenecke jeden Abend ausverkauft ist, ein paar Angestellte der nahen »Caisse d'Epargne«, einige Diener benachbarter »Herrschaftshäuser«, unter ihnen ein Engländer, der des öfteren für mehrere bezahlt, und ein

Luxemburger, der eigentlich als Tenor zur Bühne gehen wollte, Madame Bouty, welche vorgibt, in Scheidung zu liegen – aber die Sache läuft nun schon seit zwei Jahren, und sie kann immer noch nicht ihren Weinhändler aus Lyon heiraten, Gepäckträger und Chauffeure des Südbahnhofs, und – wohl als beste Kundin – Madame Maigre.

Madame Maigre ist etwa fünfundsechzig Jahre alt, mittelgroß, stark und asthmatisch. Ihr Gesicht ist blaß und von vielen Schmerzen verzogen, ihre Beine sind angeschwollen und vermögen den gedrungenen Körper kaum zu tragen. Jeder Schritt wird ihr zur Qual. Sie trägt ziemlich kurze Röcke, fleischfarbene Strümpfe, schwarze Lackpumps mit silbernen Schnallen und ausgeschnittene Kleider, welche eben noch den Ansatz eines ermüdeten Busens ahnen lassen. Gerade über dem Beginn dieses Busens ruht, von einer dünnen Platinkette gehalten und in Platin gefaßt, ein unwahrscheinlich schöner Diamant, ein »Solitaire«, wie man zu Zeiten unserer Großmütter zu sagen pflegte. Dieser »Solitaire« ist das Mysterium des Cafés. Um ihn kreisen alle Wünsche und alle Vermutungen.

Madame Maigre hat ihr gutes Auskommen. Sie ist die Witwe eines Gerichtsvollziehers, der schon lange das Zeitliche der überzeitlichen Stadt Paris gesegnet hat. Mehr weiß man nicht. Madame Maigre wohnt um die Ecke, im Erdgeschoß eines muffigen Hinterhauses, das nach Katzen riecht. Da in diesem Gebäude eine Druckerei ist, riecht es auch nach Öl und Druckschwärze. Ein Lindenbaum in der Mitte des Hofes kann nicht recht gedeihen, und auch die Geranien vor den blinden Fenstern wollen nicht vorwärts kommen.

Alle Abend, gegen sechs Uhr, wird Madame Maigre von einer halbtauben Person, welche auf den Namen Fanny hört, in das Bistrot geführt. Zu diesem Weg, den ein gesunder Mensch in zwei Minuten zurücklegt, brauchen die beiden Frauen zehn Minuten. Im Café ist der mit Baumwollkissen ausgelegte Sitz für Madame Maigre schon vorbereitet, dicht neben der Eingangstür, aber so, daß beim Öffnen keine Zugluft an die kranken Beine gelangen kann. An dieser Stelle verharrt Madame Maigre bis zur Stunde,

Im Bistrot, 1939.

in der das Café geschlossen wird. Sie kann durch die Glasscheiben sehen, was auf der Straße vorgeht, und kann gleichzeitig am Leben des Cafés selbst teilnehmen. Draußen und drinnen sind ihr zu einem einzigen Inhalt verwachsen, zur Welt, deren Erscheinungsformen sie noch wahrnehmen kann.

So lebt sie nun seit Jahr und Tag. Ihr Essen wird ihr um acht Uhr gebracht. Gutes Essen. Den Rotwein, den Kaffee und die Liköre kauft sie bei Madame Laurent. Sie trinkt viel. Sie spricht wenig. Sie liest, sofern sie nicht beobachtet, nur die Zeitungen der Rechten. Ich habe sie des öfteren mit der royalistischen »Action Française« in der Hand gesehen. Als sie eines Tages das gleiche Blatt auch bei mir gewahrte, sagte sie laut durch den menschengefüllten Raum:

– Ja, ja, die Krise! Wenn wir einen König hätten!

– Und was wäre dann, Madame Maigre? fragte ich.

Ein paar Arbeiter lachten. Robert, der dicke Gepäckträger aus Toulouse, schlug sich mit der Hand auf die Schenkel:
– Sapristi, Madame Maigre! Dann würden Sie Hofdame bei Ihrer Majestät sein und könnten Ihren »Solitaire« von einem Marquis befingern lassen.
Vielleicht war Robert erstaunt, daß der Beifall ausblieb, den er wohl erwartet hatte... Er fuhr sich etwas verlegen mit einem buntgemusterten Sacktuch über die erhitzte Stirn...
– Enfin, sagte er, sich fast entschuldigend... Les goûts ne se discutent pas... Noch ein Bock, Madame Laurent, und ein Brot mit Salami...
Ein etwas angeheiterter, dunkler Chauffeur näherte sich Madame Maigre:
– Weiß Gott, ein herrlicher »Solitaire«... Erlauben Sie, daß ich das Ding einmal anfasse?
Madame Maigre hob ihre stillen, schwermütigen Augen zu dem jungen Manne auf. Da er den Blick offenbar für eine Bejahung seiner Frage hielt, nahm er den Diamanten vorsichtig in seine breite, gutgehaltene Hand, schaute ihn lange aus etwas verschwommenen Augen an und ließ ihn langsam gegen den Spitzensaum des Kleidausschnittes zurückgleiten...
– Weiß Gott, Madame Maigre, ein schöner »Solitaire«... Man sollte sagen: ein glitzernder Tautropfen auf einer Frühlingswiese...
Auch nun blieb das Lachen aus. Aber die Gäste des kleinen Cafés hatten sich etwas dichter um den Tisch gedrängt, auf dem Madame Maigre soeben das geleerte Kognakglas beiseite schob... Nun schüttelte sie ganz langsam den Kopf gegen den Chauffeur, den sie nicht eine Sekunde lang aus dem Auge gelassen hatte... Und dann lächelte sie ein wenig, man wußte nicht genau, ob mit den Brauen oder den Mundwinkeln oder der kaum gehobenen, abwehrenden Hand:
– Mein junger Freund: gebe Gott, daß Sie bis an Ihr seliges Ende den erschöpften Busen einer alten Frau für eine Frühlingswiese halten und einen leblosen Stein für einen glitzernden Tautropfen! Dann dürften Sie sich diesem »Solitaire« vergleichen und sagen:

»So etwas gibt es nur einmal auf Gottes mühsamer Erde.« Kommen Sie, mein Lieber, führen Sie mich nach Hause, zwei Schritte um die Ecke... Ich bin lange nicht mehr am Arm eines hübschen jungen Mannes gegangen, um zwei Uhr nachts... Machen Sie mich für ein paar Minuten vergessen, daß ich bin, was ich auf meiner Brust trage: solitaire – und machen Sie mich noch mehr vergessen, daß dieser »Solitaire« nur ein toter Kristall auf einem abgeernteten Acker ist... Die Schnitter sind lange auf und davon – und für meinen Stein schenkte mir heute keiner mehr ein Tausendstel der Gefühle, die man mir früher einmal für einen einzigen Augenaufschlag gab.
Sie erhob sich langsam – es war nicht einer der Umstehenden, der sich nicht fast demütig beeilt hätte, ihr behilflich zu sein – nahm den Arm des Chauffeurs, der ihr mit vollendeter Ritterlichkeit geboten wurde, und verließ – eine Fürstin, die das letzte Wort gesprochen hatte – unter lächelndem Grüßen nach allen Seiten den rauchigen, nach Kaffee und Alkohol riechenden Raum, um in ihre nach Katzen und Druckerschwärze riechende Wohnung heimzukehren.

Henry Benrath, 1939

DROHENDE OKKUPATION

In wenig Stunden war Paris verwandelt. Um die Gare d'Orsay, Gare Montparnasse, Gare de Lyon, wo die Züge nach dem Zentrum und dem Süden Frankreichs ausfahren, stauten sich Menschenmassen vor den Schaltern und Gepäckräumen und schickten sich an, in Erwartung einer problematischen Abfahrt in den Hallen zu kampieren. Der Anblick von Tausenden von Automobilen, welche eilig die Stadt verließen, übte eine Art Massensuggestion aus. Im »Café de la Paix«, wo sonst am Sonntag Abend kein Platz zu finden ist, waren die Terrassen menschenleer. »La clientèle nous abandonne« meint der Kellner melancholisch zu uns, der der unaufhörlichen Vorbeifahrt der Autos zuschaut. »Es ist nicht unsere Schuld, wenn auch wir schließen!« Ein Hotel nach dem andern läßt die Rolläden herab, viele der Kaufmagazine, die am Sonntag geschlossen sind, öffnen sie am folgenden Morgen nicht mehr. Zahlreiche Geschäftshäuser und Unternehmer bezahlen ihr Personal, in manchen Fällen kommen die Angestellten vor geschlossene Bureaux. Ganze Quartiere des Westens scheinen mit ihren erstarrten Fassaden einer versunkenen Stadt anzugehören. Die folgenden Tage akzentuiert sich die Bewegung und ergreift die volkreichen Stadtteile, wo Metzgereien, Bäckereien, Lebensmittelgeschäfte ebenfalls schließen oder im Begriffe sind, ihre Vorratslager abzutransportieren. Der Gouverneur droht mit Requisition und Strafmaßnahmen. Seine Proklamation, daß die Zurückbleibenden einer zivilen Pflicht unterständen und Händler, die ihre Magazine verlassen hätten, des Eigentums verlustig erklärt würden, brachte keinen einzigen Ausreißer zurück. Man hatte nicht vorausgesehen, daß in einer modernen Großstadt die wirtschaftlich maßgebenden Bevölkerungsteile durch das Automobil einer Versuchung ausgeliefert waren, gegen die sich noch so eindringliche Appelle wirkungslos erwiesen. Bald war kein freies Auto mehr erhältlich und den Chauffeuren wurden Vermögen angeboten. »Ein Königreich für ein Automobil!«

An der Porte d'Orléans setzte ein Tag und Nacht nicht abbrechender Flüchtlingsstrom ein, der zu einem Mitleid erregenden Schauspiel wurde, wie es unsere Zeit nicht erlebt hat. Vor der Unmöglichkeit, mit der Bahn fortzukommen, von der Vision nahender Kriegsschrecken getrieben, in der Befürchtung, von den Angehörigen auf Monate und Jahre getrennt zu werden, suchten Hunderttausende zu Fuß, im Auto, mit dem Fahrrad, auf den undenklichsten Vehikeln der Einschließung der Hauptstadt zu entgehen, unbedacht der Not und Obdachlosigkeit, die ihrer auf den Landstraßen wartete. Und keine Behörde wagte diesen Exodus zu steuern, der das Unglück eines ganzen Volkes und ein verhängnisvolles Hindernis für die Truppenbewegungen werden sollte.

Das Individualrecht des Franzosen auf persönliche Freiheit – soweit er nicht Soldat war – wollte auch unter diesen tragischen

Umständen respektiert sein. Die Erinnerung an die jahrelange Okkupation der Norddepartemente, die von der Presse systematisch verbreitete Vorstellung vom totalen Kriege, der die Zivilbevölkerung nicht schonte, eine bei der Französin ausgesprochene Abneigung, vom Manne getrennt zu leben, – ein Erbteil der alten Gallierinnen – waren für viele bei dem unheilvollen Entschlusse maßgebend und erklären psychologisch das im Ausland unverstandene Phänomen dieser Massenwanderung.

Ungefähr eine Million Pariser blieben zurück, um das Schicksal ihrer Stadt zu teilen. Ihre Haltung war von bewundernswerter Ruhe und Selbstbeherrschung; einige verantwortungsbewußte Männer unter den Behörden gingen mit dem Beispiel voran. Der Stadtpräsident Puech, ein Auvergnat, erklärte, daß er die Pariser nicht verlassen werde, auch blieben der große Teil der Stadtverwaltung und die Polizei zur Wahrung von Ordnung und Sicherheit auf ihrem Posten, an der Spitze der populäre Polizeipräfekt Langeron. Die Minister mit der Staatsverwaltung und die Parlamentarier hatten die Hauptstadt am Montag zwischen 17 Uhr und Mitternacht verlassen, nachdem das Kriegskabinett ein letztes Mal in der Rue St. Dominique getagt. Paul Reynaud, der am 5. Juni sein Ministerium der Situation entsprechend umgebildet und durch die Berufung des Generals de Gaulle als Unterstaatssekretär des Krieges dessen Theorien über die Bedeutung der Tankwaffe eine späte Anerkennung hatte zu Teil werden lassen, motivierte in einer Radioansprache die Verlegung des Regierungssitzes mit dringenden militärischen Notwendigkeiten.

Vom Dienstag an erschienen keine Zeitungen mehr, was die Gerüchte begünstigte und das Gefühl der Verlassenheit und Isolierung bei der Bevölkerung vermehrte. Die ununterbrochene Kanonade während der Nächte, die erst wie eine dumpfe Melodie ertönte und sich crescendo verstärkte, versetzte die Nerven in Vibration. Man schlief wie unter einem Alpdruck, die wache Phantasie malte sich das Zurückfluten geschlagener Armeen, die Kämpfe an den Stadtbarrièren, die Erstürmung von Belleville und des Montmartre aus wie im Jahre 1814! Andere fürchteten das Schicksal Warschaus im Vorjahre, wo eine Millionenbevölkerung unter der Beschießung während einer vollen Woche ohne Gas und Wasser geblieben war und hunderte von Bränden flammten. Eine dicke Atmosphäre hüllte morgens beim Fensteröffnen Paris ein, die von der Verschleierung der Evakuierungsmaßnahmen herrührte oder, wie andere meinten, aus der Gegend von Vernon, wo um die Seineübergänge gekämpft wurde, vom Winde hergetrieben war.

Trotz diesen Gedanken, die jeder mit sich herumtrug, gingen Hunderttausende ihrem gewohnten Tagewerk nach. Die Straßen waren verkehrsstiller geworden und hatten etwas Feiertägliches. Nur um die Bahnhöfe, von denen einer nach dem andern seine Tore schloß, zog sich jetzt auf den Trottoirs kilometerlang die unbewegliche Menschenschlange hin. Die Banken waren offen geblieben und hatten durch Auszahlung der Spargelder jede Panik zu vermeiden gewußt, auch in den Warenhäusern herrschte gewohntes Kommen und Gehen. Bei den Frauen lebten die Tugenden der Jeanne d'Arc auf. Wir hörten, wie sie mutige Worte an die Verkäuferinnen richteten, Vertrauen zu bewahren und

Brennt Paris? Aus dem Film von René Clement, 1965.

sich als würdige Französinnen zu zeigen. Andere setzten ihren Trotz darein, sich mit Eleganz zu kleiden und von ihrer Grazie nichts einzubüßen. An die jungen Leute von 17 Jahren und die Männer unter 48 erging die Aufforderung des Gouverneurs, auf dem kürzesten Wege zu Fuß das Seinedepartement zu verlassen.

Der Feind hatte, wenn er sich Paris nähern wollte, noch ausgedehnte Hindernisse niederzukämpfen. In dem dichtbewaldeten, hügeligen Gebiet, das sich im Norden der Stadt hinzieht und für seine strategische Bedeutung bekannt ist, waren zahlreiche Batterien in Stellung gebracht worden. Die Ortschaften waren zu befestigten Redouten ausgebaut und sämtliche nach Paris führenden Hauptstraßen mit Barrikaden und Tankfallen in tiefer Staffelung gesichert. Es hieß, daß Paris sich in den nördlichen und südlichen Vorstädten verteidigen werde und seine Anhöhen von Beobachtungsposten besetzt seien. Die Brücken hatten ihre Sprengladungen erhalten. Ein administrativer Erlaß sah die Zweiteilung in ein links- und rechtsufriges Areal vor. Als wir am Abend des 12. Juni einen Spaziergang nach den äußern Boulevards machten, waren die Porte de la Chapelle und die Porte de Clignancourt militärisch gesperrt; man hatte das Gefühl, in der Nähe gefechtsbereiter Stellungen zu sein. Einige zerstörte Läden zeugten vom Niedergang nächtlicher Fliegerbomben oder Granaten. Dann und wann sah man am Horizont die Leuchtspur eines Geschosses, das von einem weittragenden Geschütz herrührte. Unbekümmert spielten die Kinder in den Gassen dieser Außenquartiere, »ramassant les éclats de bombes«, wie es in dem Chanson von Aristide Bruant heißt.

In der Nacht vom 12. auf den 13. Juni ertönte zunehmender Kanonendonner um Paris, der gegen morgens vier Uhr plötzlich verstummte und von einer eindrucksvollen Stille gefolgt war. Die Pariser, welche die Nacht in Erwartung der Ereignisse wachend zugebracht hatten, sahen in den Nordquartieren Infanteriekolonnen und Artillerie durch die äußern Boulevards nach Osten abziehen. In den Mairies waren bei Tagesanbruch Plakate angeschlagen worden, worin der Bevölkerung mitgeteilt wurde, daß

Paris zur offenen Stadt erklärt worden sei und General Héring seine Befehlsmacht an General Dentz abgetreten habe. Viele Leute nahmen den elsässischen Namen des neuen Gouverneurs bereits für den eines deutschen Generals! Das beklemmende Gefühl der bevorstehenden Okkupation legte sich auf die Gemüter und wenn die Lebensgefahr für den Einzelnen sich entfernte, so wog die Not des Vaterlandes für alle um so schwerer.
Max Müller, 1940

RÉSISTANCE

Ich aber wurde plötzlich ganz ruhig. Da sitze ich nun, dachte ich, und die Deutschen ziehen an mir vorbei und besetzen Frankreich. Aber Frankreich war schon oft besetzt – alle haben wieder abziehn müssen. Frankreich war schon oft verkauft und verraten, und auch ihr, meine grün-grauen Jungens, wart schon oft verkauft und verraten. Meine Angst war völlig verflogen, das Hakenkreuz war mir ein Spuk, ich sah die mächtigsten Heere der Welt hinter meinem Gartenzaun aufmarschieren und abziehn, ich sah die frechsten Reiche zerfallen und junge und kühne sich aufrichten, ich sah die Herren der Welt hochkommen und verwesen. Nur ich hatte unermeßlich viel Zeit zu leben.
Jedenfalls war jetzt mein Traum zu Ende, über die Loire zu kommen. Ich beschloß, nach Paris zu gehen. Ich kannte dort ein paar ordentliche Leute, falls sie ordentlich geblieben waren.
Ich zog nach Paris in fünf Tagesmärschen. Die deutschen Kolonnen fuhren neben mir her. Der Gummi ihrer Reifen war vorzüglich, die jungen Soldaten waren Elite, stark und hübsch, sie hatten kampflos ein Land besetzt, sie waren lustig. Schon lachten einzelne Bauern hinter der Straße – gesät worden war noch auf freiem Boden. Die Glocken läuteten in einem Dorf für ein totes Kind. Es war auf der Straße verblutet. An einer Wegkreuzung stand ein zerbrochener Bauernwagen. Er gehörte vielleicht der Familie des toten Kindes. Die deutschen Soldaten sprangen hinzu, sie flickten die Räder, die Bauern lobten ihre Freundlichkeit.

Auf einem Feldstein saß ein Bursche, so alt wie ich, er trug einen Mantel über den Resten von Uniform. Er weinte. Ich klopfte ihm im Vorübergehen auf die Schulter, ich sagte: »Das wird alles vorübergehen.« Er sagte: »Wir hätten den Ort gehalten; die Schweine gaben uns aber nur Munition für eine Stunde. Wir sind ja verraten worden.« Ich sagte: »Das letzte Wort ist noch nicht gesprochen.«

Ich ging weiter. Ich ging eines Sonntags früh nach Paris hinein. Die Hakenkreuzfahne wehte wirklich auf dem Hôtel de Ville. Sie spielten wirklich vor Notre Dame den Hohenfriedberger Marsch. Ich wunderte mich und wunderte mich. Ich lief quer durch Paris. Und überall deutsche Autoparks, überall Hakenkreuze, mir war ganz hohl, ich fühlte schon gar kein Gefühl mehr.

Ich grämte mich, daß all der Unfug aus meinem Volk gekommen war, das Unglück über die anderen Völker. Denn daß sie sprachen wie ich, daß sie pfiffen wie ich, daran war kein Zweifel. Als ich nach Clichy hinaufging, wo Binnets wohnten, meine alten Freunde, da fragte ich mich, ob Binnets wohl vernünftig genug seien, um zu begreifen, daß ich zwar ein Mensch dieses Volkes sei, doch immer noch ich. Ich fragte mich, ob sie mich ohne Papiere aufnehmen würden.

Sie nahmen mich auf. Sie waren vernünftig. Wie hatte ich mich doch früher oft über ihre Vernunft geärgert! Ich war der Freund der Yvonne Binnet gewesen, sechs Monate lang vor dem Krieg. Sie war erst siebzehn Jahre alt. Und ich, ich Narr, der ich aus der Heimat entflohen war, entflohen dem ganzen Wust, den üblen Schwaden dicker Gefühle, ich ärgerte mich im stillen oft über die klare Vernunft der Familie Binnet. Für mein Gefühl sah die ganze Familie das Leben zu vernünftig an. Sie fanden zum Beispiel in ihrer Vernunft, man streike, damit man die nächste Woche ein besseres Stück Fleisch kaufen könnte. Sie fanden sogar, wenn man täglich drei Francs mehr verdiene, dann fühle sich die ganze Familie nicht nur satter, sondern auch stärker und glücklicher. Und Yvonne glaubte in ihrer Vernunft, die Liebe sei dazu da, um uns beiden Spaß zu machen. Mir aber, was ich natürlich verbarg,

mir saß es doch zu sehr in den Knochen, daß Liebe sich manchmal auf Leid reimt, daß man kleine Liedchen pfeifen muß, von Tod, Trennung und Ungemach, daß einen das Glück auch grundlos überfallen kann wie Trauer, in die es zuweilen unmerklich übergeht.
Jetzt aber erwies sich die klare Vernunft der Familie Binnet für mich als ein Segen. Sie freuten sich, nahmen mich auf. Sie verwechselten mich auch nicht mit den Nazis, weil ich ein Deutscher war. Die alten Binnets waren daheim, auch der jüngste Sohn, der noch nicht Soldat war, und der zweite, der die Uniform rechtzeitig abgelegt hatte, als er sah, wie die Dinge standen. Nur der Mann der Tochter Annette war in deutscher Gefangenschaft. Sie wohnte jetzt mit dem Kind bei den Eltern. Meine Yvonne, erzählten sie mir verlegen, war nach dem Süden evakuiert, wo sie vor einer Woche ihren Vetter geheiratet hatte. Mir machte das aber gar nichts aus. Ich war von Kopf bis Fuß nicht auf Liebe eingestellt.
Die Männer Binnet waren immer daheim, ihre Fabrik war geschlossen. Und ich, ich besaß überhaupt nichts als Zeit. Wir hatten also nichts anderes zu tun, als uns alles zu erklären, von morgens bis abends. Wir waren uns völlig einig darüber, wie sehr der Einmarsch der Deutschen den hiesigen Herren zupaß kam. Der alte Binnet verstand verschiedenes besser als ein Professor von der Sorbonne. Nur über Rußland bekamen wir Streit. Die Hälfte der Binnets behauptete, Rußland denke bloß an sich selbst, es habe uns im Stich gelassen. Die andere Hälfte der Binnets behauptete, die hiesigen und die deutschen Herren hätten ausgemacht, sie sollten ihr Heer zuerst auf die Russen werfen statt auf den Westen, das eben habe Rußland vereitelt. Der alte Binnet sagte, um uns alle zu befrieden, die Wahrheit komme schon mal ans Licht, die Dossiers würden sicher schon mal geöffnet werden, er aber sei dann schon tot.
Bitte verzeihen Sie diese Abschweifung! Wir stehen dicht vor der Hauptsache, Annette, die ältere Tochter Binnets, bekam eine Heimarbeit. Ich hatte nichts Besseres zu tun, ich half ihr das Wäschepaket tragen. Wir fuhren mit der Métro ins Quartier Latin.

Wir stiegen Station Odéon aus. Annette ging in ihr Geschäft auf dem Boulevard Saint Germain. Ich wartete auf einer Bank bei dem Métro-Ausgang Odéon.
Annette ließ lange auf sich warten. Was lag mir schließlich daran? Die Sonne schien auf meine Bank, ich sah den Leuten zu, die die Métrotreppe herauf- und hinunterstiegen. Zwei alte Zeitungsverkäuferinnen schrien den »Paris Soir« aus; in ihrem uralten gegenseitigen Haß, der noch wuchs, sobald die eine zwei Sous mehr einnahm, denn wirklich, obwohl sie nebeneinander standen, machte nur die eine Geschäfte, während der Packen der andren nie dünner wurde; die schlechte Verkäuferin wandte sich plötzlich gegen die glückliche und beschimpfte sie rasend, ihr ganzes verdorbenes Leben warf sie ihr blitzschnell an den Kopf, dazwischen schrie sie: »Paris Soir!« Zwei deutsche Soldaten kamen herunter und lachten; das verdroß mich sehr, als sei die versoffene Schreierin meine französische Pflegemutter. Die Portiersfrauen, die neben mir saßen, erzählten von einer jungen Person, die die ganze Nacht geweint habe, denn sie sei von der Polizei sistiert worden, wie sie mit einem Deutschen gelaufen sei, und ihr eigener Mann sei in Gefangenschaft – die Camions der Flüchtlinge rollten noch immer unaufhörlich über den Boulevard Saint Germain, dazwischen sausten die kleinen Hakenkreuzautos der deutschen Offiziere. Schon fielen einzelne Blätter aus den Platanen auf uns herunter, denn dieses Jahr wurde alles früh welk, ich aber dachte, wie schwer es mich drückte, daß ich soviel Zeit hatte, ja, schwer ist es, den Krieg als Fremder in einem fremden Volk zu erleben. Da kam das Paulchen daher.
Paulchen Strobel war mit mir im Lager gewesen. Man hatte ihm einmal beim Ausladen auf die Hand getreten. Drei Tage hatte man dann geglaubt, die Hand sei futsch. Er hatte damals geweint. Wirklich, ich habe das gut verstanden. Er hatte gebetet, als es hieß, die Deutschen umzingelten bereits das Lager. Glauben Sie mir, ich habe auch das verstanden. Von solchen Zuständen war er jetzt weit entfernt. Er kam aus der Rue de l'Ancienne Comédie. Ein Kumpan aus dem Lager. Mitten im Hakenkreuz-Paris! Ich rief: »Paul!« Er fuhr zusammen, erkannte mich. Er sah erstaun-

lich munter aus. Er war gut gekleidet. Wir setzten uns vor das kleine Café auf dem Carrefour de l'Odéon.

Anna Seghers, 1940

WOLKEN ÜBER PARIS

Ufer, draußen . . .

Schwüler Sommernachmittag, ganz windstill. Langgezogene, körperlose Wolken, wie blendend weiße Schleimspuren, die sich unmerklich ausdehnen, ausspinnen. Das Blau des Himmels dazwischen erscheint matt, seiner Strahlung beraubt, wie verblichener Atlas. Der Flußarm scheint zu stehen, das Marmormuster der Petroleumschlieren, das ihn völlig bedeckt, verschiebt sich nicht. Ein Streifen trockener abgetretener Wiese zwischen Uferstraße und Wasser, er neigt sich leicht, bricht dann mit einer gepflasterten Böschung steil ab. Dort kauern Angler, das Gesäß auf den Hacken, die Sohlen am abschüssigen Stein festgesaugt. Einer sitzt, vom steilen grellen Licht erdrückt, reglos mitten im Fluß in einem flachen Boot, das an zwei Stangen angepflockt ist, schwarz, klein, dürr, mit hochgezogenen Knien. Das andere Ufer, die langgezogene Flußinsel bedeckt ein Dschungel hoher struppiger Weiden, die harte dumpfige Schatten um die Füße haben. Dort scheint manchmal ein Windhauch vorbeizustreifen, einzelne Bäume beginnen silbern Luft zu holen, aber er kommt nicht übers Wasser. Einige Äste stehen völlig kahl und abgefegt hervor. Dahinter tote Fabrikkamine, Ziegeldächer und, sich unter einem schweren Mantel von grauen, runden Parkbäumen nur langsam erhebend, von langgestreckten niederen Kasernenbauten gedeckt, der Mont Valérien. An seiner Flanke, durch Baumkronen und Steinmauern erstickt, bisweilen trockenes Kanonenkrachen. Und das ewige Flugzeug, unsichtbar in den Wolken, sucht und bohrt, wie eine zornige, flachköpfige Wespe.

Auf den Wiesenstreifen am Fluß hat die nahe Stadt menschliche Gestalten hingeleert, zusammengezogen liegen sie, mit kleinem Atem, flachem Bauch, in dünnem blutleerem Schlaf. Mädchen

Unter dem Himmel von Paris.
Aus dem Film von Julien Duvivier, 1950.

neben ihren Fahrrädern auf der Seite; die magere Hüfte springt schroff hervor, während sich Kopf und Schultern im Grase verwischen. Ein Männlein stocksteif ausgereckt, den Strohhutteller überm Gesicht. Ein Kind mit steil aufgerichtetem Oberkörper, der Kopf, fast nur dunkelblondes glanzloses Haar ohne Locken, liegt schwer auf der Schulter, alles stützt sich auf den einen dünnen Arm. Das kleine schmutzige Gesicht, die schattigen Nasenlöcher, die Augen sind halb unterm Haar. Es trägt einen karierten Kittel, ein weites Schürzenkleid, an der Taille mit einem vielfach geschlungenen Stoffstreifen zusammengewürgt. Der junge Mann hat sich kunstgerecht in seinen Schlaf verriegelt, die schmalen Hände hinterm Nacken verschränkt, die nackten Fußknöchel zierlich gekreuzt. Die einst hochanständige schwarze Jacke ist so knapp, unter den Achseln aufgeplatzt, die rissigen Spitzen der gelben Halbschuhe haben den Glanz alten Elfenbeins.

Lustbarke

Trüber Morgen, der Himmel mit trägem Gewölk vollgeschoben, er fängt gleich über dem Dach des Marineministeriums an. Das Sacré Cœur, eine rauchende Kegelform hinter Regengardinen, die sich langsam dichter ziehen. Jeden Augenblick müssen die ersten Tropfen ins Laub der Tuilerienbäume brechen... Von der heißen windstillen Nacht, die vergeblich auf ein Gewitter gewartet hat, sind die Blätter grau und hart. Dünnes Zirpen und Geflöte kommt unter den Brücken hervor übers Wasser. Halb vom Bogen verdeckt, hart an die Ufermauer gedrängt, ein kleiner Touristendampfer voll grauer Soldaten; er muß einen entgegenkommenden Schleppzug vorbeilassen. Das Oberdeck überspannt ein graues Sonnensegel, das den schmalen Schornstein nur um einige Handbreit überragt. Knie an Knie, die Hände auf den Schenkeln, sitzen die Soldaten; man hört kein Gespräch, die Gesichter haften an den Kaimauern. Der Stein erscheint weich, schwammig, große eiserne Ringe sind eingelassen, der zementierte Mund eines égout strömt lautlos. Oben schwellen die Bäuche der Balustersäulen und hängt der Himmel voller Platanenäpfel. – Am Heck, eng von Unteroffizierslitzen gerahmt, einige wenige Krankenschwestern, runden Rückens. Eine waschleinene Stewardess, die anscheinend Zigaretten verkauft, drängt sich durch das Stiefel- und Schenkelwerk heran. Eine große Marinetellermütze mit rotem Pompon sitzt schief auf der dunkelblonden Mähne. Ihre schmale bewegliche Taille, der Vorsprung ihrer mageren Hüften ist das einzige, was das Auge annimmt. Besatzung in blauem Matrosenkostüm kommt außen das Geländer entlang, die Decks sind zu voll. Jetzt erst entdeckt man die Kapelle. Vier gemietete fahle Zivilisten auf klapprigen Gartenstühlen, in einem engen Winkel zwischen Brücke und Reling, darunter ein Saxophonist. Seine lange goldbraune Stiefelspitze, die über das Deck heraussteht, bewegt sich im Takt. Er schaut an seiner großen Nase vorbei nach den Leuten, die über ihm am Brückengeländer lehnen. Die fleischlose Kinnlade ist scharf rasiert, darüber arbeitet unermüdlich der blasse harte Backenbauch. – Der Dampfer hat ein Boot im Schlepp, dessen Heck tief im Wasser liegt, unter drei reglosen französischen Polizisten.

Verdunkelt

Die wenigen Lampen mit ihren langen schwarzen Pappmanschetten schütten ihr Licht auf die Carrefours. Goldschrift an Läden, die goldenen Tierköpfe der Boucherien, Cafés nehmen matte Funken davon auf. Die meisten Läden hinter schweren bleigrauen Eisenblechvorhängen. Die Verdunkelungstücher an der Drehtür des Cafés zu kurz, dauernd in Bewegung, Licht schwappt heraus. Auf der leeren Terrasse, in der vordersten Tischreihe, ein schlafender Clochard, seine Säcke auf den nächsten Stühlen. Der Kopf ist vornübergesunken, in den klaffenden Mantelausschnitt hinein. Das Schnarren der Dynamos, die Lampen entgegenkommender Fahrräder pendeln lange von einer Straßenseite zur anderen, winken mit langen Strahlenwimpern, sind, wenn sie unter einer Laterne durchpassieren, klein, kurzsichtig, schielend. Ketten winziger blauer Lichtpunkte sperren den Weg, bezeichnen aufgerissenes Pflaster. Der verspätete Landser hastet in der Straßenmitte, das Klirren seiner Eisen hinkt immer einen Sekundenbruchteil hinter dem Stiefelaufprall her. Die Lautlosigkeit der ihm Ausweichenden. Die Katze in der Gosse, wie ein Fleck dunkler Feuchtigkeit: er rollt zurück, schimmert quer über die Straße. Das Gesicht eines Entgegenkommenden, das sich auch beim nahen Vorüberstreifen nicht erhellt, nur das gedämpfte Weiße großer Augenbälle. Ein Neger. Die hohen gewölbten Tore mit ihren Nägeln und Feldern sind zu. Aber die darin ausgeschnittene schmale Tür ist lose, weicht, wenn man dagegendrückt, lautlos in die tiefe Schwärze der Einfahrt. Sie geht nicht ganz bis auf den Boden herab, man muß die Beine über das stehengebliebene Stück Türflügel heben. Aus einer ragen die Pantoffelbeine eines Concierge heraus. Aus einer anderen kommen hintereinander drei männliche Gestalten. Mager, in losen schwarzen Anzügen, sie scheinen schwere Handtaschen zu tragen.

Île Saint Louis

Brandung der Blätter. Ein gelbseidener Vorhang, der an einem Ende festgebunden ist, schlägt in seinem Fenster um sich; wenn das Rauschen der Bäume anschwillt, ein schnelles, rhythmisches Klatschen, bis er sich verhaspelt. Die meisten Fenster stehen offen, wie es scheint vor hohen, sparsam möblierten Räumen. Der Flaum der Bäume treibt an den schmalen dunklen Rechtekken vorbei, der Schrei vorbeischießender Schwalben ritzt ihr Schweigen. Die graugrün getünchte Fassade des letzten Palais, das vor dem kleinen Square auf der Westspitze der Insel Front macht: unmerklich nach innen gekrümmt, durch dünne Pilaster und Bänder gegliedert. Die kleinteiligen Fenster noch über und über mit gekreuzten Papierstreifen beklebt. Die Eckleisten tragen beide auf halber Höhe dasselbe flache, wie mit einer Waffelform aufgepreßte ovale Relief: Herkules mit der Keule über einem vorn in die Knie gebrochenen Zentauren.

Nach Osten ist das Läuten mehr vereinzelt, obstinat und auseinandertönend. Jetzt ist auch Notre Dame dabei, aber auch dieser Ton, obwohl er mit Wind kommt, bleibt wie hinter einer Schwelle; das Ohr wird nicht voll. Aus der Sonne, den Glockenklang durchbohrend, überholend,das Dröhnen eines einzelnen niedrig kreisenden Flugzeugs. An den Fensterläden der grauen Fassade ist ein Widerhall: ein trockenes Schnarren.

Hof Hôtel Sully

Die gewölbte Decke des Torwegs trägt schwere Stuckkassetten. Keine Pförtnerloge, geschlossene feuchte Wand, zu beiden Seiten Gruppen von Abfalleimern. Das Gewölbe schickt einen stumm und gerade unter die vielen schwer gekrönten Fenster des Hofes. Die magere schwarze Katze mit dem welligen glänzenden Fell trägt ein enges Schellenhalsband. Sie drückt den Bauch an den Boden, wenn man nach ihr greift, spannt mit zurückgeworfenem Kopf hinauf, der Schweif hört nicht auf, langsame, tief abwesende Kreise zu beschreiben. Holpriges Kopfpflaster, wie müssen die Kanonen gedröhnt haben. In den Fugen wächst goldgrünes Moos, nach dem Grund des Hofes zu Gras und in den feuchten Ecken hohes blaßgrünes Unkraut. Ein für das steinreiche Hotel merkwürdig dürftiger, unproportionierter Ziehbrunnen seitwärts gedrückt in die Pflasteröde, ein rostiges Rad über einem niederen Steinzylinder. Vor dem Portal des Corps de logis heben zwei flache Stufen eine Terrasse heraus, die sich über die ganze Breite des Hofes zieht. Halbversunkene beinfarbene Radabweiser bilden davor ein dünnes Spalier. Aus demselben Stein die beiden Sphinxe gemacht, die auf niederen Sockeln über den Stufen lagern, parallel zur Hauptfront. Mühsam, fast ohne Hals rekken sie die Köpfe in die Vertikale. Das lang herabfallende Erinnyenhaar und die riesigen, schwer sackenden Brüste verkleiden unbeholfen den Umbruch in den Tierleib. Der ist mager, abgetrieben, die Rippen treten hervor. Der Schwanz mit seiner mächtigen Troddel liegt artig über die Kruppe geschlagen und vorwärts am Bauch entlang. Nie brennt ihnen die Sonne auf den Rücken, der quadratische Hofschacht ist schwarz und eng, der purpurblaue, golddurchwirkte Himmel scheint unerreichbar hoch. Nur die steilen Schiefergebirge des Daches werden noch von seinem Licht gestreift, aber es liegt ihnen merkwürdig verwandelt auf, wie eine feine goldene Flechte. Die halbe Dolde einer Geranie, ein paar winzig rote Farbschuppen – man sieht sie immer, wenn man sie mitten ins Auge faßt, wie einen kleinen Stern im Morgengrauen... Das Dach mit seinen tausend Schieferschuppen, jede empfängt das Licht anders. Einige sind rauh, blind, verschlucken es, andere blank wie Glas. Bräunliche, violette. – Die Fenster tragen alle denselben Segmentgiebel, darin ein Frauenkopf mit einer Art Geweih. Darunter eine schwere Fruchtgirlande. Keine Volets. Überall nur der schwärzliche Stein. Einige Fenster mit milchigem Blau verschmiert, andere halb verhängt mit Matten-Jalousien. Über dem gedrückten atemlosen Hauptportal zwei schmale lange Nischen, die sich über zwei Etagen hinziehen. In ihnen recken sich Statuen, in der doppelten Anstrengung, die Scheitelhöhe zu erreichen und ihre mächtigen Glieder in dem schmalen Raum beieinanderzuhalten. Ein gedrungener Greis mit hochgeschürztem Gewand, eine Keule unter die Achsel gerammt. Höckrige kahle Stirn. Ein Jüngling, Trauben in beiden Händen, die eine preßt er an den Hals, die andere an die Hüfte. Die Communs haben an der gleichen Stelle dieselben Nischen, in die riesige Frauengestalten hineingebannt sind. Man sieht nur die mächtigen Schenkel und Brüste und Ellenbogen aus der Front herausdringen. Rechts im Erdgeschoß sind Garagen eingerichtet hinter rohen, mit braungelber Farbe überbackenen Toren, in die ein rundes Fenster geschnitten ist. Daneben die Tür des Concierge. Ein Stuhl mit Strohsitz, wie aus der Kirche, darauf ein Wollknäuel. Eine Zeitung raschelt, das Brotzeln einer Bratpfanne. Der Geruch dringt nicht herüber.

»Schwarze Bestien«
Kolonialsoldaten beim Sonntagsspaziergang. Sie dürfen anscheinend nur solche Stadtviertel aufsuchen, wo die Möglichkeit des Zusammentreffens mit deutschem Militär gering ist. Die sonntäglich öden Kais der Île Saint Louis, das betäubende Rauschen der Pappeln. Drei kommen weit auseinandergezogen daher, mit schwer schleifenden Nagelschuhen, erloschene Zigarettenenden im Mund. Von der graugrünen Uniform scheinen nur die tief eingesattelten Mützen mit den weit auseinanderstehenden Mondhörnern neu, Rock und Hose hängen zu weit und verblichen. Einer hat dauernd mit seinen Wickelgamaschen zu schaffen. Sie sprechen nicht zusammen, haben nur ihren Stiefellärm im Ohr. Nur einer, der Kleinste, mit den widerspenstigen Wickelgamaschen, ist ein richtiger kraushaariger Neger. Er trägt eine dunkelgrüne Brille.
Vielleicht kommen sie aus dem Lazarett, vielleicht ist es ihr erster Stadtausgang, seit sie die Deutschen im vorigen Sommer von den Bäumen herunterholten. Die Stiefel scheinen ihnen zu schwer zu

sein. Das Weiß der Augen und Gebisse, das purpurne Braun der Hände und Gesichter wirken merkwürdig intensiv vor dem stumpfen Schwarz der Pappelbäume, dem gedämpften Grau und Ockergelb der Fassaden. Die Läden der hohen grauen Fenster sind fast alle geschlossen, das Hausinnere scheint durch ihr Spaltengitter wegfixiert, ferner und unzugänglicher als hinter der nackten Mauer. Wenn die Läden aufgestoßen sind, blickt ein dunkler steiler lautloser Raum heraus, die Säume schwerer Gardinen fegen unermüdlich die Schwelle. Die Köpfe über den Portalen gleichen heute leeren, im Kalk erblindeten Muscheln, die Fruchtgewinde blasigem Teig.

Hoch oben im Wind, zwischen Blumentöpfen, auf einem schmalen Balkon, der sich über die ganze Breite der Hausfront zieht, steht ein junges Paar. Er schaukelt sich in der Türöffnung, blickt über die Bäume hin, den Kai hinauf, ein langer weißer Hals im offenen Kragenhemd. Sie hat die Füße eng geschlossen, die kräftigen Ellbogen auf dem Balkongitter, den Kopf in die Hände gestützt. Die volle Wange weicht nach oben, bedrängt das Auge. Der verengerte Blick haftet zwischen den Soldaten, folgt ihnen nicht, als sie vorbei sind. Der Concierge auf dem strohgeflochtenen Schemel nimmt die weit von sich gestreckten Pantoffelbeine nicht an sich, als sich die Soldatenstiefel vorbeischleppen. Seine kleinen Töchterlein, sonntäglich aufgeputzt, mit großen gelben Schutenhüten und rosa Kleidern, springen Seil. Nichts regt sich im Rücken der Angler in ihren flachen bunten Booten. Was sie alles darin haben: Klappstühle, eingebaute Fischkästen, Dutzende von Töpfen und Dosen! Der Gang der Soldaten wird immer schleppender, schiebt sich langsam auf den Pont Marie. Drüben hocken die engen düsteren Bistros des Quartier Saint Paul, dessen Betreten ihnen vielleicht verboten ist. Die weißen Augen rollen dem Brückengeländer nach, zurück in den grauen rauchenden Dämmer unter den Pappeln. Ein Mädchen kommt ihnen entgegen, mit raschen klappernden Sohlen, die Brüste winken bei jedem Schritt in der luftigen Bluse. Hinter ihr langsam zwei Kameraden in scharlachrotem Fes, in großem Abstand, auf dem Scheitel der Brücke bleiben sie stehen. Sonst tragen sie dasselbe

Graugrün, der eine noch einen dünnen zerknitterten Mantel, der bis an die Kniekehlen fällt.

Rubrik: Tout seul oder Le civil équivoque
Métro: Die letzten zwei Meter vor dem Portillon automatique, wo der Kontrolleur sitzt: die Hand wandert ›unauffällig‹ in den Mantelausschnitt – cul de sac im Halstuch –, dann hat sie das wellige Marienglas, das Futteral mit dem deutschen Stadtausweis, hellblau mit dunklerem Streifen. Dünne Lederstreifen an den Rändern, die abblättern. Ganz schnell wird es herausgesucht, so daß der Beamte nur eine Ecke sieht, die Leute vor und hinter einem möglichst gar nichts. Oder umständlich, mit gemachten Stokkungen, man wirft selber einen Blick darauf, gibt acht, daß man es dem Beamten nicht verkehrt herum zeigt. Eigenartige Handverrenkungen. Etwa: Was ist das schon, ein deutscher Zivilausweis, es gibt Tausende davon, das besagt noch gar nichts! Der Beamte sitzt, sein Kopf in Brusthöhe der Durchpassierenden. Einer sagt höflich »merci bien«, ein anderer hat ein abwesendes Nicken, dann einer ohne jede Reaktion; nur eine Falte am Mund, die sich um eine Idee tiefer gräbt, ein Nasenflügel, der sich hebt, die Augenlider werden leichter, der Blick ein Funke oder ein Rauch. Frauen als Schaffnerinnen: eine kleine Ebbe im Gesicht, ein unmerkliches Engerwerden, die Augen erweitern sich eine Spur, weichen langsam zur Seite. Natürlich haben auch andere etwas gesehen. Man fühlt Blicke in den Schultern; dürftige Schultern in dem Pariser Frühlingsmantel, runder, vorsichtiger, mitleidheischender Rücken, der es nicht gewesen sein will. Das Hin- und Hergehen auf dem Perron; man vermeidet es, noch einmal an dem Kontrolleur vorbeizukommen. Die Hände in den weiten grundlosen Manteltaschen: Kleingeld, halbe Streichhölzer, Büronadeln, zerriebene Kinobillets. Die Plakate an der gewölbten weißgetünchten Ziegelwand. Feuerversicherung, Opernprogramm. Zeitung, Secours d'hiver, Berlitz School. An den Soldatenrücken vorbei, in denen kein einziger Nerv den Landsmann spürt. Sachkundiger Blick streift die Schulterstücke.
Im Métroabteil: Allein in der Mitte, hält er mit beiden Händen

die Messingstange umklammert oder nimmt sie in die Armbeuge. Blick an sich hinunter, auf Traglasten, ironisch-wehmütig auf Kinderscheitel. Versuch, sich aus achtender Ferne in Landsergespräche einzulächeln. Aussteigen, aber Landser sperren den Ausgang. Soll er Pardon oder Verzeihung sagen? Die kleine hohle Schrecksekunde, wenn er den Mund mit einem »Kamerad« und »Du« öffnet, mit einem wohltemperierten, diskret soldatischen Deutsch. Die Lautheit von Halbwüchsigen beiderlei Geschlechts neben ihm, die ihn nicht wittern. Sein Paletot wird von der zuschnappenden Tür eingeklemmt, er steht, mit dem Rücken zum vorübergleitenden Draußen, peinlich en face der übrigen Fahrgäste. Die leger gekreuzten Beine, die Hände in den Taschen können nichts daran ändern, daß er hinten festgeklemmt ist. Pressierte, die glauben, daß er mutwillig den Ausgang versperrt. »Je... descends moi-même« stammelt er und verläßt bei der nächsten Haltestelle im Krebsgang als erster das Abteil. – Erloschene ausgestorbene Métrostationen, die draußen vorbeijagen. Natürlich ist auch gleich wieder ein Kontrolleur da, mit einer großen Ledertasche und weicher, in die Stirne geschobener Tellermütze. Wortlos, mit einem kleinen schwarzen, festhaltenden Aufblick – er hat wieder dazu gelernt – nimmt er den blauen Blitz aus der Brusttasche zur Kenntnis. Weiterer Temperatursturz ringsum. Gespräche, plötzlich bodenlos entleert, werden weitergefristet. Die Wüste wächst...

Place Pigalle

Abends, totale Verdunkelung, dichter tiefer Himmel und Föhn. Soldaten und Mädchen in kompakten Gruppen kommen ihm entgegen. Er weicht aus, geht vom Trottoir herunter. Die steilen Kopfpflastergassen den Berg hinauf hallen vom Tritt der Nagelstiefel, ungleichmäßig intermittierend; nur am Anfang einige gedämpfte erblaute Transparente: Hotel. Weiter oben massive Dunkelheit. Mehrere Soldaten um ein Mädchen, die der kreisenden stockenden Bewegung Halt und Richtung gibt. Merkwürdig klein, jung erscheinen ihm die Mädchen. Die Zielstrebigkeit der trippelnden Stöckelschuhe, das Stolpern, Schleifen, Funken-

Negerball in der Rue Blomet.

schlagen der Nagelstiefel. Dicht aufeinander treiben die Gruppen vorbei, teilen sich willig an einzelnen verlorenen Pfeilern im Strom. Ein riesiger Feldwebel beugt sich, in seligem Baß, über das »Bitte, bitte, komm, komm« zweier Mädchen, die an ihm heraufbetteln. Ein anderer, an dessen weitem Mantel Verschiedene mit verschiedenen Hoteladressen ziehen: »Kinder, loaßts mich in Rua... ich hoab ja so anen Rausch...« Die Platanenallee in der Mitte des Boulevard de Clichy. Mächtige Bewegung in den Baumkronen. Suspekte Gruppen von Halbwüchsigen, rauchend, den Hut im Nacken, kommen aus den reichlich vorhandenen Bedürfnis-Rotunden. Stolpern über Erdaufschüttungen, Absperrungen mit und ohne Lampen. Das lautlose Wandeln nachtblauer ›flics‹. Sie führen ein unwahrscheinlich artiges, sonores Gespräch. Man erkennt sie erst, wenn man aufgerannt ist. Zwischen den Baumstämmen eine reglose unauflösbare Standfigur: ein Soldat, riesenhaft im Mantel, und ein Mädchen, Haar und ein paar Handvoll magerer Rücken, weltverloren ineinandergeschlungen. An den Trottoirrändern, wo bläuliches

Dämmerlicht aus den beständig bewegten Schwingtüren herausschwappt, Ansammlungen von Halbwüchsigen, winzige Gesichter mit mächtigen Haartollen beladen, Koteletten, Pusteln, Haare tief in den Nacken hineingewachsen, in halboffenen Trenchcoats, mit lose geschlungenen Halstüchern. Reglos, mit aufgerissenen Augen, verfolgen sie das Treiben. Stocken, Abreißen der großen Begegnungsschlacht. Wenn ein Mädchen einen Augenblick abgedrängt, ausgeschieden wird, versuchen sie sich heranzumachen, mit einem halb gönnerhaften »Alors, ma petite, on va monter ensemble?« Sie ernten bestenfalls ein Achselzucken – in diesem Stadtteil herrscht der deutsche Kommiß en maître absolu. Näher der Tür, auf dem anderen Ufer, mit etwas blauem Schein auf den Schultern, das wenige Licht absorbierend, wartende Mädchen. Der näher Heranstreifende trifft auf nachtspaltende Adlerblicke aus grob getünchten, schartigen Dragonergesichtern. – Wenn der Strom abreißt, stehen sich die beiden Gruppen beziehungslos gegenüber. – Die erfolgreichen Begegnungen vollziehen sich fast alle in der tiefsten Dunkelheit –; mit untrüglichem Gefühl finden die alle mehr oder weniger angetrunkenen, sprachlich ganz ohnmächtigen Soldaten das, was sie suchen: die nicht professionellen, ganz jungen, aus der ganzen Stadt hierher zusammengeströmten oder hier erst seit kurzem angesiedelten modistes, couturières...

Blitzmädchen

Fast lautlos saugt sich der Vorortzug auf der geraden Strecke aus der Stadt heraus. Die Tür, der Raum für Gepäck und Stehende in der Mitte des Wagens. Sie stehen um die blanke Haltestange herum, breitbeinig, obwohl der Zug sanft und gleichmäßig fährt. Ganz junge Dinger, einige nicht unhübsch. Lautes Durcheinandersprechen, alle Stimmen haben dieselbe Lage, klanglos und hoch, nur einiger bayrischer Dialekt bringt sparsame Farbe hinein.

Dasselbe glanzlose dunkelblonde Haar, in keinerlei Zusammenklang mit der giftiggelben Mützenpaspelierung. Kindlicher Flaum auf den Wangen, große blaue Sommersprossen sind über

die meisten Gesichter gesprenkelt. Das Geschwätz ohne jede Resonanz, wie in einem an der Wagendecke aufgehängten Vogelkäfig. Es scheint weniger die fremde Sprache als die Klangfarbe, dies stumpfe Grau und Wasserblau, was die Ausbreitung der Stimmen verhindert. Die Luft, das Metall und Holz leiten nicht. Auf den Sitzplätzen ausschließlich Franzosen, schweigend. Samstagnachmittag, Geschäftsschluß, es ist schwül und gewittrig. Die Minuten zwischen den einzelnen Vorstadtstationen ziehen sich endlos. Gewölbte Brauen, versteinte, weitgeöffnete Lider, gravierte Stirnrunzeln, Mundwinkel; bei einer Frau ein unterdrücktes nervöses Schluchzen. Blicke hängen wie gebannt an den Mädchen, nicht an einzelnen Gesichtern – am Haar, an irgendeinem unmöglichen Detail der Uniform – ausgeleert, ausgeblasen vor Schrecken, Widerwillen und doch mit einer Art von Unersättlichkeit. Die ganze andächtige Hingegebenheit und namenlose Geduld des tiefen Hasses. Haß ist nicht das Wort. Ein junger Mann in fleckigem Trenchcoat. Der schmale Mund spuckt sie dauernd aus, die Nüstern verengen sich belästigt, doch mit den Augen kokettiert er die Mädchen an. Eine Frau in Schwarz, ein Stück Schleier vor dem Gesicht und Feuchtigkeit vor den Augen. Der dunkelrot emaillierte Mund – crispée – zieht sich leicht nach innen, der Lack hält ihn fest. Von Atem ist ihr nichts anzumerken. Sie möchte so gerne die Augen schließen, den Kopf wegdrehen. Der welke Hals, eine einzelne Haarlocke ist ergraut. Sie muß aussteigen, ein leises, von jeder Bezogenheit gereinigtes, schrecklich wohlartikuliertes ›Pardon‹. Die Mädchen machen eilig Platz – fast ein Auseinanderfahren. Die Frau ist klein, scheint etwas zu hinken. Ein Großkopf ohne Hals, nach allen Seiten quillt er über den Kragen. Sekundenlang schläft er ein, dann sind seine großen durchwachsenen hellblauen Augen wieder offen.
Einzelne Mädchen sind vom Stehen müde, verteilen sich auf die einzelnen noch freien Sitzplätze. Setzen sich rasch, lautlos. Eine läßt sich mit soldatischem Aplomb fallen, Staub und Erröten. Kein Gesicht spiegelt etwas wider. Gerade das im Grunde völlig einwandfreie Benehmen der Mädchen ist für die Franzosen der eigentliche Skandal. – In der Vereinzelung ist das Gesicht gleich

älter, der Nacken starr, eine Spur schief, sie spüren die Last des Gewitternachmittages. Sie versuchen, das Gespräch des Gros im Ohr zu behalten, mischen sich auf große Entfernungen ein, die meisten Rufe dringen nicht hin. Die Beine in den dünnen schwarzen Florstrümpfen eng beieinander, sie blicken nicht um sich.

Auf der Terrasse von St. Germain zieht sich der Haufen auseinander. Einzelne Paare, Schwalben schießen ihnen um die Köpfe. In den verwilderten Gärten, die nach der Seine zu abfallen, arbeiten einzelne Frauen, tief gebückt oder auf den Knien rutschend. Graue Erdbeerbeete. Abgeblühte Kirschbäume fast ohne grüne Knotenfrüchte. Hinter der in den Windstößen schäumenden Wand der Linden rufen mehrere Kuckucks, unzählige Amselstimmen steigen und fallen durcheinander. Die feuchte Luft trägt weit. Es kann jeden Augenblick zu regnen anfangen. Ein großes Transportflugzeug schleppt sich dicht über den Wäldermassen hin, die Wolkendecke hängt tief.

Sie marschieren auf einer blauenden Asphalt-Avenue in den Wald. Eine Bande Halbwüchsiger auf Rennrädern, tief über die Lenkstangen geduckt, schießt haarscharf an ihnen vorbei; ein Pfiff und schon ist der Luftsog hinter ihnen. In einem Waldstück voll junger fingerdicker Stämme wächst eine große goldene rauchlose Flamme vor grünem Grund, ein Holzarbeiter daneben, ein feines Knistern.

Die Parkmauer

Viele Kilometer lang läuft sie neben der Landstraße her. Zuerst trägt sie einen Kamm, ein kleines Dach aus schräg gegeneinandergestellten Ziegeln, die in der Sonne glühen. Schorf von goldbraunen Flechten darauf. Vom Verputz nur noch Reste, die bald ganz wegbleiben. Sie zeigt, wie sie gemacht ist: aus unbehauenen rundlichen Feldsteinen, die meisten ungefähr kopfgroß, mit viel Mörtel dazwischen, der mit dicken knotigen Armen umfließt und hält. Stellenweise ist sie verwittert, herausgebröckelt, die blinden runden Stirnen der Steine schweben übereinander, tiefe dunkle Schluchten zwischen sich, das Innere der Mauer hält sie. Der Fuß

in den düsteren Wald der Brennesseln getaucht, der am Straßengraben heraufsteigt.
Plötzlich ist ein Stück gemäht, die Sichel kam bis unter die Stirn der Steine, ein gelbgrüner Teppich fällt sanft im Graben ab. Ein halbvoller Sack geschnittenes Gras mit weitem schlaffem Maul, daneben liegt eine Blechflasche, grau emailliert. Eine Truppe stämmiger Disteln, weit greifen die verbeulten Stachelblätter aus. Die Mauer verliert ihr Ziegeldach, die kahlen verwitterten Scheitel der Steine liegen bloß, einzelne fehlen, dann sind ganze Lagen herausgebrochen, die Mauer verliert an Höhe, man kann vom gewölbten Asphaltrücken der Straße aus hinübersehen. Hinter der Mauer immer der Wald, dunkel, dicht, höher als die Sonne, die nur manchmal enge eckige Blicke durch die Baumkronen schickt. Das stumpfe trockene Ulmengrün – und kein Blatt ohne Lücke, viele ganz zersiebt. Wenn man stehenbleibt, hört man ein beständiges leises Knistern und Niederrieseln: Raupenfraß. Steif ausgestreckt fallen Würmer zur Mauer herab, plötzlich aufgefangen, sie schweben, schwanken an ihren unsichtbaren Fäden über den warmen Stein.
Eine Lichtung – der Himmel kommt fast bis zum Mauerkamm herab mit mächtiger Wolkenlast, doch der mittägliche Dunst fängt sie auf, hält sie hinter der Sonne. Einzelne freistehende Eichen, mit jungem Laub überschüttet, tragen königlich ihr Geäst aus, von langsamen Krähen umzogen.
Wieder Wald in geschlossener Masse. Ein Loch über dem Boden, als sei eine Kanonenkugel durchgeschlagen. Man sieht, wie dick die Mauer ist und was sie alles enthält: gelblichen Mörtel in breiten Flüssen, Erde, Wurzeln. Eine Alte kommt vorsichtig hindurchgekrochen, blickt die Straße hinauf, hinter sich an einem Strick zerrt sie ein widerspenstiges Holzbündel. Der Mauerkamm ist jetzt begrünt, Grasbüschel, junge Eichenschößlinge, kupferfarbig belaubt, Taubnesseln mit weißen blassen Blütenhelmen. Jetzt bleibt der Forst zurück, nur der Wolkenhimmel braut hinter der Mauer, über die warme Luft zieht. Man sieht jetzt erst, wie dicht er bepackt ist, einige Wolkenschleppen, ein bleierner Bauch. Ein Tor – zwei Pfeiler aus wenigen weichen

Quadern, sie tragen ein wuchtiges Gesims, der Bogen fehlt, fette Henne wuchert an einem Fayencetopf. Zwischen den Pfeilern hindurch der Blick über ein weites blumengestirntes Wiesenland. Gruppen riesiger Kastanienbäume, rund, satt, mit tausend prangenden Kerzen. Reste einer alten Allee staffeln sich auf ein leuchtendes weißes Landhaus zu. Ein einziges Stockwerk, darüber ein hohes Mansardendach, Pyramidenpappeln mit abgefegten Spitzen, dreimal so hoch. Der Wald liegt ganz hinten als geschlossene Laubhügelmasse, auf der schon breite Schattenlachen stehen.

Felix Hartlaub, 1941

TAG DER BEFREIUNG

Samstag, 26. August 1944

Aus der Zeitung erfahren wir die Kapitulation der deutschen Besatzung von Paris. Wir lesen auch, daß es französische Truppen waren, die als erste in die Stadt eindrangen. Gestern nachmittag hat der deutsche Kommandant General von Choltitz die Übergabe der sogenannten Sicherungsblocks in die Hände des Generals Leclerc unterzeichnet.

Die vorausgegangenen Kämpfe boten ein seltsames Spektakel dar, fast an die Zirkusspiele im alten Rom gemahnend, wäre ihr Ausgang nicht von großem moralischem Gewicht: sie fanden angesichts einer schaulustigen, mit Bändern und Blumen geschmückten Festtagsmenge statt. Von den Straßenseiten aus verfolgte das Volk den Ablauf, reckte die Hälse, duckte sich in die Mauernischen, wenn die Granaten fauchten, lugte um die Ecken und tat den alliierten Panzerleuten durch Zuruf seine Sympathien kund.

Heute nachmittag sind wir aus unserer Mansardenhöhle nach unten gestiegen und durch die festlich geschmückten Straßen gegangen. Es mag wohl unser letzter gemeinsamer Spaziergang gewesen sein, der letzte... bis auf eine ferne, ferne Zeit.

Unter dem Torweg stand, als wir aus dem Haus traten, eine

Gruppe seiner Bewohner. Mit mißtrauischen Blicken haben sie unsere unbekannten Gesichter gemustert.
Die deutsche Feldgendarmerie haben wir nun nicht mehr zu fürchten; von der Angst vor der Gestapo sind wir befreit. Jedoch die wiedererstandene Identität macht unser Zusammenbleiben von neuem zu einer Gefahr. Es könnte sehr schwerwiegende Folgerungen haben, wenn man in mir einen dagebliebenen ehemaligen Wehrmachtsangehörigen entdeckte. Denn chauvinistische Leidenschaften sind bis zum Haßrausch aufgewühlt. Spionenfurcht wird in solchen Tagen zum Massenwahn. Es wäre nicht der einzige Fall von Lynchgericht, den die erregten Stunden zeitigen.
Auch ist eine »fünfte Kolonne« ja tatsächlich noch am Werk. Von den Dächern herab pfeifen noch Schüsse. Doch es sind nicht mehr die Widerstandsgruppen der »Forces Françaises de l'Interieur«, der F. F. I., die hinter den Schornsteinen auf Anschlag liegen. Zur Verzweiflungstat entschlossene Burschen aus den Reihen der französischen faschistischen Miliz, einer Vichy-Hilfstruppe, knallen aus Mansardenerkern und Dächerversteck in die lustwandelnde Menge. Nahe dem Palais Bourbon mußten wir

Brennt Paris? Aus dem Film von René Clement, 1965.

hinter den Baumstämmen des Quais in Deckung gehen; zwei Nönnlein vor uns suchten mit flatternden Hauben hinter der Ufermauer Schutz, denn aus einem Eckhaus prasselte bleierner Hagel herab. Und gar den Pont Royal konnten wir nur hinter das Steingeländer geduckt passieren, denn auch dort summten noch die Geschosse.

Der festlichen Stimmung des Volkes tun die Wahnsinnsschüsse der Desperados nicht Abbruch. Das Treiben auf Straßen und Plätzen erinnert mit Fahnen und Blumen, Lachen und Gesang an einen vierzehnten Juli. Ein jeder trägt patriotische Schleifen und Sträußchen im Knopfloch; die Mädchen haben helle Kleider angelegt. Matronen zeigen sich mänadisch, und selbst die bravsten Spießbürger agieren Revolution.

Als Ungeschmückte fallen wir fast auf. Verwegene Gesellen laufen mit abenteuerlichen Waffen und breiten Armbinden umher; sie liefern den letzten Dachschützen einen erbarmungslosen Krieg. Sie bramarbasieren ein bißchen in den Bistros und lassen sich von den sonntäglich aufgeputzten Nachbarinnen feiern. Auskosten wollen sie es, daß ihnen heute erlaubt ist, sich als Helden zu fühlen. Den Zulauf der Mädchen aber haben vor allem die von der Wüstensonne verbrannten Soldaten der Armee Leclerc, Kolonialkrieger mit Landsknechtsmanieren; sie haben den lagen und blutigen Weg vom Tschadsee bis zur Hauptstadt hinter sich gebracht, sind rauhe, im Kriegshandwerk heimisch gewordene Kerle. Man möchte nicht in ihre Hände geraten; es hieße, vom Regen unter die Traufe kommen.

Vor den Tuilerien, darin die grauen Herden der Panzer parken, liegt ein ausgebrannter Koloß; das Rohr wie einen Rüssel zur Erde gesenkt; von der Balustrade des Gartens ist ein steinerner Löwe aufs Pflaster gestürzt. Aus den Fassaden der Zwillingsbauten an der Place de la Concorde sind Säulen herausgebrochen wie Zähne aus einem Gebiß. Und in der Rue de Rivoli sind die Wracks vom Feuer geschwärzter deutscher Spähwagen ein Schauobjekt der Promenierenden.

Die Menge flutet von den Champs Elysées zurück, wo heute am Nachmittag die Einzugsparade de Gaulles sich entrollt hat, und strömt nach der Kathedrale von Notre Dame; dort soll den Tag ein Tedeum feiern.

Fast hat es etwas von einer Verdoppelung der Persönlichkeit, nun das Leben hinter den Linien der anderen Seite sich entwickeln zu sehen.

Wieder haben wir einen Plan erwogen, zusammenzubleiben. Er ist undurchführbar. Höchstens zwei Tage noch können wir uns eine Frist geben. Dann werden wir voneinander scheiden müssen. Auch Antoinette sieht dies ein.

Als wir vom Spaziergang zurückkamen, waren Torfahrt und Treppenhaus leer.

Nun gilt es noch, sich der Pistole so rasch wie möglich zu entledigen, die von nun an nicht mehr von Nutzen ist. Entdeckt kann sie uns schwere Unannehmlichkeiten bringen. Der Vorschlag, sie von einer Brücke aus in die Seine zu werfen, findet nicht Antoinettes Billigung, denn sie glaubt fürchten zu müssen, es könnte sehr leicht beobachtet und falsch ausgelegt werden. Die Schießerei von den Dächern hat die öffentliche Meinung aufs bitterste erregt, da ist es nicht ratsam, als ein Bewohner des Dachgeschosses mit einer Waffe ergriffen zu werden.

So haben wir beschlossen, sie in der Kirche von St. Germain des Prés als dem ungefährlichsten Ort unter einem Seitenaltar zu verstecken.

Dort wird sie der Küster finden und mit zitternden Händen zu Hochwürden bringen. Daß kein Blut durch sie vergossen worden ist, scheint mir in bluttriefender Zeit eine Gnade meines Geschickes.

Justus Franz Wittkop, 1944

VOM EXISTENTIALISMUS ZUM MAI 1968

Das »Ballett« ist die seit der Monarchie, sagen wir seit Philipp dem Schönen existierende Hofgesellschaft. Heute nennt man sie das »Tout Paris«. Mauriac möchte fürs Leben gern zu dieser Gruppe gehören, die den Inhalt von Prousts Romanen bildet, und in der Paul Valéry seine Tage und Nächte verbrachte. Diese Gruppe ist aus den allerverschiedensten Menschen zusammengesetzt, aber alle haben eines gemeinsam: sie klagen nicht, täuschen Heiterkeit vor und glauben, eine ästhetische Aufgabe erfüllen zu müssen. Sie sind gewiß nicht schlechter, auch nicht besser als andere Gruppen. Sie sind katholisch und alternieren zwischen leichten Sünden und leichter Reue; der Abbé Mugnier war ihr Hofprediger. Sie sind weniger hochmütig als die bürgerliche Schicht, sie lästern weniger, oder wenn sie es tun, nur zum Spiel. Ihnen sind die mittelständischen Lebensgewohnheiten, aus denen der Protestantismus und die moderne Agnostik mit ihren tausenderlei Verrenkungen stammt, sehr entgegen. Sie gehören zum »homo ludens«, stehen näher bei Pindar als bei Euripides, bei Sappho als bei Katharina von Bora, näher bei den Scipionen als bei Cato, bei Franz von Sales als bei Savonarola. Sie sind leicht und welken rasch dahin; die Sévigné hätte unter ihnen gelebt. Ihre »férocité«, von welcher Mauriac spricht, liegt in der uralt eingespielten Schärfe ihrer Worte, mit denen sie am vergänglichen Gewebe des Ruhmes, des Tagesruhmes, arbeiten. Kein Ruhm, kein Erfolg einer Ausstellung, eines Buches, eines Konzertes, einer Theateraufführung ohne diese Leute, die ein hartes Leben haben, noch sterbend zu Diners gehen, weil sie das seltsamerweise für ihre Pflicht halten und keiner Schaustellung fernbleiben dürfen. Sie sind abgeschliffen und glitzern. Wer erpicht auf sie eindringt wie Julien Sorel oder Rastignac, kann sich an den messerscharfen Kanten schneiden. Sie haben etwas Verdammtes an sich, weil sie sich immer drehen müssen wie Derwische, bis zum Zusammenbrechen, aber sie sind tüchtiger, fester als unsere Stauffacherinnen, die das Leben dieser Getriebenen keine drei Tage aushalten würden. Eine ihrer Eigentümlichkeiten ist, daß

Van Dongen, Die Loge.

sie sehr gut zu sterben wissen, auf dem Schafott wie in den Konzentrationslagern.
Hat man als Diplomat die Aufgabe, etwas zu erreichen, so geht es nur durch sie, aber wenige Diplomaten bekommen sie zu sehen. Sie sind schwer zugänglich, auch für Mauriac, denn er stammt aus der Provinz, er insistiert infolgedessen, und das ist in jenen Kreisen verboten. Man fährt auf der äußeren Kante des Schlittschuhs über eine glänzende, aber kalte Bahn. Ich habe etwas in diese Welt hineingeschaut; sie haben anerkannt, daß ich nicht insistiere und nichts wörtlich nehme wie mitteleuropäische Ketzer oder Metaphysiker, angelsächsische Methodisten, Quäker oder Evolutionisten, französische Legisten, Doktrinäre, Jakobiner, Comtisten etc., sondern daß ich im Vorübergehen hin und wieder half, ihnen die Schlittschuhe an- oder auszuziehen. Jetzt sehe ich sie nur von ferne, bin aber froh, durch ihren Spiralnebel kurz gewechselt zu haben.
Carl Jakob Burckhardt, 1947

ALLÉE DES CYGNES

Cora war verloren, meine Ehe war mißglückt, aus einer Anpassung war nichts geworden. Ein Berg von raschelnden, knisternden Papieren blieb im Zimmer zurück. Nichts hatte sich mit diesen Papieren halten lassen. Ich stand auf dem Platz im Zentrum der Stadt, in einem scharf abgewinkelten, von der Sonne beleuchteten Feld in der Mitte des Schattenkraters, die Blätter einer zerrissenen Zeitung flatterten im Zugwind über der Hauptstraße. Unschlüssig ging ich hinüber zum Reisebüro, stand eine Weile vor dem Schaufenster, trat ein, und erst als der Angestellte hinter dem Tisch sich an mich wandte, kam mir, nach einem Blick über die bunten Plakate an den Wänden, Paris als Ziel. Am selben Abend noch stieg ich in den Zug, und im Frühlicht, zwei Tage später, tauchten die Vororte von Paris auf, im Rauch, im Ruß. Ich stand im Korridor des Schnellzugs, noch benommen von der Nacht, die ich sitzend im Gedränge des Abteils verbracht hatte.

Neben mir standen die beiden Musiker, und ihre Finger, die während der Reise an den Saiten der Gitarren gezupft hatten, trommelten und hüpften auf der Fensterscheibe. Der eine, mit dem bleichen, femininen Gesicht, hatte einen Stadtplan aufgeschlagen, der andere, mit dem ungeheuren, schwarzumschatteten Kinn, beugte sich darüber, und wir erörterten, wo die billigsten Hotels zu finden seien. Zwischen den Reisegefährten, die plötzlich wie zwei Wächter neben mir standen, trat ich hinaus vor die Stadt. Die Stadt der großen starken Eroberer. Die riesige lebendige Masse der Stadt, durchschrillt von den Rufen der Zeitungsverkäufer, durchrasselt von den altertümlichen grünen Omnibussen. Hier, auf der Freitreppe des Bahnhofs, vor der breiten Avenue, stand ich ihnen gegenüber, ihnen allen, den großen Geistern, die hier die Zeichen ihres Daseins hinterlassen hatten. Dann wurde ich von meinen Begleitern hinabgeführt in die Schächte der Métro, stand drinnen zwischen den Fahrgästen im klappernden Wagen, im Geruch von versengtem Staub und verbrauchten Atemzügen, im Surren der fremden Sprache. Wir bezogen ein Hotel hinter dem Panthéon, in der Nähe der Place Contrescarpe. In meinem ersten Zimmer in Paris packte ich meinen Koffer aus, legte meine Schreibhefte auf den Tisch, sah durch das Fenster die nah gegenüberliegende Hausfassade, hörte vom Nebenzimmer das Klimpern der Gitarren, und von der Gasse her Stimmen und Schritte, und die hin- und hergleitenden Tonläufe einer Pansflöte. Dunkle, fleckige Tapeten, vergilbte Spitzengardinen, Spiegelschrank, Waschtisch, Bidet, breites Bett. Und draußen die Stadt, die erobert werden wollte, die verheißungsvolle Stadt. Ich trat hinaus in den Strom der Menschen, ging den Boulevard entlang, zwischen jungen, offenen Gesichtern, zwischen lachenden Blicken, zwischen den hohen, stolzen Gestalten der Afrikaner, ging durch die Parkanlagen, in die Museen und Bibliotheken, saß auf den Terrassen der Cafés, und anstatt etwas von diesem neuen Leben für mich zu gewinnen, verlor ich von Stunde zu Stunde mehr von mir selbst, bis mir mein eigener Name ungewiß wurde, bis ich, in einem Korbstuhl am Straßenrand sitzend, im Gewirr der Stimmen nicht mehr wußte, welche

Paris gehört uns. Aus dem Film von Jacques Rivette, 1958.

Sprache zu mir gehörte. Die Sprache, die mich während der letzten Jahre umgeben hatte, verlor sich, ihre Worte entglitten mir, sie wurde hier, in diesem Schmelztiegel, weggewaschen, es zeigte sich, wie locker sie an mir hing, wie wenig sie mir bedeutete, alles, was nicht fest war, was nicht Teil von mir war, wurde weggeschwemmt, alles Außenwerk blätterte ab, sickerte, rann von mir ab, ich saß in meinem Korbstuhl, im Kessel der Bewegungen, und was ich versucht hatte, während der vergangenen Jahre zu artikulieren, schäumte und wirbelte weg, es war nur ein Lispeln gewesen, ich wußte nicht mehr, an wen ich mich damit gewandt hatte, und woher ich den Glauben genommen hatte, daß jemand sich damit erreichen ließe, die Worte stimmten nicht mehr, sie genügten nicht einmal zur einfachsten Verständigung, ich mußte wieder von vorn beginnen, radebrechend, lallend, in meinem Korb liegend, am dröhnenden Straßenrand. Mir war noch, als müsse es irgendwo Resultate früherer Arbeiten geben, mir war, als hätte ich Bilder und Schriftstücke hinterlassen, doch sie ließen sich nicht mehr ins Gedächtnis rufen, mir war noch, als habe es zahllose Versuche gegeben, nach allen Richtungen hin, Versuche mit den verschiedensten Werkzeugen, in wechselndem Material, wechselnden Formen, Versuche, mit denen der Reichtum der Möglichkeiten erforscht wurde, doch sie waren alle in der Ziellosigkeit verflogen, es war nichts mehr da, was ich dieser riesigen Stadt hätte zeigen können. Menschen beugten sich über mich, streckten sich über mich, riefen mir Worte zu, redeten über mich hinweg, Gelächter schwirrte hin und her, und ich konnte nicht antworten, konnte nicht daran teilnehmen, konnte nur ein paar aufgeschnappte Phrasen herausschreien, garçon, encore un café, l'addition s'il vous plaît. Dies war der Augenblick der Sprengung, der Augenblick, in dem ich hinausgeschleudert worden war in die absolute Freiheit, der Augenblick, in dem ich losgerissen worden war von jeder Verankerung, jeder Zugehörigkeit, losgelöst von allen Nationen, Rassen und menschlichen Bindungen, der Augenblick, den ich mir gewünscht hatte, der Augenblick, in dem die Welt offen vor mir lag. Jetzt konnte ich zeigen, wer ich war, was das für ein Ich war, das ich durch die Jahre der Flucht getragen hatte, das ich vor der Vernichtung auf dem Schlachtfeld und in der Gaskammer gerettet hatte, das ich gehütet und gepflegt hatte, jetzt war der Augenblick gekommen, in dem ich erklären konnte, wozu all diese Mühe aufgewandt worden war und was ich erwartete. Doch die Freiheit war so groß, daß ich alle Maßstäbe verlor. Ich hatte die Freiheit nicht gewonnen, ich war verurteilt zu dieser Freiheit, es war nur noch eine einzige Wahrnehmung da, die Wahrnehmung des Urübels, des Ausgesetztseins, der Verlassenheit. Niemand fragte nach mir, niemand erwartete etwas von mir, niemand schalt mich, drohte mir, niemand wollte von meiner Herkunft und von meinen Plänen wissen, man ließ mich unbehelligt in meinem Korb und sprach über mich hinweg, mit Worten, die ich nicht begriff, ich lag mitten im Mahlstrom, des Sprechens, des Gehens nicht fähig, mein Leben war nutzlos, ich hatte nicht einmal etwas verloren, weil ich nie etwas besessen hatte, ich konnte keine Wunden, keine Narben aufweisen, weil ich an keinem Kampf teilgenommen hatte, ich hatte nichts zu be-

richten, weil mir nichts widerfahren war, ich war nur ein Säugling, zu früh von der Mutterbrust genommen und abgesetzt an einem Straßenrand.
Bis ich mich, an einem Spätnachmittag, wiederfand, unter den Bäumen der Allee auf dem Damm in der Mitte der Seine, und meine Dimensionen zurückgewann. Ich stand still, sah Boote vorbeifahren, sah den Abglanz der gesunkenen Sonne auf der Spitze des Eiffelturms, wußte, wie ich hieß, woher ich kam und wohin ich weiterreisen würde, obgleich ich dort nur ein Provisorium fand, ein Dach über dem Kopf, und dies war kein Umherirren mehr, sondern eine bestimmte Bewegung auf der Erdoberfläche, ich war ansässig in einem Land, ich hatte ein paar Wochen in Paris verbracht, mein Geld war verbraucht, ich würde einmal wieder hierher zurückkehren, Ausstellungen besuchen, Theater- und Filmvorstellungen beiwohnen, vielleicht einmal mit eigenen Arbeiten kommen, vielleicht einmal mit einer Geliebten hierher reisen, Arm in Arm mit ihr hier die Allee entlanggehen, mit ihr in einem der Hotelzimmer wohnen, in denen es eine Sünde war, allein im breiten Bett zu liegen, und die Allee, auf der wir gehen würden, war jetzt schon da, und das Hotelzimmer stand bereit, selbst wenn es noch Jahre bis zu unserm Einzug dauern würde. Was sich an diesem Abend auf dem Seinedamm zeigte, war nicht ein Weg, oder ein Wissen, ich hatte keinen Begriff von diesem Dasein gewonnen, hatte keine Absichten, ich spürte nur die Klarheit der Luft, spürte, wie ich dastand und atmete, und daß ich aus der Umnachtung, in die mich der Schock der Freiheit geworfen hatte, herausgeraten war. Die Freiheit war noch vorhanden, doch ich hatte Boden in ihr gewonnen, sie war keine Leere mehr, in der ich im Alptraum der Anonymität lag und in der alle Bezeichnungen ihren Sinn verloren, es war eine Freiheit, in der ich jedem Ding einen Namen geben konnte. Ich hatte nur den Blickpunkt geändert. Ich hatte noch einmal bis zum Grunde die Furcht vor der Selbständigkeit ausgekostet, ich hatte mich fallen gelassen und alle Ansichten, alle Bestrebungen, die meine Identität ausgemacht hatten, aufgegeben, und jetzt stand ich hier, unter den Bäumen der Allée des Cygnes, und dies war eine einfache

Tatsache. Ich stand in der Mitte zwischen den Polen, die es von Anfang an gegeben hatte, dem Pol des Diebs von Bagdad und dem Pol des Tabu, dem Pol des unbändigen Lebens und dem Pol des Vergehens. Die Freiheit war absolut, ich konnte mich darin verlieren und ich konnte mich darin wiederfinden, ich konnte alles aufgeben, alle Bestrebungen, alle Zusammengehörigkeit, und ich konnte wieder beginnen zu sprechen. Und die Sprache, die sich jetzt einstellte, war die Sprache, die ich am Anfang meines Lebens gelernt hatte, die natürliche Sprache, die mein Werkzeug war, die nur noch mir selbst gehörte, und mit dem Land, in dem ich aufgewachsen war, nichts mehr zu tun hatte. Diese Sprache war gegenwärtig, wann immer ich wollte und wo immer ich mich befand. Ich konnte in Paris leben oder in Stockholm, in London oder New York, und ich trug die Sprache bei mir, im leichtesten Gepäck. In diesem Augenblick war der Krieg überwunden, und die Jahre der Flucht waren überlebt. Ich konnte sprechen, konnte sagen, was ich sagen wollte, und vielleicht hörte mir jemand zu, vielleicht würden andere zu mir sprechen und ich würde sie verstehen. Alles was geschehen war, lag noch da, doch wir konnten uns darüber äußern, nichts mehr brauchte verborgen zu werden. Und ich konnte mir Papier kaufen, eine Feder, einen Zeichenstift, einen Pinsel, und Bilder entstehen lassen, wann immer und wo immer ich wollte. Und wenn es schwer war, an Worte und an Bilder heranzukommen, so war es nicht deshalb, weil ich nirgends hingehörte, und keine Verständigungsmöglichkeiten erkennen konnte, sondern nur deshalb, weil manche Worte und Bilder so tief lagen, daß sie erst lange gesucht, abgetastet und miteinander verglichen werden mußten, ehe sie ein Material hergaben, das sich mitteilen ließ. An diesem Abend, im Frühjahr 1947, auf dem Seinedamm in Paris, im Alter von dreißig Jahren, sah ich, daß ich teilhaben konnte an einem Austausch von Gedanken, der ringsum stattfand, an kein Land gebunden.

Peter Weiss, 1947

QUATORZE JUILLET

Quatorze Juillet... Netter kann man nicht empfangen werden. Am Vormittag, kaum bin ich angekommen, gibt es eine Parade, aber ich habe nur die Geschwader gesehen, die mit bekanntem Brummen die eigene Stadt überfliegen, später ein Korps von Bläsern, die sich in einem Park aufstellen, schmuck, alle mit weißen Gamaschen und weißen Gürteln, die Clairons blinken, jedes mit einem Wimpel daran, der Tambourmajor hat einen verzierten Stab, den er bravourös in die sommerlichen Lüfte zwirbelt, zirkushaft. Ich habe gewartet, bis es losging: Le jour de gloire est arrivé! Ich kann's nicht hindern, die Marseillaise geht mir nun einmal durch Mark und Bein. Einige Schritte gehe ich mit. Le jour de gloire est arrivé. Auf dem Platz der Bastille finde ich ein großes und wogendes Gemenge, ein klingelndes, flitterndes, hupendes, summendes, dröhnendes Tingeltangel. An Trikoloren fehlt es nicht. An einer Straßenecke blüht sogar ein frisches Kränzlein; drei Namen in Stein: Fusillé par les Allemands. Ich denke an Ernst Jünger. Einem Mädchen zuliebe, das einen Freund hat, fahre ich dreimal mit den kleinen Automobilen; eigentlich mir zuliebe, denn ihr Gesicht, wenn wir einander rammen, ist köstlich. Bald fangen auch andere an, es gibt eine Rammerei, bis die Bude einfach den Strom abstellt, und später, als ich sie schon verloren glaube, finde ich sie noch einmal auf einer Schaukel wippend, bis das Schifflein an das Zelt schlägt, wippend mit flatterndem Rock, herrlich. Ein heißer Tag, Glast über den Dächern; man denkt immer an Maler, so, als hätte Paris sich den Farben berühmter Paletten angepaßt. Hernach gehen sie in die Métro, das Mädchen und ihr Freund. Ich ebenfalls. Bummel im Bois de Boulogne, wo ich ein Boot nehme, sehr zufrieden, sehr glücklich, allein, kein Mensch kann wissen, wo ich bin. Ich liebe die Großstädte immer mehr. Ein Luftballon, ein silberner, hangt im Himmel. Am Abend gibt es ein Feuerwerk, Tanz auf der Concorde, Menschen, was man an Menschen nur erfinden mag: Kleinbürger, Großstädter, Familien, Außenseiter, Mütter mit Kind, Kokotten, Töchterchen mit Offizier, Fremde, Soldaten von der Marine, alles tanzt. Vagabunden mit buntem Trikot hocken auf ihrem Rad, einen Fuß auf den Randstein gestemmt. Kann man sagen, daß die Leute sehr fröhlich sind? Immerhin wird getanzt, und es strahlen die Bogenlampen, von Faltern und Mücken umwimmelt, Lautsprecher jazzen aus nächtlichen Bäumen. Sterne sind auch da. Man schleckt ein Eis, der behende Verkäufer hat alle Hände voll zu tun. Le jour de gloire est arrivé. Die Champs Elysées hangen aus der Nacht herunter wie eine glitzernde Perlenbrücke, in der Ferne ganz schmal, dort, wo sie aus dem Triumphbogen mündet. Sehr schön. Irgendwo steige ich in den Boden, nehme die Métro, bloß weil ich sie mag, und fahre irgendwohin. Wieder an der frischen Luft, ich weiß nicht wo, empfängt mich abermals Musik, Tanz, denn auch hier ist Quatorze Juillet, Tanz auf offener Straße, Tischlein, Kellner in weißen Schürzen, hemdärmlig, eine Kapelle unter Lampions, alles etwas verschlissen, etwas ärmlicher. Aber wunderbar, gerade hinter meinem Sessel, unsäglich wunderbar tanzt eine junge Chinesin. Ihre schwarzen Wattehosen, der Mond ihres stillen Gesichtes, das verliebt ist; sehr schön. Dazu die Leute aus dem Quartier, Krämer, Schuster, Antiquare, Metzger, Beamte, was weiß ich. An der Ecke hängt wieder ein Kränzlein: Tombé pour la libération de Paris. Hier bleibe ich. Neben der Kapelle sitzen drei Mulattinnen, alle in knallgrüner Seide; ich sehe ihnen an, daß sie unvergeßlich sind. Sie rauchen aus langen weißen Röhrlein. Ein Soldat, ein riesenlanger, kann nicht mehr stehen, wenn sich nicht jemand erbarmt und mit ihm tanzt; die Leute weichen, als wäre er der Tod, und er stolpert über den Randstein. Schließlich tanzt ein Mann mit ihm. Die drei Mulattinnen sitzen und rauchen, Tierlein, die Ohrringe tragen, stumm und schön, schrecklich, geheimnisvoll, Geschöpfe. Das alles haben die Deutschen einmal erobert, es ist gar nicht lange her. Haben sie es wirklich erobert? Ich bleibe lange über Mitternacht. Vielleicht gibt es Städte, die nicht mehr zu erobern sind; sie können höchstens untergehen. Einmal tanzen auch die Mulattinnen, nicht wild, ganz gesellschaftlich, die weißen Röhrlein im Mund; nur ihre Arme sind Schlangen. Eine Gruppe von Studenten, Arm in Arm, wirkt etwas störend, Eindringlinge, kindisch,

nicht jung. Jung ist die Chinesin; wunderbar, wie sie ihren hageren Chinesen liebt...
Max Frisch, 1948

STEINERNE WANDSCHILDER

Bei meinen Spaziergängen durch Paris, die ich nicht so sehr aus alter Liebhaberei unternahm als vielmehr aus dem durch meine Situation gebotenen Bedürfnis, aus der Atmosphäre die Stimmungen der Pariser, insbesondere gegenüber Deutschland, mit den Antennen zu erspüren, fielen mir an Mauern jene Plaquetten auf, welche die Namen von Angehörigen der Résistance im Gedächtnis der Vorübergehenden befestigen wollten. Das wiederkehrende »fusillé par les Allemands« traf mich immer und überall so scharf, als trüge ich eine persönliche Verantwortung. Als erster offizieller Vertreter Deutschlands moralisch auf jede Weise exponiert, empfand ich die zufällige Konfrontation mit solchen steinernen Wandschildern und mit den Blumen, die daran geheftet waren, so intensiv, daß ich mir das Blut der Schamröte ins Gesicht steigen fühlte. Welche Situation für einen Deutschen, der unter dem infamen Regime der zwölf Jahre von 1933 bis 1945 unmittelbar und mittelbar zwar auch einiges durchgemacht hatte (so das Verbot beruflicher Betätigung als Schriftsteller, als Publizist) – und welche Aufgabe, mit dieser Situation auf gute Art fertig zu werden! Ungezählte Familien in Paris gedachten eines Toten, eines Mißhandelten, eines Deportierten. Es mußte in weiten Kreisen mindestens mit einer abgrundtiefen Abneigung gegen alles Deutsche gerechnet werden – nicht selten mit Haß, nicht selten mit einem kaum überwindbaren Ressentiment, und alle diese Gemütsverfassungen mußten, wie der Mensch nun einmal ist, begreiflich erscheinen. Auf der Terrasse eines Cafés an den Champs Elysées erlebte ich, daß ein Franzose, als er in seiner Nähe zwei Deutsche in ihrer Muttersprache miteinander reden hörte (und sie taten es auf wohlerzogene, leise Art), den Kellner

demonstrativ anwies, das servierte Getränk auf einen anderen, entfernteren Tisch hinüberzutragen.
Es ist nicht übertrieben, zu behaupten, daß die Situation des deutschen Vertreters in Paris unter allen vergleichbaren Situationen die weitaus schwierigste war.
Wilhelm Hausenstein, *1950*

AUF DEM LINKEN SEINE-UFER

Auch heute noch wird in Paris, für eine Welt, die es weiß oder ahnt, um die Verwirklichung eines neuen Weltgefühls auf dem Gebiete der Kunst experimentiert. Ich schreibe ausdrücklich: experimentiert. Denn was unsere Zeit auf dem Gebiete der Kunst in einem großen Ausmaß charakterisiert, ist das künstlerische Experiment. Nicht mehr wie früher, nicht mehr wie während Jahrhunderten ist der Ausgangspunkt der künstlerischen Gestaltung die Welt der sichtbaren Erscheinung, die von einem schöpferischen Menschen erlebt wird, sondern überhaupt alles, was durch die Sinne der Seele, dem Gefühl, der Empfindung, dem Geist, dem Verstand zugänglich ist. Ein großer Teil der künstlerischen Kräfte der ersten Hälfte des zwanzigsten Jahrhunderts hat sich der Auflösung der Formenwelt zugewandt, die im großen seit Jahrtausenden Bestand gehabt hatte. Inmitten dieser Formzertrümmerung, dieser Weltbildfragmentierung wachsen die Jungen auf. Ich sehe, Tag für Tag, wie sie den Werken, die uns so oft als Hieroglyphen erscheinen, ihre echte Begeisterung zuwenden, ich sehe stündlich, daß sie mit heißem Herzen und wachen Sinnen erleben, was um sie herum von ihren älteren Zeitgenossen geschaffen wird. Ich sehe, wie junge Menschen, aus den verschiedensten Ländern und Nationen, aus den verschiedensten Schichten der Gesellschaft, von reicher oder armer Herkunft, von echter Begeisterung oder auch von Abenteuerlust getrieben, aus der ganzen Welt hier zusammenströmen, mit gierigen Sinnen und oft überwachen Augen aufnehmen, was von den bedeutendsten Künstlern der Zeit geschaffen oder auch nur versucht wird, tage- und nächtelang darüber diskutieren, Wert oder Unwert in Begriffe zu fassen versuchen, selber in dieser Weise zu malen oder zu modellieren beginnen, damit ihr Eigenstes zu geben glauben (weil sie es bei andern in dieser Form, die ihnen einzig richtig zu sein scheint, verwirklicht sehen) – und damit vielleicht auch ihr Eigenstes geben: wenn auch nicht dort, wo sie es selber zu sehen meinen. Es gibt verschiedene Orte, an denen diese Experimente auf dem Gebiete der Malerei oder Plastik auch dem Besucher von Paris, der nicht bis in die Ateliers der Künstler vordringt, sichtbar werden. Da sind die großen und kleinen Galerien auf dem linken und rechten Ufer der Seine, die großen zur Mehrzahl auf dem rechten, die kleinen meist auf dem linken Ufer. Die Künstler, die

Paul Braig, Café am Montparnasse.

in den kleinen Galerien, in den Antiquitätenläden und Buchhandlungen und Antiquariaten ausstellen, sind noch nicht bekannt, obwohl sich bisweilen auch ein Künstler mit Namen an einem solchen Ort zeigt; die Künstler, die in den großen Galerien vorgestellt werden, haben den Schritt aus der Namenlosigkeit heraus zur Notorietät getan. Mich lockt es gegenwärtig mehr, den Äußerungen des reichen und oft wirren Lebensgefühls unserer Zeit in den Ausstellungen der kleinen Galerien und Buchhandlungen nachzugehen. Ich bin mir darüber klar, wie dünn Genies und große Talente in einer Generation und sogar in einem Jahrhundert gesät sind. Ich weiß aber auch, daß es nie Große ohne Mittlere, Kleine und Kleinste gegeben hat und geben wird: daß diese die Erde, den Humus bilden, aus dem jene emporwachsen können. Das Schauspiel dieser Mittleren, Kleinen und Kleinsten fasziniert mich in Paris immer wieder. Die Kunst wird, hier und anderswo, nur so lange blühen, als das Leben mit seinen Opfern dafür nicht spart, als es, immer wieder, Tausende und Tausende junger Menschen, die sich selber suchen und denen dieses Suchen zur einzigen lockenden Aufgabe ihres Lebens wird, in diese Stadt ziehen und in ihr das große Abenteuer der Selbstverwirklichung, in der sich die Zeit verwirklicht, versuchen läßt; die Kunst wird nur so lange blühen, als es sich das Leben erlaubt, diese jungen Menschen, die oft zu den Besten ihrer Generation gehören, in diesem Versuch zu Tausenden zu opfern. Den Beitrag, den sie mit ihrer Leistung, oder auch nur mit dem Versuch einer solchen, für die Verwirklichung, für die Gestaltung des Weltgefühls unserer Zeit leisten, wird allerdings nie genau gemessen werden können. Aber ist das auch ein Beweis dafür, daß er nicht wichtig ist? Hat er denn überhaupt je genau erfaßt werden können? Und auch die Künstler- und Literatencafés in Paris, auf Montparnasse und um Saint Germain des Prés, gehören zu diesen Stätten, in denen die Gestaltung des Weltgefühls zum mindesten versucht wird: die Stätten, an denen man sich ausspricht, an denen man sich auch überschärft. Diese Cafés – Deux Magots, Flore usw. – sind allerdings viel mehr der Ort für die Menschen, die sich suchen (und für die vielen, die diesen Suchenden lüstern nachlaufen), als

für jene, die sich gefunden haben: die ziehen sich dann wieder gerne in die Stille zurück. Man muß nur einmal einen Abend lang, wie ich das vor kurzem getan habe, aufmerksam an einem solchen Ort weilen, um zu erkennen, welchen ungeheuerlichen und scheinbar sinnlosen Verschleiß an Gefühl, Seele, Schönheit, Anmut, Charme, an Kraft der Lenden und des Geistes sich das Leben erlaubt, um zur Verwirklichung einer neuen Form zu gelangen. Aber ist das nicht immer und überall so?
Gotthard Jedlicka, 1953

DIE VERRÜCKTEN PLAKATE VON PARIS

Ihr Entwurf und ihre Plazierung, hüllen das Angebot der Waren in einen merkwürdigen Mantel aus Vernunft und Begierde ein. Sie kaschieren zweifellos die Grausamkeit, die durch jene in die Welt gekommen ist, und täuschen uns leichtfertig über die wahren Gründe unserer Vorliebe für das Geschäft. Gerade hier erweist sich die Plakatwelt als der ästhetische Modus der Warenwelt, und man entgeht unter Umständen der babylonischen Verwirrung innerhalb der letzteren nur dadurch, daß man in die erste flüchtet. Der leichte Schimmer einer Notwendigkeit, mit deren Hilfe jede Ware uns bezwingen möchte, rechnet ja stets und ganz offen mit unseren Begierden, aber die Möglichkeit, dem Lockruf zu widerstehen oder nicht zu widerstehen, gehört immer wieder einmal zu den Vergnügen, denen sich die Vernunft in der Plakatwelt aussetzen darf.
Merkwürdiges Spiel, auf dem von jeher die Einbeziehung der Freiheit in den Zwang beruht! – Dialektik jedes sinnbetörenden Kalküls!
Das Plakat ist die große Fläche, das Tor, durch das die Dinge leichter und stärker als sonst in das Bewußtsein treten. Denn dies ist der Ort, wo sie uns wirklich gewinnen, wo sie zwar an uns ausgeliefert werden, wo wir aber auch auf der Hut sein müssen vor ihrem schmeichlerischen Zugriff. Denn das wissen wir doch bereits seit Hegel: als Ware kann ein Ding so fester und unveräußer-

barer Teil des Bewußtseins werden, daß es unser Selbst beschädigt, seinen Platz einnimmt, verkleinert, verbraucht, verzehrt. Was gekauft werden kann, kann auch verbraucht werden. Ein Gedanke an die Ware scheint also in keinem Falle einem Gedanken an die Ewigkeit zu entsprechen, und der Glanz der Neuartigkeit lebt offensichtlich nicht schlecht von jener Art Vergänglichkeit, durch die sich der Fluß der Zeit hier so gespenstisch installiert. Nur manchmal dringt dieses Zeitgespenst der Waren auch in die grauen Zeichen großen Ruhms ein: in das Grab Utrillos hinter der schmutzigen Mauer des alten Friedhofs von Montmartre, in einer Ecke drei Meter vor dem Lapin Agile.

Plötzlich geht einem auf, daß die Ware, einmal Ereignis auf der Fläche geworden, sogleich ihre rätselhafte Transsubstantiation in das Wort erfahren hat. Die Ware wird Wort. Das Plakat vermittelt die Verwandlung. Das Visuelle arbeitet an der Herstellung des Begriffs. Auf eine schwer durchschaubare Weise dient es hier der Abstraktion. Und auf all diesen Vorgängen beruht schließlich der poetische Reiz, der entsteht, wenn die Warenwelt in Plakatwelt übergeht. Bien placés bien choisis/quelques mots font une poésie. Wahrhaftig, die Bilder und Wendungen, die nun das Angebot verkünden und sehen lassen, was sich nicht von sich selbst her zeigt, strömen aus einer neuen phantastischen Quelle der Worte; wie ein Mahlstrom brechen sie in den Alltag der Sprache ein, alles einbeziehend, von den Mädchen bis zu den Eingeweiden. Eigensinnige, schamlose Einbildungskraft der Plakatwelt, die tiefsinnige Beziehungen und seltsame Gebilde, semantische Chimären aus Worten und Waren herstellt. Roi des Coquillages, Nus de Pigalle, Triperie du Centre. Im »Palais de l'essence« offeriert sich die Tankstelle, »Chez ma Cousine« lädt zum Essen ein und »Scandale« verkauft die Hüftgürtel. Wie wenig gehört dazu, aus solchen Metaphern einen Text zu machen. Der Geist der Erzählung, verwandelt in den Geist des Plakats, Epik in Werbung.

Begann nicht schon Baudelaire damit? – Lassen sich nicht aus den geräumigen Passagen Marcel Prousts kleine Texte wie Plakate, Plakate der Erinnerung herausheben? – Zuweilen aus der Ferne

Plakat der Kunststudenten 1968:
»Zurück zum normalen Trott.«

den Affiches Toulouse-Lautrecs zuwinkend. »Gnädige Frau, für Sie habe ich diesen Fächer gemalt. Möge er Ihnen in Ihrer stillen Zurückgezogenheit die reizenden Schattenbilder vors Auge zaubern, wie sie einst Ihren anmutsvoll lebendigen Salon erfüllt haben, dessen Türen jetzt für immer geschlossen sind.« Der poetischen Verknüpfung der Worte entspricht fast absichtslos eine metaphysische Liaison der Bedeutungen, und die Kühnheit der artistischen Proportion gehört zweifellos zum Gewicht der Unabweisbarkeit, auf der, frivol und frech, die Arroganz der Ware beruht.

Aber diese Stadt schickt sich an, die Arroganz der Ware zu überspielen. Wie leicht gelingt ihre Demütigung auf dem Plakat!
An und für sich gibt es in der Warenwelt natürlich keinen Heros. Die Werte wechseln und fallen ab wie die Farben vom Himmel hinter dem Arc de Triomphe, und die Worte werden unverständlich und leer wie alte Zaubersprüche auf den Wänden der Höhlen. Substanz der roten Gewürze aus Daressalam, süßer, gefangener Duft aus Grasse und harter, winziger Splitter aus Transvaal – nur scheinbar entgeht eure Kostbarkeit dem Nivellement des Angebots hoch am zerfallenden Mauerwerk eines abgestützten Hauses im Quartier Latin, in den schimmelig gewordenen Schächten der Métro und auf der grünen Blechwand des Pissoirs, près de Sacré Coeur, das auch Henry Miller nicht vergaß, nachdrücklich zu empfehlen.
Der Zwang zur Ware reizt die Freiheit des Menschen, die immer bereit ist, einen ersten Streich gegen die Aufdringlichkeit zu führen, aber zuweilen scheint es, als handele es sich dabei mehr um ein Plaisir als um eine Rebellion, und so kann die Warenwelt fortfahren, tückisch und schlau, in jenen endlich vielen Schritten der Vorsicht auf einer einzigen Straße hartnäckig und lautlos die unmenschlichen Differenzen zwischen der Haute Couture der Place Vendôme und der plebejischen Schürze der Place de la Bastille zu pflegen.
Aber dort, endlich, in der Rue Mouffetard, in der Rue Lévis, wo die Waren auf den schmalen Tischen vor den offenen Läden den Menschen wie aus einem anderen überfüllten Kosmos entgegenstürzen und in endlosen Wiederholungen wie die Worte in den Texten Gertrude Steins aufgefädelt nur das sehen lassen, was sich von sich selbst her zeigt, gibt es dann kleine Triumphe. Die Plakatwelt wird wieder zurückgenommen in die Warenwelt, die Koketterie wird. Eros, Glanz und Würde des Verkäuflichen können uns nicht mehr über seine Zerstückelung und Vernichtbarkeit täuschen. Gemüse, Obst, Fische, Käse, Weine, Tücher, Gewürze, Muscheln, Uhren, Austern, Pâtisserie, Konserven, gerollte Braten, Steaks, Töpfe, Geflügel, Schweinsköpfe, halbe und ganze, Kalbsfüße, Spielzeug, nicht zu vergessen die Par-

fums, die kupfernen Eiffeltürme und Lavendelzweige. Jedes Stück die vollkommene Präsentation eines nackten Selbst (hier wird die Ware ausgezogen), jeder Stand die hölzerne Kategorie der Branche (hier hält man auf Nachbarschaft) und das Ganze die Warenwelt im fast archaischen Zustand, die lukullische Version eines epischen Motivs, eines metaphysischen Aspekts, Zurück zu den Sachen, Le Parti Pris des Choses, das Ensemble Francis Ponges, Pluie, La fin de l'automne, Pauvres pêcheurs, Rhum des fougères, Les mûres, Le cageot, La bougie, La cigarette, L'orange, L'huître, Les plaisirs de la porte, Les arbres se défont a l'intérieur d'une sphère de brouillard, Le pain, Le feu, Le cycle des saisons, Le mollusque, Escargots, Le papillon, La mousse, Bords de mer, De l'eau, Le morceau de viande, Le gymnaste, La jeune mère, R.C. Seine No., Le restaurant Lemeunier rue de la Chaussée d'Antin, Notes pour un coquillage, Les trois boutiques, Faune et flore, La crevette, Végétation, Le galet: wer würde leugnen, daß diese Selbstanzeige der Waren und diese Selbstanzeige der Dinge dem selbstbewußten Pochen der aufgescheuchten Massen an die Pforten entspricht? –

Die listigen Plakate von Paris haben schon immer den Versuch gemacht, die Ware aus dem Zustand des Fetischs, in dem Marx sie vorfand, in den Zustand ihres Verbrauchs zu versetzen, aber das Bedürfnis einer ästhetischen Anpreisung hat die Möglichkeit ihrer moralischen Rechtfertigung auch hier nicht gefördert, und so blieb der grelle Widerschein des Mehrwerts, der die Entfremdung begünstigt, zwischen den Farben und Formen, den Bildern und Worten erhalten. Die Vereinzelung der Ware hinter den Spiegelgläsern des Ritz ist ein makabres Kennzeichen ihrer Entstellung, wie es eine Geste der Zukunft bleibt, wenn die Gäste des Palais ihre Langusten aus den Körben der Halles nach Hause tragen.

Max Bense, 1956

Dichter haben den neunzehnten und den zwanzigsten Arrondissement zwei von Paris umschlossene Dörfer genannt. Sie heißen Belleville und Ménilmontant. Es sind Dörfer der Armut, Dörfer der Arbeit, Dörfer der Ländlichkeit, Dörfer der Industrie, es sind romantisch-vorstädtische Visionen, Villagen eines poetischen Realismus. Nicht die Malerei, kaum die Literatur, aber die Filmkunst hat den Zauber dieser Gegenden entdeckt, die der Schauplatz der frühen Filme, der großen Zeit des Marcel Carné sind. Bei Nebel erinnert alles an den »Quai des Brumes«, in jedem Zimmer der großen Mietshäuser scheint sich das einsame Drama von »Le jour se lève« zu ereignen, und jeder Gasthof erinnert an die traurige schöne Geschichte des »Hôtel du Nord«. Ein Stadtbild, ein Dorf alter verwinkelter Unordnung. Noch Straßen mit grobem ländlichem Steinpflaster. Hügelland. Irrgarten. Zauberreich. Ein Auf und Ab von Wegen, Treppen, Steigen und Zäunen. Im Morgengrauen eine Heerstraße der Fabrikarbeiter. Von den Höhen ein Blick zum Montmartre. Aus dem Frühdunst, aus

Hôtel du Nord. Aus dem Film von Marcel Carné, 1938.

den Wolken hebt sich dann Sacré Cœur wie ein weißer Gral. Mietskasernen, windschiefe Dorfhütten, ausgetretene Steintreppen, zersplitterte hölzerne Fensterläden, zerschundene Dächer und manchmal ein Baum, der Stamm wie mit Wunden bedeckt. Immer wieder Stiegen, kleine Kalvarienberge, gespenstisch bewachsene Hänge in der Rue de Crimée. Kleine Kinder in bunten Schulschürzen, aufmarschiert zum Gang in den Kindergarten, das erste ernst an der Hand der Fürsorgerin, die andern einander Hand an Hand haltend, kleine Waisen für den Tag. Bistros, Kneipen, Reklamen der Volksweinmarken, Männer mit Mützen, Männer mit Hüten, Männer in Hemdsärmeln, an der Theke, beim Kartenspiel, mit Stores verhangene Fenster und Düsternis und der grelle Fleck eines Sportplakates. Der Straßenstand der in Fett gedünsteten Kartoffeln ruft »Les Frites des Gourmets – Feine Küche zum Mitnehmen«. Die heißen, fetttriefenden Kartoffelschnitzel durchnässen das Papier der Tüte, feuchten die Finger, verschmieren den Mund. In winzigen Gärten improvisierte Feste des kleinen Lebensgenusses, an einer Fabrikstraße zwei sandige staubige Sportplätze hinter grobmaschigen Drahtgittern. Frankreichs neue, Frankreichs nackte, Frankreichs griechische Jugend. Junge Mädchen in den Torwegen, große fragende Augen, illusionslose oder träumende Gesichter. Viele Häuser sehen wie Gefängnisse aus, Mauern, auf denen unsichtbar das Urteil »lebenslänglich« geschrieben steht. Andere Häuser sind bewohnte Ruinen, zusammengehalten nur noch vom Glauben der Mieter. Armut, die bei der Armut bettelt. Straßenmusikanten, Leierkastenmänner, freie Akrobaten. Der eingegitterte Park der Buttes Chaumont, ein echter Märchenwald mit aufgeklärten Rotkäppchen und naiven Wölfen, auf Müll gebaut und mit seiner Felsenbrücke ein Anziehungspunkt für Selbstmörder, die wiederum Objekte sentimentaler Chansons werden. Ein Blick ins Nichts über die alten Fortifikationen von Pré Saint Gervais. Das öde Land! Von Fabrikenrauch überzogen. Es kriechen Menschen über den Boden, Kinder und Erwachsene, die wie nach einem verlorenen Krieg irgend etwas in der Erde zu suchen scheinen. Und wieder eine freundliche Allee alter Bäume.

Dany, Im Bezirk Ménilmontant.

Ein kleiner Straßenhandel. Lumpen auf das Pflaster gelegt. Zerdrückte Anzüge zwischen die Stämme gehängt. Dann Gassen, die an Häfen denken lassen, an Marseille oder an Genua. Wäsche aus allen Fenstern und auf Leinen von Haus zu Haus, ein bewimpeltes Schiff der willigen Vermehrung. Eine Damenkapelle spielt im Musikpavillon auf dem Square de la Butte. Eine grauhaarige energische Dirigentin. Nachtdunkles Laub. Auf den Bänken alte Frauen. In den Gebüschen junge Umarmungen. Manchmal ein heißer Mond. Der Kanal Saint Martin könnte die untere Grenze des unbekannten Paris sein. Er ist ein kleines Holland mit hoch über das stille schwarze Wasser geführten Brücken, Teergeruch

und Melancholie. Es liegen Schiffe auf dem Kanal. Niemand scheint zu wissen, wie sie an dieses Ufer gekommen sind. Das Wasser kommt nirgendwo her und führt nirgendwo hin.
Wolfgang Koeppen, 1961

AUS DEM PARISER JOURNAL

In Vilards Landhaus hatte das Zusammenwirken von Innenraum und Garten, das auf dem alten Ateliergrundstück vorbereitet worden war, seine Vollendung gefunden. Der riesenhafte Arbeitsraum nahm durch die gläserne Wand, in der hier und da abgeteilte Flächen nach außen geöffnet waren, den Garten in sich auf. Die hohe, aus groben, weißgetünchten Steinen errichtete Seitenwand setzte sich draußen in der weißen Gartenmauer fort, die ausgerichtet zum Hintergrund verlief und im dichten Laubwerk des Parks untertauchte. Aus dem Gras wuchsen Rhododendronbüsche auf, mit rosafarbenen Blüten, und dazwischen standen Apfelbäume, mit weit um sich greifenden Ästen und hellgrünen Früchten. Das Blaugrün des Himmels, mit goldbraunen Wolkenbänken, legte einen Widerschein auf die Wände, und die untergehende Sonne spann Licht- und Schattenfäden von außen her in den Raum, so daß die Arabesken der Blätter und des Geästs sich auf den Innenflächen regten. Auf einer Reihe von Staffeleien standen die großen Bilder, auf denen dieses Gewebe zu ineinander verschobenen Farbstücken abstrahiert worden war, hier waren, als letzte Ausläufer klassischer Naturgestaltungen, Meditationen über das Aufnehmen und Verarbeiten von Lichterscheinungen in einzelnen Stadien variiert, von Ebenen mit violetten und rötlichen Tönungen bis zu solchen, auf denen nur noch das Schwarz und Weiß hervortrat. Von außen gesehen, als ich durch die Glastür in den Garten gegangen war, und neben mir die langgestreckten ebenmäßigen Blätter des Rhododendron hatte, zeigten sich die Bilder, umspielt von den Schatten, wie Ausschnitte eines organischen Wachstums. Einzelne Gäste bewegten sich hinter der Fensterwand des Ateliers und im Nebenraum, in dem Anne die letzten Vorbereitungen zur Mahlzeit traf. Inez war zu sehen, mit aufleuchtendem Haar, zwischen den Gestalten, die einander umkreisten, und Vilard, hochgewachsen, mit geschorenem silberglänzendem Schädel, trat zu Anne, legte den Arm um sie, und sie entzog sich ihm, mit einer überraschend heftigen Bewegung. Drinnen auf dem gedeckten Tisch waren Kerzen angezündet worden, die den Raum abendlich machten, während zwischen den Bäumen noch klares grünblaues Licht hing. Gläser wurden umhergereicht, gefüllt, ausgetrunken, ich trat wieder ein in das Atelier, in dem jetzt die Schattenwirkungen der Blätter vergangen waren und in dem die Bilder wie barbarische Schilde erschienen, die der Maler um sich aufgestellt hatte, er stand, ein Glas in der Hand, mit einer Gruppe von Gästen in der Mitte des Raums, in einem eifrigen Gespräch, in dem die Worte von der vorschnellenden Zunge aus den aufklaffenden Lippen geworfen und von den zuckenden Bewegungen des Kinns und der Halsmuskeln, von Kopfhebungen und Schulterdrehungen begleitet wurden, in dem die Gesichter sich einander gierig zeigten, mit weitgeöffneten Augen, geblähten Nüstern, ich sah Inez, bei zwei Männern, die vor ihr die weißen Panzer ihrer Hemden aufflammen ließen, die wie Fechter mit der Hüfte zur Seite fuhren, ein Bein zurückschwangen, das andere Bein, im Knie federnd, vorstießen, die blitzenden Gläser hoben, den weißen Docht der Zigarette zum Mund führten, und Inez, am Glas nippend, suchte nach Worten, hörte, aus Ermangelung eigener Worte, dem auf sie eindringenden Schwall von Worten zu, heuchelte mit Lachen und Kopfnicken ein Verstehen, und auch ich geriet in eine Gegenüberstellung, frontal zum Leib einer Frau. Um ihren Torso war ein rotseidenes Tuch gebunden, goldene Schmuckstücke hingen an ihren Ohren, goldene Reifen an ihren nackten Armen, dies war die Frau des jungen Mannes, der uns hierher gebracht hatte und der, wie sich jetzt herausstellte, Lucian hieß, und mir plötzlich als Hersteller von Filmen bekannt war, seine Frau spiegelte den Ruhm, von dem er umgeben war, sie spiegelte die Medaillen, die goldenen Pokale, mit denen seine Werke belohnt worden waren, sie blendete mit ihrem Rot und ihrem Gold, in dem die Ausstrahlung festlicher Premieren lag, sie blendete mit ihrer Stirn, ihren juwelhaft eingefaßten Augen, ihren Schultern, ihren Knien, sie blendete mit ihren Zähnen und mit ihren metallischen Worten, sie polierte mich mit ihrem Strahlenglanz, sie glättete mich, ich reflektierte, ich stand mit einer plötzlich auferlegten Rolle da und strahlte bedeutende Werte zurück, ich widerspiegelte die Gaben, die sie dem Hörensagen nach in mir vermutete, ich hielt mich aufrecht in dieser Ansammlung von Pfeilern der Kultur, bereit, allen Erfolg auf mich zu nehmen, mich zu allen großen Taten zu bekennen, unter dem Windzug von den Schwingen der die Halle durchfliegenden unsterblichen Meister. Das Drama, indem wir uns zusammenfanden, wurde eröffnet mit dem Prolog, wir verschoben uns vom einen zum andern, mit unserm äußersten Aufwand von eroberten und gezügelten Kräften, wir stellten uns voreinander dar, als Träger von Leistungen oder zumindest Gerüchten von Leistungen, obgleich Inez mir im Vorbeigehen anvertraute, daß sie in uns nur die armen Verwandten vom Lande sah, in dieser Versammlung, in der neben Lucian, Anne und Vilard, Größen wie Giacometti, der Regisseur R. und die Schauspielerin Delphine erkannt werden konnten. Während Giacometti sich selbst bestürzend ähnlich war und ganz aufging in seinem eigenen, unlöslich mit seinem Werk verbundenen Gesicht, glich Delphine nur von fern der Figur, die sie in den Labyrinthen ihres letzten Films verkörpert hatte, sie schien ein Werkzeug zu sein, das sich verwandeln ließ, das diese Verwandlungen jedoch mit einer eigenen knisternden Aktivität verarbeitete, ich sah sie, einige Augenblick lang, auf dem nächtlichen Kiesweg des Schloßparks, und zwischen den weißen Straußenfedern in der blendenden Helle des überbelichteten Schlafzimmers auf der Leinwand eines Kinos, dann geriet ich an Anne vorbei, deren Gesicht Spuren von Müdigkeit zeigte, und die sich als Gastgeberin nicht festhalten ließ, ihre Aufmerksamkeit war geteilt an alle Anwesenden, ihr Mund war gespannt und konnte sich während der Sekunden, in denen sie sich unbeobachtet glaubte, an den Winkeln herabziehen wie bei einem enttäuschten Kind, ich sah sie in einem Getriebe von Akteuren, in

Muriel oder Die Zeit der Wiederkehr.
Aus dem Film von Alain Resnais, 1962.

dem jeder um seine Solistenstimme kämpfte, und dann wandten sich alle Bewegungen dem benachbarten Zimmer zu, alles strömte dem langen Tisch zu, dessen dunkle grobfaserne Platte mit Salaten, Reisschalen, Gewürzen, Pasteten, Käsesorten, Früchten gedeckt war, jeder halb instinktiv, halb von Anne geleitet, seinen Sitzplatz suchend. Vilard ging um die Tafel und füllte dunkelroten Wein in die Gläser, Anne teilte Stücke der Brotstangen aus, reichte Schüsseln umher, ringsrum streckten sich Gabeln und Messer, von Händen geführt, in die angerichteten Speisen, zerschnitten sie, zerpflückten sie, zerbrachen ihre Ordnung, höhlten sie aus, sammelten sie zu neuen Kompositionen auf den blauen und grünen Tellern, in einem Zwischenakt, in dem nicht gesprochen wurde, in dem nur die Bestecke klapperten, die Schmuckstücke an den Armen der Frauen klingelten und der Wein aus den Flaschen gluckste, in dem die Hände allein das Spiel übernahmen und sich einander zeigten. Annes Hände waren mager, und unter ihrer dünnen Haut lag das blaue Gewebe der Adern, sie wiesen einen Augenblick lang ihre Verlassenheit auf, sie hingen wie vergessen in der Luft, wußten nicht, wohin sie sich begeben sollten, wurden dann von Vilards kraftvollen eigensinnigen Händen angestoßen, zuckten vor den knotigen Fingern mit den vorgewölbten Nägeln zurück, flatterten aufgescheucht weiter. Giacomettis Hände hatten eben die Werkstatt verlassen, trugen in ihrem Griff noch die Berührungen mit dem Lehm, ihre trockene rissige Haut hatte etwas Eidechsenhaftes, sie hatten auch die Beweglichkeit der Eidechse, hingen aber fest an starken breiten Gelenken, so wie seine Bildwerke, die sich bis zur Verflüchtigung verdünnen können, oft aus gewichtigen klobigen Sockeln hervorwachsen. Lucians Hände zeigten, was sein Gesicht schon gezeigt hatte, sie waren beredt und gewandt, sie ließen nur bei schärfster Beleuchtung ihre Linien erkennen, führten geschwind und ohne zu zögern aus, was von ihnen erwartet wurde, wiesen nach außen hin Sicherheit auf, zeigten in der Innenfläche aber den Schimmer von Feuchtigkeit. Das Auftauchen von Delphines Hand im Kreuzwerk der Hände war beunruhigend, denn diese Hand drohte, mit zusammengeballter nervöser Wildheit über alle andern Hände herzufallen und sie zu zerreißen, ihre Gefahr lag in ihrer Kleinheit, in ihren kurzen vor Ungeduld und Spannung abgebissenen Fingernägeln, in den hart hervortretenden Knöcheln, ihre Hand war ein lauerndes, sprungbereites, winziges Tier, auch ihre nackten Arme, mit dunklem Flaum, waren tierhaft, und jetzt, da das Sprechen wieder einsetzte, nach dem gemeinsamen Heben der Gläser, überkam mich eine maßlose Wissensgier, jeder kleinste Abschnitt des Daseins war mit einer ungeheuren Vielfalt erfüllt, die entstehenden Muster waren so kompliziert, daß ich eine Erweiterung meiner Aufnahmefähigkeit herbeiwünschte. Die nackten Hände und Gesichter waren von den Kerzen und vom letzten Licht aus dem Garten beleuchtet, die Körper waren verhüllt und aneinandergereiht, unter der versteckten Haut nahmen die Organismen die Nahrung auf, die von den Mündern zerkaut wurde. Um die gemeinsame Nahrung versammelt, sie in den Mund führend, mit den Zähnen, dem Gaumen, der Zunge zermalmend, den Wein einsaugend, den Wein durch die Kehle in den Magensack fließen lassend, schlossen wir uns zu einer Einheit zusammen, wir waren eine Tafelrunde, mit einem Dutzend Köpfen, zwei Dutzend Händen, und die Gesichter wandten sich hin und her, nahmen Worte auf mit den Trichtern der Ohren, ließen Worte aus den feuchten schleimigen Mündern quellen, und die Worte flossen kreuz und quer ineinander zu einem gemeinsamen Tönen, die Worte vermischten sich mit den verschiedenartigen Geschmackssensationen, der Wein färbte das Gehör, das Sieden des Blutes untermalte die Stimmen, dem Fenster gegenübersitzend, hinter den Köpfen und Leibern an der andern Tischseite den dunkelblauen Garten sehend, vernahm ich Lucians an Inez gerichtete Mitteilungen über seinen Wunsch, Prousts Werk zu verfilmen, während Delphine neben mir von einem Haus an der Place des Vosges sprach, und da wir eine gemeinsame Sprache zur Verständigung gefunden hatten, konnte ich alle Einzelheiten ihrer Eindrücke entgegennehmen, es handelte sich um ein Gebäude aus dem siebzehnten Jahrhundert, das ihr zum Kauf angeboten worden war, ein hohes schmales Haus, in dem die Treppe durch viele Stockwerke bis zu den Turmzimmern führte, und dazwischen hörte ich drüben von Monsieur de Charlus, Swann und Albertine sprechen. Von andern Richtungen her kamen die Erwähnungen von Theaterstücken und Rollen, von Aufführungen und Ausstellungen, von Büchern, von Kunsthändlern, von geplanten und fertiggestellten Werken, Vilard sprach mit Giacometti über Miro und Braque, Anne sprach von einer bevorstehenden Tournee, alle zeigten mit ihren gesättigten Worten, daß sie dem Leben in dieser Stadt angehörten, daß sie zu den Auserwählten gehörten, daß sie unersetzlich waren, sie bildeten eine Familie, und Inez und ich waren die Herbeigereisten, die geduldet wurden, mit ihren mangelhaften Worten, die, im Wohlgefühl der eingenommenen Delikatessen und Getränke, über ihre Leistungen befragt wurden, und unsere Antworten, die nach etwas Überzeugendem suchten, verloren sich im Gewirr und wurden dort vergessen, so wie alle ausgesprochenen Worte vergessen wurden.

Das Blau im Garten wurde zu tiefem Violett, der schwarze Kaffee kam in kleinen Tassen, Flüssigkeiten schwankten in geschliffenen Gläsern, dann saßen wir in Gruppen, in den beiden Räumen verteilt, in kleinen Gesprächswolken, ich versuchte hier und da das Thema zu deuten, das nur selten meinen Vermutungen entsprach, das oft, als ich schon glaubte, dem Sinn auf der Spur zu sein, mich mit jähen Ausfällen in unerwartete Gebiete führte.
An konkreten Unterlagen fand ich Halt, an einer Serie von Federzeichnungen, die Vilard an der atlantischen Küste ausgeführt hatte, und in deren Strichen sich die Bewegungen der Luftmassen, des Wassers und der Strandgewächse erkennen ließen, an den rohen, mit keramischen Farben gebrannten Steinen aus Miros Hand, an einer Mappe mit Photographien, die Giles Ehrmann vorzeigte, und auf denen die Skulpturen, Reliefs und Bauten der französischen Primitiven zu sehen waren. Giles, mit seinem olivfarbenen Gesicht, die Zigarette schief im Mundwinkel, an der Unterlippe festgeklebt, sprach von diesen Kunstwerken, zu deren Ausforschung er Jahre verwendet hatte, seine Worte waren undeutlich, rannen wie ein Gesang unter dem Zigarettenrauch, der ihm die Augen tränen machte, doch die Bilder, mit ihren Detailwirkungen, waren voll von faßbarem Material, es waren die großen unschuldigen Werke, die Werke außerhalb des geschäftigen Marktes, die Werke der Fischer, Bauern und Gärtner, in Büsche geschnitten, in Felsbrocken gehauen, aus Muscheln, Strandgeröll, Glasscherben zusammengesetzt, zu phantastischen Möbeln verwandelt, in die Hauswand eingebacken, gekrönt von der Universalgrotte des Landbriefträgers Cheval, erbaut unter dreiunddreißig Lebensjahren.
Später, in unserm geliehenen Zimmer, in dem jetzt das Dröhnen des Verkehrs vereinzelt auftauchenden und vorbeisausenden Lautstößen gewichen war, machten sich die letzten Stunden geltend, mit dem was verhalten und unausgesprochen gewesen war. Das Fenster zur Straße war geschlossen, das Fenster zum Gelände mit den Hochhäusern stand offen, die zahlreichen Lampen in den gegenüberliegenden Wohnungen erhellten das Schlafzimmer, und auch das Nebenzimmer hinter der offenen Tür lag

Bob le Flambeur. Aus dem Film von Jean-Pierre Melville, 1956.

im Widerschein von Lichtpunkten, die draußen über der Straßentiefe verteilt waren. Stimmen, Gelächter, gedämpfte Tanzmusik drangen mit dem warmen Luftzug ein, die Gardinen regten sich, fremde aufgestapelte Gegenstände lagen im hohen Wandregal, auf den Stühlen lagen unsere Kleidungsstücke, und nebenan stand der riesige Schreibtisch, auf muskulösen Löwenfüßen, mit dem Pergamentschirm der Messinglampe, die Ledersessel standen um den Rauchtisch, die Fotos glänzten an den Wänden, wir waren hier beherbergt, zwischen Dingen, die einem anderen gehörten, und wußten, daß wir hier nicht lange bleiben würden.
Peter Weiss, 1964

RATTEN

> »In den Tiefen der Finsternis unter allen großen Städten wimmelt es gräulich von stinkenden Tieren, giftigen Tieren, widerborstigen Perversitäten, welche die Zivilisation nicht zähmen konnte... Eines Tages passiert es, daß der Wärter die unterirdische Menagerie zu schließen vergißt, und mit schrillem Geheul streifen die Bestien durch die erschrockene Stadt.«
>
> *Théophile Gautier, Paris-Capitale, 1871*

»Raton«, Diminutiv von »rat« – doch die Verkleinerungsform hat nichts Liebliches. Unerwünschte Elemente werden in Frankreich »raton« genannt. Und das harte Durchgreifen gegenüber diesen Elementen nennt man »ratonnade«. Das Wort ist im Zusammenhang mit den Razzien während des Algerienkrieges aufgekommen. Doch bereits 1871, als die Kommune von Paris ausgerottet wurde, brauchten die Bürger eine Analogie aus dem Tierreich, um die Kommunarden vorerst einmal verbal zu erledigen. Wenn einer zur Ratte erklärt ist, darf man, muß man ihn aus hygienischen Gründen vernichten. Das Etikett macht ihn kaputt. 1968 führten die Ordnungskräfte das Wort »ratonnade« wieder im Mund. Ein Wunder, daß es keine Toten gab.

Rattus norvegicus, französisch »surmulot«. Ratten im eigentlichen Sinn bewohnen in ihrer schwänzelnden Leibhaftigkeit das Paris der Kanäle, seit sie im 18. Jahrhundert aus der Gegend des Kaspischen Meeres eingewandert sind. Die stattlichen Tiere, fünfundzwanzig bis fünfunddreißig cm lang, ebenso langer Schwanz, stammen aus der Wüste Koman, die sie nach einem Erdbeben verließen. Ein Stamm wanderte nach Asien, ein anderer nach Europa. Gegen 1750 trafen sie in Paris ein, wo sie mit ihren scharfen Krallen und gesträubten Schnauzen sofort über die braunen und grauen Ratten herfielen, die, von schwächerer Konstitution, ratzekahl aufgefressen wurden. Die braunen Ratten, auch Vandalen-Ratten genannt, waren als frühmittelalterliche Ratten im Troß des Königs Genséric nach Paris gekommen und hatten dort ihre unumschränkte Herrschaft aufgerichtet. Bis in

Plakat der Kunststudenten im Mai 1968:
»Faschistisches Ungeziefer – Bürgeraktion«.

die letzten Jahrzehnte des 16. Jahrhunderts besaßen sie ein Monopol in den Kanälen, Kellern, auf den Märkten des alten Paris. Aber dann kamen im Gefolge der Landsknechte, während der Religionskriege, die grauen Ratten, die man später die »vulkanischen« nannte. Diese waren von der Hungersnot aus Deutschland vertrieben worden. Zwischen den braunen und den grauen entbrannte ein fünfzigjähriger Krieg, der eine schreckliche Dezimierung beider Arten zur Folge hatte. Dann wurde ein Modus vivendi gefunden, indem sie eine Demarkationslinie durch Paris zogen. Den grauen blieb das linksufrige, den braunen das rechtsufrige Paris vorbehalten. Dann kamen, wie gesagt, gegen 1750, mitten in der Aufklärung, die »surmulots« und fraßen alle braunen und grauen auf.

Seither bewohnen sie das unsichtbare Paris und können sich ganz auf den Krieg gegen die Menschen konzentrieren. Schätzungsweise sechs Millionen kräftige Schnauzen haben wir heute in der Unterwelt, und wenn die Kehrichtmänner streiken, sieht man sie auch in den Mülltonnen wühlen mit ihren fleißigen Krallen, und wenn sie nicht eine so hohe Sterblichkeit hätten, dann wären es bald Dutzende von Millionen, gewaltige Rattenprozessionen kämen voll Freßlust an die Oberfläche, von der sie der moderne Städtebau vertrieb, und man könnte wieder Rattenfänger brauchen und Rattenhunde, und in Zeiten der Hungersnot könnte man sie essen, wie das während der Belagerung von 1870/71 der Brauch war, als eine Ratte fünf Francs kostete, und sie würden die Menschen angreifen, wie das 1923 geschah, als die Lumpenhändlerpest an der Porte de Clignancourt ausbrach, weil die Clochards, die in Mülltonnen wühlten, von Ratten gebissen wurden, die auch dort wühlten, und zuerst würden natürlich die Kinder in lottrigen Häusern angeknabbert, wie das noch 1963 geschah, als die Ratten durch defekte Abflußrohre in manche Wohnung krochen. Zu diesem Zweck haben sie eine spezielle Technik entwikkelt, genannt die »Alpinistentechnik«, indem sie sich, wie Bergsteiger zwischen zwei Felswände gestemmt, in den senkrechten Abflußrohren hinaufwuchten, sodann durchs Klosettloch in die Wohnung schlüpfen. Das geschieht in vernachlässigten Häusern noch recht oft. Die Schwierigkeit für die Ratten besteht nicht etwa in der Erklimmung der senkrechten Abflußrohre und in der Überwindung ihrer Schlüpfrigkeit, sondern im Übertritt vom städtischen ins private Abflußsystem, wo ihnen ein Gatter im Wege steht. Aber in ihrer Rattenwut zerbeißen sie auch Blei und Eisen, denn sie drängen mit aller Macht nach oben, wo sie können.

Die Rattenvorsteher (Préposés à la dératisation, ein Service der Polizeipräfektur) wollen sie mit aller Gewalt nach unten verdrängen, Schmutz zu Schmutz in die Kloake, wollen sie ausräuchern, verscheuchen, vergiften, mit Phosphor, Strychnin, Arsenik. Aber die dauerhafte Vernichtung gelingt nur in den Kellern und oberirdisch, auf den Märkten, und auch dort nicht immer. Bei den Jahrmarktständen auf den Grands Boulevards hört man sie immer wieder pfeifen, auch in Stadtvierteln mit offenen Märkten und vielen Metzgern, wie im 4. und 20. Arrondissement, welche die größte Rattenfrequenz von Paris haben. Da fällt immer etwas ab, und die Concierges sperren ihre Kätzchen ein, weil sie von den Ratten aufgefressen würden. Nur die Terriers sind den Ratten gewachsen. Manche Schmutzarbeiter stiegen noch in den sechziger Jahren in Begleitung eines Terriers in die Kanäle hinunter, damit die Ratten ihnen vom Leibe blieben. In den achtziger Jahren des letzten Jahrhunderts fanden noch jeden Sonntag zur Mittagszeit Rattenkämpfe auf dem Boulevard de l'Hôpital vor dem Haus Nr. 64 statt; dort kamen mit ihren Terriers die Gerber, Metzger, Bäcker, Waschhausbesitzer zusammen, welche die Woche hindurch von Ratten geplagt wurden, und warteten auf den vereidigten Rattenfänger der Stadt Paris, der ihnen lebende Ratten brachte, und in einer von vier Brettern markierten Arena wurde ein Terrier nach dem andern auf die Ratten gehetzt, die immer unterlagen, nicht ohne in ihrer Verzweiflung die Hunde gebissen zu haben. Aber die Terriers, schreibt ein Journalist im »Magasin Pittoresque« vom 12. März 1901, krepierten im Gegensatz zu den Menschen nicht an den Rattenbissen, sie hatten Salpeter in den Adern. Nach solchen Kämpfen lagen durchschnittlich zwanzig bis dreißig Rattenkadaver auf dem Boulevard de l'Hôpital ausgestreckt, sonntags zur Mittagszeit.
Jetzt liegen ihre Leichen selten mehr zutage. Die Gifte werden ihnen im Hygiene-Laboratorium der Stadt Paris zentral gemischt, mit Vorlieb antikoagulierende Mittel, so daß sie an langwierigen Blutungen verrecken. Auf eine sichtbare Ratte kommen neunundneunzig unsichtbare, die in die Kanäle verschwinden, wenn sie den Tod nahen spüren. Die hohe Sterblichkeit ist aber

nicht der polizeilichen Ausrottungskampagne zu verdanken, sondern den zahllosen Krankheiten, die ihnen in der Kloake zugeschwemmt werden. Nur dank ihrer enormen Fruchtbarkeit vermögen die Ratten ihre Bevölkerung auf dem gleichen Stand zu halten, und nur das Gewirr von Leitungen aller Art über den Wässern der Kanäle gibt ihnen Nistmöglichkeiten. Aber jetzt will man ihnen auch noch die Fortpflanzung nehmen, nachdem man ihnen die Hallen weggenommen hat. Im Rattenlaboratorium der Polizeipräfektur reift ein Produkt heran, das man bald überall ausstreuen will, ein Empfängnisverhütungsmittel für die Ratten von Paris. Dann werden wir nicht nur oberirdisch ein sauberes Paris haben, eine Stadt aus Beton und Glas und Plastik, ohne Märkte und Rattenfraß, sondern auch eine reinliche Ödnis in der Unterwelt und einen endgültigen Sieg der Polizeipräfektur über das untere Gelichter, und den Triumph der Unfruchtbarkeit.
Niklaus Meienberg, 1973

DIE LATERNE AUF DER PLACE VENDÔME

Rund um den Platz Vendôme stehen die in Paris häufigen dreiarmigen Laternen. Ein Fußgänger, der seit langem getrennt war von denen, die er liebte, kam auf den Platz. Es dämmerte schon. Er hielt an und wollte auf einmal die Lichter angehen sehen. Ungeduldig umkreiste er den Platz in der einen, dann in der anderen Richtung, und sein Herz fing an zu klopfen, wie bei einem Abenteuer. Er hatte Angst, den Moment zu verpassen – zu blinzeln zum Beispiel, oder unwillkürlich in die Juweliergeschäfte zu schauen, wo auf Samthockern tief im Raum die Verkäufer saßen. Allmählich schlugen die Laternen in Zeichen um, und hinter ihrem blankgeputzten Glas trieben die stürmischen Wolken des Dämmerungshimmels über ein in die Unendlichkeit verzerrtes Todestal, von den eben Gestorbenen zu den nächsten Sterbenden – die Erdoberfläche sank mit dem Himmel unter den Lebensspiegel.
Endlich, während er in Panik weiter um den Platz herumging,

flammten ringsum die Lichter auf. Sie wurden sofort ganz hell, in einem Augenblick der starken Freude, mit dem der Fußgänger die ewige Untröstlichkeit zugleich als Asyl erlebte. Zu Boden blickend, fühlte er sich bei dem schmutzigen Gehsteig jetzt heimisch.
Er konnte weitergehen, endlich wieder geradeaus – nicht friedlich, aber in einer Heiterkeit, die auch wehtat. Der Himmel wurde blau, und der Abendstern erschien. Dieser kleine Stadthimmel erinnerte an nichts Bestimmtes mehr, wie es auch auf der windigen Brücke vom Fluß herauf nach nichts Bestimmtem roch. Nur daß er den Entgegenkommenden oft auf die falsche Seite auswich, war übriggeblieben von der Gewißheit, gerade noch gelebt zu haben: eine erstorbene Empfindung, die kalt durch sein Bewegungszentrum irrte.
Der Fußgänger folgte einer Verabredung und ließ sich betäuben von der auf ihn eindringenden Leibeigenen-Sprache, das Gesicht beim Zuhören noch nicht gelöst vom Krampf des Alleinseins.
Aber später in der Nacht fing es plötzlich zu hageln an. Sehr helle Hagelkörner blitzten aus der Dunkelheit über der Straßenbeleuchtung und fielen schräg auf die trockenen, noch tagwarmen Gehsteige; schlitterten ein bißchen weiter und schmolzen, indem sie liegenblieben, sofort weg, ausgelöscht in dem starken Augenblick der Freude, in dem Stunden vorher die Laternen auf dem Platz Vendôme aufgeflammt waren.
Peter Handke, 1976

DIE RUE ANDRÉ ANTOINE

Die Rue André Antoine liegt in jenem elenden, unheimlichen Viertel von Paris, das – wie Brassai schrieb – »ich heute aus Furcht sicher nicht mehr besuchen würde«. Sie geht von der Place Pigalle ab, macht irgendwann eine Schleife und endet an einer Treppe, die vielleicht in den Himmel führt. Jedenfalls steht dort oben eine Kirche, die berühmte, weiße Sacré Cœur.
Unter ihr liegt Pigalle, erotisches Eldorado der Touristen, Baby-

Roswitha Hecke, Rue André Antoine.

lon der Betrüger, Heimat und Hölle der Verdammten, Süchtigen, Nutten, Kriminellen. Aufgeheizt mit dem Megawatt der Neonlichter und dem Atem einer feigen Menschengier. Eine Geisterbahn des Lasters, in deren Schatten die Dunkelheit schwärzer ist als anderswo, gefährlicher und fürchterlicher. Die Rue André Antoine wird von den eiligen Touristen gemieden. Es gibt keine Sexshops, Stripteasebühnen, Kellerkinos – nicht den geringsten öffentlichen Rummel. Nachts ist die Straße düster. Das Kopfsteinpflaster stammt aus einem anderen Jahrhundert. Hier gehen ein paar seltsam schöne und grotesk unnatürliche Transvestiten auf den Strich. Es ist ihre Straße.

Und hier trifft man auch die privaten Liebhaber dieser falschen Frauen, einfache Bankangestellte oder Arbeiter, denen man eine solch bizarre Zuneigung kaum zutrauen würde.

Sie alle haben ihr Hauptquartier »Chez Sylvain«. Hier stehen sie herum, trinken, streiten und warten, der Alkohol möge endlich jenen Zufall herbeiführen, der sie aus ihrer Verzweiflung errettet. »Denn verzweifelt sind sie alle.«

Die Fotografin Roswitha Hecke hat mehrere Monate in der Rue

André Antoine gelebt, mit der Absicht, hier das Leben und die Menschen zu fotografieren. Sie hat mit ihnen getrunken und gewartet – gewartet auf ihr Vertrauen.

Die größte Schwierigkeit beim Fotografieren war folgende: Die einen gaben plötzlich ihre spontane Natürlichkeit auf und stellten sich nur noch in Pose. Die anderen hielten sie für eine Filmagentin und glaubten, daß sie mit ihrer Hilfe entdeckt werden würden. Und es dauerte viele Wochen, bis es möglich war, einzelne Porträtaufnahmen in den Privatquartieren zu machen.

Tagsüber ist die Rue André Antoine eine harmlose, kleine enge Straße. Ein paar Geschäfte. Eine Garage. Ein Plattengeschäft für afrikanische Musik. Ein Schuhmacher. Und eben die Kneipe von Sylvain – und nach der Schleife noch eine zweite, die von Josephe, einem alten, vornehmen, einäugigen Italiener aus Rom, den irgendein Schicksal hierher verschlagen hat und der mit seiner Frau die Kneipe »François Villon« führt. Wer gerade bei Sylvain Streit hat, geht zu Josephe – oder umgekehrt.

Das Leben ist eine immer fortwährende Theateraufführung, nur lustiger und tragischer, leidenschaftlicher und hoffnungsloser als alles, was je auf einer Bühne inszeniert wurde. Ein Chaos aus Lebensenergie und Verfall, Lächerlichkeit und Tränen. Und während Glanz und Glamour so vieler Transvestitenshows Erfolge feiern, bleibt das Leben dieser Menschen stecken in der Patina jener Mauern, an die gelehnt sie sich ihren Kunden anbieten. Sie schminken sich, ohne je einen Auftritt zu haben. Ihre Bühne ist das Kopfsteinpflaster. Die Rue André Antoine ist ihre Welt.

Sie kommen kaum einmal heraus aus ihrem Viertel – und wahrscheinlich würde man sie auf dem anderen Ufer verhaften. Aber es ist kein Theater. Und die Straße ist nur an der Theke ein Narrenschiff. Mir fällt der Ausdruck *living theatre* ein, nur ohne Schauspieler und ohne jede Heilsbotschaft eines universellen Bewußtseins.

Sie leben am Rande, verdienen wenig und werden von den eiligen Touristen dieser pittoresken Romantik zugezählt, die Pigalle für sie ein oder zwei Nächte lang so anziehend macht. Carole, Solange, Belinda, Pirette, Michel – jeder Mann eine Frau, mehr oder

weniger wenigstens; die einen operiert und niemals mehr in Männerkleidern, die anderen je nach Laune und manchmal nur zur Arbeit verwandelt.
Manche haben immer noch den plumpen Gang der Männer. Manche gehen, als hätten sie nie etwas anderes angehabt als Schlitzröcke und Stöckelschuhe.
Sie kommen aus allen Erdteilen. Und alle hoffen auf ihr Glück, an das sie doch nur erträumte Erinnerungen haben.
Die Arbeiten von Roswitha Hecke machen aus all dem keinerlei weitere Sensation, sie dokumentieren Eindrücke und jene Zuneigung zum Milieu und deren Menschen, ohne die sie hier in der kleinen Rue André Antoine wahrscheinlich nicht ein einziges Foto hätte machen können.
Roswitha Hecke bewies ihnen, daß sie bereit war, mit ihnen zu leben. Einige glaubten, der Himmel habe sie geschickt. Beim Abschied wollte Michel sich fertigmachen, um mitzukommen. Er hätte es wahrgemacht.
Nur Josephe und Sylvain, die beiden Wirte, wußten, daß alle hier in der Rue André Antoine einfach viel zu verrückt sind, um nicht nach dem nächsten Pernod oder Rotwein alles völlig vergessen zu haben. Diese Menschen vergessen. Und das ist ihr einziges, trauriges Glück.
Wolf Wondratschek, *1978*

IN FREIHEIT BODEN GEWINNEN

Claudette Colbert kommt mit dem Zug an der Gare d'Austerlitz an. Sie hat die Ankunft verschlafen, zügelt ihr Entsetzen aber mit Neugier, streckt sich der Stadt entgegen, reißt die Augen auf und sagt: »So this, they say, is Paris.« Die Wendung, die Billy Wilders Drehbuch ihr für den Film *Midnight* in den Mund legt, ist geprägt von wohlwollender Skepsis, die der behaupteten Bedeutsamkeit der Stadt nicht flugs anheimfällt, sondern ihr mit lockerer Distanz entgegentritt. Diese Haltung steht dem Reisenden, der als Fremder mit Gewinn die Stadt von außen sieht, um mit allen Sinnen ihre Oberfläche abzutasten, wohl an.

Wer nach Paris reist, nährt, solange diese Stadt von Fremden schon besucht wird, die schönsten Hoffnungen, die sich vor Ort als Schein entpuppen, weil sie auf der Illusion der Selbsterfahrung in der Fremdwahrnehmung ruhen. Wer hierher kommt, schlägt leicht über die Stränge, mit denen ihn häusliche Enge, politische Dumpfheit und Bevormundung fesseln. Ob für die Republikaner eine Traumstadt oder für die Lebenslustigen ein Ballsaal: Paris, das im Glanz der Industrialisierung, im Reichtum der Weltausstellungen sich selbst als Lichterstadt verzauberte, ist eine Phantasmagorie, die sich jedweder Phantasie zum Verzehr andient. Der ausschweifende Radius des Lichtes, in dem es sich seit 1789 sah, hielt die Schatten in der Vorstadt kurz.

Deutsche Republikaner reisen: unter diesem Gesichtspunkt sind hier Texte aus der Metropole Paris von 1769 bis 1978 versammelt, so wie Fremde sie erfuhren. Ebenso denkbar wie naheliegend wäre gewesen, eine Anthologie französischer Autoren von Sébastien Mercier (Tableaux de Paris) bis Louis Aragon (Le Paysan de Paris) zu übersetzen. Da dies Buch jedoch deutsche Reisende begleiten soll, zog ich es vor, die Schwierigkeiten beim Versuch, sich Paris zu nähern, in der Textauswahl zu thematisieren. Jeder der Augenzeugen, die zu Worte kommen, spricht von den Sperren, die sich seinem Blick als Barrikaden entgegenstellen, bevor er lernt, sie durch hartnäckige Neugier sowie den erwachten Wunsch nach Fremderfahrung zu überwinden. Dreimal wurde in den Pariser Straßen die Republik erkämpft: 1792, 1848 und 1870, und zu jeder Revolution strömten aus dem Ausland Augenzeugen, Zaungäste, Spione und Draufgänger, solidarisch kämpfende Republikaner herbei, um die Umwälzung, den Umbruch der Herrschaftssysteme mitzugestalten. Campe, der Verleger, Literat und Tutor des jungen Alexander von Humboldt, erblickte in Paris »Geburtsort und Wiege der neugeborenen französischen Freiheit«.

Denn eine deutsche Freiheit gab es, in der Zeit, die über Georg Forster die Reichsacht verhängte, für Republikaner nicht. Nach Paris zu gehen war gleichbedeutend mit dem Schritt, dem heimischen Obrigkeitsstaat zu entrinnen, dem Staatsdenken der Zucht und Ordnung zu entkommen, um Freiheit zunächst physisch: als Ende der Erstarrung zu erleben. Nach 1830 lebten vierzigtausend zumeist politische Flüchtlinge aus Deutschland in Paris; nach 1933 werden es an Exilierten kaum weniger gewesen sein.

Natürlich kam keiner als fertiger Republikaner an. Viele Deutsche wurden es erst, einige kehrten nicht mehr in ihr Vaterland zurück und erkoren sich das freie Frankreich, gemäß der historischen Erfahrung an republikanischer Selbstbestimmung. Jeder geistige Mensch, sagte Benjamin Franklin als amerikanischer Gesandter im vorrevolutionären Paris von 1785, hat zwei Vaterländer: seins und Frankreich. Nicht alle Autoren dieser Sammlung sympathisierten von Anfang an mit der Republik. Ein General von Moltke, der im Verbund mit der Regierung Thiers, die sich nach Versailles verzog, die Commune belagerte, ist solcher Neigung unverdächtig. Aber es kommen Augenzeugen zu Wort, die angesichts der umwälzenden Ereignisse, die sie erfuhren, ein republikanisches Bewußtsein ausbilden. Paris war ihr Ort, an dem Übergänge beschleunigt möglich wurden.

Selbst einem Fürsten von Pückler-Muskau dämmern, während einer demokratisierenden Omnibusfahrt über die die Boulevards, Gedanken vom künftigen Ende adeliger Führungsprivilegien. Journalisten und Historiker, Musiker und Politiker, Literaten und Maler, Diplomaten und Wissenschaftler, Okkupanten und Exilierte kommen aus Paris mit einem Text zu Wort, in dem das Individuum mit Eifer und Enthusiasmus – noch in der Abscheu – entdeckt, was die modellhafte Ordnung einer vernünftigen Gesellschaft sein könnte.

Hier erfährt man, was man zuvor von Rom – und heute von New York – erhofft: eine Welt, das heißt: Kunst und Gesellschaft, Kosmopolitismus und Weite, die Masse in der Metropole als tragenden politischen Faktor. Der deutsche Reisende begreift, was Politik am eigenen Leib bedeutet; ein Ausschweifen in die Beweglichkeit, die nicht mehr von Duckmäusertum, Autoritätsgläubigkeit und ängstlicher Beklemmung geknebelt ist. Paris wird der Ort klassischer Erfahrungswissenschaft vom Menschen, der hier, angezogen vom Polarstern der Republik, wie Georg Forster sagte, seinen autonomen Weg zur Soziabilität geht. Campe erklärt denn auch begeistert, daß ihn an der Französischen Revolution nicht die Kunst, die Wissenschaft oder Staatskunst, sondern die Menschenbeobachtung interessiere.

Das meint nichts anderes, als zu beobachten, in welchem Maß Geschichte eine von Menschen gemachte Geschichte ist, wie sie von fremden Augenzeugen erfahren wurde. Insofern ist diese Sammlung auch ein Brevier der neueren Geschichte Frankreichs und Monument des französischen Zentralismus, das unterm Blick der Fremderfahrung in Fragmente zerfällt, die ein Leser, der an die Einheitsperspektive von Geschichte glaubt, selbständig rekonstruieren mag.

So enthusiastisch die Parteinahme der Republikaner für das Geschichtsmodell Paris war, so vernünftig ihre Solidarität, ihre Kritik, so gebremst war hingegen der Gang ihrer Körper, der dem Ideal der Revolution sprichwörtlich nachhinkte. Steinbrenner, der 1790 nach Paris einfährt, klagt: »Das entsetzliche Gewühl von Menschen, von Wagen und Pferden und die Menge der vielen neuen Gegenstände ließen mich gar nicht recht zu mir selbst kommen.« Forster dagegen, der den aufrechten Gang um der Preis der Ächtung, des Exils, schon flüssig beherrschte, tritt in Paris von 1793 seiner Schritte sicher auf, zu einem Zeitpunkt, als

die nur kurzlebig begeisterte Intelligenz im Deutschen Reich aus Entsetzen über den Königsmord und die Gründung der Republik ihr Interesse an Frankreich schon wieder abzog und Forster in die rücksichtslose Defensive drängte: »Paris ist die Quelle der öffentlichen Meinung, das Herz der Republik und der Revolution, der Polarstern der Republik. Hier allein ist Bewegung und Leben, hier Neuheit, Erfindung, Licht und Erkenntnis, Paris ist der Kommunikationspunkt zwischen allen übrigen Städten.«
Ungezügelte Bewegung und überbordendes Leben kann auch als Angriff auf die Identität eines deutschen Körpers erfahren werden, der aus Berührungsangst sich vor der Menge in den Anblick von Kunst und Geschichte flüchtet: »Ich winde mich durch einen Haufen von Menschen, welche schreien, laufen, keuchen, einander schieben, stoßen und umdrehen, ohne es übelzunehmen. Geschwind gehe ich nach dem Louvre und erwärme mich an dem Marmor, an dem Apoll von Belvedere, an der mediceischen Venus«, schrieb Kleist einer Freundin 1801, und Friedrich von Schlegel urteilte 1805: »So mannigfaltig auch das Schauspiel des gesellschaftlichen Lebens ist, man sehnt sich endlich nach der Natur, und weiter kann man wohl von dieser nicht abgeschlossen sein als in Paris.«
Das Junge Deutschland ist in Paris so gut wie zu Haus und muß bei seinen Schritten durch die Stadt nicht mehr ängstlich an sich halten. Es schlendert und spaziert unerschrocken in die finsteren Winkel der Bourbonenmonarchie. Es hat die Scheuklappen der so rasch entzündeten Freiheitsfreunde von 1790 abgelegt und läßt seine Blicke in den Salons so frech wie in Elendsvierteln streifen. Börne, 1822: »Ein aufgeschlagenes Buch ist Paris zu nennen, durch seine Straßen wandern, heißt lesen.« Felix Mendelssohn-Bartholdy ließ sich im Brief an die Frankfurter Familie zum leichtsinnigen Geständnis hinreißen, das den Hedonisten an Paris teuer werden wird: »Das tollste, lustigste Nest, das man sich denken kann.« Heines Einschätzung von 1832, nach der niedergeschlagenen Juli-Revolution, gibt die Erkenntnisse von Forster im Bewußtsein des Fortschritts an Freiheit nicht preis, versetzt ihr aber einen Dämpfer: »Paris, die Stadt der Freiheit, der Begei-

sterung und des Martyrtums, die Heilandsstadt, die für die weltliche Erlösung der Menschheit schon so viel gelitten!«
Victor Hehn, der den Stadtplan von Paris 1840 wie ein politisch versierter Anatom las – nach ihm gelang das nur Kracauer mit dem hier aufgenommenen Text –, kam zu dem Vergleich, der Paris als dem Ort der Menschenwissenschaft (Norbert Elias) Rechnung trug: »Paris ist gegliedert wie der menschliche Körper, hier hat es seinen Arm, dort sein Herz, dort sein Auge. Jede Passage ist ein Gesellschaftssaal, sie ist ein echtes Kind der sozialen Stadt, der Stadt sympathetischer Humanität.« Wenige Jahre später wird Marx seine anthropologischen Entwürfe, die unter dem Namen »Pariser Manuskripte« Geschichte machten, niederschreiben. Mit seinem Freund Arnold Ruge teilte er die Erkenntnis, daß Paris »der Brennpunkt des europäischen Geistes, das Herz der Weltgeschichte« sei. Zur stehenden Wendung wurde auch die Wendung vom »Ballsaal der Welt, das große Freudenhaus Europas«, das für Alfred Meißner, der 1849 durch das von der Gegenrevolution geschlagene Paris schleicht, als »Metropole des Elends« erscheint.

In dem Maße, wie der politische Modellcharakter von Paris durch die mittelständische Gefräßigkeit der Wirtschaft des Zweiten Kaiserreichs schwindet, nimmt auch die Begeisterung der deutschen Reisenden ab. Was früher ein Paradies schien, soll nun zu einem Babylon verkommen sein: diese Wendung taucht noch in einem Paris-Brief des aufgeklärten Wedekind – als Aufenthaltsort des Absenders – auf. Zwar spürte man die Attraktionskraft dieser Stadt, wollte aber auch in moralisch verstandener Abwehr den Stab über die eigenen Wünsche brechen, die den Reisenden verschwiegen an sein Ziel trugen. Fontane befand mit lakonischem Witz: »Plunder, Quark und Kinkerlitzchen, ein Schwindel« (1856), während Geißler, zur Weltausstellung von 1867 in Paris, moralisierte: »In Paris rächt sich die Natur auf brutale Weise an der Unnatur der Moral.« Michael Georg Conrad, der mit seinem bizarr verblendeten Urteil über die Impressionisten noch Zeugnis von deren Wirken ablegen soll, kanzelte die Weltoffenheit von Paris ab mit dem Verdikt, es sei »eine kosmopolitische Monstre-

kolonie«. Das sagte er, als die Gründung des Deutschen Reiches und die Krönung des Kaisers in Versailles schon ein Jahrzehnt zurücklag und das Reich seinen kolossalen Aufschwung durch die vom besiegten Frankreich erpreßten Reparationen nahm.
Einschneidender als im Beginn von Rilkes *Malte Laurids Brigge* wurde der Wechsel der Wahrnehmung in der modernen Metropole kaum gezeichnet: der Flaneur, der das Tempo, seine Gangart selbst bestimmte, wird nun zum Verkehrsteilnehmer unsortierter Sinneseindrücke, die ihrerseits das Tempo seiner Wahrnehmung bestimmen. »So, also hierher kommen die Leute, um zu leben, ich würde eher meinen, es stürbe sich hier.« Als Kafka ein Jahr später nach Paris reist, registriert sein Tagebuch fünfmaliges Stolpern auf dem Weg zum Lunapark.
Was passiert, wenn ein Blick seine Wirkgewalt direkt entfaltet, mag man an der Beobachtung von Felix Hartlaub messen, der zwar in Diensten der Okkupation, gleichwohl ein insgeheim Abtrünniger war. 1941 im besetzten Paris ist die Wahrnehmung der Deutschen keine neugierig schweifende mehr, sondern eine durch Blickgewalt unterwerfende. »Der näher Heranstreifende trifft auf nachtspaltende Adlerblicke aus grob getünchten, schartigen Dragonergesichtern«, während die französischen Halbwüchsigen, den Besatzern gegenüber, »das Treiben reglos, mit aufgerissenen Augen, verfolgen.« Unterwerfung durch Faszination. Auf der anderen Seite nehmen die Antifaschisten zur alten Antinomie der frühen Republikaner Zuflucht, die Gefühl von Vernunft abtrennte. Ein deutscher Exilierter findet Unterschlupf bei der französischen Résistance, um in Anna Seghers' Roman *Transit* den Bahnen der Pariserfahrung anheimzufallen: »Ich Narr, der ich aus der Heimat entflohen war, entflohen dem ganzen Wust, den üblen Schwaden dicker Gefühle, ich ärgerte mich im stillen oft über die klare Vernunft der Familie Binnet.«
Die Freiheit ist, noch nach der Befreiung 1944, nur als Schock erfahrbar. Dieser Schock aber bringt einen Republikaner wie Peter Weiss, der unter deutschen Paris-Reisenden für das 20. Jahrhundert die Bedeutung einnimmt, die Heine für das 19. und Forster für das 18. Jahrhundert zukam, dazu, Kopf und Körper gemein-

sam auf das Ziel hinzubewegen, die Politik am eigenen Leib zu bestimmen: »Was sich an diesem Abend auf dem Seine-Damm zeigte, war nicht ein Weg oder ein Wissen, ich hatte keinen Begriff von diesem Dasein gewonnen, hatte keine Absichten, ich spürte nur die Klarheit der Luft, spürte, wie ich dastand und atmete, und daß ich aus der Umnachtung, in die mich der Schock der Freiheit geworfen hatte, herausgeraten war. Die Freiheit war noch vorhanden, doch ich hatte Boden in ihr gewonnen, sie war keine Leere mehr, in der ich im Alptraum der Anonymität lag und in der alle Bezeichnungen ihren Sinn verloren, es war eine Freiheit, in der ich jedem Ding einen Namen geben konnte. Ich hatte nur den Blickpunkt geändert.«

Wie man, in der Freiheit von Paris, an Boden gewinnt, davon soll dieses Buch Zeugnis ablegen, durchaus im Sinn der Moralisten, die seit Montaigne die Frage, comment vivre à propos? / Wie richtig leben?, nicht aus den Augen verloren. Um zu verhindern, daß ich fortfahre, Asservate zu dieser Sammlung zu horten – Theodor Zindler hat sie angeregt, Ralph-Rainer Wuthenow hat sie gefördert –, sandte mir ein Freund die Literatur gewordene Erfahrung von Fritz Rudolf Fries zu, deren Widerstand, Paris sich zu ergeben, die Skepsis der Reisenden Claudette Colbert aufgreift: »Ein zu oft gebrauchtes Wort. Bibliothekare sind die zuverlässigsten. Da blüht dann alles auf im Kopf des Lesers, was sie unterm Stichwort Paris liefern und heranfahren aus den Verliesen der Bibliotheken. Paris heute und jetzt? Das ist eine andere Abteilung, da haust der Moloch Zeit. Der frißt Stück für Stück aus der Wand der Zukunft; was er hinterläßt, ist Literatur.«

Karsten Witte

ANHANG

Aragon, Louis: Pariser Landleben. Deutsch von Rudolf Wittkopf. München, Rogner & Bernhard 1969.

Bertrand, J. J. A.: Nach Paris. In: Révue de l'Enseignement des Langues Vivantes. Le Havre 1932.

Beutler, Christian: Paris und Versailles. (Reclams Kunstführer Frankreich, Bd. 1). Stuttgart 1970.

Booß, Rutger: Ansichten der Revolution. Paris-Berichte deutscher Schriftsteller nach der Juli-Revolution 1830: Heine, Börne u. a. Köln, Pahl-Rugenstein 1977.

Brassai: Das geheime Paris. Bilder der Dreißiger Jahre. Frankfurt a. M., S. Fischer 1976.

Budinsky, Alexander: Die Universität Paris und die Fremden an derselben im Mittelalter. Berlin 1876.

Courthion, Pierre: Paris. Geschichte einer Weltstadt. Deutsch von Eva Rapsilber. Paris, Somogy 1974.

Fargue, Léon-Paul: Der Wanderer durch Paris. Deutsch von Katharina Spann. Frankfurt a. M. 1967, Bibliothek Suhrkamp 190.

Fietkau, Wolfgang: Schwanengesang auf 1848. Ein Rendezvous am Louvre: Baudelaire, Marx, Proudhon und Victor Hugo. Reinbek 1978, das neue buch 106.

Fries, Fritz Rudolf: Paris, doppelt belichtet. In: Aufenthalte anderswo. Schriftsteller auf Reisen. Berlin/DDR, Aufbau Verlag 1976.

Glaser, Gertrude: Das Bild Frankreichs in der deutschen erzählenden Prosadichtung 1918–1939. Wien (Diss. phil., masch.) 1944.

Grandjonc, Jacques: Marx et les Communistes allemands à Paris. Le *Vorwärts* 1944. Paris, Maspéro 1974.

Günther, Herbert: Deutsche Dichter erleben Paris. Uhland, Heine, Hebbel, Wedekind, Dauthendey, Holz, Rilke, Zweig. Pfullingen, Verlag Günther Neske 1979.

Henry-Conrads, Ruth: Reisen nach Paris. In: Auf der Suche nach Frankreich. Hg. von Horst Lehner. Herrenalb 1963.

Herre, Franz: Paris. Ein historischer Führer vom Mittelalter bis zur Belle Epoque. Köln, Kiepenhauer & Witsch 1972.

Hocke, Gustav R.: Das geistige Paris. Leipzig, Karl Rauch 1937.

Hoffet, Frédéric: Enthülltes Paris. Psychoanalyse einer Weltstadt. Deutsch von Jean Marcel Peter. Düsseldorf, F. M. Bourg 1954.

Jedlicka, Gotthard: Pariser Tagebuch. Berlin und Frankfurt a. M. 1953, Bibliothek Suhrkamp, Bd. 18.

Kardorff, Ursula von: Adieu Paris. Mit 21 Fotos von Helga Sittl. München, dtv 1978.

Kardorff, Ursula von und Helga Sittl: Paris. Köln, DuMont Buchverlag, 7. revidierte Auflage 1980.

Krämer-Badoni, Rudolf: Briefe aus Paris. In: Auf der Suche nach Frankreich, hg. von Horst Lehner. Herrenalb 1963.

Kraushaar, Wolfgang: Die Passage als städtischer Mikrokosmos. In: Freibeuter, 1. Jg., Nr. 3, Berlin (West), 1980.

Larbaud, Valery: Lob von Paris. Zürich, Verlag der Neuen Schweizer Rundschau 1930.

Laspeyres: Der Einfluß der Wohnung auf die Sittlichkeit. Eine moralstatistische Studie über die arbeitende Klasse der Stadt Paris. Berlin 1869.

Maurice, A. D.: The Paris of the Novelists. London 1920.

Meienberg, Niklaus: Das Schmettern des gallischen Hahns. Reportagen aus Frankreich. Darmstadt und Neuwied, Luchterhand 1976.

Mercier, Louis Sébastien: Mein Bild von Paris. Übertragen und herausgegeben von K. Jean Villain. Frankfurt a. M. 1976, insel taschenbuch 374.

Michels, Robert: Zur Soziologie von Paris. In: Zeitschrift für Völkerpsychologie und Soziologie, 1. Jg. 1925.

Minder, Robert: Paris in der neueren französischen Literatur (1770–1890). Mainz, Akademie der Wissenschaften und der Literatur 1965. Abhandlungen der Klasse der Literatur, Jg. 1965, Nr. 2.

Mucke, Johannes Richard: Stand und Entwicklung der Industriebevölkerung in den Jahren 1860 und 1872. Berlin, Separatdruck aus der Zeitschrift des Königlich preußischen statistischen Bureaus 1877.

Oehler, Dolf: Pariser Bilder I (1830–1848). Antibourgeoise Ästhetik bei Baudelaire, Daumier und Heine. Frankfurt a. M. 1979, edition suhrkamp 725.

Olschki, Leonardo: Paris nach den altfranzösischen nationalen Epen. Topographie, Stadtgeschichte und lokale Sagen. Heidelberg 1913.

Paris–Berlin, 1900–1933. Übereinstimmungen und Gegensätze Frankreich–Deutschland. (Katalog der Ausstellung im Centre Georges Pompidou, Paris 1978.) München, Prestel Verlag 1979.

Sagave, Pierre-Paul: 1871, Berlin, Paris. Reichshauptstadt und Hauptstadt der Welt. Frankfurt a. M., Berlin, Propyläen/Ullstein 1971.

Scheffler, Karl: Paris. Leipzig, Insel 1928.

Schidrowitz, Leo, Hg.: Sittengeschichte von Paris. Die Großstadt, ihre Sitten und ihre Unsittlichkeit. Wien, Leipzig, Verlag für Kulturforschung 1926.

Schreiber, Hermann: Paris. Biographie einer Weltstadt. München, R. Piper 1967.

Schrenk, Klaus, Hg.: Auf den Barrikaden von Paris. Alltag der Pariser Kommune. Berlin (West) und Hamburg, Elefanten Press 1978.

Schweiger, Maria: Paris im Erlebnis der deutschen Dichter von Herder bis Rainer Maria Rilke. Wanderungen und Wandlungen. München, Phil. Diss. (masch.) 1943.

Speckter, Hans: Paris. Städtebau von der Renaissance bis zur Neuzeit. München, Verlag Georg D. W. Callwey 1964.

Staehelin, Walter und Josef Rast: Paris. Olten und Freiburg i. Br., Walter Verlag 1973.

Stahl, Fritz: Paris – eine Stadt als Kunstwerk. (Berlin 1928). Wien und München, Schrollverlag 1966.

Stein, Gertrude: Paris Frankreich. Persönliche Erinnerungen. Deutsch von Marie-Anne Stiebel. Frankfurt a. M. 1975, Bibliothek Suhrkamp, Bd. 452.

Voss, Karl: Reiseführer für Literaturfreunde: Paris. Frankfurt a. M. und Berlin 1975, Ullstein-Buch Nr. 4081.

Wander, Fred: Pariser Impressionen. Mit 165 Fotografien von Fred und Maxie Wander. Berlin/DDR, Verlag Volk und Welt 1967.

Weber, Rolf, Hg.: Feuerwerk im Juli. Begegnungen in Paris 1789–1871. Berlin/DDR, Buchverlag Der Morgen 1978.

Weinert, Hermann-Karl: Deutsch-Französische Begegnungen in neuer deutscher

Literatur. In: Deutschland–Frankreich. Ludwigsburger Beiträge, 2. Bd. Stuttgart 1957.
Wiesel, J. M.: Paris. Ein Kunst- und Reiseführer. Zweite völlig neubearbeitete Auflage mit einer bau- und kunstgeschichtlichen Betrachtung von Gerhard Weber. Stuttgart, W. Kohlhammer 1974.
Witte, Karsten: Reise in die Revolution. G. A. von Halem und Frankreich im Jahre 1790. Stuttgart 1971, Texte Metzler 21.
Wittkop-Ménardeau, Gabrielle: Paris. Fotos von Fred Mayer. Zürich, Atlantis 1975.
Wittkop, Gabrielle und Justus Franz: Paris. Prisma einer Stadt. Eine illustrierte Kulturgeschichte. Zürich, Atlantis 1978.
Wittmann, Hugo: Paris in deutschen Schilderungen (1789–1814). In: Westermanns Illustrirte Deutsche Monatshefte, 50. Bd., April–Sept. 1881.
Wolfenstein, Alfred: Nachwort des Herausgebers. In: Hier schreibt Paris. Ein Sammelwerk von Heute. Berlin 1931.

Johann Gottfried Herder, In Erwartung von Paris. Aus: Journal meiner Reise im Jahre 1769, in: Sturm und Drang. Kritische Schriften. Plan und Auswahl Erich Loewenthal. Heidelberg, Lambert Schneider 1949.

Melchior Grimm, Erste Ballonaufstiege, August 1783. In: Paris zündet die Lichter an. Literarische Korrespondenz. München, Carl Hanser Verlag 1977, S. 438–441.

Joachim Heinrich Campe, Die Wiege der neugeborenen Freiheit. Brief aus Paris, 9. August 1789. In: Campe, Briefe aus Paris. Braunschweig 1790, S. 29–37.

Gerhard Anton von Halem, Im Jakobinerklub 1790. In: Halem, Blicke auf einen Theil Deutschlands, der Schweiz und Frankreich bey einer Reise vom Jahre 1790. Erster und zweiter Theil Hamburg 1791, Bd. II, S. 108–112.

Joachim Heinrich Campe, Das Schauspiel der Menschenbeobachtung. In: Campe, Briefe aus Paris, a.a.O., S. 73–79.

Wilhelm von Humboldt, Châtelet und Morgue. In: Tagebuch einer Reise nach Paris und der Schweiz 1789. Gesammelte Schriften, hg. von der Königlich-Preußischen Akademie durch A. Leitzmann, Bd. XIV. Tagebücher, 1. Bd. Berlin: B. Behr 1916. Photomechan. Nachdruck Berlin/W. de Gruyter 1968, S. 116–118.

W. L. Steinbrenner, Einfahrt in die Hauptstadt. In: Bemerkungen auf einer Reise durch einige deutsche, schweizerische und französische Provinzen. Göttingen 1791–1792, Bd. II, S. 13–15.

Karl Gottlob Küttner, Ruinen und neues Bauen. In: Beiträge zur Kenntnis vorzüglich des gegenwärtigen Zustandes von Frankreich und Holland. Leipzig, Dyck 1792, S. 82–88.

Justus Erich Bollmann, Sturm auf die Tuilerien. Brief vom 12. August 1792. In: Landauer, Gustav, Hg., Die Französische Revolution in Briefen. Hamburg, Rütten und Loenig, 3. Aufl. 1961, S. 361–363.

Georg Forster, Parisischer Umriß, 1793. In: Werke in vier Bänden, hg. von G. Steiner. Frankfurt a. M., Insel 1970, Bd. III, S. 770–776.

Ernst Moritz Arndt, Die Hallen. In: Bruchstücke einer Reise durch Frankreich im Frühling und Sommer 1799. Leipzig, Gräff 1802–1803, Bd. I, S. 235–250.

Heinrich von Kleist, Ekel in der Menge. Brief aus Paris vom 29. Juli 1801. In: Geschichte meiner Seele, hg. von H. Sembdner, Frankfurt a. M., Insel 1977, S. 220–222.

Johann Gottfried Seume, Napoleon. In: Spaziergang nach Syrakus. München, F. Bruckmann 1962, S. 284–290.

Friedrich von Schlegel, Notre Dame. In: Kritische Friedrich Schlegel-Ausgabe. Bd. IV, 1. Abteilung, Ansichten und Ideen von der christlichen Kunst, hg. von Hans Eichner. Paderborn, Schönigh 1959, S. 155–157.

Ludwig Börne, Der Grève-Platz und Die Vendôme-Säule. In: Schilderungen aus Paris 1822 und 1823. Gesammelte Schriften. Hamburg, Hoffmann und Campe 1829, Bd. V, S. 50–58 und S. 154–158.

Karl Engelbert Oelsner, Der Geist der Bescheidenheit, Brief vom 20. September 1824. In: Varnhagen von Ense und K. E. Oelsner, Briefwechsel, hg. von L. Assing. Stuttgart, A. Kröner 1865, Bd. III, S. 249–251.

Ludwig Heinrich Hermann Fürst zu Pückler-Muskau, Die Fahrt im Omnibus. In: Briefe eines Verstorbenen. Ein fragmentarisches Tagebuch aus England, Wales,

Irland und Frankreich geschrieben in den Jahren 1828 und 1829. Stuttgart, Hallberger 1836, 3. Aufl., Bd. II, S. 395–399.
Georg Bernhard Depping, Die Juli-Revolution. In: Erinnerungen aus dem Leben eines Deutschen in Paris. Leipzig, Brockhaus 1832, S. 494–511.
Felix Mendelssohn-Bartholdy, Die St. Simonisten. Brief an seine Familie vom 14. Januar 1832. In: Reisebriefe aus den Jahren 1830–1832, hg. von Paul Mendelssohn-Bartholdy. Leipzig, Hermann Mendelssohn 1869, Bd. I, S. 324 bis 327.
Heinrich Heine, Die Cholera. Artikel VI vom 19. April 1832. In: Französische Zustände. Sämtliche Werke, hg. von Hans Kaufmann. München, Kindler 1964, Bd. VIII, S. 143–158.
Carl Gustav Carus, Abendspaziergang in Paris. In: Paris und die Rheingegenden. Tagebuch einer Reise im Jahre 1835. Leipzig 1836. Nach: Denkwürdigkeiten aus Europa, hg. von Manfred Schlösser. Hamburg, Marion von Schröder Verlag 1963, S. 428–432 (= Agora, Bd. 17/18).
Victor Hehn, Rechtes und linkes Flußufer. Palais Royal und Passagen. In: Reisebilder aus Italien und Frankreich. Stuttgart und Berlin, J. G. Cotta Nachf. 1906. S. 352–355 und S. 372–374.
Karl Gutzkow, Im Panthéon. Cancan. In: Briefe aus Paris. Leipzig, Brockhaus 1842, Bd. I, S. 145–153 und Bd. II, S. 3–6.
Friedrich Hebbel, Im Invalidendom. In Hebbel: a. a. O., S. 313–317.
Briefe, Tagebücher, Gedichte, hg. von Gerhard Hering nach der historisch-kritischen Ausgabe 1901–1907. Konstanz: Südverlag 1948, S. 57–60.
Arnold Ruge, Paris und die Geschichte. In: Zwei Jahre in Paris. Studien und Erinnerungen. Leipzig, W. Jurany 1846. Photomechan. Nachdruck Leipzig, Zentralantiquariat der DDR 1975, Bd. I, S. 44–50.
Friedrich Hebbel, Im Invalidendom. In Hebbel: a.a.O., S. 174–176.
Arnold Ruge, Winkelgassen. In: Ruge, a.a.O., S. 313–317.
Alfred Meißner, Paris auf einem Vulkan, 6. Januar 1849. In: Revolutionäre Studien aus Paris 1849. Frankfurt a. M., J. Rütten Literarische Verlagsanstalt 1849, Bd. I, S. 71–89.
Joseph Alexander Graf von Hübner, Der 18. Brumaire. In: Neun Jahre der Erinnerung eines österreichischen Botschafters in Paris unter dem Zweiten Kaiserreich 1851 bis 1859. Berlin, Paetel 1904, Bd. I, S. 19–25.
Theodor Fontane, Gegen London ist es ein Quark. Briefe an seine Frau Emilie, 14. und 16. Oktober 1856. In: Von Dreißig bis Achtzig. Sein Leben in seinen Briefen, hg. von H.-H. Reuter. München, dtv 1975, S. 122–124. Copyright Dieterich'sche Verlagsbuchhandlung Leipzig 1959.
Ludwig Bamberger, Hessische Straßenkehrer, in: Bamberger, Die deutsche Kolonie. In: Geschichte von Paris (diverse Verfasser), Berlin, R. Lesser o. J. [1867].
Robert Geißler, Abstecher nach Montmartre. In: Plaudereien über Paris und die Weltausstellung. Berlin 1868, S. 87–91.
Helmuth von Moltke, Belagerung der roten Republik. Brief an seinen Bruder Adolf vom 21. September 1870. In: Briefe an seine Braut und Frau und an andere Anverwandte. Stuttgart, Deutsche Verlagsanstalt 1894, Bd. II, S. 244–246.
Karl Marx, Die Commune. In: Bürgerkrieg in Frankreich. Berlin/DDR, Dietz, 1970, S. 86–87.
Max Kegel, Die Pariser Kommune. In: Die Pariser Kommune im deutschen Gedicht, hg. von Bruno Kaiser. Berlin/DDR, Dietz 1958, S. 23–24.

Robert Avé Lallemant, Das Arbeiterviertel. In: Wanderungen durch Paris aus alter und neuer Zeit. Gotha, Perthes 1877, S. 105–107.

Michael Georg Conrad, Salon der Impressionisten, 17. April 1879. In: Parisiana. Plaudereien über neueste Literatur und Kunst der Franzosen. Breslau und Leipzig, S. Schottlaender 1880, S. 295–301.

Michael Georg Conrad, Die Maschine des Parisianismus, 5. November 1881. In: Madame Lutezia! Neue Pariser Studien. Leipzig, Wilhelm Friedrich 1883, S. 87–97.

Maurice Rappaport, Die Frau auf der Pariser Weltausstellung. In: Die Pariser Weltausstellung in Wort und Bild, hg. von Georg Malkowsky. Berlin, Kirchhoff & Co. (Kurt Schindowski) 1900, S. 136–138.

Kaethe Schirmacher, Die Concierge. In: Paris! Berlin, Schall 1900, S. 253–257. Copyright Weidmannsche Verlagsbuchhandlung Zürich.

Wilhelm Uhde, Picassos Blaue Periode. In: Von Bismarck bis Picasso. Erinnerungen und Bekenntnisse. Zürich, Oprecht und Helbling 1938, S. 140–142.

Paula Becker-Modersohn, Der Hut der Anarchistin. Brief an Otto Modersohn vom 23. Februar 1905. In: Briefe und Tagebuchblätter, hg. von Sophie D. Gallwitz. Berlin, Der Neue Geist Verlag 1949, S. 255–257. Copyright Verlagsgruppe List, SV, Südwest, München.

Theodor Heuss, Gotik in Paris. In: Von Ort zu Ort. Wanderungen mit Stift und Feder. Tübingen, Rainer Wunderlich Verlag/Hermann Leins 1959, S. 228–232.

Rainer Maria Rilke, Rue Toullier. In: Aufzeichnungen des Malte Laurids Brigge. Frankfurt a. M. 1973, S. 7–10.

René Schickele, Streik der Eisenbahner, 11. Oktober 1910. In: Schreie auf dem Boulevard. Leipzig, Verlag der weißen Bücher, o. J., S. 207–213. Copyright Kiepenheuer & Witsch Verlag, Köln 1959, René Schickele Werkausgabe, Bd. 3.

Georg Heym, Sehnsucht nach Paris. In: Dichtungen und Schriften. Gesamtausgabe, hg. von K. L. Schneider. Hamburg und München, Heinrich Ellermann 1964, Bd. 1, S. 227–229.

Franz Kafka, In der Métro, September 1911. In: Tagebücher 1910–1923, hg. von Max Brod. Frankfurt a. M. S. Fischer 1967, S. 463–464. Copyright 1948/1949 by Schocken Books Inc., New York. Abdruck mit Genehmigung des S. Fischer Verlags, Frankfurt a. M.

Otto Flake. Ein verlorenes Idyll. In: Logbuch. Berlin, S. Fischer 1917, S. 49–51.

Norbert Jacques, Paris im Krieg. In: London und Paris im Krieg. Berlin, S. Fischer 1915, S. 142–148. Copyright Dr. Günter Scholdt, Saarbrücken.

Iwan Goll, Ode an Paris. In: Der Eiffelturm. Gesammelte Dichtungen. Berlin, Die Schmiede 1924, S. 75–76. Copyright Musée Municipal de Saint-Die des Vosges, Fondation Goll.

George Grosz, Pariser Eindrücke. In: Europa-Almanach, hg. von Carl Einstein und Paul Westheim, Potsdam 1925, S. 42–46. Copyright by Estate of George Grosz, Princeton, New Jersey.

Walter Mehring, Das Ende. In: Der Zeitpuls fliegt. Eine Auswahl Gedichte. Reinbek, Rowohlt 1958, S. 41. Copyright Claassen Verlag, Düsseldorf.

Gottfried Benn, Paris ist Palmyra. Paris 1924/25. In: Gesammelte Werke in 8 Bde., hg. von Dieter Wellershoff. Wiesbaden, Limes 1968, Bd. III, S. 585–592.

Joseph Roth, Bericht aus dem Paradies, Frankfurter Zeitung, 14. April 1926. In: Werke, hg. von Hermann Kesten. Köln, Kiepenheuer & Witsch 1976, Bd. IV,

S. 54–57. Copyright Verlag Allert de Lange, Amsterdam, und Kiepenheuer & Witsch, Köln.

Carl Sternheim, Unvergleichliche Lebensgipfel. In: Lutetia. Berlin, Paul Zsolnay 1926, S. 50–54. Copyright Luchterhand Verlag, Neuwied und Darmstadt.

Walter Mehring, Die Île St. Louis. In: Paris im Brand. Roman. Berlin, Th. Knaur Nachf. 1927, S. 24–25. Copyright Claassen Verlag, Düsseldorf.

Siegfried Kracauer, Analyse eines Stadtplans, Frankfurter Zeitung 1928. In: Das Ornament der Masse. Frankfurt a. M., Suhrkamp 1963, S. 14–17.

Walter Benjamin, Paris, die Stadt im Spiegel. Liebeserklärungen der Dichter und Künstler an die Hauptstadt der Welt. In: Gesammelte Schriften. Unter Mitwirkung von Th. W. Adorno und Gershom Scholem, hg. von Rolf Tiedemann und Hermann Schweppenhäuser. Frankfurt a. M., Suhrkamp 1972, Bd. IV/1, hg. von Tillman Rexroth, S. 356–359.

Ernst Bloch, Der 14. Juli 1928. In: Spuren, Berlin 1930. Frankfurt a. M., Bibliothek Suhrkamp 1970, S. 22–27.

Kurt Tucholsky, Pariser Gedenktafeln, 1929. In: Gesammelte Werke, hg. von Mary Gerold-Tucholsky und Fritz J. Raddatz. Reinbek, Rowohlt, Bd. III, S. 1331.

H. von Wedderkop, Der Couturier-Betrieb. In: Paris. (= Was nicht im Baedecker steht, Bd. VII). München, Piper 1929, S. 106–113.

Harry Graf Kessler, Briand, le Français Moyen, Maillol. In: Aus den Tagebüchern 1918–1937. München, dtv 1965, S. 323–324 und S. 342–343. Copyright Insel Verlag.

Peter Gan, Bouquinisten und Angler. In: Von Gott und der Welt. Ein Sammelsurium. Berlin, Atlantis Verlag 1935 (2. Aufl. 1954), S. 99–100.

Wilhelm Uhde, Kundgebung der Volksfront, 14. Juli 1936. In: Von Bismarck bis Picasso. Erinnerungen und Bekenntnisse. Zürich, Oprecht und Helbling 1938, S. 285–289.

Klara Maria Fassbinder, Weltausstellung, 1937. In: Begegnungen mit dem geistigen Frankreich des entre deux guerres 1919–1939. Heidelberg, F. H. Kerle/Wilhelm Rühling 1968, S. 182–183.

Henry Benrath, Das kleine Bistrot. Erzählung »Der Diamant«. In: Paris. Zürich, Scientia 1939, S. 13–18. Copyright Albert Nauck & Co. Verlagsbuchhandlung, Köln.

Max Müller, Drohende Okkupation. In: Paris. Vergangenes und Bleibendes aus drei Jahrzehnten 1920–1940. St. Gallen, Kommissionsverlag Zollikofer & Co. 1942, S. 383–387.

Anna Seghers, Résistance. In: Transit. Roman. 1948. Neuwied, Luchterhand 1963, S. 12–16.

Felix Hartlaub, Wolken über Paris. Impressionen aus dem Besatzungsjahr 1941. In: Das Gesamtwerk und Der Goldene Schnitt. Große Erzähler der Neuen Rundschau 1890–1960. Frankfurt a. M., S. Fischer, S. 672–682.

Justus Franz Wittkop, Tag der Befreiung, 26. August 1944. In: Pariser Tagebuch. München, Kurt Desch Verlag o. J. [1947], S. 105–109.

Carl Jacob Burckhardt, Le »Tous Paris«, 1947. In: Memorabilien. Erinnerungen und Begegnungen. München, Callwey 1977, S. 298–299.

Peter Weiss, Allée des Cygnes, 1947. In: Fluchtpunkt. Roman. Frankfurt a. M., Suhrkamp 1965 (= edition suhrkamp 125), S. 192–197.

Max Frisch, Quatorze Juillet 1948. In: Tagebuch 1946–1949. Frankfurt a. M., Suhrkamp 1950, S. 272–274.

Wilhelm Hausenstein, Steinerne Wandschilder. In: Pariser Erinnerungen. Aus fünf Jahren diplomatischen Dienstes 1950–1955. München, Günter Olzog 3. Aufl. 1961, S. 52.

Gotthard Jedlicka, Auf dem linken Seine-Ufer. In: Pariser Tagebuch. Berlin und Frankfurt a. M., Bibliothek Suhrkamp 1953, S. 173–176.

Max Bense, Die verrückten Plakate von Paris. In: Texte und Zeichen, hg. von Alfred Andersch, 2. Jg., 2. Heft 1956, S. 211–213.

Wolfgang Koeppen, Belleville und Ménilmontant. In: Reisen nach Frankreich. Stuttgart, Henry Goverts 1961, S. 279–282.

Peter Weiss, Aus dem Pariser Journal. In: Akzente, 11. Jg., 5./6. Heft, 1964, S. 499–505.

Niklaus Meienberg, Ratten. In: Das Schmettern des gallischen Hahns. Reportagen aus Frankreich. Neuwied und Darmstadt, Luchterhand 1976, S. 214–217.

Peter Handke, Die Laterne auf der Place Vendôme. In: Manuskripte, Nr. 51, Graz 1976 und Tintenfisch, Nr. 9, 1976, Berlin, Klaus Wagenbach, S. 6.

Wolf Wondratschek, Rue André Antoine. In: ZEIT-Magazin, Nr. 18, vom 28. April 1978, S. 19–24.

Bildnachweis

Umschlag: Notre Dame. In: Mario von Bucovich, Paris. Berlin 1928, S. 66.

Modische Turmfrisur der französischen Dame. Bibliothèque Nationale. In: Melchior Grimm, Paris zündet die Lichter an, München, Carl Hanser 1977, S. 400.

Claude-Louis Desrais, Die Händlerrufe von Paris. Bibliothèque Nationale, Cabinet des Estampes. In: Pierre Courthion, Paris in the Past, Lausanne, A. Skira 1957, S. 60.

Aufstieg eines Ballons der Brüder Montgolfier am 21. November 1783 von Passy aus gesehen. Bibliothèque Nationale. In: Grimm, Paris zündet die Lichter an. München, Carl Hanser 1977, Abb. 48.

Meunier, Der Garten des Palais Royal. Musée Carnavalet. In: Bulletin du Musée C. nos. 1 et 2, Année 1971: Dessins Parisiens du XVIIIè siècle.

Robert Hubert, Sitzung des Jakobinerklubs. Historisches Bildarchiv Handke, Bad Berneck. In: Gustav Landauer, Hg., Die Französische Revolution in Briefen, Hamburg, Rütten & Loenig 1961.

Philibert-Louis Debucourt, Die öffentliche Promenade, 1792. Musée des Arts Décoratifs. In: Pierre Courthion, Paris in the Past. Lausanne, A. Skira 1957, S. 73.

Petit Châtelet und Petit Pont, 1780. In: Henri Bidou, Paris. Stuttgart, E. Klett 1938.

Charles Meryon, Die Morgue, 1854. In: Meryon, Paris um 1850. Katalog der Städel-Ausstellung. Frankfurt a. M. 1976, S. 108.

Gérard, Porte Saint Martin. In: Paris, ein Spiegelbild seiner Geschichte, seines Geistes und Lebens, Band: Die Paläste und Baudenkmäler. Berlin, R. Lesser, o. J. [1867].

Die befreiten Gefangenen der Bastille werden durch die Straßen geführt, zeitgenössischer holländischer Stich. Historisches Bildarchiv Handke, Bad Berneck. In: Gustav Landauer, Hg., Die Französische Revolution in Briefen. Hamburg, Rütten & Loenig 1961.

Monnet, Der 10. August 1792. Musée Carnavalet. In: Pierre Courthion, Paris, Geschichte einer Weltstadt. Paris, Somogy 1974, S. 128.

Jakobiner, nach Fragonard, gestochen von Massard. Ullstein Bilderdienst. In: Gustav Landauer, Hg., Die Französische Revolution in Briefen. Hamburg, Rütten & Loenig 1961.

Lallemand, Die Hallen der Kalbsschlächter, ca. 1780. In: Dessins Parisiens du XVIIIè siècle. Bulletin du Musée Carnavalet, nos. 1 et 2, Année 1971, S. 26, Abb. 53.

Opiz, Arkaden im Palais Royal. Bibliothèque Nationale. In: Pierre Courthion, Paris, Geschichte einer Weltstadt. Paris, Somogy 1974, S. 156.

Swebach, genannt Jacques-François Fontaine oder Desfontaines: Napoleon nimmt in den Tuilerien die Truppenparade ab. Musée Carnavalet. In: Dessins Parisiens des XIXè et XXè siècles, Paris 1976, S. 88, Abb. 126.

Charles Meryon, Notre Dame und Petit Pont, 1850. In: Meryon, Paris um 1850. Katalog der Städel-Ausstellung. Frankfurt a. M. 1976, S. 105.

Canella, Rue de Castiglione, 1829. Musée Carnavalet. In: Pierre Courthion, Paris, Geschichte einer Weltstadt. Paris, Somogy 1974, S. 178.

Louis-Léopold Boilly, Pariser Café um 1815. Aquarell, Musée Carnavalet. In: Pierre Courthion, Paris in the Past. Lausanne 1957, A. Skira, S. 87.

Cham (Zeichnung) und Carter (Stich), Ein Nordstaatler und ein Südstaatler geraten auf einem Omnibus zum Ergötzen der anderen Fahrgäste aneinander. In: Paris Guide. Paris 1867, S. 1065.

Charles-Caïus Renoux, Die Aufständischen vor dem Hôtel Dieu, 1830. Aquarell mit Federstrichen und Gouache, Musée Carnavalet. In: Dessins Parisiens du XIXè et XXè siècles, Paris 1976, S. 82, Abb. 115.

Gavarni (Paul Chevalier), In der Loge. In: Paris zur Biedermeierzeit. Deutsche Bearbeitung von Viktor Klarwill. Wien, Prag, Leipzig, Ed. Strache o. J. [Wien, ca. 1925], S. 113.

Grandville, Reise in die Ewigkeit. Feder- und Tintenzeichnung. Musée Carnavalet. In: Dessins Parisiens des XIXè et XXè siècles. Paris 1976, S. 45, Abb. 56.

François-Marius Granet, Der Louvre und die Seine, 1841. Aquarell. Musée Granet, Aix-en-Provence. In: Pierre Courthion, Paris in the Past, Lausanne, A. Skira 1957, S. 98.

Passages des Panoramas um 1810. Gouache. Musée Carnavalet. In: Dessins Parisiens des XIXè et XXè siècles. Paris 1976, S. 83, Abb. 30.

Villeret, Pantheon, 1835. Musée Carnavalet. In: Dessins Parisiens des XIXè et XXè siècles. Paris 1976, S. 95, Abb. 134.

Morin (Zeichnung) und Ansseau (Stich), Der Boulevard des Italiens. In: Paris Guide. Paris 1867, S. 1299.

Charles Meryon, Rue des Mauvais Garçons, 1854. In: Meryon, Paris um 1850. Katalog der Städel-Ausstellung. Frankfurt a. M. 1976, S. 108.

Fichot (Zeichnung) und Guillomot (Stich), Gare de Strasbourg. In: Paris Guide. Paris 1867, S. 1661.

William Wyld, Place de la Concorde, 1838. Musée Carnavalet. In: Dessins Parisiens des XIXè et XXè siècles. Paris 1976, S. 96, Abb. 135.

Flameng (Zeichnung) und Ettling (Stich), Straßensänger. In: Paris Guide. Paris 1867, S. 967.

Morin (Zeichnung) und Coste (Stich), Im Inneren der Börse. In: Paris Guide. Paris 1867, S. 1731.

Félicien Rops (Zeichnung) und Boetzel (Stich), Typen vom Boulevard. In: Paris Guide. Paris 1867, S. 1297.

Charles Meryon, Der Pavillon de Mademoiselle und ein Teil des Louvre, 1849. In: Meryon, Paris um 1850. Katalog der Städel-Ausstellung. Frankfurt a. M. 1976, S. 134.

Thoringny (Zeichnung) und Carter (Stich), Weltausstellung von 1867. In: Paris Guide. Paris 1867, S. 2006.

Morin (Zeichnung) und Lefevre (Stich), Pferderennen im Bois de Boulogne. In: Paris Guide. Paris 1867, S. 1235.

G. Gaillard Fils: Adolphe Thiers, der Dompteur, kann die Nationalgarde und das Volk von Paris nicht bezwingen, auf dem Montmartre weht die rote Fahne. Kolorierte Lithographien, März 1871. In: Pariser Kommune 1871. Berlin/West, Neue Gesellschaft für Bildende Kunst 1971, S. 73.

Auf dem Friedhof Père Lachaise – die letzte Verteidigungsstellung der Kommunarden. Holzstich. In: Pariser Kommune 1871. Berlin/West, Neue Gesellschaft für Bildende Kunst 1971, S. 109.

Plakatkleber der Commune. Holzstich. In: Pariser Kommune 1871. Berlin/West, Neue Gesellschaft für Bildende Kunst 1971, S. 170.

Vernier (Zeichnung) und Yon-Perrichon (Stich), Die Mühlen von Montmartre. In: Paris Guide. Paris 1867, S. 1455.

Honoré Daumier, Im Regensturm. In: Paris zur Biedermeierzeit. Deutsche Bearbeitung von Viktor Klarwill. Wien, Prag und Leipzig, Ed. Strache o. J. [Wien ca. 1925], S. 101.

Lalanne (Zeichnung) und Boetzel (Stich), Paris vom Trocadéro aus gesehen. In: Paris Guide. Paris 1867, S. 1579.

M. Price, Eine Besteigung des Eiffelturms 1889. In: Roland Barthes und André Martin, Der Eiffelturm. München, Rogner & Bernhard 1970, Abb. 30.

De Regnier, Bettanier und Marlon, Die Conciergenloge. Nach einem Gemälde von de Ladreyet, Farblithographie. In: Le Parisien chez lui au XIXè siècle, 1814–1914. Paris, Archives Nationales, Hôtel de Rohan, Ausstellungskatalog 1976/77, S. 238.

Touchagues, Café du Dôme. In: H. von Wedderkop, Paris – was nicht im Baedecker steht. München, R. Piper 1929, S. 58.

H. Brispot, Plakat für den Kinematographen von Lumière. In: Le Parisien chez lui au XIXè siècle, 1814–1914. Paris, Archives Nationales, Hôtel de Rohan, Ausstellungskatalog 1976/77, S. 150.

Theodor Heuss, Auf der Galerie von Notre Dame. Eigene Skizzen zum Text. In: Von Ort zu Ort. Wanderungen mit Stift und Feder. Tübingen, Rainer Wunderlich Verlag/Hermann Leins 1959, S. 228–232.

Eugène Atget, Alte Häuser, alte Straßen. In: Atget, Lichtbilder. München, Rogner & Bernhard 1975, S. 55.

Mario von Bucovich, Gare du Nord. In: Bucovich, Paris. Berlin, Albertus Verlag 1928, S. 201.

Eugène Atget, Boulevard de Clichy. In: Atget, Lichtbilder. München, Rogner & Bernhard 1975, S. 83.

Germaine Krull, Métrostation. In: Mario von Bucovich, Paris. Berlin, Albertus Verlag 1928, S. 254.

Eugène Atget, Ladenschild »A l'homme armé«. In: Atget, Lichtbilder. München, Rogner & Bernhard 1975. S. 97.

George Grosz, Vier Skizzen zum Text. In: Grosz, Pariser Eindrücke. In: Europa-Almanach, hg. von Carl Einstein und Paul Westheim, Potsdam 1925, S. 42–46. Copyright by Estate of George Grosz, Princeton, New Jersey.

Helen Smith, Warenhausplakat, 1925. Farblithographie. Bibliothèque du Musée des Arts Décoratifs. In: Cinquantenaire de l'exposition de 1925. Paris, Musée des Arts Décoratifs 1977, S. 65.

Mario von Bucovich, Pont Alexandre III. In: Bucovich, Paris. Berlin, Albertus Verlag 1928, S. 161.

Picot, Der Tanz. Fassadenrelief am Revuetheater Folies Bergères. In: Paul Maenz, Art Déco. Formen zwischen zwei Kriegen. Köln, DuMont Schauberg 1974, Abb. 46.

Touchagues, Place Pigalle. Zeichnung. In: H. von Wedderkop, Paris – was nicht im Baedecker steht. München, R. Piper 1929, S. 21.

Frans Masereel, Das Revuetheater. Holzschnitt aus dem Zyklus »La Ville«. In: Herbert Lewandowski, Sittengeschichte der Pariserin. Stuttgart, H. E. Günther 1962, S. 271.

A. Pollée, Boulevardbetrieb um 1928. In: Herbert Lewandowski, Sittengeschichte der Pariserin. Stuttgart, H. E. Günther 1962, S. 94.

Baumgartner, Quai an der Ile St. Louis. Zeichnung. In: Les peintres témoins de leur temps, Bd. III: L'homme dans la ville. Paris 1954, o. S.

Mario von Bucovich, Porte d'Italie. In: Bucovich, Paris. Berlin, Albertus Verlag 1928, S. 136.

Mario von Bucovich, Antiquare am Seine Quai. In: Bucovich, Paris. Berlin, Albertus Verlag 1928, S. 65.

Mario von Bucovich, Place de la Bastille. In: Bucovich, Paris. Berlin, Albertus Verlag 1928, S. 90.

Marlice Hinz, Das Modell. Zeichnung. In: H. von Wedderkop, Paris – was nicht im Baedecker steht. München, R. Piper 1929, S. 107.

Am Eiffelturm, 1931. Photo vom Mauritius Verlag. In: Karl Toth, Paris. Bielefeld, Velhagen & Klasing 1931 (= Monographien zur Erdkunde, Bd. 45), Abb. 36.

Mario von Bucovich, Angler. In: Bucovich, Paris. Berlin, Albertus Verlag 1928, S. 101.

Musée d'Art Moderne, 1937. Architekten: Aubert, Dastugue, Dondel und Viard. Reliefs von Jeanniot. In: Paul Maenz, Art Déco. Formen zwischen zwei Kriegen. Köln, DuMont Schauberg 1974, Abb. 165.

Im Bistrot, 1939. Zeichnung. In: Lucie Martin, Paris, ich kenne dich. Bern und Stuttgart, Hallwag 1939, S. 65.

Brennt Paris? Aus dem Film von René Clement, 1965. Sammlung Menningen, Frankfurt a. M.

Unter dem Himmel von Paris. Aus dem Film von Julien Duvivier, 1950. Sammlung Menningen, Frankfurt a. M.

Negerball in der Rue Blomet. In: Herbert Lewandowski, Sittengeschichte der Pariserin. Stuttgart, H. E. Günther 1962, S. 179.

Brennt Paris? Aus dem Film von René Clement, 1965. Sammlung Menningen, Frankfurt a. M.

Van Dongen, Die Loge. In: Les peintres témoins de leur temps. Bd. III: L'homme dans la ville. Paris 1954, S. 200.

Paris gehört uns. Aus dem Film von Jacques Rivette, 1958. Sammlung Menningen, Frankfurt a. M.

Paul Braig, Café am Montparnasse. In: Les peintres témoins de leur temps. Bd. III: L'homme dans la ville. Paris 1954, o. S.

Plakat der Kunststudenten 1968: »Zurück zum normalen Trott«. In: Louis F. Peters, Das politische Plakat und der Aufstand der französischen Studenten. Köln, DuMont Schauberg 1968, Tafel 21.

Hôtel du Nord. Aus dem Film von Marcel Carné, 1938. Sammlung Menningen, Frankfurt a. M.

Dany, Im Bezirk Ménilmontant. Zeichnung. In: Les peintres témoins de leur temps. Bd. III: L'homme dans la ville. Paris 1954, o. S.

Muriel oder Die Zeit der Wiederkehr. Aus dem Film von Alain Resnais, 1962. Sammlung Menningen, Frankfurt a. M.

Bob le Flambeur. Aus dem Film von Jean-Pierre Melville, 1956. Sammlung Menningen, Frankfurt a. M.

Plakat der Kunststudenten im Mai 1968: »Faschistisches Ungeziefer – Bürgeraktion«. In: Louis F. Peters, Das politische Plakat und der Aufstand der französischen Studenten. Köln, DuMont Schauberg 1968.

Roswitha Hecke, Rue André Antoine. Photo. In: ZEIT-Magazin, Nr. 18, vom 28. April 1978.

Insel taschenbücher
Alphabetisches Verzeichnis

Die Abenteuer Onkel Lubins 254
Aladin und die Wunderlampe 199
Ali Baba und die vierzig Räuber 163
Allerleirauh 115
Alte und neue Lieder 59
Andersen: Märchen (3 Bände in Kassette) 133
Andersen: Märchen meines Lebens 356
Artmann: Christopher und Peregrin 488
Lou Andreas-Salomé: Lebensrückblick 54
Apulejus: Der goldene Esel 146
Arnim/Brentano: Des Knaben Wunderhorn 85
Arnold: Das Steuermännlein 105
Aus der Traumküche des Windsor McCay 193
Balzac: Beamte, Schulden, elegantes Leben 346
Balzac: Das Mädchen mit den Goldaugen 60
Baudelaire: Blumen des Bösen 120
Bayley: 77 Tiere und ein Ochse 451
Beaumarchais: Figaros Hochzeit 228
Beecher-Stowe: Onkel Toms Hütte 272
Beisner: Adreßbuch 294
Benjamin: Aussichten 256
Bédier: Der Roman von Tristan und Isolde 387
Berg: Leben und Werk im Bild 194
Bertuch: Bilder aus fremden Ländern 244
Bierbaum: Zäpfelkerns Abenteuer 243
Bierce: Mein Lieblingsmord 39
Bierce: Wörterbuch des Teufels 440
Bilibin: Märchen vom Herrlichen Falken 487
Bilibin: Wassilissa 451
Blake: Lieder der Unschuld 116
Die Blümchen des heiligen Franziskus 48
Boccaccio: Das Dekameron (2 Bände) 7/8
Böcklin: Leben und Werk 284
Borchers: Das Adventbuch 449
Brandys: Walewska, Napoleons große Liebe 24
Brecht: Leben und Werk 406
Brentano: Fanferlieschen 341
Brentano: Gockel Hinkel Gackeleia 47
Brillat-Savarin: Physiologie des guten Geschmacks 423
Brontë: Die Sturmhöhe 141
Das Buch der Liebe 82
Büchner: Der Hessische Landbote 51
Bürger: Münchhausen 207
Busch: Kritisch-Allzukritisches 52
Campe: Bilder Abeze 135
Carossa: Kindheit 295
Carossa: Leben und Werk 348
Carossa: Verwandlungen 296
Carroll: Alice hinter den Spiegeln 97
Carroll: Alice im Wunderland 42
Carroll: Briefe an kleine Mädchen 172
Caspari: Die Sommerreise 416
Cervantes: Don Quixote (3 Bände) 109
Chamisso: Peter Schlemihl 27
Chateaubriand: Das Leben des Abbé de Rancé 240
Chinesische Liebeslyrik 442
Claudius: Wandsbecker Bote 130
Cocteau: Colette 306
Cooper: Lederstrumpferzählungen (5 Bde.) 179-183
Cooper: Talleyrand 397
Cortez: Die Eroberung Mexikos 393
Dante: Die Göttliche Komödie (2 Bände) 94
Das kalte Herz 330
Daudet: Briefe aus meiner Mühle 446
Daudet: Tartarin von Tarascon 84
Daumier: Macaire 249
Defoe: Robinson Crusoe 41
Denkspiele 76
Deutsche Volksbücher 380
Dickens: Oliver Twist 242
Dickens: Weihnachtserzählungen 358
Die großen Detektive 101
Diderot: Die Nonne 31
Droste-Hülshoff: Die Judenbuche 399

»Paris ist die Quelle der öffentlichen Meinung, das Herz der Republik und der Revolution, der Polarstern der Republik. Hier allein ist Bewegung und Leben, hier Neuheit, Erfindung, Licht und Erkenntnis. Paris ist der Kommunikationspunkt zwischen allen übrigen Städten.«

Georg Forster

ISBN 3-458-32089-X ⟨1200⟩